Johanna Sackel
Wem gehört das Meer?

Studien zur Internationalen Geschichte

Band 52

Johanna Sackel

Wem gehört das Meer?

Globale Ressourcen und die dritte UN-Seerechtskonferenz (1968–1994)

DE GRUYTER
OLDENBOURG

Gedruckt mit freundlicher Unterstützung der Geschwister Boehringer Ingelheim Stiftung für Geisteswissenschaften in Ingelheim am Rhein.

ISBN 978-3-11-074578-8
e-ISBN (PDF) 978-3-11-074882-6
e-ISBN (EPUB) 978-3-11-074894-9
ISSN 2190-149X

Library of Congress Control Number: 2021944792

Bibliografische Information der Deutschen Nationalbibliothek
Die Deutsche Nationalbibliothek verzeichnet diese Publikation in der Deutschen Nationalbibliografie; detaillierte bibliografische Daten sind im Internet über http://dnb.dnb.de abrufbar.

Titelbild: Charles de Lisle / iStock / Getty Images Plus
Druck und Bindung: CPI books GmbH, Leck

www.degruyter.com

Dank

Das vorliegende Buch ist die überarbeitete Fassung meiner Dissertationsschrift, die 2019 von der Fakultät für Kulturwissenschaften an der Universität Paderborn angenommen wurde.

Mein besonderer Dank gilt Peter E. Fäßler für seine verlässliche Unterstützung und die hervorragende Begleitung meiner Arbeit. Er ließ mir die Freiheiten, die ich mir wünschte und war stets da, wenn ich Rat suchte – mit anregenden Gesprächen und scharfsinnigen Hinweisen. Für das Zweitgutachten und dafür, dass er immer noch eine Frage hatte, bedanke ich mich herzlich bei Noyan Dinçkal. Ich freue mich sehr, dass dieses Buch in der Reihe *Studien zur Internationalen Geschichte* erscheinen darf. Vielen Dank an das Herausgeber*innengremium – auch für die wertvollen Hinweise bei der Überarbeitung des Manuskripts. Für Unterstützung beim Endspurt und bei der Drucklegung gilt mein Dank Rabea Rittgerodt und Jana Fritsche beim De Gruyter Verlag sowie Ulla Schmidt. Für das exzellente Lektorat bedanke ich mich vielmals bei Thomas Lüttenberg. Dem Präsidium der Universität Paderborn und der AG Internationale Geschichte im VHD danke ich für die Auszeichnung meiner Dissertation.

Von großem Wert war es, dass ich mein Projekt und Zwischenergebnisse in Kolloquien sowie auf Workshops und Tagungen vorstellen durfte und dadurch nicht nur neue Menschen, sondern auch anregende Perspektiven und bisher unbeachtete Aspekte kennenlernen konnte. Ohne diverse Reisekostenzuschüsse hätte ich einige Vortrags- sowie die Archivreisen nicht unternehmen können – danke dafür an die Fakultät für Kulturwissenschaften und den Arbeitsbereich Zeitgeschichte an der Universität Paderborn sowie die North American Society for Oceanic History.

Für kluge Ratschläge, mutmachende Worte und hilfreiche Hinweise danke ich Ingo Heidbrink, Uwe Jenisch, Simone Müller, Helen Rozwadowski, Jens Ruppenthal, Ole Sparenberg, Florian Staffel, Franziska Torma, Anja Westermann und Anna-Katharina Wöbse.

Bei der Quellensuche und -recherche erhielt ich sachkundige Unterstützung von Christian Ostersehlte im Archiv des Deutschen Schifffahrtsmuseums in Bremerhaven sowie den Mitarbeiter*innen des Bundesarchivs Koblenz, des Politischen Archivs des Auswärtigen Amtes in Berlin, der United Nations Archives in New York, der Bibliothek des Internationalen Seegerichtshofs und der Dalhousie University Archives in Halifax.

Mein besonderer Dank richtet sich an Florian Staffel und Janine Langer für das Korrekturlesen: Danke für Eure Zeit, hilfreiche Anmerkungen und moralische Unterstützung.

Danke auch an meine Kolleg*innen auf N4 und insbesondere Sabrina Lausen, die mich regelmäßig mit aufschlussreichen Flurgesprächen aus dem Büro gelockt hat.

Hans Zimmer, Jacob Shea & David Fleming danke ich für den besten Schreibsoundtrack.

Nach langen Archivtagen auf der Karthause warteten H-Man, Dy und Co. mit Spiel, Spaß und Spannung auf mich. In Berlin halfen mir Tine und Winni mit Tisch, Bett und Gesellschaft. Danke dafür!

Meinen Freunden, vor allem Anne, Jens und Nina: Danke für Eure Geduld mit mir und dass Ihr immer noch da seid. Matthias, ohne Dich wäre wahrscheinlich alles anders gekommen.

Meiner Familie und insbesondere meinen Eltern, meiner Schwester und Benjamin danke ich für ihren liebevollen und bedingungslosen Rückhalt. Ihnen allen ist dieses Buch gewidmet.

Inhalt

1 Einleitung

26. Mai 1985, 57° 35' 48" N und 13° 41' 19" W. Tom McClean ist allein. Mitten im Ozean hat man ihn ausgesetzt, auf einem 21 Meter hohen Felsen, umbraust von den wilden Wellen des Nordatlantiks. Als Unterkunft dient ihm nur ein Plastikgehäuse, das ihn notdürftig vor dem unablässig über ihn hinwegfegenden Sturm schützt. Dieser Zustand, so der Plan, soll sich nun mindestens 21 Tage nicht ändern. So lange braucht es, bis McClean bewiesen hat, dass der Felsen Rockall, 300 km westlich der Hebriden gelegen, eine bewohnbare Insel ist. Und eben nicht nur ein vulkanischer Gesteinsbrocken, der allenfalls als Brutplatz für Basstölpel dient. Der ehemalige Elitesoldat McClean ist Brite und hat ein Anliegen: Die reichen Öl- und Fischvorkommen um Rockall sollen weder den Dänen, noch den Iren oder den Isländern zugutekommen, sondern Großbritannien.

Bereits seit 1955 hatten die vier Staaten versucht, den Felsen jeweils für sich zu erobern. Nie erkannte irgendjemand diese Ansprüche an. Das Seerechtsübereinkommen von 1982 jedoch gab einen völkerrechtlichen Hinweis, indem es festschrieb, dass Erhebungen aus dem Meer dann als Inseln gelten, wenn sie bewohnbar sind oder wenn auf ihnen eigenständige wirtschaftliche Aktivitäten stattfinden können. Hierauf bezog sich der patriotische Tom McClean. Freilich erkannten Island, Dänemark und Irland seine Aktion nicht als Beweis an. 40 sommerliche Tage – solange harrte er auf dem Felsen aus –, das war ihrer Meinung nach keine Kunst. Im Winter würde ein Mensch Rockall jedenfalls nicht überleben. Und so blieb die Felseninsel weiter staatenlos. Zwölf Jahre später unterstrich Greenpeace diesen Umstand und rief auf Rockall öffentlichkeitswirksam den freien Staat „Waveland" aus, um gegen Offshore-Ölbohrungen zu protestieren.[1]

Szenenwechsel: März 2012, Kayar/Senegal. Die einheimischen Fischer sind wütend. Demonstrierend ziehen sie durch die Stadt und protestieren gegen die Entscheidung ihrer Regierung, neue Fanglizenzen an ausländische Fischereiunternehmen zu verkaufen. Es ist die Angst um ihre Existenz, die sie auf die Straße treibt. Denn seit Senegal Lizenzen für die technisch hochgerüsteten Fangflotten der Europäischen Union ausstellt, damit sie in der 200 Seemeilen-Zone fischen können, fangen die einheimischen Fischer immer weniger. Ihre kleinen Pirogen

---

1 Marc von Lürpke: Ein Mann, ein Fels. 40 Tage mitten im Meer, in: SPIEGEL Online, 26.03.2014 <http://www.spiegel.de/einestages/protest-tom-mcclean-hockte-fuer-40-tage-auf-einem-felsen-a-958645.html> (19.10.2018); Fabio Pozzo: Grenzstreitigkeiten: Das schwarze Gold von Rockall, in: Voxeurop, 14.10.2010 <https://voxeurop.eu/de/content/article/361531-das-schwarze-gold-von-rockall> (19.10.2018).

https://doi.org/10.1515/9783110748826-001

können mit den Fabriktrawlern der EU nicht mithalten, die weit draußen durch den Atlantik pflügen und dafür sorgen, dass viele der Fische es gar nicht erst in die Nähe der Küste schaffen. 200 Tonnen Fisch fasst ein solcher Megatrawler – eine Piroge höchstens 10. Um überhaupt noch etwas zu fangen, fahren die senegalesischen Fischer immer weiter hinaus, was gefährlich ist und sich eigentlich nicht lohnt. Von den Einnahmen aus den Lizenzen sehen sie wenig, diese werden anderswo eingesetzt. Und die EU lässt sich den westafrikanischen Fisch einiges kosten – zu groß ist der Druck, die heimischen Märkte zu versorgen und die hochsubventionierten Fischereiflotten zu erhalten.[2]

Szenenwechsel: 27. Juni 2008, Karkum/Papua-Neuguinea. Der „Rat indigener Bevölkerungsgruppen in der Bismarck- und Salomonensee" verabschiedet die „Erklärung von Karkum".[3] Anlass ist die Absicht der Regierung Papua-Neuguineas, gemeinsam mit dem kanadischen Unternehmen Nautilus Minerals Inc. in der Tiefsee vor Neuguineas Küsten Meeresbergbau zu betreiben. Mit der Lizenzierung durch die Regierung kann das Unternehmen die *International Seabed Authority* (ISA) umgehen, die die Tiefseeressourcen außerhalb der nationalen Wirtschaftszonen als *Gemeinsames Erbe der Menschheit* verwaltet. Es sind Massivsulfide und Manganknollen, reich an seltenen Erden, deren Ausbeutung hohe Gewinne verspricht. Die in Karkum zusammengekommenen Vertreter indigener Bevölkerungsgruppen fühlen sich indes übergangen und fürchten Gefährdungen des Ökosystems; sie sehen außerdem ihre Lebensweise bedroht. In ihrer Erklärung beklagen sie die mangelnde Berücksichtigung ihrer Interessen und begründen dies mit ihrer besonderen Verbundenheit zum Meer: „Unsere Ernährungsgrundlage und unsere Kultur basieren auf diesem Meer, das ein untrennbarer Bestandteil unserer Kultur, unserer Identität und unserer Lebensweise ist. Unser Leben ist verbunden mit den Kreisläufen des Meeres."[4]

Die anhand dieser Fälle verdeutlichten unterschiedlichen Zugänge zum Thema Meeresressourcen deuten das Spannungsfeld an, das sich zwischen diversen

---

2 Mauretanien, Senegal und der schwierige Weg zum guten Fischereimanagement, in: Maribus: Worldoceanreview 2 (2013) – Die Zukunft der Fische, die Fischerei der Zukunft <http://worldoceanreview.com/wor-2/fischereipolitik/fischereimanagement/mauretanien-senegal-und-der-schwierig e-weg-zum-guten-fischereimanagement/> (28.10.2017); Marlies Uken: Europa kauft die Meere leer, in: Spiegel-Online, 28.08.2010 <http://www.spiegel.de/wirtschaft/fischfang-vor-afrikas-kueste -europa-kauft-die-meere-leer-a-712541.html> (28.10.2017).

3 Verein für Internationalismus und Kommunikation e.V./Brot für die Welt (Hrsg.): Solwara 1. Bergbau am Meeresboden vor Papua-Neuguinea. Hintergründe, Folgen, Widerstand, Berlin 2018, S. 31 <https://info.brot-fuer-die-welt.de/sites/default/files/blog-downloads/studie_solwara1_final_e-book.pdf> (27.10.2018).

4 Zitiert in: ebd.

Einzelinteressen und globalen Bezügen entfaltet. Die darin aufscheinenden Facetten und Probleme der maritimen Ressourcennutzung in einer globalisierten Welt lassen sich grob in vier Grundannahmen zusammenfassen:

1. Die Verwaltung der Ozeane und ihrer „marinen Ressourcen“[5] erfordert offensichtlich ein *Regime*[6], das sowohl globale Gemeinwohlinteressen als auch lokale und wirtschaftliche Bedürfnisse integrierend befriedigt und damit zusammenhängende Konflikte befriedet.

2. Staatliche *Souveränität* über natürliche marine Ressourcen konkurriert mit dem Prinzip der „Global Commons“ (globale Allmendegüter). Wie und in welchem Ausmaß eine Ressource genutzt wird, entscheidet entweder ein Staat in Gestalt seiner Regierung oder Vertreter eines quasi-globalen Kollektivs.

3. Die sogenannte „Ocean Governance“ wird von diversen Akteuren in einem Mehrebenensystem verhandelt und gestaltet. Dazu zählen Staaten, internationale Organisationen, Staatenverbünde oder -gruppen mit gemeinsamen Interessen, Nichtregierungsorganisationen (NGOs), aber auch Wirtschaftsverbände und Unternehmen. Diese unterschiedlichen Stakeholder agieren sowohl auf internationaler, transnationaler und nationaler als auch auf subnationaler, ergo regionaler und lokaler Ebene (manchmal nur auf einer dieser Ebenen, manchmal auch auf mehreren zugleich).

4. Das Meer ist Projektionsfläche für zahlreiche, kulturell geprägte Naturkonzepte, aber auch – und dies ist besonders im Ressourcenkontext bedeutsam – für teilweise deutlich miteinander konfligierende Verteilungsmodelle. Während beispielsweise das Konzept vom Gemeinsamen Erbe der Menschheit eine gemeinsame Bewirtschaftung und gerechte Verteilung der Meeresschätze vorsieht und dabei die Endlichkeit dieser Ressourcen annimmt, impliziert der Begriff der „Freiheit der Meere“ eine Unerschöpflichkeit, die einen uneingeschränkten Zugriff für jeden zulässt.

Historischer Fluchtpunkt für diese Überlegungen ist die dritte Seerechtskonferenz der Vereinten Nationen (UNCLOS III), die in elf Sitzungsperioden von

---

5 Jens Ruppenthal erklärt einleuchtend, dass „marin“ in einem natürlichen Bezug zum Meer steht, während „maritim“ einen kulturellen Bezug kennzeichnet. Siehe Jens Ruppenthal: Raubbau und Meerestechnik. Die Rede von der Unerschöpflichkeit der Meere, Stuttgart 2018, S. 21.

6 In der Regimetheorie handelt es sich bei einem Regime „um institutionalisierte Strukturen zwischenstaatlicher Kooperation. Deren Spezifikum ist, dass sie politische Steuerung zwischen formal souveränen Akteuren, also grenzüberschreitend, ermöglichen soll und dabei neben Staatshäufig auch Kulturgrenzen überschreitet.“ Ein Regime ist ein „Bestand an für einen bestimmten Bereich internationaler Beziehungen (völker)rechtlich gültigen Normen.“, Martin List: Regimetheorie, in: Arthur Benz/Susanne Lütz/Uwe Schimank/Georg Simonis (Hrsg.): Handbuch Governance. Theoretische Grundlagen und empirische Anwendungsfelder, Wiesbaden 2007, S. 226–239, hier S. 226 f.

1973–1982 stattfand und mit der Verabschiedung des Seerechtsübereinkommens endete. Inkrafttreten konnte das Übereinkommen erst 1994, nachdem Teile des Vertragstextes nachverhandelt worden waren und die erforderlichen 60 Staaten die Konvention ratifiziert hatten. Das Übereinkommen bildet das rechtliche Rahmenwerk für die Ocean Governance und den Hintergrund der beschriebenen Sachlagen und Konfliktfälle. Mit ihr wurde die 200 Seemeilen (dies entspricht ungefähr 370 km) breite „Ausschließliche Wirtschaftszone" kodifiziert, die alle in diesem Gebiet befindlichen lebenden und nichtlebenden Ressourcen der Jurisdiktion beziehungsweise Souveränität des jeweiligen Küstenstaates unterstellt. Für die Hohe See außerhalb dieser Zonen gilt bis dato weiterhin die Freiheit der Meere, wohingegen die Ressourcen des darunterliegenden Meeresbodens („*the area*"/„das Gebiet") als Gemeinsames Erbe der Menschheit in der Konvention verankert und damit dem freien Zugriff entzogen sind. Das Abkommen enthält zudem Regelungen für den Meeresumweltschutz, die wissenschaftliche Meeresforschung sowie die friedliche Streitbeilegung. Nicht zuletzt sind der Internationale Seegerichtshof in Hamburg, die Meeresbodenbehörde (ISA) mit Sitz in Kingston/Jamaika und die Kommission zur Begrenzung des Festlandsockels, die in der Regel in New York tagt, Resultate der Konvention.

Mitnichten war die Seerechtskonferenz eine rein juristische Veranstaltung. Vielmehr verhandelten die Konferenzteilnehmer[7] ambitioniert über Ressourcenverteilung und damit auch über Ressourcengerechtigkeit. Im Zuge der Seerechtskonferenz wurde das Meer von einem der „Freiheit der Meere" unterliegenden *open access good* zu einem quasi-territorialisierten Raum, in dem neben der Meeresfreiheit zwei weitere Grundsätze zum Tragen kamen, nämlich das Prinzip der Ressourcensouveränität und das Prinzip des Gemeinsamen Erbes. Die Geschichte der Meere lässt sich folglich in ein „Vor" und ein „Nach" der Konferenz periodisieren und zwar in rechtlicher, geopolitischer und geoökonomischer Hinsicht. Im Hinblick auf ressourcenbezogene Verteilungsfragen kommt jedoch vor allem dem „Dazwischen" besondere Bedeutung zu.

Begreift man nämlich die Seerechtskonferenz als einen Transformationsprozess, wird sie zum Lehrstück für den Umgang mit globalen Gütern und gleichzeitig zu einem Kaleidoskop, in dem der Facettenreichtum der Wahrnehmungen des Meeres und seiner Ressourcen zu Tage tritt. Anhand der Debatten bei der Aushandlung eines Regimes für die Ozeane lassen sich verschiedene Konzepte von Eigentumsrecht, Ressourcensouveränität und Ressourcengerechtigkeit identifizieren, denen insbesondere vor dem Hintergrund des „Nord-Süd-

---

7 Aus Gründen der besseren Lesbarkeit wird hier und im Folgenden das generische Maskulinum verwendet. Prinzipiell sind damit alle Geschlechter gemeint.

Konflikts“[8] sowie der Furcht vor den Grenzen des Wachstums[9] besondere Bedeutung beizumessen ist.

Die Seerechtskonferenz, begriffen als ein Forum für die globale Verständigung über geteilte Werte (jedoch mit möglicherweise differierenden Wertbegründungen),[10] wird somit zugleich zur Projektionsfläche für Ressourcenkonzepte, anhand derer die Vielfältigkeit des Umgangs mit den Meeren und globaler Ressourcengerechtigkeit während der „langen 1970er Jahre“ sichtbar und erklärbar wird.[11]

---

8 Zu Begriff und Verlauf des „Nord-Süd-Konflikts“ s. Kap. 2.1. Vgl. außerdem Jürgen Dinkel/Steffen Fiebrig/Frank Reichherzer (Hrsg.): Nord/Süd. Perspektiven auf eine globale Konstellation, Berlin/Boston 2020.

9 „Grenzen des Wachstums“ steht hier als Chiffre für die in den 1970er Jahren vor allem in den westlichen Industrieländern aufkommende Sorge um Ressourcenverknappung, um die „Bevölkerungsexplosion“ sowie wachsende Umweltprobleme und bezieht sich auf den gleichnamigen Bericht an den Club of Rome, vgl. Dennis Meadows: Die Grenzen des Wachstums. Bericht des Club of Rome zur Lage der Menschheit, Stuttgart 1972. Zur Rezeption und Wirkung der Studie vgl. Friedemann Hahn: Von Unsinn bis Untergang. Rezeption des Club of Rome und der Grenzen des Wachstums in der Bundesrepublik der frühen 1970er Jahre, Dissertation Albert-Ludwigs-Universität Freiburg 2006 <https://freidok.uni-freiburg.de/fedora/objects/freidok:2722/datastreams/FILE1/content> (08.11.2018); Patrick Kupper: „Weltuntergangsvisionen aus dem Computer“. Zur Geschichte der Studie „Grenzen des Wachstums“ von 1972, in: Frank Uekötter/Jens Hohensee (Hrsg.): Wird Kassandra heiser? Die Geschichte falscher Ökoalarme, Stuttgart 2004, S. 98–111; Rüdiger Graf: Die Grenzen des Wachstums und die Grenzen des Staates. Konservative und ökologische Bedrohungsszenarien der frühen 1970er Jahre, in: Dominik Geppert/Jens Hacke (Hrsg.): Streit um den Staat. Intellektuelle Debatten in der Bundesrepublik 1960 – 1980, Göttingen 2008, S. 207–228; Helga Nowotny: Vergangene Zukunft. Ein Blick zurück auf die „Grenzen des Wachstums“, in: Michael Globig/Volkswagenstiftung (Hrsg.): Impulse geben, Wissen stiften. 40 Jahre Volkswagenstiftung, Göttingen 2002, S. 655–694.

10 Bettina Hollstein: Die Bedeutung gemeinschaftsbezogener Werte in Zeiten wirtschaftlicher Globalisierung, in: Maren A. Jochimsen/Ulrike Knobloch (Hrsg.): Lebensweltökonomie in Zeiten wirtschaftlicher Globalisierung, Bielefeld 2006, S. 179–200, hier S. 190.

11 Der Begriff der „langen 1970er Jahre“ bezieht sich hier auf die Periode vom Ende der 1960er bis in die frühen 1980er Jahre, die zum einen der Verhandlungsdauer der Seerechtskonferenz entspricht und zum anderen Entwicklungen wie die Abkehr vom Fortschrittsglauben, die Hinwendung zu Annahmen über die „Grenzen des Wachstums“ sowie vom „Raumschiff Erde“ und einer globalen Umwelt beinhaltet. Zugleich verweist die Formel der langen 1970er auf den Vorschlag Jan Eckels, von einer länger gestreckten Transformationsphase auszugehen, anstatt die 1970er als Umbruchphase zu verstehen, die die Nachkriegsgeschichte von der Geschichte der Gegenwart trennt. Für ihn kommen in den 1970er Jahren vier sich überlappende Prozesse zusammen, die aber eben nicht auf diese Dekade beschränkt sind: die zunehmende wirtschaftliche Integration; die Weichenstellung für das Ende der Sowjetunion; die Abkehr vom Modernisierungsdenken im Bereich der transnationalen Politikgestaltung; die Neujustierung des Verhältnisses zwischen globalem Norden und Süden, Jan Eckel: Vielschichtiger Konflikt und transnationale Steuerung.

Darüber hinaus lässt sich die Seerechtskonferenz als ein Aushandlungsprozess begreifen, in dem Vorstellungen von Natur und Umwelt in internationales Recht übersetzt wurden. Imaginationen und Visionen von Natur sind in diesem Kontext in politische Argumente eingebettet und prägen somit die aus Verhandlungen resultierenden politischen und rechtlichen Arrangements.[12] Dies gilt auch für Vorstellungen vom Meer und seinen Ressourcen. In diesem Zusammenhang gewinnen die Akteure an Bedeutung, die an der Ausgestaltung eines Regimes für den Ozean beteiligt waren und innerhalb eines Mehrebenensystems unterschiedliche, ihren jeweiligen Interessen zuträgliche Ressourcenkonzepte propagierten.[13] So waren beispielsweise die Entwicklungsländer, die sich innerhalb der Vereinten Nationen als Gruppe 77 (G77) zusammengeschlossen hatten und eine neue internationale Wirtschaftsordnung (*New International Economic Order*, NIEO) forderten, an einer Umverteilung der Meeresressourcen interessiert, was eine Abschaffung des Prinzips der Freiheit der Meere bedeutet hätte.[14] Dem-

---

Zur Neuinterpretation der Geschichte internationaler Politik zwischen den 1940er- und den 1990er-Jahren, in: Archiv für Sozialgeschichte 57 (2017), S. 497–535, hier S. 523 f. Vgl. außerdem das Themenheft „Die 1970er Jahre–Inventur einer Umbruchzeit“, Zeithistorische Forschungen/ Studies in Contemporary History, Online-Ausgabe, 3 (2006) <http://zeithistorische-forschungen.de/3-2006> (03.10.2017); Elke Seefried: Bruch im Fortschrittsverständnis? Zukunftsforschung zwischen Steuerungseuphorie und Wachstumskritik, in: Anselm Doering-Manteuffel/Lutz Raphael/Thomas Schlemmer (Hrsg.): Vorgeschichte der Gegenwart. Dimensionen des Strukturbruchs nach dem Boom, Göttingen 2016, S. 425–449; Patrick Kupper: Die „1970er Diagnose“. Grundsätzliche Überlegungen zu einem Wendepunkt der Umweltgeschichte, in: Archiv für Sozialgeschichte 43 (2003), S. 325–348; Sabine Höhler: Spaceship Earth in the Environmental Age, 1960–1990, London 2015.

12 Vgl. Jedediah Purdy: After Nature. A Politics for the Anthropocene, Cambridge/MA, London 2015.

13 Der Begriff „Mehrebenensystem“ meint in diesem Untersuchungszusammenhang die politisch-administrativen Ebenen (international, national, regional, lokal), die gleichzeitig auch als Handlungsebenen begriffen werden. So lassen sich auch Akteure oder Akteursnetzwerke, die sich keiner der administrativen Ebenen zuordnen lassen, als Ebenen begreifen. Vgl. Achim Brunnengräber/Heike Walk: Der Mehrwert der Mehrebenenbetrachtung, in: Achim Brunnengräber/ Heike Walk (Hrsg.): Multi-Level-Governance. Klima-, Umwelt- und Sozialpolitik in einer interdependenten Welt, Baden-Baden 2007, S. 17–31, hier S. 18 f.

14 Dem Gebrauch des Begriffs „Entwicklungsland“ wird bisweilen eine der Modernisierungstheorie verhaftete Konnotation vorgeworfen. Dennoch wird im Rahmen dieser Untersuchung mit der Dichotomie Industrieländer – Entwicklungsländer gearbeitet, da dieses Begriffspaar im Gegensatz zu der gängigen Alternativbezeichnung „Länder des Südens/des Nordens“ berücksichtigt, dass sich die Höhe des Bruttosozialprodukts (BSP) nicht eindeutig an geographischen Gegebenheiten festmachen lässt. Zwar ist auch das BSP kein zuverlässiger Indikator, vgl. dazu Daniel Speich-Chassé: Die Erfindung des Bruttosozialprodukts. Globale Ungleichheit in der Wissensgeschichte der Ökonomie, Göttingen 2013. Seit 1963 sind jedoch innerhalb der Vereinten

gegenüber wollten sich Industrieländer wie zum Beispiel die Bundesrepublik Deutschland einen möglichst uneingeschränkten Zugang zu den marinen Ressourcen sichern, wobei industrialisierte Küstenstaaten gleichzeitig die Ressourcen vor ihren eigenen Küsten vor dem Zugriff anderer Staaten zu schützen versuchten. Zivilpersonen wie Elisabeth Mann Borgese wiederum, jüngste Tochter von Thomas Mann und international vielfältig vernetzt, betrachteten den Umgang mit den Meeren als Modell für eine neue Weltordnung und verfolgten einen holistischen Zugang, während einzelne Wirtschaftszweige, wie zum Beispiel die deutsche Fischereiindustrie, versuchten, möglichst den Status Quo zu erhalten und sich ‚historische Fangrechte' vor fremden Küsten zu sichern.

Die im Ressourcenkontext deutlich werdenden konkurrierenden, zum Teil auch korrespondieren Interessenlagen deuten auf ein kompliziertes Beziehungs- und Verhandlungsgeflecht hin, welches während des Konferenzverlaufs in stetiger Bewegung war. Wie interagierten die beteiligten beziehungsweise betroffenen Akteure bei der Ausgestaltung eines Regimes für die Meere über die verschiedenen Ebenen hinweg? Wie reagierten sie aufeinander? Mit der Beantwortung dieser Fragen will diese Studie nicht nur ein Beitrag zum Verständnis der Funktionsweise von internationalen Konferenzen im Kontext der Globalisierung leisten, sondern zugleich die Formierungsphase der heutigen Ocean Governance untersuchen.

1.1 Leitfragen

Die Leitfragen der Untersuchung müssen zunächst mit einer Darstellung der zugrundeliegenden Problemstellungen unterfüttert werden. Dabei sind einige der dafür genutzten theoretischen Bezüge und Begrifflichkeiten noch gesondert zu explizieren (Kap. 1.2). Die eingangs formulierten Grundannahmen über Probleme der maritimen Ressourcennutzung sind jedoch zunächst für die Analyse der dritten Seerechtskonferenz zu operationalisieren.

Nationen die Begriffe *less developed countries* und *least developed countries* gebräuchlich. In der Regel bezeichneten sich Entwicklungsländer selbst als solche, weswegen Leemann vorschlägt, diese Begrifflichkeiten aus pragmatischen Gründen zu verwenden, wohl wissend, dass dabei Gemeinsamkeiten und Unterschiede zwischen den einzelnen Staaten sowie politische und ideologische Dimensionen stets mitzudenken sind, vgl. Ramon Leemann: Entwicklung als Selbstbestimmung. Die menschenrechtliche Formulierung von Selbstbestimmung und Entwicklung in der UNO, 1945–1986, Göttingen 2013, hier S. 68. Vgl. auch Leemanns weitere Ausführungen zur Begriffsgeschichte der „Entwicklungsländer" S. 60–69.

1. Welche Ressourcen- und Eigentumskonzepte wurden auf das Meer projiziert und in welchen Begründungszusammenhängen standen sie?

Die Ozeane unterliegen mannigfachen Bedeutungszuschreibungen, abhängig davon, in welcher Beziehung die Nutzer zu ihnen stehen. Philip Steinberg zeigt dies eindrücklich am Beispiel eines 1990 bei Sturm über Bord gegangenen Containers voller Nike-Schuhe, die noch zwei Jahre später an der Westküste Nordamerikas an Land gespült werden.[15] Für das Unternehmen Nike fungiert das Meer in diesem Beispiel vornehmlich als Transportweg und ermöglicht damit die globale Arbeitsteilung. Auch die Reederei, die den in Turbulenzen geratenen Frachter betreibt und durch die Bereitstellung des Transportmittels eine Überquerung der Ozeane ermöglicht, hat ein profitorientiertes Interesse am Meer. Für Strandgutsammler, die die angeschwemmten Schuhe in selbstorganisierten Börsen zu Paaren zusammentauschen, ist das Meer Ressourcenlieferant. Als letztes Beispiel führt Steinberg die Ozeanographen ins Feld, die anhand von Lokalisierungen der gestrandeten Schuhe Rückschlüsse auf die Strömungsverhältnisse im Nordpazifik ziehen. Für sie ist der Ozean demnach ein physisches System, das aus verschiedenen Bausteinen wie Strömungen, Unwettern, Küsten und Inseln besteht.[16]

Das Fallbeispiel verdeutlicht, wie divergent die mit dem Meer verbundenen mentalen Konstruktionen sind. Gleichzeitig wird deutlich, dass sehr unterschiedliche Abhängigkeiten vom Meer bestehen können. So hängt beispielsweise die Existenz eines mikronesischen Kleinfischers maßgeblich vom Meer ab, während es für den Alltag einer bayerischen Pensionswirtin, zumindest auf den ersten Blick, kaum Bedeutung haben mag. Wie dieses Beispiel zweier Individuen verdeutlicht, sind die Beziehungen des Menschen zum Meer sehr verschieden und können von sehr unterschiedlichen Interessen geprägt sein.[17] Die bereits ins Feld geführte Frage nach der gerechten Verwaltung und Verteilung der Global Commons und die Debatten um eine adäquate Antwort sind also eng mit den Wahrnehmungen des Meeres verknüpft.

---

15 Philip E. Steinberg: The Social Construction of the Ocean, Cambridge, New York 2001.

16 Ebd., S. 1 f. Einen ähnlichen Zuschnitt hat Hohns Buch über die *Friendly Floatees*, vgl. Donovan Hohn: Moby-Duck. The True Story of 28,800 Bath Toys Lost at Sea and of the Beachcombers, Oceanographers, Environmentalists, and Fools, Including the Author, Who Went in Search of Them, New York 2011.

17 Zur Beziehung von Mensch und Meer siehe: Ebd.; John R. Gillis: The Human Shore. Seacoasts in History, Chicago 2012; Callum Roberts: The Unnatural History of the Sea, Washington/DC 2008; Elisabeth Mann Borgese: Mit den Meeren leben. Über den Umgang mit den Ozeanen als globale Ressource, Köln 1999; vgl. zu unterschiedlichen Perspektiven auf das Meer auch John R. Gillis/Franziska Torma: Introduction. Fluid Frontiers: New Currents in Marine Environmental History, in: John Gillis/Franziska Torma (Hrsg.): Fluid Frontiers. New Currents in Marine Environmental History, Winwick/Cambridgeshire 2015, S. 1–11, hier S. 10 f.

Steinbergs Lehrstück lässt außerdem weitere Rückschlüsse auf das Konfliktpotential der Seerechtskonferenz zu, insbesondere im Hinblick auf Fragen globaler Ungleichheit und Ressourcengerechtigkeit,[18] die in den 1970er Jahren während der Hochphase des „Nord-Süd-Konflikts" diskutiert wurden. Die Souveränität über natürliche Ressourcen war als Teil des Selbstbestimmungsrechts der Völker im Menschenrechtspakt über wirtschaftliche, soziale und kulturelle Rechte (Sozialpakt) 1966 festgeschrieben worden und bekam im Zuge der Forderung nach einer neuen Weltwirtschaftsordnung auf der UNO-Generalversammlung 1974 besondere Brisanz.[19] Mit der gerade begonnenen Seerechtskonferenz tat sich nun ein Möglichkeitsfenster auf, Fragen der Ressourcensouveränität, die im Rahmen der Konferenz für Handel und Entwicklung (UNCTAD) bereits seit Mitte der 1960er heiß diskutiert wurden, tatsächlich in der Praxis zu erproben und in konkrete Regelungsbereiche zu überführen.[20] Die vom „Ölpreisschock" und dem damit verbundenen befürchteten Machtzuwachs der Entwicklungsländer aufgeschreckten Industrieländer waren entsprechend sensibel, wenn es um die Aneignung und Verstaatlichung von Ressourcen ging und wollten die Schaffung eines Präzedenzfalls auf der Seerechtskonferenz unbedingt vermeiden. Aufgrund vielfältiger Partikularinteressen sowohl innerhalb der Entwicklungs- als auch der Industrieländer war die Einhaltung gemeinsamer Linien jedoch kaum zu erreichen, wie nachzuweisen sein wird.

Steinbergs These von der sozialen Konstruktion der Ozeane liefert noch einen weiteren Anknüpfungspunkt, nämlich den Hinweis darauf, dass nicht nur Staaten und ihre Vertreter, sondern auch andere gesellschaftliche Akteure, wie Unternehmen, Wissenschaftler sowie Zivilpersonen mit ihren jeweils eigenen Konzeptionen vom Meer von den seerechtlichen Entwicklungen betroffen waren. Das führt zur zweiten Leitfrage.

---

18 Ungleichheit und Gerechtigkeit hängen insofern zusammen, als Gleichheit – als Gegenteil von Ungleichheit – schwerlich zu definieren ist und somit bei der Formulierung von Ansprüchen zumeist als „Gerechtigkeit" daherkommt. Vgl. Thomas Mergel: Gleichheit und Ungleichheit als zeithistorisches und soziologisches Problem, in: Zeithistorische Forschungen/Studies in Contemporary History 10/2 (2013), S. 307–320, hier S. 319.

19 U.N. Doc. A/RES/21/2200: International Covenant on Economic, Social and Cultural Rights, 16.12.1966 (Inkrafttreten 03.01.1976), Art. 2; U.N. Doc. A/RES/S-6/3201: Declaration on the Establishment of a New International Economic Order, 01.05.1974.

20 Jürgen Dinkel: Die Bewegung Bündnisfreier Staaten. Genese, Organisation und Politik (1927–1992), Berlin 2015, S. 221 f.; Branislav Gošović: UNCTAD, Conflict and Compromise. The Third World's Quest for an Equitable World Economic Order through the United Nations, Leiden 1972.

2. Wer war mit welchen Motivationen an den internationalen Debatten über die zukünftige Nutzung und Verteilung der Meeresressourcen beteiligt?

Während die politikwissenschaftliche Disziplin der Internationalen Beziehungen traditionell von Staaten als Akteuren ausgeht, und die Diplomatiegeschichte lange Zeit vornehmlich Staatsvertreter oder internationale Beamte in den Blick nahm, hat der zu untersuchende Akteurskreis mittlerweile in mehrerlei Hinsicht eine Erweiterung erfahren.[21] So rücken zunehmend auch internationale Organisationen, Medien, trans- und multinationale Unternehmen sowie die Zivilgesellschaft[22] in den Fokus der Betrachtung.[23] Dies deckt sich weitgehend mit dem Konzept der *Global Governance*, welches – im Sinne eines analytischen Ansatzes – annimmt, dass Regierungshandeln nicht allein dem Nationalstaat obliegt, sondern auch nichtstaatliche und private Akteure an Entscheidungsprozessen beteiligt sind.[24] Mit Hilfe dieses Ansatzes lässt sich untersuchen, wie

---

21 Vgl. dazu Reiner Marcowitz: Von der Diplomatiegeschichte zur Geschichte der internationalen Beziehungen. Methoden, Themen, Perspektiven einer historischen Teildisziplin, in: Francia: Forschungen zur westeuropäischen Geschichte 32/3 (2005), S. 75–100; Ursula Lehmkuhl: Diplomatiegeschichte als internationale Kulturgeschichte: Theoretische Ansätze und empirische Forschung zwischen Historischer Kulturwissenschaft und Soziologischem Internationalismus, in: Geschichte und Gesellschaft (GuG) 27/3 (2001), S. 394–423; Madeleine Herren: Diplomatie im Fokus der Globalgeschichte, in: Neue Politische Literatur (NPL) 61/3 (2016), S. 413–438; Dominic Eggel: Quo Vadis Diplomatic History? Reflections on the Past and Present of Writing the History of International Relations, in: Barbara Haider-Wilson/William D. Godsey/Wolfgang Mueller (Hrsg.): Internationale Geschichte in Theorie und Praxis, Wien 2017, S. 209–229.

22 „Zivilgesellschaft" meint im Rahmen dieser Arbeit nach Kocka einen „spezifischen Typus sozialen Handelns" im „sozialen Raum, der in modernen, ausdifferenzierten Gesellschaften ‚zwischen' Staat, Wirtschaft und Privatsphäre zu lokalisieren ist, in dem Raum der Vereine, Assoziationen, sozialen Bewegungen und Non-Governmental Organizations (NGO), einem Raum, für den ein hohes Maß an gesellschaftlicher Selbstorganisation kennzeichnend ist", Jürgen Kocka: Zivilgesellschaft in historischer Perspektive in: Forschungsjournal Neue Soziale Bewegungen 16/2 (2003), S. 29–42, hier S. 32.

23 Vgl. Andrew F. Cooper/Jorge Heine/Ramesh Thakur (Hrsg.): The Oxford Handbook of Modern Diplomacy, Oxford 2013; Madeleine Herren: Internationale Organisationen seit 1865. Eine Globalgeschichte der internationalen Ordnung, Darmstadt 2010.

24 Zur Beteiligung privater Akteure siehe Klaus Dieter Wolf: Normsetzung in internationalen Institutionen unter Mitwirkung privater Akteure? „International Environmental Governance" zwischen ILO, öffentlich-privaten Politiknetzwerken und Global Compact, in: Sabine Schorlemer (Hrsg.): Praxishandbuch UNO. Die Vereinten Nationen im Lichte globaler Herausforderungen, Berlin, Heidelberg 2003, S. 225–240. Zum politikwissenschaftlichen Ansatz der Global Governance vgl. z.B. Dirk Messner/Franz Nuscheler: Das Konzept Global Governance. Stand und Perspektiven, Duisburg 2003; Michael Zürn: Regieren jenseits des Nationalstaates. Globalisierung und Denationalisierung als Chance, Frankfurt a.M. 1998; Maria Behrens/Alexander Reichwein: Global Governance, in: Arthur Benz/Susanne Lütz/Uwe Schimank/Georg Simonis (Hrsg.): Handbuch Governance, S. 311–324.

solche Akteure „unterschiedlicher sozialer, politischer und institutioneller Herkunft“[25] Verhandlungen innerhalb eines Mehrebenensystems mitgestalteten. Ein neues Seerecht bedeutete ja nicht nur Änderungen im Völkerrecht, das von Staaten zu implementieren war, sondern hatte genauso Auswirkungen auf vom Meer abhängige Wirtschaftszweige (Fischereiindustrie, Meeresbergbau, Schifffahrt), die Meeresforschung (Freiheit der Forschung, Nutzbarmachung von Forschungsergebnissen, Technologietransfer) sowie regionale Küstengemeinschaften (z. B. Quotierung des Fischfangs, Umweltschutzauflagen) und nicht zuletzt auf die „globale Gesellschaft“ in ihrer Gesamtheit, vertreten durch zivilgesellschaftliche Gruppierungen (Ressourcengerechtigkeit, Nachhaltigkeit, Umweltsicherheit).

Um also ein diversifiziertes Bild der Debatten um Ressourcen auf und während der Seerechtskonferenz zeichnen zu können, ist der Fokus zwar über die internationalen Beziehungen hinaus zu erweitern. Dies darf aber gleichwohl nicht dazu führen, dass diese außer Acht gelassen werden, denn die verschiedenen Ebenen sind im Sinne einer *Multi-Level-Governance* eben nicht als hermetisch voneinander getrennt zu verstehen.[26] Vielmehr stehen sie durch institutionelle Überlappungen und untereinander vernetzte Akteure miteinander in Beziehung. Dem soll Rechnung getragen werden, indem drei Teilstudien auf jeweils unterschiedlichen Ebenen angesiedelt werden. Dadurch lassen sich zum einen die Rückkopplungen und Verflechtungen zwischen den Ebenen identifizieren und analysieren. Zum anderen trägt dies der Akteursvielfalt Rechnung, die von Staatenverbünden bis hin zu Einzelpersonen reichte, welche die Debatten mit je unterschiedlicher Reichweite prägten.

Die G77, der Staatenverbund der Entwicklungsländer, tritt gewissermaßen als klassischer Akteur der internationalen Beziehungen auf und bietet sich dementsprechend besonders an, um die internationale Ebene in den Blick zu nehmen und sowohl die differierenden Ressourcenkonzepte innerhalb der Gruppe als

25 Isabella Löhr: Die Globalisierung geistiger Eigentumsrechte. Neue Strukturen internationaler Zusammenarbeit 1886–1952, Göttingen 2010, S. 21.

26 Die Multi-Level-Governance, in den 1990er-Jahren von Marks et al. ursprünglich für die politikwissenschaftliche Analyse der EU eingeführt, beschreibt die wechselseitige Abhängigkeit verschiedener Ebenen und Akteurskonstellationen. Dabei geht der Ansatz nicht nur von politisch-territorialen und administrativen Einheiten aus, sondern bezieht auch quer dazu verlaufende Akteursnetzwerke mit ein. Siehe dazu Brunnengräber/Walk, Der Mehrwert der Mehrebenenbetrachtung. Vgl. auch Gary Marks/Liesbet Hooghe/Kermit Blank: European Integration Since the 1980s: State-Centric vs. Multi-Level Governance, in: Journal of Common Market Studies 34/3 (1996), S. 341–378; Arthur Benz: Multi-Level-Governance – Governance in Mehrebenensystemen, in: Arthur Benz/Nicolai Dose (Hrsg.): Governance – Regieren in komplexen Regelsystemen. Eine Einführung, 2. Aufl., Wiesbaden 2010, S. 111–135.

auch ihre Involvierung in die Konferenzdebatten und Reibungen mit den Positionen anderer Staaten und Staatengruppen zu untersuchen.

Die deutsche Hochseefischerei ist Gegenstand der zweiten Fallstudie, und nimmt somit einen weiteren Teil des Akteursspektrums der Ocean Governance ins Visier. Ausgehend vom Verband der deutschen Hochseefischereien als intermediärem Akteur, lässt sich die Verwobenheit der verschiedenen Ebenen, die von der regionalen über die nationale und die Koordinierung im Rahmen der EG bis zur internationalen Ebene reichte, analysieren. Darüber hinaus lässt sich anhand dieses Falles exemplarisch aufzeigen, welche vielfältigen Effekte die Seerechtskonferenz unterhalb der internationalen Ebene auslöste.

Elisabeth Mann Borgese liefert vor dem Hintergrund ihrer transnationalen Biographie ein Beispiel für die Wirkungsmacht von zivilgesellschaftlichen Akteuren, die auf internationalen Konferenzen oftmals als moralisches Rückgrat fungieren und neben den Staaten und der Wirtschaft den dritten Baustein der Ocean Governance ausmachen.

Die Handlungsmotive der Akteure resultierten sowohl aus den zu erwartenden Konsequenzen eines neuen Seerechts als auch aus den zu Grunde liegenden Konzeptionen vom Meer als Ressourcenpool und Nutzungsraum (vgl. Leitfrage 1), so die These. Insofern reichten die Motive vom Ziel einer Umverteilung der Reichtümer des Meeres bis zur Sicherung kurzfristiger wirtschaftlicher Interessen.

3. Wie versuchten die Akteure, ihre Interessen durchzusetzen?

Ausgehend von den Meeresperzeptionen und der Bedeutung, die die Akteure dem Meer und seinen Ressourcen beimaßen, sollen die unterschiedlichen Strategien und Praktiken herausgearbeitet werden, die die Akteure auf allen Ebenen des Konferenzgeschehens zum Tragen brachten, um ihre Ziele zu erreichen. Dazu zählen die zahlreichen Spielarten der Diplomatie und des Lobbying genauso wie Netzwerken und öffentliche Kommunikation.

Mit dem Verständnis einer „klassischen“ Diplomatie, in der ausschließlich Staatsvertreter miteinander über territoriale Streitigkeiten verhandeln, lässt sich wohl keine der internationalen Konferenzen des 20. Jahrhunderts mehr fassen. Nicht nur, dass Verhandlungen im Sinne einer Konferenzdiplomatie inzwischen multidimensional, d. h. auf verschiedenen Ebenen, zwischen diversen Parteien und über unterschiedlichste Themen stattfinden – sie beschränken sich auch längst nicht mehr auf „offizielle“ Diplomaten. Wie zum Beispiel das Konzept der *citizen diplomacy* verdeutlicht, betreiben auch global orientierte Individuen Diplomatie in einem breit gefächerten Beziehungsgefüge. Wiseman spricht in diesem Zusammenhang von einem „Polylateralismus".[27]

Eine weitere mögliche Strategie der Interessendurchsetzung ist das Lobbying. Im allgemeinen Sprachgebrauch ist der Begriff meist negativ konnotiert. Lobbying wird aber sowohl im Parlamentarismus als auch auf internationalen Konferenzen als legitime Interessenwahrnehmung in verschiedenen Ausprägungen und Formen praktiziert.[28] Für die Analyse von Lobbyismus spielen vier Aspekte eine Rolle: Inhalte und Ideologien, die Organisationsform, Adressaten und nicht zuletzt die Aktionsform.[29] Anhand dieser Kriterien lassen sich die meisten Strategien der Einflussnahme kategorisieren. Deswegen bevorzugt diese Arbeit eine weite Definition des Lobbyismusbegriffs und subsumiert darunter die Bemühungen derjenigen Akteure, die nicht als Staatsvertreter in das Konferenzgeschehen eingebunden waren und deren Handlungen darauf abzielten, durch jedwede Einmischung in Abstimmungsprozesse und Verhandlungsverläufe die Ausgestaltung eines künftigen Seerechtsübereinkommens zu beeinflussen. Dazu zählen neben der Konsultation von Politikern und Staatsvertretern auch Public-Relations-Aktivitäten und medienzentrierte Öffentlichkeitsarbeit (letzteres gilt besonders für das wirtschaftliche und das zivilgesellschaftliche Feld).[30] In der Zusammenschau mit dem zuvor entwickelten erweiterten Diplomatiebegriff sind die Grenzen zwischen Lobbyismus und Diplomatie mitunter fließend.

Darüber hinaus spielen noch weitere Faktoren eine Rolle, die bei der Analyse zu berücksichtigen sind. Dazu zählen beispielsweise sogenannte *Private Private Partnerships*, bei denen verschiedene Typen privater Akteure (etwa Unternehmen, Verbände, NGOs) versuchen, gemeinsam Normen zu setzen oder „Verregelungen" zuvorzukommen.[31] Weiche Faktoren, wie rituelle Inszenierungen und symbolische Praktiken, die sich mit dem Ansatz der Performativität fassen lassen, fallen

---

27 Geoffrey Wiseman: „Polylateralism" and New Modes of Global Dialogue, London 2004. Vgl. außerdem zur Vielfältigkeit der Diplomatie Cooper/Heine/Thakur, The Oxford Handbook of Modern Diplomacy.

28 Kevin W. Hula: Lobbying Together. Interest Group Coalitions in Legislative Politics, Washington/DC 1999; Jan Lies: Politische Kommunikation. Lobbyismus und Public Affairs, in: Jan Lies (Hrsg.): Public Relations. Ein Handbuch, Konstanz 2008, S. 389–393; Thomas Leif: Licht und Schatten. Lobbyismus zwischen Öffentlichkeit und Hinterzimmer, Stuttgart 2009.

29 Ulrich von Alemann/Florian Eckert: Lobbyismus als Schattenpolitik, in: Aus Politik und Zeitgeschichte (APuZ) 15–16 (2006), S. 3–10, hier S. 4.

30 Ebd., hier S. 5.

31 Behrens/Reichwein, Global Governance, S. 314.

ebenfalls unter die zu analysierenden Strategien.[32] So ist für das Verständnis von Erfolg oder Misserfolg der Akteure von Belang, welche Foren diese wählten, um ihre Anliegen vorzubringen und ob sie sich im informellen Rahmen miteinander verständigten oder im offiziellen Rahmen öffentliche Appelle aussprachen. Auch die konkrete Ausgestaltung solcher Rituale muss dabei Berücksichtigung finden.

Diese bisher lediglich angerissenen Theoriebezüge und eingeführten Begriffe werden im Folgenden konkretisiert, operationalisiert und um weitere theoretische Überlegungen ergänzt.

1.2 Theoretische und begriffliche Bezüge

1.2.1 Ocean Governance – Global Governance

Mit der Seerechtskonvention wurde ein rechtliches Rahmenwerk für die künftige Nutzung der Meere geschaffen und damit auch ein Grundstein für die Ocean Governance gelegt.[33] Diese umfasst neben der Seerechtskonvention auch andere Normen und Institutionen, die die Nutzung der Weltmeere regeln sollen, wie die der regionalen Fischereiorganisationen (zum Beispiel die Nordwestatlantische Fischereiorganisation NAFO (seit 1979, vorher seit 1949 ICNAF)) oder Umweltabkommen (beispielsweise das Übereinkommen zu Verhütung der Meeresverschmutzung durch Schiffe MARPOL, 1973/1978). Ocean Governance basiert zwar auf internationalem Recht, bezieht aber nichtstaatliche Akteure mit ein. Weil die Meere als ein zusammenhängendes Ganzes betrachtet werden, gleichwohl aber in verschiedenen Weltregionen unterschiedlichen Nutzungen und Nutzungsausprägungen unterworfen sind, findet die Implementierung von Ocean Governance auf der internationalen Ebene genauso statt wie auf der nationalen, der subnationalen/regionalen und der lokalen Ebene.[34]

---

32 Vgl. Ute Frevert/Wolfgang Braungart: Sprachen des Politischen. Medien und Medialität in der Geschichte, Göttingen 2004; Erika Fischer-Lichte: Ästhetik des Performativen, 9. Aufl., Frankfurt a. M. 2014.

33 Der Begriff „Ocean Governance" fand erst während der Konferenz Verbreitung, mithin wurde er hier zum ersten Mal gebraucht. Dies legt zumindest eine Suche im WorldCat nahe, wo der Begriff erstmals im Jahr 1978 in einer Publikation auftaucht.

34 Lee A. Kimball: Major Challenges of Ocean Governance: The Role of NGOs, in: Davor Vidas/Willy Østreng (Hrsg.): Order for the Oceans at the Turn of the Century, The Hague 1999, S. 389–406; Thomas A. Mensah (Hrsg.): Ocean Governance. Strategies and Approaches for the 21st Century. Honolulu, Hawaii, July 11–14, 1994, Honolulu 1996; für einen Überblick zur Konzeptionalisierung von „Ocean Governance" siehe Yen-Chiang Chang: Ocean Governance. A Way forward, Dordrecht 2012.

Wie während der UN-Ozeankonferenz im Juni 2017 deutlich wurde, hat sich Ocean Governance als führendes Konzept zur Charakterisierung des Umgangs mit den Meeren und ihrer Verwaltung etabliert: „Ocean governance is distributed over a plethora of international and regional instruments and mechanisms“.[35] Ein Ziel der Ozeankonferenz war es unter anderem, „to provide the full picture [...] and share views and experiences across different sectors, levels and actors [...]“.[36] Die Verschränkung verschiedener Handlungsebenen und Managementinstrumente sowie die Vernetzung und Interdependenzen der involvierten Akteure sind demnach kennzeichnend für Ocean Governance, der aufgrund ihrer Bezugsgröße – des Ozeans – ein globaler Geltungsanspruch inhärent ist und somit im Theoriegebäude der Global Governance Platz findet.

Dieses dem liberalen Institutionalismus zuzuordnende Konzept geht nicht selten mit einer normativ aufgeladenen Kritik am nationalstaatlichen Multilateralismus einher.[37] Es stellt in diesem Zusammenhang einen Gegenentwurf dar, innerhalb dessen die idealisierte Vorstellung einer globalen Zivilgesellschaft als Kontrollinstanz verfolgt wird und globale Politik – in der radikalsten Ausprägung dieses Ansatzes – gänzlich ohne Staaten funktioniert. Folgt man diesem normativen beziehungsweise idealistischen Konzept, ist Global Governance ein Ordnungsmuster zur Lösung globaler Probleme und zur Sicherung globaler Güter.[38]

Der „normativen Global Governance“[39] wird in der politikwissenschaftlichen Literatur die empirisch-analytische Global Governance-Forschung gegenübergestellt. Zwar gehen auch diese analytischen Ansätze davon aus, dass durch die Globalisierung ein erweiterter und neuer Bedarf an internationalen Regelungen entstanden ist, der ein erweitertes, über das Staatszentrierte hinausgehende Verständnis internationaler Politik braucht. Allerdings nehmen diese Ansätze die tatsächlich stattfindenden Prozesse transnationaler Institutionenbildung in den Blick.[40] In diesem Sinne definiert Simonis „Governance“ in Anlehnung an

35 IISD Reporting Services: Earth Negotiations Bulletin. Ocean Conference Final, Jg. 32, Nr. 33, 12.06.2017, S. 9.

36 Ebd.

37 Brunnengräber et al. meinen hiermit Ansätze, die Global Governance als Projekt zur Umgestaltung der Welt betrachten, bei der die „Eine Welt“ an einem Strang zieht, Achim Brunnengräber/Ulrich Brand/Lutz Schrader/Christian Stock/Peter Wahl: Global Governance. Alternative zur neoliberalen Globalisierung?, Münster 2000, S. 43.

38 Maria Behrens: Global Governance – eine Einführung, in: Maria Behrens (Hrsg.): Globalisierung als politische Herausforderung. Global Governance zwischen Utopie und Realität, Wiesbaden 2005, S. 11–23, hier S. 11.

39 Ebd., hier S.18.

40 Reinhard Wesel: Internationale Regime und Organisationen, Konstanz 2012, S. 33; Behrens/Reichwein, Global Governance, S. 311. Neben der Kritik an der normativ aufgeladenen Konzeption

Ruggie ganz allgemein als „Bearbeitung eines gemeinsamen (politischen) Problems interdependenter Akteure im Rahmen und mit Hilfe von Institutionen".[41] Die „Governanceperspektive" einzunehmen, bedeutet laut Simonis demnach erstens, die politischen Auseinandersetzungen zur Errichtung von Regelungsstrukturen zu betrachten (Entwicklungs- und Transformationsperspektive der Governanceanalyse) und zweitens, das Zusammenwirken der Akteure und sich dabei ergebender Koordinationsformen zu erklären, wobei sich das Augenmerk auf Handlungsstrategien, Diskurse und Koordinationsmuster richtet.[42]

Für eine historisch-empirische Analyse der Herausbildung von Global Governance-Strukturen lässt sich daraus ableiten, dass sie sowohl die Verhandlungen als auch das Handeln einzelner beteiligter Akteure in den Blick nehmen muss. Dementsprechend meint Global Governance im Rahmen dieser Arbeit ein theoretisches Gedankengebäude, welches es erlaubt, Staaten zwar weiterhin als Akteure internationaler Politik und internationaler Verhandlungen zu begreifen, das Akteursspektrum jedoch zugleich zu erweitern.[43] Global Governance umfasst demnach folgende Akteure und Akteursgruppen: Staaten, internationale Organisationen, Nichtregierungsorganisationen, Experten und *epistemic communities*, Netzwerke und Partnerschaften sowie multinationale Unternehmen und

---

von Global Governance gibt es auch andere kritische Stimmen, die im Global Governance-Diskurs die neoliberale Globalisierung bestärkende Elemente ausmachen, so z. B. Ulrich Brand: Nach der Krise des Fordismus: Global Governance als möglicher hegemonialer Diskurs des internationalen Politischen, in: Zeitschrift für internationale Beziehungen 10/1 (2003), S. 143–166.

41 Georg Simonis: Theoretischer Rahmen: Governance, in: Georg Simons (Hrsg.): Handbuch globale Klimapolitik, Paderborn 2017, S. 138–175, hier S. 141; John R. Ruggie: Global Governance and „New Governance Theory": Lessons from Business and Human Rights, in: Global Governance 20/1 (2014), S. 5–17. Diese Definition verdeutlicht auch den Bezug zu Interdependenzansätzen innerhalb des liberalen Institutionalismus, die besonders während der 1970er Jahre Konjunktur hatten, siehe hierzu grundlegend: Robert O. Keohane/Joseph S. Nye: Power and Interdependence. World Politics in Transition, 4. Aufl., Boston 2012.

42 Simonis, Theoretischer Rahmen, S. 139 f. Dabei bildeten sich die „polyvalenten Netzwerkstrukturen" der Global Governance bereits ab den 1960er Jahren heraus, und nicht erst in den 1990er Jahren, wie Sönke Kunkel betont. Sönke Kunkel: Zwischen Globalisierung, internationalen Organisationen und „global governance". Eine kurze Geschichte des Nord-Süd-Konflikts in den 1960er und 1970er Jahren, in: VfZ 4 (2012), S. 555–577, S. 559.

43 Vgl. hierzu auch die Überlegungen von Saskia Sassen, die dafür plädiert, die vermeintliche Dichotomie zwischen dem Lokalen/Nationalen und dem Globalen, staatlichen und nichtstaatlichen Akteuren, privat und öffentlich aufzubrechen. Saskia Sassen: Das Paradox des Nationalen. Territorium, Autorität und Rechte im globalen Zeitalter, Frankfurt a. M. 2008; Dies.: The Participation of States and Citizens in Global Governance, in: Indiana Journal of Global Legal Studies 10/5 (2003), S. 5–28.

private Stiftungen.[44] Regierungsformen der Global Governance sind analog zu der genannten Erweiterung nicht nur völkerrechtliche Verträge, sondern auch Wissen, Normen, finanzielle/institutionelle Macht und nicht verbindliche weiche Regeln (*soft law*).[45]

Basierend auf diesen Überlegungen war die Seerechtskonferenz ein Forum, innerhalb dessen die Beteiligten nicht nur über Ressourcenverteilung verhandelten, sondern auch über das zukünftige Management der Ozeane. Ihre Untersuchung verspricht Einblicke in die Entstehungs- beziehungsweise Strukturierungsphase einer „*Global Ocean Governance*" und ist demzufolge ein Beitrag zur Internationalen Geschichte mit globalgeschichtlichen Bezügen. Es handelt sich um Internationale Geschichte, weil staatliche Akteure und ihre internationalen Beziehungen eine bedeutende Rolle spielen, sie aber zugleich offen sind für Einfluss ausübende Akteure und Strukturen unterschiedlicher räumlicher Bezugsebenen.[46] Dies verbindet sie mit den globalgeschichtlichen Elementen, die sich aus dem Konzept der Global Commons und aus der Tatsache, dass der Ozean ein den Globus umspannendes und Regionen verbindendes System ist, ergeben. Zudem sind die Verhandlungskonstellationen auf der Seerechtskonferenz nur in einem globalen Kontext verstehbar, da dieser den Bedeutungshorizont der Akteure hinsichtlich einer globalen Verteilungs- und Ressourcengerechtigkeit bestimmte und selbst wiederum von globalen Ungleichgewichten und Machtgefü-

---

44 Margaret P. Karns/Karen A. Mingst/Kendall W. Stiles: International Organizations. The Politics and Processes of Global Governance, 3. Aufl., Boulder/CO 2015, S. 8. Simonis begreift wissenschaftliche und zivilgesellschaftliche Akteure als außerhalb des Governance*systems* agierend, bezieht sie jedoch im Rahmen der „New Modes of Governance" wieder mit ein. Simonis, Theoretischer Rahmen: Governance, S. 156; vgl. dazu auch Diana Tussie/Maria Pia Riggirozzi: Pressing Ahead with New Procedures for Old Machinery: Global Governance and Civil Society, in: Volker Rittberger (Hrsg.): Global Governance and the United Nations System, Tokyo 2001, S. 158–180.

45 Behrens/Reichwein, Global Governance, S. 314.

46 Wilfried Loth/Jürgen Osterhammel (Hrsg.): Internationale Geschichte. Themen, Ergebnisse, Aussichten, München 2000, S. XI. Bisweilen überschneiden sich die Bereiche Transnationale Geschichte, Internationale Geschichte und Globalgeschichte und lassen keine eindeutige Trennung voneinander zu. Gemeinsam ist ihnen aber die Überschreitung nationalstaatlicher Grenzen. Transnationale Geschichte und Globalgeschichte können mithin als Teile der Internationalen Geschichte verstanden werden. Jost Dülffer/Wilfried Loth: Einleitung, in: Jost Dülffer/Wilfried Loth (Hrsg.): Dimensionen internationaler Geschichte, München 2012, S. 1–8, hier S. 5; Vgl. bzgl. Begriffsverwirrungen und Überschneidungen auch Barbara Haider-Wilson: Humpty Dumpty, die Geschichtswissenschaft und der Pluralismus: Einlassung auf die historische Subdisziplin „Internationale Geschichte", in: Barbara Haider-Wilson/William D. Godsey/Wolfgang Mueller (Hrsg.): Internationale Geschichte in Theorie und Praxis. International History in Theory and Practice, Wien 2017, S. 9–61.

gen geprägt war.[47] Die Verhandlungen um eine künftige Meeresordnung lassen sich aber auch mit Ansätzen der Regimetheorie erklären, wobei die Etablierung von „prozeduralen Prinzipien, Normen und Regeln"[48] für die Meeresnutzung in den Blick rückt. In dieser Lesart musste das Problem des Seerechts in ein Regime der Rechtssicherheit überführt werden, weil die sich rasant entwickelnden Nutzungsmöglichkeiten des Meeres und seiner Ressourcen immer mehr Konflikte mit sich brachten.[49]

1.2.2 Naturvorstellungen und das Völkerrecht

Neben das Verständnis der Seerechtskonferenz als einem Forum für Ressourcenfragen und als Bündelungsmoment der Akteure der Global Ocean Governance tritt noch eine weitere Bedeutungsdimension. Die Konferenz ermöglicht nämlich nicht zuletzt den Blick auf einen Mikrokosmos, innerhalb dessen sich die Transformation von Natur- und Umweltvorstellungen in (Völker-)Recht vollzog. Ausgehend von der Überlegung Jed Purdys, dass Politik Natur nicht nur benutzt sondern sie auch „erzeugt", indem sie durch politische und rechtliche Arrangements Mensch-Umwelt-Beziehungen festlegt und deutet, ist die Welt, in der wir leben, geformt von früheren Vorstellungen über Natur und Umwelt.[50]

Purdy macht dies am Beispiel der US-amerikanischen Gesellschaft deutlich und identifiziert verschiedene „visions of nature", die die Geschichte der heutigen USA prägten. Innerhalb der schicksalhaften (*providential*) Naturvorstellung der Frontiergesellschaft wurde das Land durch menschliche Arbeit zu Eigentum. Diese Sicht manifestierte sich 1862 im von Abraham Lincoln unterzeichneten *Homestead Act* sowohl politisch als auch rechtlich. Damit einhergehend war eine utilitaristische Vorstellung von Natur wirksam, die als Ressourcenreservoir zur Ausdehnung der jungen Nation beitrug. Aus romantischer Sicht wiederum war die Natur ein sakraler Ort, der das Bewusstsein des menschlichen Individuums zu ändern vermochte. „Wildnis" musste jedoch in Form von Nationalparks erst mittels Gesetz geschaffen werden. Unter Franklin D. Roosevelt wurde die Natur

---

47 Vgl. Hubertus Büschel: Internationale Geschichte als Globalgeschichte – Prämissen, Potentiale und Probleme, in: Zeithistorische Forschungen/Studies in Contemporary History 8/3 (2011), S. 439–445.

48 Bernhard Zangl: Regimetheorie in: Siegfried Schieder/ Manuela Spindler (Hrsg.): Theorien der Internationalen Beziehungen, 3. Aufl., Leverkusen 2010, S. 131–155, hier S. 133.

49 Vgl. Robert O. Keohane: After Hegemony. Cooperation and Discord in the World Political Economy, Princeton 1984, S. 75 f.

50 Purdy, After Nature.

und ihre Erhaltung schließlich, ganz dem Management-Ethos des New Deal entsprechend, ebensolchen technokratischen Prämissen unterworfen. Die ökologische Vorstellung wiederum, innerhalb derer Natur die Interdependenzen allen Lebens auf der Erde abbildet, hat ab den 1970er Jahren zu einem Verrechtlichungsschub geführt, im Zuge dessen Industrie und Privateigentum, oft zum ersten Mal, Regeln unterworfen wurden, wodurch nun auch größere Zusammenhänge handhabbar zu werden schienen.[51]

Für Purdy ist das *Anthropozän*[52] demnach weniger eine geologische Epoche als eine Landschaft, geprägt von verschiedenen Natur- und Umweltvorstellungen, die politisch genutzt werden und sich im Recht verkörpern. Damit steht er, ohne es explizit zu erwähnen, in der Denktradition Jules Michelets, der bereits Mitte des 19. Jahrhunderts die Einheit von Natur und Geschichte postulierte und Natur als einen Teil der Politik begriff.[53]

Die Seerechtskonferenz bildet eine solche Politisierung und Verrechtlichung von Natur in einem Mikrokosmos ab, innerhalb dessen die verschiedenen Vorstellungen vom Meer und seinen natürlichen Ressourcen in einem „clash of visions" (Purdy) aufeinandertrafen und, zusammen mit einem Reigen verschiedenster sozialer Konstruktionen (Steinberg), miteinander konfligierten oder sich amalgamierten. Insofern lässt sich die Konferenz sicher als Projektionsfläche für Ressourcenkonzepte begreifen. Welche konkreten Vorstellungen und Konstruktionen letztlich wirksam wurden und in Form von Deutungskonkurrenzen die Verhandlungen und somit auch die Gestaltung eines Regimes für die Meere prägten, offenbart sich allerdings erst durch eine nähere Betrachtung der beteiligten Akteure beziehungsweise ihrer Positionen und Strategien.

„Natürliche Ressourcen" bezeichnen hier von der Natur bereitgestellte Güter, die der menschlichen Lebensgrundlage dienen.[54] Zu Ressourcen wird dieses „Naturkapital"[55] allerdings erst, indem der Mensch es erschließt und ihm einen Wert beimisst. Natürliche Ressourcen haben demnach nicht nur eine materielle

---

51 Ebd., S. 31 ff. (Four Versions of Antipolitics).

52 „Anthropozän" im Sinne eines menschlich geprägten Erdzeitalters. Für den Beginn dieser Epoche werden unterschiedliche Zeitpunkte angenommen. Vgl. auch die Diskussion des Konzepts etwa bei Jens Kersten: Das Anthropozän-Konzept. Kontrakt – Komposition – Konflikt, in: Zeitschrift für rechtswissenschaftliche Forschung 3 (2014), S. 378 – 414.

53 Vgl. Wolf Lepenies: Das Ende der Naturgeschichte. Wandel kultureller Selbstverständlichkeiten in den Wissenschaften des 18. und 19. Jahrhunderts, Frankfurt a. M. 1978, S. 118.

54 Vgl. Holger Rogall: Ökologische Ökonomie. Eine Einführung, 2. Aufl., Wiesbaden 2008, S. 59.

55 Zum Begriff „Naturkapital" siehe Ralf Döring: Walras 'erfindet' Naturkapital. Naturkapital in der Geschichte der Kapitaltheorie bis zur Neoklassik, in: Tanja von Egan-Krieger/Julia Schultz/Philipp Pratap Thapa/Lieske Voget (Hrsg.): Die Greifswalder Theorie starker Nachhaltigkeit. Ausbau, Anwendung und Kritik, Marburg 2009, S. 143 – 158.

Komponente, sondern werden darüber hinaus durch „soziokulturelle Prozesse von Wertzuschreibungen" zu solchen gemacht.[56]

Wenngleich es für natürliche Ressourcen im Völkerrecht keine allgemeine Definition gibt,[57] hat sich die Mitte des 20. Jahrhunderts auf UN-Ebene vorgenommene Unterscheidung zwischen mineralischen/fossilen Ressourcen (nicht erneuerbare Rohstoffe) und lebenden Ressourcen, die als nachwachsende Rohstoffe gelten, für die Behandlung in internationalen Gremien weitgehend durchgesetzt. Die Unterscheidung in erneuerbare und nicht erneuerbare Ressourcen impliziert dabei je unterschiedliche Zuschreibungen von Nutzungspotentialen. Während nicht nachwachsende Rohstoffe schonend auszubeuten und zu „rationieren" sind, erneuern sich lebende Ressourcen, wie beispielsweise Fisch, quasi selbst.[58] Die damit zusammenhängende Annahme, dass die lebenden Ressourcen unerschöpflich seien, begann allerdings ab den 1950ern zu erodieren, was zugleich den Nutzwert dieser Ressourcen erhöhte.[59] Wenn also Fisch eine erneuerbare Ressource ist, kommt es auf menschliche Entscheidungen an, ob sie sich erneuert oder regeneriert. Dazu zählen vor allem politische Entscheidungen, die sich im Völkerrecht niederschlagen.[60]

1.2.3 Global Commons

Der Begriff der Global Commons bedarf im Rahmen dieser Untersuchung einer Erläuterung. Mit ihm verhält es sich ähnlich wie mit dem Begriff der Global Governance, denn er transportiert mitunter sehr unterschiedliche Bedeutungen, je nachdem, in welchem Kontext er genutzt wird. Diese Schwierigkeit bezieht sich vor allem auf die Semantik des Wortes *commons.*[61] Innerhalb der Geschichtswissenschaft meint dieses Wort vornehmlich die mittelalterlichen Allmenden im Sinne von Wasser, Feuerholz oder Gemeindeflächen, die von einer Dorfgemeinschaft kollektiv bewirtschaftet wurden. Die Allmenden zeichneten sich dadurch

---

56 So Birte Förster in der HSK-Debatte zu „Ressourcen" in den Geschichtswissenschaften: Teil 1, 20.09.2012, in: HSozKult <https://www.hsozkult.de/debate/id/diskussionen-1876> (12.11.2018).

57 Nico Schijver: Sovereignty over Natural Resources. Balancing Rights and Duties, Cambridge 1997, S. 15.

58 Franziska Torma: Lebende Ressourcen und symbolisches Kapital. Westdeutsche Fischerei-experten am Golf von Thailand (1959–1974), in: GuG 40/3 (2014), S. 354–381, hier S. 365.

59 Ruppenthal, Raubbau und Meerestechnik, S. 73.

60 Schrijver, Sovereignty over Natural Resources, S. 14.

61 Paul B. Hartzog: Global Commons. Is Definition Possible?, Salt Lake City 2003.

aus, dass die Nutzer untereinander Regelungen und Absprachen trafen, wann eine Ressource von wem und in welchem Umfang genutzt werden durfte.[62]

Dieses hergebrachte Verständnis der Commons unterscheidet sich von der Bedeutung, die Garrett Hardin dem Begriff 1968 in seinem vielzitierten Aufsatz über die „Tragedy of the Commons" gegeben hat. Denn im Sinne Hardins sind die Commons Niemandsland, auf das theoretisch ein Jeder freien Zugriff hat. Innerhalb dieser Lesart wirtschaftet jedes Individuum zum eigenen Vorteil, und das Gut wird übernutzt. Hardin nennt hierfür das Beispiel einer Weide: Keiner der Schäfer ist bereit, zugunsten des Kollektivs ein Schaf weniger darauf grasen zu lassen, da sonst die anderen Schäfer zusätzliche Schafe auf die Weide treiben. Ein ähnliches Beispiel stellen für ihn die Meere dar, die aus Eigennutz ohne Rücksicht leergefischt würden. Seine Überlegungen zur Tragödie der Allmende stellte Hardin im Kontext der Diskussion um die Problematik der Überbevölkerung an und betrachtete die Übernutzung von Ressourcen in malthusianischer Tradition vor allem als Resultat zu vieler Esser. Die Tragödie der Allmende könne folglich nur durch Verzicht auf die Freiheit der Fortpflanzung überwunden werden.[63]

Trotz dieses streitbaren Zusammenhangs dient der Titel seines Aufsatzes seitdem als Chiffre für „den ökologischen Niedergang all derjenigen Naturressourcen [...] deren Bewirtschaftung als menschliche Gemeinschaftsaufgabe gilt".[64] Er fungiert auch als Kontrastfolie für Nutzungskonzepte „jenseits von Staat und Markt", die seit dem Nobelpreis für Elinor Ostrom 2009 an Salonfähigkeit gewonnen haben. Ostrom wies die Funktionalität der Commons auf lokaler Ebene in mehreren Fallstudien nach und begründete damit eine Wiederentdeckung des Konzepts in den

62 Martina de Moor/Paul Warde/Leigh Shaw-Taylor (Hrsg.): The Management of Common Land in North West Europe, c. 1500 – 1850, Turnhout 2002; Fernand Braudel: Aufbruch zur Weltwirtschaft. München 1986; Derek Wall: The Commons in History. Culture, Conflict, and Ecology, Cambridge/MA 2014.

63 Garrett Hardin: The Tragedy of the Commons, in: Science 162 (1968), S. 1243 – 1248; vgl. hierzu auch die treffliche Analyse von Sabine Höhler: Exterritoriale Ressourcen: Die Diskussion um die Tiefsee, die Pole und das Weltall um 1970, in: Isabella Löhr/Andrea Rehling (Hrsg.): Global Commons im 20. Jahrhundert. Entwürfe für eine globale Welt, München 2014, S. 53 – 82, hier S. 71 – 73. Vgl. auch Heinrich Hartmann: „No Technical Solution": Historische Kontexte einer Moralökonomie der Weltbevölkerung seit den 1950er Jahren, in: Löhr/Rehling, Global Commons im 20. Jahrhundert, S. 33 – 52; Thomas Robertson: The Malthusian Moment: Global Population Growth and the Birth of American Environmentalism, Piscataway 2012.

64 Clemens Knobloch: „The Tragedy of the Commons" – Anatomie einer Erfolgsgeschichte, in: Fabian Deus (Hrsg.): Die Kultur des Neoevolutionismus. Zur diskursiven Renaturalisierung von Mensch und Gesellschaft, Bielefeld 2015, S. 169 – 203, hier S. 171.

Sozialwissenschaften und der Politik.[65] Dabei bezog sie sich auf lokal begrenzte Ressourcen, die der Selbstverwaltung und klaren Zugangsregeln unterlagen.

De Moor unterscheidet diesen Ostrom'schen Commons-Diskurs vom Pfad des *Global* Commons-Diskurses, der bei Hardin seinen Ausgang nahm und über die historische Bedeutung sowie diejenige bei Ostrom hinausgeht, indem nämlich die von Hardin konstatierte Problematik frei zugänglicher Güter auf die globale Ebene übertragen wird.[66] In dieser Lesart sind Global Commons also eigentlich Open-Access-Güter mit einer hohen Rivalität und einer niedrigen Ausschließbarkeit. Als Beispiele für Global Commons werden oftmals die Luft, die Meere oder, im Internetzeitalter, das Wissen genannt.[67] Diese Auffassung lässt jedoch die ursprüngliche Bedeutung der Commons als Verwaltungsinstitutionen außer Acht. Auf der analytischen Ebene muss deswegen unterschiedenen werden zwischen dem Ressourcenkonzept (welcher Wert wird einer Ressource durch den Menschen zugeschrieben?) und dem Konzept der Regeln, die genutzt werden, um die Verwaltung einer Ressource durch den Menschen zu bewerkstelligen.[68]

---

65 Elinor Ostrom: Die Verfassung der Allmende. Jenseits von Staat und Markt, Tübingen 1999; Silke Helfrich (Hrsg.): Wem gehört die Welt? Zur Wiederentdeckung der Gemeingüter, München 2009.

66 Martina de Moor: Von der Allmende zu den globalen commons: Eine historische Analyse interdisziplinärer Annäherungen an die commons, in: juridikum 2 (2012), S. 186–197, hier S. 191; vgl. im Hinblick auf unterschiedliche Begrifflichkeiten und Deutungen auch Wall, The commons in history, S. 105 f. Elinor Ostrom erweiterte ihre Überlegungen in späteren Veröffentlichungen ebenfalls auf die globale Ebene, vgl. etwa Elinor Ostrom: A Polycentric Approach for Coping with Climate Change. World Bank Policy Research Working Paper Series No. 5095, 2009. <https://ssrn.com/abstract=1494833> (10.10.2018).

67 Die unterschiedlichen Bedeutungsdimensionen führen mitunter auch dazu, dass Regimevergleiche unterschiedlichste Ressourcen als Commons bezeichnen. So vergleicht beispielsweise Hafner die Ozeane mit internationalen Commons-Regimen wie der Antarktis, Radiowellen und Satelliten, dem Weltraum und Spitzbergen, während Vogler die Ozeane, die Antarktis, den Weltraum und die Atmosphäre vergleichend analysiert. Gerhard Hafner: The Division of the Commons? The Myth of the Commons: Divide or Perish, in: Holger Hestermeyer/Nele Matz-Lück/Anja Seibert-Fohr/Silja Vöneky (Hrsg.): Law of the Sea in Dialogue, Berlin, Heidelberg 2011, S. 91–111; John Vogler: The Global Commons. Environmental and Technological Challenges, 2. Aufl., Chichester 2000.

In der neoklassischen Ökonomik werden Güter üblicherweise in vier Gruppen unterteilt: Private und öffentliche Güter, Klubgüter und Gemeingüter/Allmendegüter. Die Klassifizierung der Güter erfolgt aufgrund der Kriterien Rivalität (Nutzungskonkurrenz) und Exklusivität (Ausschließbarkeit der Nutzung).

68 Thomas Dietz/Nives Dolšak/Elinor Ostrom/Paul C. Stern: The Drama of the Commons, in: Elinor Ostrom/Thomas Dietz/Nives Dolšak/Paul C. Stern/Susan Stonich/Elke U. Weber (Hrsg.): The Drama of the Commons, Washington/DC 2002, S. 3–39, hier S. 17.

Das Etikett *global* wird einer Ressource also erst mittels einer entsprechenden Konzeptualisierung verliehen, und auch Verwaltungsinstitutionen entstehen erst durch Aushandlungen darüber, wer wie und wann an der Ausbeutung einer Ressource beteiligt ist. Demnach ist festzuhalten, dass die Global Commons ein Konstrukt sind, mit dessen Hilfe der Umgang mit globalen Gütern geregelt werden soll und anhand dessen unterschiedliche Akteure Gebiets- und Nutzungsansprüche formulieren.[69]

Die so verstandene Idee der Global Commons beeinflusste Debatten auf internationaler Ebene bereits im frühen 20. Jahrhundert. Dabei wurden die Global Commons nicht explizit als solche benannt, sondern verbargen sich hinter „seismischen Termini" wie *common estate*, *res communis* oder *common heritage of mankind*.[70] Der letztgenannte Begriff, das Gemeinsame Erbe der Menschheit, war, wie bereits angeklungen ist und noch weiter auszuführen sein wird, für die Seerechtskonferenz von zentraler Bedeutung und ist folglich ein Indikator für die Relevanz der Konferenz, will man den Umgang mit globalen Ressourcen in der zweiten Hälfte des 20. Jahrhunderts angemessen erfassen.

Wenn es also bei den globalen Gemeingütern um konkurrierende Weltordnungsentwürfe geht, die über juristische Figuren wie das Gemeinsame Erbe der Menschheit und über die Postulierung von Global Commons in die politische Praxis übersetzt wurden, wie Andrea Rehling und Isabella Löhr argumentieren, lässt sich die Seerechtskonferenz auch als Forum für die Suche nach neuen Normen und als Ort für Debatten über eine gerechte Weltordnung in den „globalen 1970er Jahren" deuten.[71]

1.3 Verortung im Forschungsfeld

Die Seerechtskonferenz ist aus geschichtswissenschaftlicher Sicht nahezu unerforscht. Dies verwundert, war sie doch „die größte und ambitionierteste Konfe-

---

69 Silke Helfrich: Gemeingüter sind nicht, sie werden gemacht, in: Silke Helfrich/Heinrich Böll Stiftung (Hrsg.): Commons. Für eine neue Politik jenseits von Markt und Staat, Bielefeld 2012, S. 83–91.

70 Anna-Katharina Wöbse: Globales Gemeingut und das Naturerbe der Menschheit im Völkerbund und den Vereinten Nationen, in: Löhr/Rehling, Global Commons im 20. Jahrhundert, S. 83–108, hier S. 84.

71 Andrea Rehling/Isabella Löhr: „Governing the Commons": Die global commons und das Erbe der Menschheit im 20. Jahrhundert, in: Löhr/Rehling, Global Commons im 20. Jahrhundert, S. 3–31, hier S. 6. Die „global 1970s" macht Glenda Sluga als einen von fünf Zeitabschnitten des Internationalismus seit Ende des 19. Jahrhunderts aus: Glenda Sluga: Internationalism in the Age of Nationalism, Philadelphia 2013.

renz seit dem Westfälischen Frieden von 1648".[72] Bisher haben sich vor allem Völkerrechtler und Politikwissenschaftler im zeitgenössischen Kontext mit der Konferenz auseinandergesetzt.[73] Aus historischer Sicht hingegen steht eine Analyse bisher noch aus.[74] Dies mag eine der Ursachen sein, wieso sich im Kontext der UN-Ozeankonferenz im Juni 2017 kollektive Erinnerungslücken hinsichtlich der Vorgeschichte einer solchen Konferenz offenbarten.[75] Juda beklagt in diesem Zusammenhang, dass die Meerespolitik insgesamt ihre historischen Bezüge zu wenig beachte.[76]

Einer der Gründe dafür könnte sein, dass die Seerechtskonferenz im kollektiven Gedächtnis kaum bis gar nicht verankert ist, was sich an aktuellen Dokumentationen über die Nutzungspotentiale der Meere und die damit zusammenhängenden Problemen ablesen lässt, in denen sie, wenn überhaupt, nur am Rande erwähnt wird.[77] Auch das Wissenschaftsjahr 2016/17 des Bundesministeriums für Bildung und Forschung (BMBF) zum Thema Meere und Ozeane, das den „öffentlichen Dialog über die vielfältigen Aspekte der Meeresforschung" fördern

---

72 Rainer Lagoni: Multilaterale Vertragsschlussverfahren nach der III. Seerechtskonferenz, in: Vereinte Nationen: Zeitschrift für die Vereinten Nationen und ihre Sonderorganisationen (Vereinte Nationen) 3 (1983), S. 74–78, hier S. 74.

73 Vgl. etwa Klaus Dieter Wolf: Die dritte Seerechtskonferenz der Vereinten Nationen. Beiträge zur Reform der internationalen Ordnung und Entwicklungstendenzen im Nord-Süd-Verhältnis, Baden-Baden 1981; Günther Freericks: Die lautlose Eroberung der Meere: Grundzüge des neuen Seevölkerrechts, Karlsfeld bei München 1982; Robert L. Friedheim: Negotiating the New Ocean Regime, Columbia/SC 1993; Axel Köhler: Die Seerechtskonferenz: Eine Problemanalyse, Köln 1981; Alphons Studier: Die III. UN-Seerechtskonferenz: Auf dem Weg zu einer gerechten Weltmeeresordnung?, München 1982.

74 Dies wird z. B. deutlich in der Bibliographie zum Seerecht von Uwe Jenisch aus dem Jahr 2007. Rückblicke auf die Seerechtskonferenz stammen hier vor allem von Personen, die selbst an den Verhandlungen beteiligt waren (wie Jenisch selbst) oder sie als Völkerrechtler oder Politikwissenschaftler aus akademischem Interesse verfolgt haben. Uwe Jenisch/Jeannette Edler: Bibliographie des deutschen Schrifttums zum internationalen und öffentlichen Seerecht 1982–2007. Bibliography of German Publications on the International and Public Law of the Sea 1982–2007, 2. Aufl., Baden-Baden 2008.

75 Christoph Hein/Nusu Dua: Welt-Ozean-Konferenz: Wie kann man die Meere nachhaltig bewirtschaften?, in: Frankfurter Allgemeine, 27.02.2017 <https://www.faz.net/aktuell/wirtschaft/wirtschaftspolitik/welt-ozean-konferenz-die-bewirtschaftung-der-meere-faengt-erst-an-14899320.html> (11.12.2018); Dagmar Dehmer: Was die erste Welt-Ozeankonferenz erbracht hat, in: Tagesspiegel Background, 11.06.2017 <https://background.tagesspiegel.de/was-die-erste-welt-ozeankonferenz-erbracht-hat> (11.12.2018).

76 Lawrence Juda: International Law and Ocean Use Management. The Evolution of Ocean Governance, London, New York 1996, S. viii.

77 Vgl. zum Beispiel Friederike Lorenz: Manganknollen vom Meeresgrund. Goldrausch im Pazifik, Deutschland 2015, Erstausstrahlung 04.06.2016.

wollte, hat das Seerecht und seine politische Umsetzung nur in Ansätzen berücksichtigt, noch weniger seine historischen Wurzeln.[78] Als weiterer möglicher Grund ist anzuführen, dass Historiker bislang „mit dem Rücken zum Meer forschen“ (Jens Ruppenthal) und mit der Geschichte der Meere nach wie vor in erster Linie Schifffahrts- und Marinegeschichte verbinden. Dabei birgt die Geschichte der Meere gerade in Verbindung mit der Internationalen und der Globalisierungsgeschichte Potential, und auch die Liason mit der Umweltgeschichte sowie der Kultur- und Wissenschaftsgeschichte hat sich als fruchtbar erwiesen.[79] Dabei siedeln sich Arbeiten zur Marine Environmental History bisher vornehmlich an der Schnittstelle von Umweltgeschichte und Meeresbiologie/Meereswissenschaften an, wenngleich Franziska Torma und John Gillis diese Engführung mittlerweile auch konzeptionell aufgebrochen haben.[80] Der Begriff der *Maritime History* wird in der Praxis entweder mit kulturhistorischen Zugängen verbunden oder aber fälschlich auf die traditionelle Marine- oder Schifffahrtsgeschichte bezogen.[81] Eine Konsolidierung dieser Zersplitterung versucht Helen Rozwadowski, indem

---

78 Vgl. dazu die auf der zughörigen Homepage genannten Themenschwerpunkte, in: BMBF (Hrsg.): Wissenschaftsjahr 2016/17: Meere und Ozeane <https://www.wissenschaftsjahr.de/2016-17/das-wissenschaftsjahr/themenschwerpunkte.html> (20.09.2017).

79 Einschlägige Werke auf diesem Gebiet sind z.B. Lincoln P. Paine: The Sea and Civilization. A Maritime History of the World, London 2013; Michael North: Zwischen Hafen und Horizont. Weltgeschichte der Meere, München 2016; Helen M. Rozwadowski: Fathoming the Ocean. The Discovery and Exploration of the Deep Sea, Cambridge/MA, London 2005; Dies.: Vast Expanses. A History of the Oceans, London 2018; Felix Schürmann: Der graue Unterstrom. Walfänger und Küstengesellschaften an den tiefen Stränden Afrikas (1770–1920), Frankfurt a.M. 2017; Gillis, The Human Shore; Alexander Kraus/Martina Winkler (Hrsg.): Weltmeere. Wissen und Wahrnehmung im langen 19. Jahrhundert, Göttingen 2014; Rudolf Holbach/Dietmar von Reeken: Das Meer als Geschichtsraum, oder: Warum eine historische Erweiterung der Meeresforschung unabdingbar ist, in: Rudolf Holbach/Dietmar von Reeken (Hrsg.): „Das ungeheure Wellen-Reich“. Bedeutungen, Wahrnehmungen und Projektionen des Meeres in der Geschichte, Oldenburg 2014, S. 7–22; Christian Kehrt/Franziska Torma: Einführung: Lebensraum Meer. Globales Umweltwissen und Ressourcenfragen in den 1960er und 1970er Jahren, in: GuG 40/3 (2014), S. 313–322. Das Publikationsorgan der Maritime History ist das bei SAGE vierteljährlich erscheinende International Journal for Maritime History.

80 John Gillis/Torma, Franziska (Hrsg.): Fluid Frontiers. New Currents in Marine Environmental History, Winwick/Cambridgeshire 2015; Ingo Heidbrink: Closing the ‘blue hole’: Maritime History as a Core Element of Historical Research, in: International Journal of Maritime History (IJMH) 29/2 (2017), S. 325–332, hier S. 326.

81 Alexander Kraus/Martina Winkler: Weltmeere. Für eine Pluralisierung der kulturellen Meeresforschung, in: Kraus/Winkler, Weltmeere, S. 9–24.

sie den integrierenden Begriff der *Ocean History* verwendet, gleichzeitig aber die Bedeutung der Komponente Umwelt für jegliche Geschichte der Meere betont.[82]

Ingo Heidbrink wiederum hält am Begriff der *Maritime History* fest und versteht darunter historische Forschungen unterschiedlicher Subdisziplinen mit Bezug zum Meer. Dabei, konstatiert er, verstünden sich die Forschenden aber oftmals nicht explizit als *maritime historians*, sondern etwa als Wirtschaftshistoriker oder Umwelthistoriker, worin auch einer der Gründe für die mangelnde Institutionalisierung der Maritimen Geschichte liege. Er plädiert dafür, die *Maritime History* als eigene interdisziplinär arbeitende Subdisziplin zu etablieren und so das „Blue Hole" zu füllen.[83] Hier knüpft die Geschichte der Seerechtskonferenz an, die sich an der Schnittstelle von *Maritime History*, Internationaler Geschichte, Umwelt- und Völkerrechtsgeschichte verorten lässt.

Aus umweltgeschichtlicher Sicht lässt sich beispielsweise an die Studie von Anna-Katharina Wöbse zur Umweltdiplomatie im Völkerbund anknüpfen, und zwar in zweierlei Hinsicht. Zum einen macht Wöbse deutlich, dass Einzelpersonen Einfluss auf internationale Verhandlungen zu nehmen vermochten; zum anderen stellt sie heraus, wie sehr die Idee eines „globalen Erbes" immer wieder mit realpolitischen Umständen kollidierte.[84] Diese Befunde sind auf die Thesen zur Seerechtskonferenz übertragbar, was darauf hindeutet, dass das 20. Jahrhundert als „globales Zeitalter" Spezifika im Hinblick auf den Umgang mit globalen Ressourcen aufweist, ob es sich um die Natur in ihrer Gesamtheit handelt oder um die Meere im Speziellen.

Bei der Internationalen Geschichte handelt es sich prinzipiell um ein gut bestelltes Feld. Insbesondere die Geschichte der Internationalen Beziehungen und die internationaler Organisationen haben sich zu vielfältigen Forschungsgebieten ausdifferenziert. Sie gehen einerseits über die Untersuchung zwischenstaatlicher Beziehungen hinaus, und nehmen beispielsweise transnationale Netzwerke in den Blick. Andererseits haben sie auch einzelne internationale Organisationen zum Gegenstand, die von NGOs bis zu Unterorganisationen der UNO reichen.[85] Die Geschichte der Vereinten Nationen wiederum konzentriert sich,

---

82 Helen M. Rozwadowski: The Promise of Ocean History for Environmental History, in: 100/1 (2013), S. 136 – 139.

83 Heidbrink, Closing the 'blue hole'.

84 Anna-Katharina Wöbse: Weltnaturschutz. Umweltdiplomatie in Völkerbund und Vereinten Nationen 1920 – 1950, Frankfurt a. M. 2012.

85 Vgl. etwa zur Internationalen Geschichte: Jost Dülffer/Wilfried Loth (Hrsg.): Dimensionen internationaler Geschichte, München 2012; Eckart Conze/Ulrich Lappenküper/Guido Müller (Hrsg.): Geschichte der internationalen Beziehungen. Erneuerung und Erweiterung einer historischen Disziplin, Köln 2004; Iris Schröder: Die Wiederkehr des Internationalen. Eine einführende

sofern es sich nicht um Überblicksdarstellungen handelt, ansonsten vor allem auf die Bereiche Sicherheits- und Entwicklungspolitik sowie Menschenrechte.[86]

Studien über UN-Konferenzen sind rar, jedoch findet man sie bisweilen als Teil breiter angelegter Studien oder kleinerer Arbeiten. Dies trifft zum Beispiel auf die Umweltkonferenz von Stockholm 1972 zu oder das Gipfeltreffen der Bünd-

---

Skizze, in: Zeithistorische Forschungen/Studies in Contemporary History 8/3 (2011), S. 340–349; Glenda Sluga/ Patricia Clavin (Hrsg.): Internationalisms. A Twentieth-Century History, Cambridge 2017; Craig N. Murphy: International Organization and Industrial Change. Global Governance since 1850, Cambridge 1994. Zu Internationalen Organisationen: Herren, Internationale Organisationen seit 1865; Akira Iriye: Global Community. The Role of International Organizations in the Making of the Contemporary World, Berkeley 2002; Sandrine Kott: International Organizations – A Field of Research for a Global History, in: Zeithistorische Forschungen/Studies in Contemporary History 8/3 (2011), S. 446–450; Madeleine Herren (Hrsg.): Networking the International System. Global Histories of International Organizations, Cham, Heidelberg 2014; Volker Barth: Internationale Institutionen und Kongresse, in: Europäische Geschichte Online 12.12.2011 <http://www.ieg-ego.eu/barthv-2011-de> (13.05.2015). Zu Netzwerken und einzelnen Organisationen vgl. z. B.: Susan Zimmermann: GrenzÜberschreitungen. Internationale Netzwerke, Organisationen, Bewegungen und die Politik der globalen Ungleichheit vom 17. bis zum 21. Jahrhundert, Wien 2010; Berthold Unfried/Jürgen Mittag/Marcel van der Linden (Hrsg.): Transnationale Netzwerke im 20. Jahrhundert. Historische Erkundungen zu Ideen und Praktiken, Individuen und Organisationen, Leipzig 2008; Zimmermann, GrenzÜberschreitungen; Daniel Maul: Internationale Organisationen als historische Akteure. Die ILO und die Auflösung der europäischen Kolonialreiche 1940–1970, in: Anja Kruke (Hrsg.): Dekolonisation. Prozesse und Verflechtungen 1945–1990, Bonn 2009, S. 21–52; Kott, International Organizations – A Field of Research for a Global History; Sandrine Kott/Joëlle Droux (Hrsg.): Globalizing Social Rights. The International Labour Organization and Beyond, Basingstoke 2013; Frank S. Zelko: Greenpeace. Von der Hippiebewegung zum Ökokonzern, Göttingen 2014.

86 Paul M. Kennedy: Parlament der Menschheit. Die Vereinten Nationen und der Weg zur Weltregierung, München 2007. Mazower thematisiert die Geschichte der Vereinten Nationen in einem breiteren Kontext: Mark Mazower: Die Welt regieren. Eine Idee und ihre Geschichte von 1815 bis heute, München 2013. In der Überblicksdarstellung von Sayward kommen die Schwerpunkte Friedensmissionen und Entwicklungspolitik besonders zum Ausdruck: Amy L. Sayward: The United Nations in International History, London 2017. Marc Frey/Sönke Kunkel/Corinna R. Unger (Hrsg.): International Organizations and Development, 1945–1990, New York 2014. Den Entwicklungsdiskurs innerhalb der UNO nimmt z. B. Leemann in den Blick: Leemann, Entwicklung als Selbstbestimmung. Carol Anderson: Eyes off the Prize. The United Nations and the African American Struggle for Human Rights, 1944–1955, Cambridge/UK, New York 2006. Ein Überblick über die historische UN-Forschung in Deutschland findet sich bei Jost Dülffer: Historische UN-Forschung in Deutschland: Themen, Methoden und Möglichkeiten, in: Manuel Fröhlich (Hrsg.): UN Studies. Umrisse eines Lehr- und Forschungsfeldes, Baden-Baden 2008, S. 101–115. Einen Überblick über die anglo-amerikanische Forschungslandschaft bieten Sunil Amrith/Glenda Sluga: New Histories of the United Nations, in: Journal of World History 19/3 (2008), S. 251–274.

nisfreien 1970 in Lusaka.[87] Auch gibt es Konferenzberichte in Form persönlicher Erinnerungen, die jedoch naturgemäß anekdotisch und deshalb weniger analytisch verfasst sind.[88] Die Konferenz für Handel und Entwicklung (*United Nations Conference on Trade and Development*, UNCTAD) schließlich nimmt dadurch eine Sonderstellung ein, dass sie wegen ihrer Institutionalisierung als Organisation nicht als singuläres Ereignis, sondern als eine Serie von Konferenzen über einen längeren Zeitraum hinweg betrachtet werden kann.[89]

Gleichwohl sind internationale Konferenzen immer auch in ihrem breiteren historischen Kontext zu verorten. Sie sind Kulminationspunkte längerer Entwicklungslinien und als solche prädestiniert für die Betrachtung und Erklärung globaler Entwicklungen. Ihre historische Analyse kann insofern sowohl den Blick schärfen für die Bedeutung der beteiligten Akteure als auch für die tieferliegenden Gründe von Fehlentwicklungen oder gar die Ursachen für das Scheitern globaler Vorhaben offenlegen.

Für die Seerechtskonferenz kommt hinzu, dass sie sich über beinahe ein Jahrzehnt hinweg erstreckte und insofern nicht nur eine Kristallisation globaler Entwicklungen war, sondern der Konferenzverlauf zugleich von ebensolchen Entwicklungen beeinflusst wurde. Trotz dieser Einladung, sie zum Gegenstand historischer Forschung zu machen, findet die Konferenz bislang nur am Rande Berücksichtigung. So wird sie in der geschichtswissenschaftlichen Literatur zwar als zentrales Entwicklungsmoment in der Ressourcen- und vor allem in der Ter-

---

87 Zur Umweltkonferenz siehe zum Beispiel das entsprechende Kapitel in Thorsten Schulz-Walden: Anfänge globaler Umweltpolitik. Umweltsicherheit in der internationalen Politik (1969–1975), München 2013; gleich mehrere Aufsätze in Wolfram Kaiser/Jan-Henrik Meyer (Hrsg.): International Organizations and Environmental Protection. Conservation and Globalization in the Twentieth Century, New York 2017, sowie Kai F. Hünemörder: Vom Expertennetzwerk zur Umweltpolitik. Frühe Umweltkonferenzen und die Ausweitung der öffentlichen Aufmerksamkeit für Umweltfragen in Europa (1959–1972), in: AfS 43 (2003), S. 275–296. Zu Lusaka siehe Jonas Kreienbaum: Lusaka 1970: Die ökonomische Refokussierung der Bündnisfreien auf ihrem dritten Gipfeltreffen, in: Dinkel/Fiebrig/Reichherzer, Nord/Süd, S. 195–208.

88 Vgl. etwa Fiona Mc Connell: The Biodiversity Convention: a Negotiating History. A Personal Account of Negotiating the United Nations Convention on Biological Diversity, and After, London 1996.

89 Vgl. Sönke Kunkel: Contesting Globalization: The United Nations Conference on Trade and Development and the Transnationalization of Sovereignty, in: Frey/Kunkel/Unger, International Organizations and Development, S. 240–258; Samuel Misteli: Der UNCTAD-Moment. Die Entstehung des Nord-Süd-Konflikts und die Politisierung des Schweizer Entwicklungsdiskurses, in: Sara Elmer/ Konrad J. Kuhn/Daniel Speich Chassé (Hrsg.): Handlungsfeld Entwicklung. Schweizer Erwartungen und Erfahrungen in der Geschichte der Entwicklungsarbeit = Le champ d'action „développement"; attentes et expériences suisses dans le travail de développement, Basel 2014, S. 185–212.

ritorialitätspolitik des 20. Jahrhunderts genannt, war aber bisher noch nicht Gegenstand einer eigenen Studie.[90] Zu erwähnen ist allerdings die 2018 an der Technisch-Naturwissenschaftlichen Universität Norwegens (NTNU) in Trondheim eingereichte Dissertation von Tirza Meyer zu Elisabeth Mann Borgeses „Deep Ideology". Darin nimmt die Autorin in erster Linie eine biographisch-ideengeschichtliche Pespektive ein. Das Hauptaugenmerk liegt dabei auf Mann Borgeses Wirken während der Seerechtskonferenz und weist dementsprechend vielfache Schnittstellen mit der entsprechenden Teilstudie der hier vorliegenden Untersuchung auf.[91]

Die Seerechtskonferenz findet ebenso nur am Rande Berücksichtigung in einem Konferenzband, der sich mit Global Commons im 20. Jahrhundert befasst und den globalen Umgang mit Ressourcen in den Blick nimmt.[92] In der Einleitung gehen die Autorinnen auf den Nexus zwischen globalen Ressourcen, Global Governance und der Internationalen Geschichte ein und betonen, dass sich dieser Zusammenhang hervorragend eigne, um „das Wechseln der räumlichen Bezugsebenen von lokal, regional, national und global agierenden Akteuren zu analysieren und die Bedeutung nichtstaatlicher Akteure wie sozialer Bewegungen, Unternehmen oder wirtschaftlicher Interessenverbände bei der Gestaltung globaler Politikfelder zu bestimmen".[93]

Die vorliegende Untersuchung ist ein Versuch, diese zusammenhängenden Forschungsfelder in dem beschriebenen Sinne miteinander zu verbinden.[94] Zu-

90 So z. B. bei Sven Asim Mesinovic: Globale Güter und territoriale Ansprüche. Meerespolitik in der Bundesrepublik Deutschland und den USA in den 1960er Jahren, in: GuG 40/3 (2014), S. 382–402; Ole Sparenberg: Mining for Manganese Nodules. The Deep Sea as a Contested Space (1960s–1980s), in: Marta Grzechnik/Heta Hurskainen (Hrsg.): Beyond the sea. Reviewing the Manifold Dimensions of Water as Barrier and Bridge, Köln 2015, S. 149–164; Ingo Heidbrink: The Oceans as the Common Property of Mankind from Early Modern Period to Today, in: History Compass 6/2 (2008), S. 659–672.

91 Meyers Dissertation und die vorliegende Teilstudie in Kap. 7 sind unabhängig voneinander entstanden, basieren jedoch in weiten Teilen auf denselben Quellen. Für eine mehr ins Detail gehende Analyse zu Elisabeth Mann Borgese siehe daher Tirza Meyer: Elisabeth Mann Borgese – Deep Ideology, Dissertation NTNU 2018 <https://ntnuopen.ntnu.no/ntnu-xmlui/handle/11250/2581916> (06.06.2019).

92 Basierend auf einer Sektion des Historikertags 2012: Löhr/Rehling, Global Commons im 20. Jahrhundert, siehe darin vor allem Wöbse, Globales Gemeingut und das Naturerbe der Menschheit im Völkerbund und den Vereinten Nationen, sowie Höhler, Exterritoriale Ressourcen: Die Diskussion um die Tiefsee, die Pole und das Weltall um 1970.

93 Rehling/Löhr, „Governing the Commons": Die global commons und das Erbe der Menschheit im 20. Jahrhundert, S. 27.

94 Isabella Löhr hat dies im Hinblick auf die geistigen Eigentumsrechte ähnlich vorgenommen. Allerdings wird innerhalb der vorliegenden Arbeit deutlich werden, wie anders die Verrechtli-

gleich erprobt sie mit der Kombination von Mehrebenenansatz und der Fokussierung auf die tragenden Akteursguppen ein Analysesetting für internationale Konferenzen. Eine solche integrierende Betrachtung erlaubt nicht nur Einblicke in die strukturellen und personellen Verflechtungen der Verhandlungsebenen, sondern gibt auch Aufschluss einerseits über die Mobilität und andererseits die Beharrungskraft von Konzepten und Ideen im Rahmen internationaler Verhandlungen.

1.4 Methode und Quellen

Aufgrund der Vielfalt der Gegenstände, die auf der Seerechtskonferenz thematisiert wurden, ist es notwendig, eine Einengung auf bestimmte Themen und die entsprechenden Akteure vorzunehmen, um der Untersuchung eine klare empirische Substanz zu geben. Die Fokussierung auf bestimmte Personenkreise ermöglicht es hierbei, über Kollektive zu schreiben. Die bereits eingeführten Akteure aus der internationalen Politik, der Wirtschaft und der Zivilgesellschaft sind Ausgangspunkt dreier Teilstudien, die jeweils Aufschluss über die je unterschiedlichen Interessenlagen, die Strategien und die Wahrnehmungen von marinen Ressourcen geben.

Die Untersuchung der G77 hat im Rahmen der Konferenzanalyse eine doppelte Funktion, indem sie zum einen die internationale Ebene und die staatlichen Akteure fokussiert. Zum anderen bietet sie die Möglichkeit, die mit dem „Nord-Süd-Konflikt“ zusammenhängenden Aspekte zu beleuchten. Die Analyse steckt damit zugleich den übergreifenden Teil des Spielraums ab, innerhalb dessen sich auch die anderen Akteure verhalten mussten. Überdies lässt sich so untersuchen, welche Rolle die Unterscheidung in mineralische und lebende Ressourcen spielte.

Die Wahl des Verbands der deutschen Hochseefischereien als wirtschaftlichem Akteur im Mehrebenensystem hat einerseits pragmatische Gründe, widmen sich doch die Forschungen von Ole Sparenberg dem Meeresbergbau und damit anteilig auch den Seerechtsverhandlungen.[95] Andererseits lässt sich anhand der Analyse der Verbandspolitik aufzeigen, wie wirtschaftliche Akteure in die Dynamiken internationaler Konferenzen eingebunden waren und in welcher Beziehung Entwicklungen außerhalb der Konferenz beziehungsweise auf den verschiedenen, nicht unmittelbar an der Konferenz beteiligten Ebenen mit den

chung globaler Güter sich ausgestaltet, wenn es um natürliche Ressourcen geht. Vgl. Löhr, Die Globalisierung geistiger Eigentumsrechte.

95 Vgl. zum Beispiel Ole Sparenberg: A Historical Perspective on Deep-Sea Mining for Manganese Nodules, 1965–2019, in: The Extractive Industries and Society 6/3 (2019), S. 842–854.

Verhandlungen standen. Nicht zuletzt eröffnen sich Einblicke in die entscheidenden Momente der historischen Entwicklung der globalen Fischereipolitik und in damit zusammenhängende Problemlagen, wie etwa die Überfischung.

Mit Elisabeth Mann Borgese rückt schließlich das aus der „Global Governance-Perspektive" relevante Akteursspektrum der Zivilgesellschaft in den Fokus der Betrachtung. Die Wahl dieses Beispiels begründet sich erstens mit der herausgehobenen Stellung, die Mann Borgese als Einzelperson auf der Konferenz einnahm. Zweitens bespielte sie nahezu alle Ebenen zivilgesellschaftlichen Engagegements und ist insofern geradezu prädestiniert, das Handlungsspektrum nichtstaatlicher Akteure auf internationalen Konferenzen zu beleuchten.

Diese analytischen Tiefenbohrungen erfolgen auf der diskursanalytischen und der verfahrenstaktischen Untersuchungsebene; beide sind jedoch nicht hermetisch voneinander getrennt.

1. Der diskursanalytische Zugriff legt die Narrative frei, die Rückschlüsse auf Konstruktionen und Wertmaßstäbe zulassen, die das Handeln der Akteure bestimmten. Diskurse, begriffen als „Konstruktion von Wissen und Wirklichkeit mittels Sprache" werden hier als „geregelte und untrennbar mit Machtformen verknüpfte Ordnungsmuster verstanden, in denen diese Konstruktionsarbeit organisiert wird."[96] Besonders im Fokus stehen dabei auf das Meer bezogene Ressourcen- und Gerechtigkeitsnarrative, die sowohl die Motivation der handelnden Personen als auch Konzepte von Ressourcensouveränität und den Global Commons sowie Legitimierungsstrategien für Eigentums- und Nutzungsrechte sichtbar machen.[97] Je nach Kontext sind die Narrative nicht nur Ausdruck zugrundeliegender mentaler Konstruktionen, sondern zugleich strukturierende Elemente eines Diskurses, indem sie, wie im Falle der Figur des Gemeinsamen Erbes der Menschheit, zum Beispiel eine normativ-moralisierende Funktion haben. Auf der Seerechtskonferenz trafen konfligierende Narrative aufeinander. Schreiber formuliert es treffend: Ein Konflikt entsteht, „wenn zwei – oder auch mehrere – Narrative sich zu einer Sache gegensätzlich positionieren, also die Welt in einander widersprechende narrative Settings einfügen und divergierende Handlungsaufforderungen transportieren. Dann treten die Kontrahenten in einer diskursiven Arena gegeneinander an und setzen dabei alle erdenklichen medialen Mittel ein."[98]

---

96 Achim Landwehr: Historische Diskursanalyse, Frankfurt a. M. 2008, S. 98.

97 Vgl. Birte Förster in der HSK-Debatte über Ressourcen in der Geschichtswissenschaft, HSK Redaktion: H-Soz-U-Kult Debatte zu „Ressourcen" in den Geschichtswissenschaften. 1. Teil. <www.hsozkult.de/debate/id/diskussionen-1876> (17.12.2014).

98 Dominik Schreiber: Narrative der Globalisierung. Gerechtigkeit und Konkurrenz in faktualen und fiktionalen Erzählungen, Wiesbaden 2015, S. 20.

Die Diskursanalyse erfolgt somit, entgegen dem Foucault'schen Ansatz, der Subjekten innerhalb der Diskurstheorie keinen Platz einräumt und von der Anonymität des Diskurses ausgeht, akteurszentriert; sie berücksichtigt zugleich die Rahmenbedingungen, innerhalb derer die Narrative entstehen. Denn, und dies wiederum betont Foucault, in der Praxis des Diskurses gestalten Subjekte ihre Welt, werden aber gleichzeitig von den Regeln des Diskurses geleitet und beschränkt.[99]

Die Akteure und ihre Narrative sind jedoch auch innerhalb struktureller Rahmungen und im Hinblick auf Kommunikationsräume, in denen sie sich bewegen, zu betrachten.[100] So ist zum Beispiel für den Hochseefischerei-Verband der regionalwirtschaftliche Bezug von besonderer Bedeutung, für Elisabeth Mann Borgese wiederum ein kosmopolitisches Umfeld und die damit verbundenen Weltsichten und Praktiken.

2. Auf der verfahrenstaktischen Ebene konzentriert sich die Analyse somit immer wieder auf Einzelpersonen oder, im Fall der G77, auf einzelne Staaten, um eine akteursnahe und praxisorientierte Perspektive einzunehmen und das Wirken der verschiedenen Akteure sowohl auf der Konferenz als auch außerhalb sichtbar zu machen und zugleich die unterschiedlichen Interessen und Handlungslogiken aufzudecken. Auch auf dieser Ebene sind die Rahmungen von Bedeutung. Sie bilden gewissermaßen die Verbindung zwischen der diskursanalytischen und der verfahrenstaktischen Untersuchungsebene, denn die Handlungen werden nur in Zusammenhang mit den damit einhergehenden Sprechakten und Narrativen innerhalb ihrer Referenzrahmen sichtbar und verständlich.

Die zahlreichen unterschiedlichen Akteure und die daraus resultierende multiperspektive Analyse spiegeln sich in der Vielfalt der Quellen. Durch die partiellen Bezüge der Akteure untereinander überschneiden sich diese bisweilen, was insofern eine Herausforderung darstellt, als stets zu reflektieren ist, wie sich

---

99 Zudem bezeichnet Foucault in seiner *Archäologie des Wissens* Nietzsches Frage „Wer spricht?" als erste Frage der Diskursanalyse und konzeptualisiert den Sprecher als Schnittstelle von diskursiver und außerdiskursiver Macht; zitiert nach Philipp Sarasin: Michel Foucault zur Einführung, Hamburg 2005; S. 117 f. Vgl. außerdem zur Verbindung von Diskurs- und Handlungstheorie Andreas Frings/ Johannes Marx: Wenn Diskurse baden gehen. Eine handlungstheoretische Fundierung der Diskursanalyse, in: Franz X. Eder (Hrsg.): Historische Diskursanalyse. Genealogie, Theorie, Anwendungen, Wiesbaden 2006, S. 91–112.

100 Im Sinne Goffmans werden Rahmen durch alltäglich erlebtes Verhalten erarbeitet und bilden die Grundlage für das Verstehen, das ein Akteur braucht, um seinem Handeln Sinn zu geben. Für diese Arbeit wird jedoch ein erweiterter Rahmenbegriff benutzt, losgelöst von alltäglichen Sprechsituationen, wiewohl das strukturierende Moment von Goffmans Rahmentheorie übernommen wird. Erving Goffman: Rahmen-Analyse. Ein Versuch über die Organisation von Alltagserfahrungen, Frankfurt a. M. 1980.

diese Relationen und „multiplen Identitäten" äußern und welchen Einfluss sie mithin auf die Positionierungen der Akteure nahmen, sobald sie sich nicht mehr auf ihrem feldinternen Terrain befanden.

Die Analyse der G77 basiert mehrheitlich auf der Konferenzdokumentation. Die offizielle Dokumentation ist vollständig online auf den Seiten des *United Nations Office of Legal Affairs* einsehbar. Ergänzend hinzugezogen werden die Dokumentensammlungen von Renate Platzöder, die diese als Vertreterin der Stiftung Wissenschaft und Politik während der Konferenz als Arbeitsmaterial für Beteiligte publizierte. Diese enthalten zum Teil informelle Arbeitspapiere. Die meisten der Konferenzverhandlungsrunden waren informeller Natur, nicht-öffentlich und ohne offizielle Protokolle. Dieses Problem ist indes vernachlässigbar, da die offizielle Positionierung der G77 und ihrer Mitgliedstaaten im Fokus steht. Von besonderem Interesse sind dementsprechend offizielle Eingaben und Statements der G77. Um die unterschiedlichen Konzepte von Ressourcengerechtigkeit und damit verbundene Fliehkräfte innerhalb der Gruppe aufzuzeigen, sind außerdem die Sitzungsprotokolle der unterschiedlichen Konferenzausschüsse sowie der Plenarsitzungen bedeutsam. Um den sehr reichhaltigen Quellenkorpus handhabbar zu machen, liegt das Augenmerk auf innerhalb der G77 besonders umstrittenen Sachthemen, deren Konflikthaftigkeit anhand der exemplarischen Betrachtung einzelner Staaten deutlich wird. In diesem Zusammenhang hinweisgebend ist neben den Dokumentensammlungen von Renate Platzöder und der konferenzbegleitenden Berichterstattung die 1981 erschienene Dissertation des Politikwissenschaftlers Klaus Dieter Wolf, der die letzten Jahre der Seerechtskonferenz als Beobachter begleitete. In seiner Arbeit beschäftigt er sich mit Folgen und Implikationen der Seerechtskonferenz für das Nord-Süd-Verhältnis.[101] Überdies finden Akten des UN-Sekretariats in den *United Nations Archives* in New York Berücksichtigung, die einen Einblick in die Konferenzorganisation bieten. Daneben sind auch politikwissenschaftliche Publikationen sowie zeitgenössische völkerrechtliche Fachliteratur Gegenstand der Analyse.

Das Kapitel zur deutschen Hochseefischerei speist sich vornehmlich aus den Aktenbeständen der Unterabteilung Fischereipolitik im Bundesministerium für Landwirtschaft und Forsten (BML) und des Bundeskanzleramts sowie den Akten der für Seerecht zuständigen und federführenden Gruppe „Völkerrecht" im Auswärtigen Amt. Diese bildete seinerzeit die Schnittstelle für die Berichte der Seerechtsdelegation auf der Konferenz und für die Korrespondenz mit den anderen beteiligten Ressorts. Die Überlieferung der Abteilung bietet somit einen vollständigen Überblick sowohl über die Koordinierung und Positionierung Deutschlands

101 Wolf, Die dritte Seerechtskonferenz der Vereinten Nationen.

im Rahmen der Konferenz als auch hinsichtlich der Koordination auf der Ebene der Europäischen Gemeinschaften (EG). Die Akten des BML im Bundesarchiv Koblenz gewähren Einblick in die Abstimmung mit den betroffenen Wirtschaftssektoren und hierzu im Besonderen mit dem Verband der deutschen Hochseefischereien, der selbst keine Aktenüberlieferung bereithält.[102] Die Bemühungen und Argumentationen des Verbandes lassen sich jedoch – neben der Korrespondenz mit dem BML und dem Auswärtigen Amt – über Verlautbarungen seiner Mitglieder in der Allgemeinen Fischwirtschaftszeitung, dem Fachblatt der Fischwirtschaft, erschließen. Die Ausführungen zum Selbstverständnis der deutschen Hochseefischerei basieren hingegen größtenteils auf Materialien aus dem NORDSEE-Archiv im Deutschen Schifffahrtsmuseum in Bremerhaven. Hinweise auf die bundesdeutsche Rezeption der Konferenz liefern überdies zeitgenössische Presseartikel.

Die Analyse der Motive und Strategien Elisabeth Mann Borgeses fußt auf ihrem umfangreichen Nachlass im Archiv der Dalhousie University in Halifax (Kanada).[103] Berücksichtigung finden sowohl die Aktenbestände zur dritten Seerechtskonferenz selbst als auch die Bestände des *International Ocean Institute* sowie die Überlieferungen zu Planung und Ablauf der *Pacem in Maribus*-Konferenzen. Die Quellenbasis berücksichtigt schließlich auch Mann Borgeses Publikationen.

1.5 Aufbau der Untersuchung

Um die internationale Bedeutung der Seerechtskonferenz herauszuarbeiten, skizziert das zweite Kapitel zunächst den historischen Kontext im Hinblick auf den Nord-Süd-Konflikt und das Paradigma der „Grenzen des Wachstums“. Das dritte Kapitel gibt einen Überblick über die Entwicklungslinien des Seerechts und verortet sie in der Geschichte maritimer Ressourcenausbeutung. Den drei Teilstudien ist jeweils ein Kapitel gewidmet.

Die erste Teilstudie zur G77 befasst sich mit der Ebene der internationalen Beziehungen. Dabei geht es zum einen darum, die Großentwicklungen und -strömungen auf der Konferenz aus der Perspektive des „Globalen Südens“ auf-

---

102 Die Bestände, auf die sich Ingo Heidbrink in seiner Habilitationsschrift beruft, waren im Archiv des Deutschen Schifffahrtsmuseum Bremerhaven (DSM) nicht mehr auffindbar, siehe Ingo Heidbrink: „Deutschlands einzige Kolonie ist das Meer!“ Die deutsche Hochseefischerei und die Fischereikonflikte des 20. Jahrhunderts, Hamburg 2004, S. 15.

103 Die Dalhousie University hat den Nachlass zum Teil in digitalisierter Form online einsehbar gemacht, jedoch galt dies zum Entstehungszeitpunkt dieser Arbeit für den Großteil der eingesehenen Akten nicht. Dalhousie University, Elisabeth Mann Borgese fond <https://findingaids.library.dal.ca/elisabeth-mann-borgese-fonds> (10.12.2018).

zuzeigen. Zum anderen ist gleichzeitig infragezustellen, ob und unter welchen Voraussetzungen überhaupt von „Fronten“ oder „Allianzen“ zu sprechen ist und welche Rolle geteilte oder eben nicht geteilte Konzepte von Ressourcensouveränität dabei spielten.

Die zweite Teilstudie fragt nach den Konzeptionalisierungen von marinen Ressourcen und Ressourcengerechtigkeit auf der Seite der bundesdeutschen Hochseefischerei. Es verortet die deutsche Delegation im Kräftefeld der Konferenz und analysiert die damit zusammenhängenden Taktiken. Da die Bundesrepublik sowohl als kollektiver Akteur gegenüber den anderen Staaten auftrat, als auch als Summe von mit der Hochseefischerei verbundenen Einzelpersonen vielfältig auf den verschiedenen Ebenen verflochten war, ist diesen Verbindungen in beide Richtungen nachzugehen. Damit deckt das Kapitel die Ebene der Staatsdiplomatie in der Multi-Level-Governance ab und zeigt auf, wie diese Ebene mit anderen Ebenen und Akteuren verbunden war.[104]

Die letzte Teilstudie zu Elisabeth Mann Borgese steht exemplarisch für die internationale zivilgesellschaftliche Ebene. Die Wahl Mann Borgeses begründet sich nicht zuletzt mit der ihr zugeschriebenen besonderen Rolle für die Entwicklung des Seerechts sowie der Tatsache, dass sie mit dem von ihr gegründeten *International Ocean Institute* zugleich eine Nichtregierungsorganisation vertrat.[105] Insofern repräsentiert sie einerseits das Akteursspektrum der NGOs auf der Konferenz und tritt andererseits als wirkmächtige Einzelakteurin auf, die Gleichgesinnte verschiedenster Couleur um sich versammelte. Das Kapitel richtet deswegen den Fokus zum einen auf die von ihr organisierten *Pacem in Maribus*-Konferenzen als Knotenpunkte der Vernetzung und zum anderen auf die von ihr propagierten Ressourcenkonzepte und deren Verbreitung auf den anderen Verhandlungsebenen.

Die Zusammenführung der Analyseergebnisse aus den Fallbeispielen ermöglicht es schließlich, Aussagen über Deutungskonkurrenzen und das Zusammenspiel der verschiedenen Verhandlungsdimensionen zu treffen, und darüber, in welchem Maße sie Verlauf und Ergebnis der Seerechtskonferenz bestimm-

104 Der Begriff „Staatsdiplomatie“ dient der Abgrenzung zur Diplomatie insgesamt, da diese sowohl die trans- und internationalen Beziehungen staatlicher Akteure meinen kann, als auch die Gesamtheit internationaler Beziehungen, in denen z. B. auch zivilgesellschaftliche Diplomatie einen Platz hat. Vgl. etwa Kathryn Hochstetler: Civil Society, in: Andrew F. Cooper/Jorge Heine/Ramesh Thakur (Hrsg.): The Oxford Handbook of Modern Diplomacy, Oxford 2013, S. 176–191.

105 Der Bayerische Rundfunk bezeichnet sie beispielsweise als „Schöpferin des Seerechts“. Eine Aussage, die es im entsprechenden Kapitel kritisch zu beleuchten gilt. Vgl. Die Kinder der Manns, in: Bayerischer Rundfunk Kultur 03.11.2011<https://www.br.de/themen/kultur/inhalt/literatur/elisabeth-mann106.html> (10.11.2018).

ten. Im engen Zusammenhang damit lassen sich außerdem Rückschlüsse auf die Verwobenheit der verschiedenen Governanceebenen und -elemente, mithin auf die Wirkmächtigkeit einzelner Akteure, ziehen.

2 Historischer Kontext: Der Nord-Süd-Konflikt als prägendes Moment der langen 1970er Jahre

2.1 Begriffliche Einordnung des Nord-Süd-Konflikts

Der Begriff des Nord-Süd-Konflikts ist eigentlich ein zu historisierender Begriff, der während der langen Debatte um eine neue Weltwirtschaftsordnung nach dem Zweiten Weltkrieg aufkam und, eine strukturelle Analogie zum Ost-West-Konflikt unterstellend, jeweils unterschiedlich aufgeladen und instrumentalisiert wurde. In der geschichtswissenschaftlichen Auseinandersetzung wird der Begriff heute meist als Chiffre für die Debatte um globale Ungleichheiten in der zweiten Hälfte des 20. Jahrhunderts verwendet, die sich vor allem in den Forderungen nach einer neuen internationalen Wirtschaftsordnung (*New International Economic Order*, NIEO) während der 1970er und der frühen 1980er Jahre manifestierte. Gleichwohl gibt es gegen diese Verwendung Einwände, wovon drei näher beleuchtet werden sollen:[1]

1. Die Unterteilung in Nord und Süd ist diffus. Sie bildet die Problematik globaler Ungleichheit nur unzureichend ab und verführt zu der Annahme, es habe sich um zwei homogene Blöcke gehandelt. Dabei führte die Postulierung einer Konfrontation zwischen Nord und Süd sowohl innerhalb des Westens als auch innerhalb der Bewegung bündnisfreier Staaten zu Differenzen. Dies verweist zudem darauf, dass auch, wenn man so will, der Osten zum Norden gehören müsste. Jedoch nahm die Sowjetunion eine gänzlich andere Rolle ein als der Westen, der mit dem Vorantreiben einer kapitalistischen Welt(wirtschafts)ordnung der eigentliche Adressat der Forderungen der Entwicklungsländer war.[2]

2. Von einer Einheit des Südens auszugehen ist auch deswegen problematisch, weil diese Kategorie sehr unterschiedlich konnotiert ist. So zirkulieren in diesem Zusammenhang die Termini „Blockfreie", „Dritte Welt", „Gruppe 77" und „Entwicklungsländer" gleichermaßen. Somit scheint eine kurze Begriffsklärung sinnvoll: Die „Dritte Welt" ist im Sinne eines Ordnungsmusters mit drei zentralen Merkmalen verbunden: Dekolonisation, Infragestellung der bipolaren Logik des Kalten Krieges und mit der Zuschreibung wirtschaftlicher „Unterentwicklung".

1 Siehe dazu und im Folgenden auch Rüdiger Graf: Der Konflikt, der nicht stattfand: Ressourcen, Interdependenz, Sicherheit und die Erwartung des Nord-Süd-Konflikts in den 1970er Jahren, in: Dinkel/Fiebrig/Reichherzer, Nord/Süd, S. 423-446.

2 Vgl. Andreas Hilger: Communism, Decolonization, and the Third World, in: Norman Naimark/Silvio Pons/Sophie Quinn-Judge (Hrsg.): The Cambridge History of Communism, Vol. 2., Cambridge 2017, S. 317–340.

https://doi.org/10.1515/9783110748826-002

Dabei wird der „Dritte-Welt"-Begriff jeweils unterschiedlich aufgeladen und „oszilliert zwischen Selbst- und Fremdbeschreibung".[3]

Die „Blockfreien", oder präziser, die „Bewegung Bündnisfreien Staaten" ist Jürgen Dinkel zufolge als eigenständiger Ausdruck postkolonialer Politik zu verstehen, der sich nicht auf die Ableitung aus der Ost-West-Lagerbildung beschränkt.[4] Die Bewegung der Bündnisfreien ist also insofern Teil des Nord-Süd-Konflikts, kann jedoch nicht pauschal mit „dem Süden" gleichgesetzt werden, da zum Beispiel Titos Jugoslawien als sozialistischer Staat der Nordhalbkugel eine tragende Rolle in dieser Bewegung spielte.

Während die G77 eine Fraktion dekolonisierter Staaten innerhalb der Vereinten Nationen ist, die sich 1964 auf der ersten Welthandelskonferenz (UNCTAD) formierte und damit eindeutig zu definieren ist – nämlich mit Wilfried Loth als „Wirtschaftslobby der Dritten Welt"[5] – ist „Entwicklungsländer" ein pauschalisierender Begriff, dem aus sprachgeschichtlicher Sicht ein westlich geprägtes, deterministisches Fortschrittsparadigma inhärent ist, das mit der Annahme einer generellen Unterentwicklung einhergeht, wie Kritiker meinen.[6] Zugleich handelt es sich hierbei aber auch um einen Ersatzbegriff für dekolonisierte Staaten, der letztlich dieselbe Chiffrenfunktion wie „globaler Süden" erfüllt und

3 Jürgen Dinkel: „Dritte Welt" – Geschichte und Semantiken, Version 1.0, in: Docupedia Zeitgeschichte, 06.10.2014 <http://www.docupedia.de/zg/Dritte_Welt> (16.03.2018), S. 1f., Zitat S. 2. Vgl. auch die Diskussion der Verwendung des „Dritte Welt"-Begriffs in Martin Wengeler: Von der Hilfe für unterentwickelte Gebiete über den Neokolonialismus bis zur Entwicklungszusammenarbeit. Der sprachliche Umgang mit dem Nord-Süd-Konflikt, in: Georg Stötzel/Martin Wengeler (Hrsg.): Kontroverse Begriffe. Geschichte des öffentlichen Sprachgebrauchs in der Bundesrepublik Deutschland, Berlin, New York 1995, S. 679–710. Prashad verwendet den Begriff „Dritte Welt-Projekt", das sich auf „Frieden, Brot und Gerechtigkeit" bezogen habe, Vijay Prashad: The Poorer Nations. A Possible History of the Global South, London 2012, S. 3. Speich Chassé analysiert den Begriff „Dritte Welt" als Effekt der ökonomischen Theorie nach dem Zweiten Weltkrieg, in deren Zusammenhang er als Beschreibung für globale Ungleichheit verwendet worden sei, Daniel Speich Chassé: Die „Dritte Welt" als Theorieeffekt. Ökonomisches Wissen und globale Differenz, in: GuG 41/4 (2015), S. 580–612.

4 Die Asiatisch-Afrikanische Konferenz in Bandung 1955 habe zunächst der gegenseitigen Solidaritätserzeugung und der symbolischen Betonung der Legitimität der Regierungen der neuen Staaten gedient. Die Belgrader Konferenz 1961 bezeichnet Dinkel als „Knotenpunkt des Ost-West- und Nord-Süd-Konflikts". Die eigentliche Formierung der Bewegung habe dann erst in den 1970er-Jahren stattgefunden und sei mit einer Gegenüberstellung von bündnisfreien Entwicklungsländern und nördlichen Industrieländern einhergegangen. Dinkel, Die Bewegung Bündnisfreier Staaten.

5 Wilfried Loth: Staaten und Machtbeziehungen im Wandel, in: Akira Iriye (Hrsg.): 1945 bis heute. Die globalisierte Welt, München 2013, S. 15–181, hier S. 120.

6 Wengeler, Von der Hilfe für unterentwickelte Gebiete über den Neokolonialismus bis zur Entwicklungszusammenarbeit, S. 690ff.

zur Thematisierung globaler Ungleichheiten genutzt wird, die mittelbar auch mit den Nachwirkungen des Kolonialismus zusammenhängen. Im Folgenden wird deswegen mit den Begriffen „Nord" und „Süd" sowie „Entwicklungs"- und „Industrieländer" gearbeitet, deren Ungenauigkeit und Abstraktheit dabei jedoch immer mitzudenken sind.[7]

3. Obgleich auch der Begriff „Ost-West-Konflikt" die Himmelsrichtungen recht plakativ einsetzt, steht dieses Kompositum dabei stellvertretend für den Systemkonflikt zwischen Kapitalismus und Sozialismus. Für den Nord-Süd-Konflikt fehlt eine solche Konkretisierung als „binär codiertes Ordnungssystem".[8] So gab es weder Stellvertreterkriege zwischen Nord und Süd noch einen grundsätzlichen Gegensatz, der in eine handfeste Konfrontation hätte münden können, geschweige denn eine Großmachtführung innerhalb der beiden Gruppierungen. Der Moment, der einem konkreten Nord-Süd-Konflikt am nächsten kam, lässt sich auf zwei miteinander zusammenhängende Ereignisse beschränken, und zwar erstens auf das Öl-Embargo der OAPEC-Staaten und zweitens auf die 6. Sondersitzung der UN-Generalversammlung, in der die Resolution über eine Neue Weltwirtschaftsordnung (NIEO) verabschiedet wurde. Im Öl-Embargo lag echtes Konfliktpotential, weil die OAPEC-Staaten hiermit ihre Ressourcenmacht demonstrierten und die Industrieländer befürchten mussten, dass dies unter den anderen Ressourcenlieferanten des Südens Nachahmer fand. Die NIEO-Resolution wiederum verdeutlichte die Macht der Gruppe der Entwicklungsländer innerhalb der Vereinten Nationen, weil ihre Gruppe in den 1970er-Jahren soweit angewachsen war, dass die Entwicklungsländer infolge des Prinzips „ein Staat – eine Stimme" innerhalb der Generalversammlung eine Mehrheit bilden konnten.

Obwohl, wie bis hierher ausführlich dargelegt, der Nord-Süd-Konflikt ein nicht ganz treffender Begriff für die tatsächlichen Sachlagen darstellt, die wohl mit „Krise der Nord-Süd-Beziehungen"[9] besser beschrieben wäre, soll er doch

---

7 Oftmals findet man die Gegenüberstellung von Entwicklungs*ländern* und Industrie*staaten*, was implizit vermittelt, die Entwicklungsländer verfügten über keine funktionierenden staatlichen Strukturen. Da dies aber auch in diesem Fall von Land zu Land verschieden ist und das unterschiedliche Maß von Staatlichkeit in der Bezeichnung die jeweils vorausgegangenen völkerrechtlichen Anerkennungen als souveräne Staaten unterläuft, wird hier bei beiden Bezeichnungen mit „-ländern" gearbeitet, zumal dies den territorialen Aspekt betont, der auf UNCLOS III besonders wichtig war.

8 Frank Reichherzer: Mit dem ‚Kalten Krieg' experimentieren. Ein Denkanstoß, in: Frank Reichherzer/ Emmanuel Droit/Jan Hansen (Hrsg.): Den Kalten Krieg vermessen. Über Grenzen, Reichweite und Alternativen einer binären Ordnungsvorstellung, Boston, Berlin 2018, S. 1–14, hier S. 5.

9 Kunkel, Contesting Globalization: The United Nations Conference on Trade and Development and the Transnationalization of Sovereignty, S. 240.

aufgrund seiner Griffigkeit im Folgenden weiterverwendet werden, und zwar als Bezeichnung für die Bemühungen der Entwicklungsländer, eine neue internationale Wirtschaftsordnung durchzusetzen und die Reaktionen der Industrieländer auf diese Initiative. Die Anfänge dieses Konflikts sind in den späten 1950er-Jahren anzusiedeln und kulminierten Mitte der 1970er in der Erklärung und dem Aktionsprogramm einer Neuen Weltwirtschaftsordnung.[10] Die Verschuldungs- und Entwicklungskrise sowie der Anbruch des „neoliberalen Zeitalters" zu Beginn der 1980er-Jahre markieren das Ende des Nord-Süd-Konflikts.[11]

2.2 Postkoloniale Ressourcensouveränität, globale Interdependenz und die Neue Weltwirtschaftsordnung

Mit der nach dem Zweiten Weltkrieg einsetzenden „dritten Dekolonisierung" (Wolfgang Reinhard) bekam die antikoloniale Forderung nach Selbstbestimmung neuen Aufwind. Das „Selbstbestimmungsrecht der Völker" war zwar bereits auf der Pariser Friedenskonferenz 1919 von Woodrow Wilson postuliert worden, jedoch leiteten sich daraus zunächst keine Kodifizierung und erst recht keine Entkolonialisierung ab – im Gegenteil: die Kolonialwirtschaft florierte. Erst in den 1930er Jahren formierten sich antikoloniale Gruppierungen.[12]

In Verbindung mit dem von den Vereinten Nationen proklamierten Grundrecht auf Selbstbestimmung kam den Forderungen der nach dem Zweiten Weltkrieg unabhängig gewordenen Staaten erhöhtes Gewicht zu. Ein erstes Zusammentreffen afrikanischer und asiatischer Staaten (davon 17 zugleich Mitglied der

---

10 Islam sieht die tieferliegenden Ursachen des Nord-Süd-Konflikts in einem eurozentristischen Völkerrecht angelegt, vgl. Rafiqul Islam: History of the North-South Divide in International Law: Colonial Discourses, Sovereignty, and Self-Determination, in: Carmen G. Gonzales/Jona Razzaque/Shawkat Alam/Sumudu A. Atapattu (Hrsg.): International Environmental Law and the Global South, Cambridge 2015, S. 23–49.

11 Zwar wirkte sich der Nord-Süd-Konflikt auch auf die zivilgesellschaftliche Thematisierung in Nord und Süd aus, z. B. durch die Etablierung von NGOs oder „Eine-Welt-Läden" und „Fair Trade" v. a. in den westlichen Industrieländern. Die oben vorgenommene Periodisierung bezieht sich aber vornehmlich auf die internationale Ebene. Zur Zivilgesellschaft vgl. David Kuchenbuch: „Eine Welt". Globales Interdependenzbewusstsein und die Moralisierung des Alltags in den 1970er und 1980er Jahren, in: GuG 38/1 (2012), S. 158–184; Benjamin Möckel: „Gegen die Plastikwelt der Supermärkte": Konsum- und Kapitalismuskritik in der Entstehungsgeschichte des „fairen Handels", in: AfS 56 (2016), S. 335–352.

12 Vgl. Andreas Eckert: Spätkoloniale Herrschaft, Dekolonisation und internationale Ordnung. Einführende Bemerkungen, in: AfS 48 (2008), S. 3–20; Erez Manela: The Wilsonian Moment. Self-determination and the International Origins of Anticolonial Nationalism, Oxford, New York 2007.

Vereinten Nationen) in Bandung 1955 führte zu einer solidarisierenden Absage an den Kolonialismus sowie zur Forderung seiner schnellstmöglichen Beseitigung und schlug damit eine „Brücke" zur sukzessiven Dekolonisierung auch des subsaharischen Afrikas.[13] Ansonsten waren die Konferenzergebnisse von Bandung eher deklaratorischer Natur, und von der Formierung eines einheitlichen Blocks konnte keine Rede sein. Gleichzeitig aber wurden wirtschaftliche Probleme als wichtige Gemeinsamkeit wahrgenommen, die aus Sicht der partizipierenden Staaten auf während der Kolonialzeit entstandene Wirtschaftsstrukturen zurückzuführen waren und dementsprechend überwunden werden mussten.[14]

Mit der Resolution 1514 der Generalversammlung über die Gewährung von Unabhängigkeit an kolonisierte Länder und Völker vom 14. Dezember 1960 fand erstmalig eine offizielle internationale Ächtung des Kolonialismus statt, verbunden mit der Forderung nach einer sofortigen Beendigung desselben. Eine weitere Premiere war die Nennung des *Rechts* auf Selbstbestimmung in einem offiziell verabschiedeten Dokument, welches allerdings erst in den Menschenrechtspakten über wirtschaftliche, soziale und kulturelle Rechte sowie über bürgerliche und politische Rechte von 1966 auch völkerrechtlich relevant wurde.[15] In beiden Pakten wurde in Artike 1 festgehalten: „Alle Völker haben das Recht auf Selbstbestimmung. Kraft dieses Rechts entscheiden sie frei über ihren politischen Status und gestalten in Freiheit ihre wirtschaftliche, soziale und kulturelle Entwicklung."[16] Hiermit hatten die Entwicklungsländer nun einerseits ein potenziell wirkmächtiges Instrument in der Hand. Indem das Selbstbestimmungsrecht als Menschenrecht daherkam, hatte es besonderes moralisches Gewicht – wer wollte sich schon gegen ein Menschenrecht positionieren?[17] Auf der anderen Seite ver-

13 Wolfgang Reinhard: Die Unterwerfung der Welt. Globalgeschichte der europäischen Expansion 1415–2015, Bonn 2017, S. 1153. Waren 1945 lediglich drei afrikanische Staaten unabhängig, waren es 1960 bereits 27.

14 Jürgen Dinkel: Farbiger Kosmopolitismus? Die Asiatisch-Afrikanische Konferenz von Bandung (1955), in: Bernhard Gißibl/Isabella Löhr (Hrsg.): Bessere Welten. Kosmopolitismus in den Geschichtswissenschaften, Frankfurt a. M. 2017, S. 103–129.

15 Jörg Fisch: Das Selbstbestimmungsrecht der Völker. Die Domestizierung einer Illusion, München 2010, S. 225 f.

16 UN Doc. A/RES/21/2200, International Covenant on Economic, Social and Cultural Rights, 16.12.1966; UN Doc. A/RES/21/2200, International Covenant on Civil and Political Rights, 16.12. 1966.

17 Zugleich blieb aber umstritten, wem genau denn das Recht auf Selbstbestimmung zukomme: „Staaten" oder „Völkern". Im Hinblick auf letztere befürchtete man eine quasi-völkerrechtliche Rückendeckung für Sezessionsbestrebungen. Gleichzeitig ist aber nirgendwo völkerrechtlich definiert, was ein Volk ist. Durch die Entkolonialisierungspraxis, Staaten innerhalb der vorherigen, noch unter Kolonialherrschaft festgelegten Grenzen zu gründen, ist das „Selbstbestim-

deckte eine solche „Rhetorik der Gleichheit im Völkerrecht" die realpolitischen Verhältnisse und ging insofern nicht zwingend auch mit Gerechtigkeit einher, wie die jungen Staaten bald feststellen mussten.[18]

Bereits seit Anfang der 1950er Jahre wurden Überlegungen angestellt, das Selbstbestimmungsrecht auf natürliche Ressourcen auszuweiten. 1958 richtete die Generalversammlung die *United Nations Commission on Permanent Sovereignty over Natural Resources* ein und verabschiedete in der Folge 1962 die passende Resolution, die festhielt, dass das Recht von „peoples and nations" über ihre natürlichen Reichtümer und natürlichen Ressourcen im Interesse ihrer nationalen Entwicklung und zum Wohl der Bevölkerung auszuüben sei (Art. 1). Dazu gehöre auch die von innerstaatlichem und internationalem Recht gedeckte Entscheidungsgewalt über ausländische Investitionen beziehungsweise ausländische Kompensationsleistungen (Art. 2).[19] Letzteres muss man einerseits als Reaktion auf eine wiederbelebte „Dollardiplomatie" sowie die oftmals als ungerecht angesehenen Verträge mit multinationalen Unternehmen sehen. Diese weltweit agierenden Unternehmen waren dementsprechend wenig erfreut. Der Vizepräsident des Ölgiganten Mobil International konstatierte gar, das Selbstbestimmungsrecht über natürliche Ressourcen bedeute eine „Rückkehr zum Gesetz des Dschungels".[20] Gleichwohl schwächte die Klausel über die Festlegung von Kompensationsstandards auf Basis internationalen Rechts die Position der Entwicklungsländer, und sie versuchten in späteren Resolutionen, dieses Hintertürchen für multinationale Unternehmen zu schließen. Zunächst konnten sie jedoch durch ihre in der Generalversammlung stetig wachsende Zahl einen Erfolg verbuchen, indem sie eine Festschreibung des Selbstbestimmungsrechts über na-

---

mungsrecht der Völker" eigentlich ein „Recht der Bevölkerungen in ehemaligen Kolonialgebieten auf einen Staat in den Kolonialgrenzen", wie Jörg Fisch betont. Ebd., S. 247 f. Für den Zusammenhang zwischen Selbstbestimmung und Menschenrechten siehe Kap. 3 in Samuel Moyn: The Last Utopia. Human Rights in History, Cambridge/MA 2012. Zu Menschenrechten und Machtverhältnissen innerhalb der UNO vgl. Jan Eckel: Die Ambivalenz des Guten. Menschenrechte in der internationalen Politik seit den 1940ern, Göttingen 2014, S. 313 f.

18 Speich Chassé, Die „Dritte Welt" als Theorieeffekt, S. 591.

19 „2. The exploration, development and disposition of such resources, as well as the import of the foreign capital required for these purposes, should be in conformity with the rules and conditions which the peoples and nations freely consider to be necessary or desirable with regard to the authorization, restriction or prohibition of such activities.", A/RES/1803 (XVII), Permanent Sovereignty over Natural Resources, 14.12.1962.

20 Vanessa Ogle: State Rights against Private Capital: The 'New International Economic Order' and the Struggle over Aid, Trade, and Foreign Investment, 1962–1981, in: Humanity 5/2 (2014), S. 211–234, hier S. 216–217.

türliche Ressourcen in den völkerrechtlich verbindlichen Menschenrechtspakten erreichten.[21]

Wenngleich diese Prozesse relevant sind, um die Dynamik des Nord-Süd-Konfliktes zu verstehen, begann der eigentliche Konflikt erst ab 1964 mit den Welthandelskonferenzen. Hier übernahm vor allem ihr erster Generalsekretär, der argentinische Entwicklungsökonom Raúl Prebisch eine weichenstellende Funktion. Er hatte, inspiriert von Hans Singers Arbeiten zu den *terms of trade* bereits 1949 der *Economic Commission on Latin America* (ECLA) das *Havana Manifesto* vorgelegt, in dem er Alternativen zur vom Kolonialismus geprägten Weltordnung formulierte. Diese zielten auf eine Demokratisierung der von Europäern und Nordamerikanern dominierten Bretton-Woods-Institutionen des Internationalen Währungsfonds (IWF) und der Weltbank sowie auf eine Egalisierung des Welthandels ab.[22] Als Mitbegründer der „Strukturalistischen Wirtschaftspolitik" bewarb Prebisch innerhalb der ECLA ein Modell, welches die weltwirtschaftlichen Strukturen in Zentrum (Industrieländer) und Peripherie (Entwicklungsländer) unterteilte und ein Ungleichgewicht zwischen diesen postulierte. Die als „Prebisch-Singer-These" bekannt gewordene Diagnose besagt überdies, dass die Güteraustauschverhältnisse (*terms of trade*) sich zu Ungunsten der Entwicklungsländer (Primärgüterlieferanten), dafür aber zugunsten der Industrieländer (verarbeitende Industrien) entwickelten, indem niedrige Preise für Exporte aus den Entwicklungsländern hohen Preisen für Importe aus den Industrieländern gegenüberstanden.[23] Daraus ließen sich Forderungen nach einer radikalen Reorganisation des Weltwirtschaftssystems ableiten, die im Rahmen der Welthandelskonferenz von den Entwicklungsländern konzertiert vorgebracht wurden.

---

21 Dort heißt es in Artikel 2: „Alle Völker können für ihre eigenen Zwecke frei über ihre natürlichen Reichtümer und Mittel verfügen, unbeschadet aller Verpflichtungen, die aus der internationalen wirtschaftlichen Zusammenarbeit auf der Grundlage des gegenseitigen Wohles sowie aus dem Völkerrecht erwachsen. In keinem Falle darf ein Volk seiner eigenen Existenzmittel beraubt werden", zitiert in: ebd. S. 226.

22 Prashad, The Poorer Nations, S. 24; David H. Pollock: Raúl Prebisch: The Essence of Leadership, in: Edgar J. Dosman (Hrsg.): Raúl Prebisch. Power, Principle and the Ethics of Development. Essays in Honour of David H. Pollock Marking the Centennial Celebrations of the Birth of Raúl Prebisch [Special Lecture and Conference on his Life and Work], Washington/DC, Buenos Aires 2006, S. 11–20, hier S. 18; vgl. auch Raúl Prebisch: The Economic Development of Latin America and its Principal Problems, Lake Success/N.Y. 1950.

23 Diese Grundannahmen fanden sich später bei Dependenztheoretikern wie Immanuel Wallerstein und André Gunder Frank wieder und erhielten dadurch Prominenz auch in der westlichen Forschungscommunity.

Die erste Welthandelskonferenz im Jahr 1964 schuf eine Plattform für diese Handels- und Entwicklungsfragen. Ziel war es, neue Handelsprinzipien zu erarbeiten, um die Entwicklung des Südens zu befördern. Indem dessen Vertreter auf eine neue und umfassende Regulierung beziehungsweise Umstrukturierung des Welthandels pochten, damit die bestehende Ordnung infragestellten und sich dann auch noch zur Gruppe 77 zusammenschlossen, stellten sie die Weichen für eine sich bis Mitte der 1970er-Jahre zuspitzende Konfrontation mit den kapitalistischen Staaten des Nordens. Dessen Vertreter waren sich schnell sicher, dass es sich hierbei nicht um eine Eintagsfliege handelte. Vielmehr diagnostizierte man eine „organized pressure campaign", mit der die Entwicklungsländer über eine „Manipulation der Handelsordnung" einen Ressourcentransfer hätten erzwingen wollen.[24]

Der Nord-Süd-Konflikt war demnach in erster Linie ein ökonomischer Konflikt, in dem die dekolonisierten Staaten nach der politischen nun auch die wirtschaftliche Unabhängigkeit beziehungsweise Selbstbestimmung erlangen wollten. Das Forum, das die UNO ihnen bot, wussten sie hierfür auf verschiedene Arten zu instrumentalisieren.[25]

Diesen Kampf führten sie erstens, indem sie das Völkerrecht – und im Besonderen die „neu erworbene Waffe der Souveränität" – heranzogen, um selbiges von seiner kolonialen Prägung zu bereinigen und es im Sinne ihrer Interessen zu reformieren.[26] Zweitens versuchten sie, die sich ständig weiter ausdifferenzierende Organisationsstruktur der UNO zu nutzen, um mittels der Institutionalisierung der wirtschaftlichen Nord-Süd-Beziehungen in Form der Welthandelskonferenz ein Gegengewicht zu den westlich dominierten Institutionen wie der Welternährungsorganisation (*Food and Agriculture Organization*, FAO), dem Internationalen Währungsfond (IWF) und der Weltbank zu etablieren. Das Allgemeine Zoll- und Handelsabkommen (*General Agreement on Tariffs and Trade*, GATT) beispielsweise sollte durch ein Sekretariat und einen ständigen Ausschuss

---

24 So ein Mitglied der US-Administration, zitiert in Kunkel, Contesting Globalization: The United Nations Conference on Trade and Development and the Transnationalization of Sovereignty, S. 248; Vgl. auch ders., Eine kurze Geschichte des Nord-Süd-Konflikts.

25 Vgl. etwa Ullrich Lohrmann: Voices from Tanganyika. Great Britain, the United Nations and the Decolonization of a Trust Territory, 1946–1961, Berlin, London 2008, sowie im Hinblick auf die Unternehmungen der Entwicklungsländer zur Reformierung des internationalen Rechts Antony Anghie/Bhupinder Chimni/Karin Mickelson/Obiora Okafor (Hrsg.): The Third World and International Order. Law, Politics, and Globalization, Leiden, Boston 2003.

26 Antony Anghie: Imperialism, Sovereignty and the Making of International Law, Cambridge 2008, S. 202, Zitat S. 198.

bei der Welthandelskonferenz ersetzt werden und einen globalen Ansatz für Entwicklungsfragen verfolgen.[27]

Dass der Aufbau der Welthandelskonferenz als Institution erfolgreich verlief, verdankt sich Sönke Kunkels Argumentation zufolge einer *public diplomacy*, die es vermochte, die Konferenzen für eine globale Öffentlichkeit in Szene zu setzen und gleichzeitig dazu beitrug, ein globales Bewusstsein für die Nord-Süd-Problematik zu schaffen. Aufgescheucht durch den dadurch erzeugten Druck, reagierten die westlichen Industrieländer mit einem halbherzigen Entgegenkommen, welches sich infolge der zweiten Welthandelskonferenz (1968) in der Etablierung des *General System of Preferences* des GATT widerspiegelte. Dieses sollte Ausnahmen vom Prinzip der Meistbegünstigungsklausel zulassen, bezog letztlich aber nicht alle Staaten und Primärgüter ein.[28] Bereits während der sogenannten Kennedy-Runde des GATT, des zweiten Verfahrens zur Zollsenkung von 1964 bis 1967, überging man die Entwicklungsländer gewissermaßen. So schloss man sie zwar von Zollsenkungen nicht aus, berücksichtigte aber auch nicht, dass die auf industrielle Fertigwaren beschränkten Zollsenkungen für die ärmeren Staaten kaum von Belang waren.[29] Ähnlich sollte es sich 1975 mit dem Lomé-Abkommen zwischen den EG-Staaten und 46 Ländern der Organisation Afrikanischer, Karibischer und Pazifischer Staaten, kurz AKP-Staaten, verhalten, das vorsah, diesen Staaten einen bevorzugten Marktzugang in die EG zu gewähren. Jedoch wurde dieser Zugang insbesondere auf dem Agrarsektor weiterhin Einschränkungen unterworfen und durch Subventionen innerhalb der EG-Staaten neutralisiert.[30]

Dass die EG-Staaten dem Süden überhaupt in dieser Form entgegenkamen, lässt sich wohl auch auf den erhöhten Druck zurückführen, der mit der Verabschiedung der *Erklärung über die Errichtung einer Neuen Weltwirtschaftsordnung* und der *Charta über wirtschaftliche Rechte und Pflichten der Staaten* durch die UN-Generalversammlung entstanden war (beide Erklärungen standen im Zeichen einer neuen Weltwirtschaftsordnung, weswegen die Abkürzung NIEO oftmals zugleich die Charta über wirtschaftliche Rechte und Pflichten meint).[31] Die Ent-

---

27 Ria Kemper: Nationale Verfügung über natürliche Ressourcen und die Neue Weltwirtschaftsordnung der Vereinten Nationen, Berlin 1976.

28 Kunkel, Contesting Globalization, S. 248–250.

29 Vgl. Francine McKenzie: Free Trade and Freedom to Trade: The Development Challenge to GATT, 1947–1968., in: Frey/Kunkel/Unger, International Organizations and Development, S. 150–170, hier S. 162 f.

30 Verabschiedet wurde die Konvention 1975. Vgl. auch Olufemi A. Babarinde: The Lomé Conventions and Development. An Empirical Assessment, Aldershot 1994.

31 A/Res/S-6/3201, Declaration on the Establishment of a New International Economic Order, 01.05.1974; A/Res/S-6/3201, Charter of Economic Rights and Duties of States, 12.12.1974.

wicklungsländer forderten hiermit nichts weniger als einen Umbau der internationalen Wirtschaftsordnung zu ihren Gunsten. Und der Zeitpunkt schien gut gewählt, erforderte doch der Zusammenbruch des Systems von *Bretton Woods* ohnehin eine Neuordnung der Weltwirtschaft. Nach dem Willen der Entwicklungsländer sollte diese in Maßnahmen bestehen, mit denen die Abhängigkeit der Entwicklungsländer von Unternehmen der Industrieländer beseitigt und die Kontrolle über ihre natürlichen Ressourcen zurückerlangt werden sollten. Darüber hinaus ging es ihnen um zwei Punkte: die Stärkung des UN-Systems beziehungsweise internationaler Gremien zu Lasten privater oder staatlicher Instanzen sowie die vertragliche Absicherungen ihrer Rechte. Insgesamt sollte die Macht der Industrieländer abgebaut werden, unter anderem durch die Einführung eines internationalen Wettbewerbsrechts, die Ausweitung des Handels und die Substitution des technischen Fortschritts. Konkrete Maßnahmenvorschläge waren außerdem ein integriertes Rohstoffprogramm, kompensatorische Exporterlösstabilisierungsabkommen und verbindliche Vereinbarungen über Prinzipien der Schuldenerleichterung sowie der Zugang zum Kapitalmarkt der Industrieländer.[32]

Dass insbesondere die westlichen Industrieländer des Nordens sich von diesen Forderungen einer neuen Weltwirtschaftsordnung alarmiert fühlten, hing eng mit dem Ölembargo der OAPEC-Staaten 1973 zusammen, das rückblickend als „Wasserscheide der internationalen Beziehungen" bezeichnet wurde.[33] Nicht nur trug das Embargo dazu bei, den wirtschaftlichen Aufschwung im Westen zu bremsen.[34] Hier demonstrierte der Süden erstmalig eine solidarische Stärke, von der man im Westen fürchtete, dass sie nicht nur die Öl exportierenden Länder zustande brächten, sondern womöglich der gesamte globale Süden, der mit Hilfe des „Werkzeugkastens des Protektionismus"[35] seine ganze Ressourcenmacht ausspielen könnte.[36] Für die Entwicklungsländer hatte die „oil revolution" eine

32 Theodor Dams: Weltwirtschaft im Umbruch. Konfrontation oder Kooperation mit der Dritten Welt?, Freiburg i. Br. 1978, S. 52.

33 Vgl. das Vorwort des Bulletin of the Institute for Development Studies der University of Sussex: Special Issue: Oil and Development, 1974, zitiert in: Volker Matthies: Neue Weltwirtschaftsordnung. Hintergründe, Positionen, Argumente, Opladen 1980, S. 22.

34 Vgl. hierzu Giuseppe La Barca: The US, the EC and World Trade. From the Kennedy Round to the Start of the Uruguay Round, London, New York 2016.

35 Thomas W. Zeiler: Offene Türen in der Weltwirtschaft, in: Iriye, 1945 bis heute, S. 183–356, hier S. 243.

36 Rüdiger Graf: Öl und Souveränität. Petroknowledge und Energiepolitik in den USA und Westeuropa in den 1970er Jahren, Berlin 2014, S. 318 f.; vgl. auch Giuliano Garavini: Completing Decolonization. The 1973 'Oil Shock' and the Struggle for Economic Rights, in: The International History Review 33/3 (2011), S. 473–487, hier S. 482; außerdem Christopher W. Dietrich: Mossadegh Madness: Oil and Sovereignty in the Anticolonial Community, in: Humanity 6/1 (2015), S. 63–78.

inspirierende Funktion, und ihre Durchschlagkraft ermutigte sie zur Formulierung der NIEO, mit Hilfe derer sich die verschiedenen lose zusammenhängenden Agenden gut miteinander verbinden ließen.[37]

Die Staaten der westlichen Welt hingegen, bereits sensibilisiert durch das umhergehende Gespenst der „Grenzen des Wachstums", den Anstieg der Rohstoffpreise seit 1971 und das Ende des Bretton Woods-Systems, fühlten sich durch die Ölpreissteigerungen der OPEC-Staaten in eine defensive Position gedrängt und reagierten entsprechend harsch auf die Forderungen der G77. Henry Kissinger und Helmut Schmidt sprachen gar von einer „unheiligen Allianz" zwischen OPEC und der „Dritten Welt".[38] Also versuchte der Westen, die „Front der Dritten Welt" zu spalten, indem man die Auswirkungen der „Ölwaffe" auf den Westen herunterspielte und gleichzeitig die Interdependenz aller Staaten betonte, aufgrund derer eine mögliche wirtschaftliche Schwächung der Industrieländer eben auch Auswirkungen auf die Entwicklungsländer hätte.[39] Die Nutzung des Interdependenzbegriffs verschleierte innerhalb dieses Kontextes die tatsächlichen Machtgefälle, die zur selben Zeit auch im Rahmen der Dependenztheorie diskutiert wurden.[40] Anstatt aber bestehende Abhängigkeiten tatsächlich abzubauen, postulierte der Westen vielmehr, dass „die zunehmende Interdependenz der Weltwirtschaft eine immer engere Zusammenarbeit zwischen Industrieländern, Erdöl-, Rohstoff- und anderen Entwicklungsländern" erfordere.[41]

---

37 Nils Gilman: The NIEO: A Reintroduction, in: Humanity 6/1 (2015), S. 1–16, S. 10. „Oil revolution" war der von den OPEC-Staaten genutzte Begriff, der, zusammen mit dem westlichen Begriff „Ölkrise", die unterschiedlichen Perspektiven trefflich abbildet, vgl. Christopher W. Dietrich: Oil Revolution. Sovereign Rights and the Economic Culture of Decolonization, Cambridge 2017, S. 3.

38 Memorandum of Conversation, November 16, 1975, Gerald Ford Presidential Library, Ann Arbor, Michigan, William Seidman Papers, Box 312, zitiert in: Dietrich, Mossadegh Madness: Oil and Sovereignty in the Anticolonial Community, S. 7.

39 So immer wieder vorgetragen von Henry Kissinger, siehe Graf, Öl und Souveränität, S. 320. Die Theorie ökonomischer Interdependenzen wurde Anfang der 1970er von Keohane und Nye als Alternative zum außenpolitischen Realismus in die politikwissenschaftliche Diskussion eingebracht, um so auch nichtstaatliche Akteure und wirtschaftliche Interdependenzen in den Internationalen Beziehungen zu berücksichtigen. Vgl. Robert O. Keohane/Joseph S. Nye: Power and Interdependence, in: Survival: Global Politics and Strategy 15/4 (1973), S. 158–165. Zur Diskurs- und Begriffsgeschichte der Interdependenz siehe auch Martin Deuerlein: Interdependenz, in: Reichherzer/Droit/Hansen, Den Kalten Krieg vermessen, S. 183–198.

40 Vgl. bzgl. Verschleierung Misteli, Der UNCTAD-Moment, S. 208.

41 Grundsatzerklärung der Bundesregierung für den Dialog mit den Erdöl produzierenden und anderen Entwicklungsländern 1975, zitiert in: Johannes von Karczewski: „Weltwirtschaft ist unser Schicksal". Helmut Schmidt und die Schaffung der Weltwirtschaftsgipfel, Bonn 2008, S. 199.

Dabei setzte man zwar einerseits auf Kooperation statt auf Konfrontation, unterstellte aber auf der anderen Seite eine „mythische Verklammerung" der Entwicklungsländer durch die Neue Weltwirtschaftsordnung.[42] Dieser schrieb man eine mehr symbolische Funktion denn tatsächliche Wirkungsmacht zu und setzte sie darüber hinaus mit einer globalen Planwirtschaft gleich.[43] Es verwundert demnach nicht, dass die NIEO-Resolution nur unter Vorbehalten der westlichen Staaten verabschiedet (obwohl sie ohnehin nicht bindend war) und die Charta über wirtschaftliche Rechte und Pflichten von den Vereinigten Staaten, Großbritannien, der Bundesrepublik Deutschland, Belgien, Luxemburg und Dänemark abgelehnt wurde.[44]

Innerhalb der Argumentationslogik der Entwicklungsländer war der Interdependenzbegriff hingegen deswegen attraktiv, weil sie eine NIEO nicht auf eigene Faust hätten durchsetzen können. So konnten sie die strukturelle Verbundenheit von Nord und Süd herausstellen, ohne eine Front zwischen beiden eröffnen zu müssen. Stattdessen erforderte Interdependenz in dieser Lesart eine konzertierte Aktion aller Mitglieder der Vereinten Nationen.[45] Daraus ließ sich leicht die Notwendigkeit einer Reform des gesamten Weltwirtschaftssystems ableiten. Die Erklärung von Cocoyoc im Oktober 1974 ging sogar noch weiter, indem sie den ökologischen Aspekt der Ressourcenausbeutung mitaufnahm und so das Wachstumsparadigma grundsätzlich in Frage stellte.[46] Dies war ein weiterer di-

42 Benno Engels/Volker Matthies/Khushi Mohammed Khan: Weltwirtschaftsordnung am Wendepunkt: Konflikt oder Kooperation? Die UN-Konferenzen des Jahres 1974 über Rohstoffe, Bevölkerung und Ernährung: Hintergründe, Analysen, Dokumente, München 1975, S. III.

43 Vgl. im Hinblick auf die sozialistischen Elemente der NIEO Johanna Bockmann: Socialist Globalization against Capitalist Neocolonialism: The Economic Ideas behind the New International Economic Order, in: Humanity 6/1 (2015), S. 109–128.

44 Christian Tomuschat: Die Charta der wirtschaftlichen Rechte und Pflichten der Staaten. Zur Gestaltungskraft von Deklarationen der UN-Generalversammlung, in: Zeitschrift für ausländisches öffentliches Recht und Völkerrecht (ZaöRV) 36/1–3 (1976), S. 444–491.

45 Victor McFarland: The New International Economic Order, Interdependence, and Globalization, in: Humanity 6/1 (2015), S. 217–233, S. 219.

46 Die Erklärung wurde im Rahmen eines gemeinsamen Symposiums des Umweltprogramms der Vereinten Nationen und der Welthandelskonferenz über Modelle der Rohstoffnutzung, des Umweltschutzes und der Entwicklung verabschiedet. Sie thematisierte erstmals den Zusammenhang von Entwicklung und Umweltschutz und führte die Grundbedürfnis-Strategie in die Entwicklungspolitik ein. Den Vorsitz der Expertenrunde hatte die britische Wirtschaftswissenschaftlerin Barbara Ward, die bereits während der UN-Umweltkonferenz in Stockholm 1972 gemeinsam mit dem franko-amerikanischen Mikrobiologen und Umweltaktivisten René Dubos im Auftrag des Generalsekretärs den Umweltbericht „Only One Earth" verfasst hatte. Barbara Ward/ René J. Dubos: Only one Earth. The Care and Maintenance of a Small Planet. An Unofficial Report Commissioned by the Secretary-General of the United Nations Conference on the Human Envi-

rekter Angriff auf die aus westlicher Sicht bewährten etablierten Strukturen der globalen (Wirtschafts-)Ordnung. Letztlich wirkte die vermeintliche Einheit der G77 wie eine Frischzellenkur auf die kriselnden transatlantischen Beziehungen, und die westlichen Industrieländer gingen zur Gegenoffensive über: mit der Initiierung der G7-Gipfel durch den deutschen Bundeskanzler Schmidt und den französischen Staatspräsidenten Giscard d'Estaing schuf man sich einen exklusiven Club, um den Herausforderungen der Interdependenz – heute würde man sagen: der Globalisierung – zu begegnen.[47] Zudem verlagerte man die Verhandlung weltwirtschaftlicher Probleme von der Welthandelskonferenz in die westlich dominierten internationalen Finanzinstitutionen.[48] Dabei versuchten aber insbesondere die Vereinigten Staaten und die EG-Staaten, ihre Abneigung gegenüber den Ambitionen des Südens nicht allzu unverhohlen zu zeigen, sondern stattdessen eine Art Appeasement-Politik zu betreiben.[49] Die zugrundeliegende Problematik globalen Ungleichgewichts erkannte man durchaus an und maß ihr im Zuge der Interdependenzdiagnose hohe Bedeutung zu – auch und gerade für die Entwicklungspolitik.[50] In der Praxis entsprachen die Maßnahmen jedoch eher kosmetischen Korrekturen, und man wandte gegenüber den Entwicklungsländern eine hinhaltende Taktik an, zum Beispiel durch verzögerte Verhandlungen oder die Aufspaltung von Verhandlungsgegenständen. Zugleich umwarb der Westen rohstoffreiche und teilindustrialisierte Entwicklungsländer – und stand hier durchaus in Konkurrenz mit der Sowjetunion, was die Verschränkungen von Ost-West- und Nord-Süd-Konflikt verdeutlichen mag. Auch mahnte der Westen Entwicklungsländern gegenüber nationale Reformen an, ohne die Verhandlungen auf internationaler Ebene nicht möglich seien.[51]

Insofern konnte sich der Süden mit seinen Forderungen nur schwer durchsetzen und die Initiative für eine Neue Weltwirtschaftsordnung verlief buchstäblich im Sand. Dennoch veränderten die Erfolge und Misserfolge der gemeinsamen Bemühungen des Globalen Südens die Spielregeln der internationalen Politik und Wirtschaft nachhaltig. Gleichzeitig war der Nord-Süd-Konflikt vor al-

---

ronment, prepared with the Assistance of a 152-Member Committee of Corresponding Consultants in 58 Countries, Harmondsworth, Middlesex 1972.

47 Vgl. Enrico Böhm: Die Sicherheit des Westens: Entstehung und Funktion der G7-Gipfel (1975–1981), München 2014; Karczewski, „Weltwirtschaft ist unser Schicksal".

48 Margot E. Salomon: From NIEO to Now and the Unfinishable Story of Economic Justice, in: International and Comparative Law Quarterly 62/1 (2013), S. 31–54, hier S. 46 f.

49 Daniel J. Sargent: North/South: The United States Responds to the New International Economic Order, in: Humanity 6/1 (2015), S. 201–216, S. 202.

50 Vgl. McFarland, The New International Economic Order, Interdependence, and Globalization.

51 Matthies, Neue Weltwirtschaftsordnung, S. 26.

lem in den 1970ern eine prägende Kraft, die auf UN-Ebene in Zeiten der *Détente* den Ost-West-Konflikt nahezu verdeckte, wenn nicht gar ablöste. In Zuge dessen verfestigten sich die Kategorien Entwicklungs- und Industrieländer, und die Gegenüberstellung von Nord und Süd wurde gebräuchlich.[52] Der Nord-Süd-Konflikt drückte also gewissermaßen dem internationalen System seinen Stempel auf und schuf ein Problembewusstsein, das 1977 in der Schaffung der Nord-Süd-Kommission unter der Leitung von Willy Brandt kulminierte. Das Problembewusstsein blieb, einzig die daraus abzuleitenden Reformen wurden im Zuge des *Washington Consensus* in den 1980er Jahren ad acta gelegt.

2.3 Das Menetekel der „Grenzen des Wachstums"

Die vielzitierte Interdependenz wurde nicht nur in Bezug auf die Weltwirtschaft beschworen. Auch aus ökologischer Sicht leitete man aus der Einheit des Globus eine holistische Weltsicht ab, für die die Rede von der wechselseitigen Abhängigkeit das Mantra war. Die von den Apollo-Missionen stammenden Bilder „Earth Rise" (1968) und „Blue Marble" (1972) wurden zu Ikonen des verletzlichen Planeten Erde, aus dessen Einzigartigkeit sich seine unbedingte Schutzbedürftigkeit ableitete.[53]

Dies griff vor allem die westliche Umweltbewegung auf. Spätestens mit der UN-Umweltkonferenz von Stockholm (1972) erlangte diese Sicht die Aufmerksamkeit der internationalen Politik, weswegen das Jahr 1972 vielfach als Zäsur im „globalen Umweltbewusstsein" gedeutet wird.[54] Denn die Verschiebung von der Wahrnehmung einer schützenswerten Natur hin zum „Environment" – die verflochtene Einbettung des Menschen in seine natürliche und unnatürliche Umgebung – wurde nun dezidiert als ein globales Thema anerkannt.[55]

Die seit Ende der 1960er vermehrt frequentierte Metapher vom *Spaceship Earth* griff dieses Bewusstsein auf und verband sich mit dem Interdependenzge-

---

52 Garavini, Completing Decolonization, S. 483.

53 Vgl. Solvejg Nitzke/Nicolas Pethes (Hrsg.): Imagining Earth. Concepts of Wholeness in Cultural Constructions of Our Home Planet, Bielefeld 2017.

54 Kai F. Hünemörder: 1972 – Epochenschwelle der Umweltgeschichte? In: Franz-Josef Brüggemeier/ Jens Ivo Engels (Hrsg.): Natur- und Umweltschutz nach 1945. Konzepte, Konflikte, Kompetenzen, Frankfurt a. M. u. a. 2005, S. 125–144. Vgl. zur Umweltkonferenz auch ders.: Die Frühgeschichte der globalen Umweltkrise und die Formierung der deutschen Umweltpolitik (1950–1973), Stuttgart 2004; außerdem die Beiträge in Kaiser/Meyer, International Organizations and Environmental Protection sowie Kap. 5 in Schulz-Walden, Anfänge globaler Umweltpolitik.

55 Vgl. hierzu auch Niall Ferguson/Charles S. Maier/Erez Manela/Daniel J. Sargent (Hrsg.): The Shock of the Global. The 1970s in Perspective, Cambridge/MA 2010.

danken. Ein „Raumschiff Erde" implizierte die Annahme eines Innen und eines Außen, einer Einkapselung des Erdenlebens, das außerhalb dieses Raumschiffes unmöglich war und also ein gemeinsames Handeln erforderte, wenn dieses Raumschiff bewohnbar bleiben sollte.[56] Ein damit einhergehender „One Worldism" war im Westen bereits in der ökumenischen Bewegung und deren Engagement für die Dekolonisation sowie im Kontext des Kalten Krieges gebräuchlich, wurde aber ab Mitte der 1960er verstärkt mit Ressourcenknappheit, dem Nord-Süd-Gefälle und Umweltverschmutzung in Verbindung gebracht.[57] Aus diesen Einsichten resultierte das Erfordernis, das innerplanetarische System der Erde besser zu verstehen, um darauf basierend einen gemeinsamen Handlungsplan zu entwickeln. In den 1960er Jahren, dem „Jahrzehnt von Planbarkeit und Machbarkeit"[58], entstanden zahlreiche Arbeiten, die die Kapazitäten des Planeten zum Thema machten – oft mit neo-malthusianischer Ausrichtung, wie Paul Ehrlichs „Bevölkerungsbombe" oder Garrett Hardins „Tragedy of the Commons" beispielhaft belegen mögen.[59]

Im Zeichen der begrenzten Tragfähigkeit des Planten Erde stand auch der 1972 veröffentlichte Bericht an den *Club of Rome*, in dem ein MIT-Forscherteam um Dennis und Donella Meadows – ganz der Futurologie und der Kybernetik verpflichtet, nun aber in Kombination mit computergestützten Berechnungen – diagnostizierte, dass die Welt sowohl aus ökologischer als auch aus demographischer und wirtschaftlicher Sicht auf einen Kollaps zusteuere. Zahlreiche Kurvendiagramme untermauerten die These vom Wachstumskollaps und wurden von den Machern der Studie als hieb- und stichfest (weil computerbasiert) propagiert. Der Bericht verfehlte seine Wirkung nicht. Bereits im Jahr seiner Erscheinung

---

56 Siehe hierzu die wegweisenden Arbeiten von Sabine Höhler: Sabine Höhler: „Raumschiff Erde": Lebensraumphantasien im Umweltzeitalter, in: Iris Schröder/Sabine Höhler (Hrsg.): Welt-Räume. Geschichte, Geographie und Globalisierung seit 1900, Frankfurt a. M. 2005, S. 258–281; dies.: „Carrying Capacity". The Moral Economy of the „Coming Spaceship Earth", in: Atenea XXVI (2006), S. 59–74; dies., Spaceship Earth in the Environmental Age, 1960–1990.

57 Kuchenbuch, „Eine Welt". Globales Interdependenzbewusstsein und die Moralisierung des Alltags, S. 165.

58 Gabriele Metzler: „Geborgenheit im gesicherten Fortschritt". Das Jahrzehnt von Planbarkeit und Machbarkeit, in: Matthias Frese/Julia Paulus/Karl Teppe (Hrsg.): Demokratisierung und gesellschaftlicher Aufbruch. Die sechziger Jahre als Wendezeit der Bundesrepublik, 2. Aufl., Paderborn 2005, S. 777–797.

59 Hierzu kritisch: Paul Ehrlich/Michael Egan: The Population Bomb (1968), in: Libby Robin/Sverker Sörlin/Paul Warde (Hrsg.): The Future of Nature. Documents of Global Change, New Haven 2013, S. 54–62; Susan J. Buck: No Tragedy of the Commons, in: Ken Conca/Geoffrey D. Dabelko (Hrsg.): Green Planet Blues. Four Decades of Global Environmental Politics, 4. Aufl., Boulder/CO 2010, S. 46–54.

wurde er in zwölf Sprachen übersetzt, und der Titel „Limits to Growth" dient deswegen nicht umsonst als Chiffre für den um 1970 sich beschleunigenden Bewusstseinswandel vorwiegend innerhalb westlicher Gesellschaften.

Gleichwohl hatte er von Beginn an seine Kritiker. So bemängelten Ökonomen die Nichtberücksichtigung des Preismechanismus sowie möglicher Innovationen und Reaktionen. Marxistische Kritik hingegen entzündete sich an der Tatsache, dass politische und soziale Dimensionen außer Acht gelassen worden seien. Die ökologische Frage, von der bis dato vornehmlich die Arbeiterschaft betroffen gewesen sei, erfahre just in dem Moment breite Aufmerksamkeit, in dem die Bourgeoisie und ihre Lebensverhältnisse betroffen seien. Ähnlich konnotiert waren die Reaktion der „Dritten Welt", die in den Rufen nach einer Kehrtwende im Zuge der Knappheitsdiskurse den Versuch witterte, die bestehenden Strukturen einzufrieren und die ärmeren Staaten um ihr „Recht auf Entwicklung" zu bringen.[60]

Diese Vorbehalte des Globalen Südens wurden auch vor und während der Stockholmer Umweltkonferenz 1972 deutlich, auf der die Konfliktlinien zwischen den Handlungsfeldern Umwelt und Entwicklung offen zutage traten. Die meisten Entwicklungsländer drohten damit, die Konferenz zu boykottieren und argumentierten, dass die reichen Länder des Nordens ihren Reichtum durch die Industrialisierung erlangt, und im Zuge dessen die beklagten Umweltprobleme selbst verursacht hätten. Es sei nicht gerecht, nun den Entwicklungsländern industrielles Wachstum zu versagen und sie für den Umweltschutz in die Pflicht zu nehmen. Vielmehr müssten die Industrieländer selbst die Kosten für die Beseitigung von Umweltschäden und deren Vermeidung tragen.[61]

Letztlich konnten viele der Entwicklungsländer doch noch zur Teilnahme an der Konferenz bewegt werden, weil der kanadische Konferenzpräsident Maurice Strong ein Treffen mit Vertretern der Entwicklungsländer und Experten anberaumte, bei dem die Umweltherausforderung als Basis für eine zukünftige Nord-Süd-Kooperation umdefiniert wurde. Der aus dem Treffen hervorgehende *Founex-*

---

60 Kupper, „Weltuntergangsvisionen aus dem Computer". Zur Geschichte der Studie „Grenzen des Wachstums" von 1972, S. 103 f.; Vgl. zu Rezeption und Wirkung der Studie auch Nils Freytag: „Eine Bombe im Taschenbuchformat"? Die „Grenzen des Wachstums" und die öffentliche Resonanz, in: Zeithistorische Forschungen/Studies in Contemporary History 3/3 (2006), S. 465 – 469; Hahn, Von Unsinn bis Untergang. Zum „Recht auf Entwicklung"; s. auch Daniel J. Whelan: „Under the Aegis of Man": The Right to Development and the Origins of the New International Economic Order, in: Humanity 6/1 (2015), S. 93 – 108.

61 Maurice F. Strong: Where on Earth are We Going?, Toronto 2000, S. 123.

Report on Development and Environment enthielt dann auch das Zugeständnis der Entwicklungsländer, sich an der Lösung globaler Umweltprobleme zu beteiligen. Zugleich betonten sie, dass es für große Bevölkerungsteile in ihren Ländern nicht um die Gefährdung von Lebensqualität gehe. Vielmehr sei das Leben an sich bedroht, weswegen ihr Zugang zu Umweltproblemen und –schutz notgedrungen ein anderer sei und sein müsse.[62] Die Implementierung von Umweltaspekten könne demnach nur erfolgen, wenn das Entwicklungskonzept insgesamt neu gedacht werde, und neben den wirtschaftlichen auch soziale und kulturelle Ziele beinhalte. Kurz, jeder Staat sollte seinen eigenen Entwicklungsweg gehen dürfen, und keinesfalls wollte man sich diesen Weg vom Norden diktieren lassen.[63]

Eine breite Rezeption erfuhr diese Sichtweise durch die Rede von Indira Ghandi auf der Umweltkonferenz, worin sie das problematische Verhältnis von Umwelt und Entwicklung skizzierte und dabei bereits das Problem vorwegnahm, das zwanzig Jahre später auch auf dem *Earth Summit* in Rio de Janeiro (1992) auf der Tagesordnung stehen sollte und seitdem unter dem längst zur Worthülse verkommenen Schlagwort der „nachhaltigen Entwicklung" firmiert. Die Stockholmer Umweltkonferenz steht somit für mehr als nur eine Zäsur in der globalen Wahrnehmung von Umweltproblemen. Sie ist zugleich der Ausgangspunkt für den Transfer des Nord-Süd-Konflikts in die internationale Umweltpolitik.[64]

Denn auch die bereits erwähnte Deklaration von Cocoyoc 1974 (s. Kap. 2.2) griff den Zusammenhang zwischen (wirtschaftlicher) Entwicklung und Umwelt auf:

> Thirty years have passed since the signing of the United Nations Charter launched the effort to establish a new international order. Today, that order has reached a critical turning point. Its hopes of creating a better life for the whole human family have been largely frustrated. It has proved impossible to meet the „inner limit" of satisfying fundamental human needs. On the contrary, more people are hungry, sick, shelterless and illiterate today than when the United Nations was first set up.
>
> At the same time, new and unforeseen concerns have begun to darken the international prospects. Environmental degradation and the rising pressure on resources raise the question whether the „outer limits" of the planet's physical integrity may not be at risk.[65]

---

62 *Ders.:* Development and Environment. Report and Working Papers of a Panel of Experts Convened by the Secretary-General of the United Nations Conference on the Human Environment (Founex, Switzerland, June 4 – 12, 1971), Paris 1972, S. 10.

63 Ebd., S. 27.

64 Karin Mickelson: The Stockholm Conference and the Creation of the North-South Divide in International Environmental Law and Policy, in: Gonzalez/Razzaque/Alam/Atapattu, International Environmental Law and the Global South, S. 109–129, hier S. 116.

65 The Cocoyoc Declaration: A Call for the Reform of the International Economic Order, in: Bulletin of the Atomic Scientist 31/3 (1975), S. 6–10, S. 6. So auch zitiert in Mickelson, The

Daraus leiteten die Teilnehmer des Symposiums von Cocoyoc ab, dass die Bedürfnisse zukünftiger Generationen bei den Entwicklungsbemühungen mit berücksichtigt werden müssten. Zugleich seien aber die globalen Ressourcen auch gerechter zu verteilen. Insbesondere müssten die natürlichen Ressourcen der Entwicklungsländer der eigenen wirtschaftlichen Entwicklung vorbehalten sein, was eine Dezentralisierung der Weltwirtschaft notwendig mache.[66] Aus dieser Sicht erforderten die „Grenzen des Wachstums" vor allem ein Umdenken in den Volkswirtschaften der Industrieländer. Für die Entwicklungsländer selbst bot ein Umdenken in der internationalen Politik darüber hinaus zumindest theoretisch die Chance, die eigene Position zu verbessern, indem man Entwicklung, Umwelt und natürliche Ressourcen – letztere stellten gewissermaßen den Konnex zwischen den anderen beiden Elementen dar – zusammendachte. Globale Interdependenz hatte demnach verschiedene Dimensionen. Zum einen erforderte sie sowohl auf dem wirtschaftlichen Feld als auch auf dem Feld der Umwelt ein *planet management*, das die Belange aller Bevölkerungen zu berücksichtigen hatte. Zum anderen berührte die Ausbeutung natürlicher Ressourcen beide Aspekte, insofern dieser Abbau sowohl eine wirtschaftliche als auch eine ökologische Komponente aufwies.

Einerseits bescherte die Furcht vor den Grenzen des Wachstums der Nord-Süd-Problematik also einen weiteren Streitpunkt. Andererseits bewirkte die Erkenntnis der Begrenztheit des Planeten eine Hinwendung zu den Meeren als „Ergänzungsräumen einer endlichen Welt"[67], mit denen man Ressourcenträume verband. Neue Nutzungsformen waren möglich geworden, und neben dem Abbau von Erzen auf dem Meeresboden sah man großes Potential etwa in der Krillfischerei, aber auch in Marikulturen und Algenzucht. „Ob als Proteinmasse, Meeresbodenschatz, Lebensraum oder Abfallbecken – die Meere versprachen praktisch unbegrenzte Kapazitäten."[68] So fasst Sabine Höhler den damaligen Run auf die Schätze des Meeres zusammen und diagnostiziert für die 1970er Jahre gar ein „amphibisches Projekt der Durchdringung des Lebensraums Meer"[69], dessen Ziel

---

Stockholm Conference and the Creation of the North-South Divide in International Environmental Law and Policy, S. 119.

66 Ebd., S. 9.

67 Sabine Höhler: Die Weltmeere. Science und Fiction des Unerschöpflichen in Zeiten neuer Wachstumsgrenzen, in: GuG 40/3 (2014), S. 437–451, hier S. 440.

68 Ebd.

69 Ebd.

die menschliche Kultivierung des Meeresbodens gewesen sei (man denke auch an die Überlegungen von Jacques Cousteau, den Meeresgrund zu besiedeln[70]).

2.4 Zusammenfassung

In den langen 1970er Jahren war das internationale System durch wirtschaftliche Verteilungsfragen und Probleme einer zunehmend als global wahrgenommenen Umwelt herausgefordert. Im Rahmen des Nord-Süd-Konflikts verbanden sich in den Diskursräumen der Vereinten Nationen die Bemühungen der Entwicklungsländer um eine Reform des Weltwirtschaftssystems mit den Forderungen nach einer globalen Umwelt- und Ressourcenpolitik, die ihre „Entwicklungsrückstände" berücksichtigte und die Industriestaaten als Verursacher globaler Umweltprobleme anerkannte. Die Diagnose der Grenzen des Wachstums und die Ölkrise hatten wiederum den Industrieländern Ressourcensorgen beschert und die Interdependenz der (Staaten-)Welt vor Augen geführt. Man reagierte, indem man die Forderungen der Entwicklungsländer zwar berücksichtigte, jedoch insbesondere seitens des Westens in der Praxis nur geringe Zugeständnisse machte.

Mit dem Nord-Süd-Konflikt wird deutlich, wie sehr die langen 1970er Jahre von Ressourcenfragen gekennzeichnet waren. Somit sind auch die Dynamiken und Positionen auf der Seerechtskonferenz nur verstehbar, wenn sie im Kontext der Nord-Süd-Konfrontation und der gleichzeitig aufkommenden Erkenntnis der Begrenztheit von Ressourcen betrachtet werden.

Und so lässt sich auch die Geschichte des Seerechts, an das einhergehend mit Globalisierung, Industrialisierung und Technisierung immer höhere Anforderungen gestellt wurden, entlang von Ressourcenkonflikten erzählen, deren Höhepunkt die dritte Seerechtskonferenz markiert.

---

70 Vgl. hierzu auch Sven Asim Mesinovic/Daniel Schmiedke: Der Traum von der Besiedelung der Meere, in: Ingeborg Siggelkow (Hrsg.): Gedächtnis, Kultur und Politik, Berlin 2006, S. 45 – 53.

3 Die Globalisierung des Seerechts im Spiegel maritimer Ressourcenkonflikte

Die Erzählung einer „Vorgeschichte" ist ein historiographisches Problem.[1] Welche Ereignisse, Phänomene und Entwicklungen gehören dazu? Welche sind in der Rekonstruktionsarbeit zu vernachlässigen? Auch für die dritte Seerechtskonferenz reicht es nicht zu fragen, *wie* sich das Seerecht bis dahin entwickelte.[2] Will man die Konferenz aus der Ressourcenperspektive erzählen, sind neben der Rechtsgeschichte auch (geo)politische und wirtschaftliche Aspekte relevant. Dementsprechend richtet der folgende Überblick über die Entwicklung des Seerechts den Fokus auf solche völkerrechtlichen Abkommen mit maritimem Bezug, die Zugang, Nutzung oder Verteilung von natürlichen Ressourcen regeln.[3] Denn vor allem im Hinblick auf die zweite Hälfte des 20. Jahrhunderts lässt sich die Entwicklung des Seerechts als Geschichte von Ressourcenkonflikten erzählen.

Insbesondere für die Zeit vor 1945 ergibt sich zwangsläufig eine eurozentrische Perspektive. Denn das „klassische" Völkerrecht, wie es sich im Zuge des Westfälischen Friedens und der seitdem etablierten Souveränitätsidee herausgebildet hatte, beruhte auf europäischen Prinzipien und Konzepten, erhob aber zugleich den Anspruch eines globalen Wirkungsraums. Nicht zuletzt war dies seiner Entwicklung im kolonialen Kontext geschuldet, innerhalb dessen sowohl die Vereinigten Staaten von Amerika als auch südamerikanische Staaten als zum europäischen „christlich-abendländischen Kulturkreis" gehörend betrachtet wurden.[4] Erst nach dem Zweiten Weltkrieg fand eine Universalisierung des Völkerrechts statt, das nun nicht mehr nur europäische, oder, wie in der Ära des Völkerbunds, alle „zivilisierten Staaten" betraf, sondern alle „friedliebenden" Staaten einbezog.[5] In der Folge wurden also auch ehemalige Kolonien, Treuhand-

1 Dies meint auch Eckel, Die Ambivalenz des Guten, S. 29.

2 Verwiesen sei hierfür auf die entsprechenden Kapitel in Wilhelm G. Grewe: Epochen der Völkerrechtsgeschichte, 2. Aufl., Baden-Baden 1988.

3 Abkommen wie beispielsweise das der Londoner Seekriegsrechtskonferenz 1908/09 finden dementsprechend keine Berücksichtigung. Vgl. Hans Wehberg: Die Abkommen der Haager Friedenskonferenzen, der Londoner Seekriegskonferenz nebst Genfer Konvention. Textausgabe, Berlin 1915.

4 Stephan Hobe: Einführung in das Völkerrecht, 10. Aufl., Tübingen 2014, S. 39.

5 Ebd., S. 53.

https://doi.org/10.1515/9783110748826-003

und Mandatsgebiete nach und nach in den Kreis der Völkerrechtssubjekte aufgenommen.[6]

3.1 Seerechtliche Konflikte und Entwicklungen bis zum Zweiten Weltkrieg

Die „Seerechtsglobalisierung" begann laut dem Völkerrechtler Wolfgang Graf Vitzthum mit dem spanisch-portugiesischen Zeitalter im 15./16. Jahrhundert. Er periodisiert das Seerecht hiervon ausgehend dann in Mittelalter, iberisches Zeitalter, die grotianische Epoche, die französische Ära, die englische Ära nebst Weltkriegen und als bisher letzte Phase die der Vereinten Nationen.[7] Diese verschiedenen Epochen werden im Folgenden nicht näher ausdifferenziert, denn vor dem 19. Jahrhundert bezogen sich maritime Konflikte meist auf die Nutzung des Meeres als Raum für Handelsrouten oder auf Territorialisierungen im Zusammenhang mit der Kolonialisierung sowie auf die „Seeherrschaft".[8] Auch Fischereikonflikte entzündeten sich weniger an der Ressourcennutzung selbst, sondern vielmehr an Reibungen im Fischereibetrieb (wenn sich zum Beispiel ganz konkret zwei Fischereifahrzeuge auf einem Fangplatz mit ihren Netzen ins Gehege kamen). Von einer tatsächlichen zwischenstaatlichen Konkurrenz um marine natürliche Ressourcen lässt sich demnach erst ab der zweiten Hälfte des 19. Jahrhunderts sprechen, obgleich es sich bei diesen meist um lokale und regionale (Fischerei-)Konflikte handelte. Solange sich diese Probleme fallgebunden und bilateral durch die Konfliktparteien lösen ließen, bedurfte es keiner internationalen Regelungen.[9]

---

6 Vgl. hierzu Anna Krueger: Die Bindung der Dritten Welt an das postkoloniale Völkerrecht. Die Völkerrechtskommission, das Recht der Verträge und das Recht der Staatennachfolge in der Dekolonialisierung, Berlin, Heidelberg 2018.

7 Wolfgang Graf Vitzthum: Seerechtsglobalisierung. Von der iberischen Epoche bis zur Ära der Vereinten Nationen, in: Sabine Schorlemer (Hrsg.): Praxishandbuch UNO. Die Vereinten Nationen im Lichte globaler Herausforderungen, Berlin, Heidelberg 2003, S. 397–418.

8 Siehe hierzu die entsprechenden Kapitel über die Rechtsordnung der Meere in Grewe, Epochen der Völkerrechtsgeschichte, S. 157 f., S. 300 f., S. 471 f., S. 647 f. Die Antike wird hier vollends ausgespart, da für diese Epoche nicht von einer (potentiell) weltumspannenden Seefahrt die Rede sein kann.

9 Ingo Heidbrink: Gerichtliche und außergerichtliche Konfliktlösung im Kontext internationaler Fischereikonflikte, in: forum historiae iuris, 24.11.2016 <http://www.forhistiur.de/2016-11-heidbrink/> (09.01.2018). Wohl aber gab es bereits seevölkerrechtlich verbindliche Regelungen. Beispielhaft sei hier die Pariser Seerechtsdeklaration genannt, die 1856 die Abschaffung der Kaperei festschrieb und damit das von vielen Staaten bereits angewendete Prisenrecht kodifizierte. Er-

Es galt grundsätzlich die „Freiheit der Meere", die der niederländische Begründer des aufgeklärten Völkerrechts Hugo Grotius schon 1609 als Nutzungsprinzip eingeführt hatte, um das spanisch-portugiesische Schifffahrts- und Handelsmonopol zum Vorteil der Ostindien-Kompanie infragezustellen.[10] Grotius postulierte, niemand könne sich die Meere aneignen, weil sie wie die Luft von Natur aus unerschöpflich seien. Damit deutete er den maritimen Raum als nichtterritorialisierbar. Auch die natürlichen Ressourcen entzogen sich aus dieser Sicht jedwedem Besitzanspruch, sei es dem eines Volkes oder einer Privatperson, da ihr ungeheurer Reichtum vom Menschen niemals ausgeschöpft werden könne. Daraus schloss Grotius, dass das Meer dem Gemeingebrauch aller offenstehe (*res communis omnium*), ergo „frei" sei. Das gegenteilige Prinzip des *mare clausum*, das der englische Universalgelehrte John Selden im Auftrag der britischen Krone zur Rechtfertigung maritimer Gebietsansprüche entworfen hatte und das 1635 unter demselben Titel veröffentlicht wurde, konnte sich demgegenüber nicht durchsetzen, da es auf lange Sicht weniger im Interesse der Seemächte lag. Letztlich war es gerade die Seemacht Großbritannien, die maßgeblich zum Erhalt der Freiheit der Meere als führendem Prinzip beitrug. Einzig die vom niederländischen Juristen Cornelius Bynkershoek erdachte Dreimeilenregel für die Breite des Küstenmeers, die mit der Weite eines Kanonenschusses gleichgesetzt wurde und in der ein Staat Souveränität ausübte, fand neben dem *mare liberum* Eingang in das Völkergewohnheitsrecht. Innerhalb der Küstenzone war ausländischen Schiffen die Durchfahrt gestattet, ansonsten besaß der Küstenstaat die volle territoriale Souveränität.[11]

Mit der Industrialisierung zu Land und zu Wasser sowie der damit einhergehenden wachsenden Zahl an Schiffen, die sich zudem laufend technisch modernisierten, wuchs jedoch das Bedürfnis nach verbindlichen internationalen Regelungen für die maritime Ressourcennutzung. Eine solche Verbindlichkeit wird im Völkerrecht durch Verträge hergestellt, die entweder anlassbezogen völlig neu entworfen werden oder bereits bestehende Rechtsnormen (Völkergewohnheitsrecht) in eine vertragliche Form gießen. Insofern besteht ein nicht unerheblicher Unterschied zwischen Völkergewohnheitsrecht und Vertragsvölkerrecht. Im Völkergewohnheitsrecht basieren Regeln auf Normen, die sich im Laufe

klärung betreffend das europäische Seerecht in Kriegszeiten 16. April 1856 <https://www.admin.ch/opc/de/classified-compilation/18560001/index.html> (11.01.2018).

10 Grewe, Epochen der Völkerrechtsgeschichte, S. 315 f.

11 Ebd., S. 312; Schrijver, Sovereignty over Natural Resources, S. 203; Ram Prakash Anand: Origin and Development of the Law of the Sea. History of International Law Revisited. The Hague, Boston, Hingham/MA 1983, S. 77 ff.; vgl. auch H. S. K. Kent: The Historical Origins of the Three-Mile Limit, in: American Journal of International Law 48/4 (1954), S. 537–553.

der Zeit durchgesetzt haben. Man könnte sagen, dieses Recht gilt, weil es ausgeübt wird. Im Vertragsvölkerrecht hingegen wird entweder Völkergewohnheitsrecht in eine Vertragsform gegossen und somit kodifiziert oder aber es wird progressiv neues Recht geschaffen.[12]

Als Reaktion auf die gestiegene Anzahl von Fischereifahrzeugen verabschiedeten die Nordseeanrainer im Jahr 1882 den „Internationalen Vertrag betreffend die polizeiliche Regelung der Fischerei in der Nordsee außerhalb der Küstengewässer", um Rechte und Pflichten der Fischer festzulegen und Fischereikonflikten vorzubeugen.[13]

Ein weiterer maritimer Ressourcenkonflikt, der internationale Bedeutung erlangte und einer rechtlichen Regelung bedurfte, entzündete sich zu Beginn des 20. Jahrhunderts am industriellen Walfang. Zu dieser Zeit waren die Bestände derartig dezimiert, dass man um den Ressourcenerhalt bangte. Im Rahmen des Völkerbunds unternahm man den Versuch, die Nutzung der Ressource Wal mittels einer Konvention zu regulieren und zu beschränken. Nach einem schleppenden Unterzeichnungs- und Ratifizierungsprozess konnte diese Konvention 1935 zwar tatsächlich in Kraft treten. Allerdings mangelte es ihr an Wirksamkeit, und die Walbestände wurden weiterhin – ganz im Sinne von Hardins Tragödie der Allmende – übernutzt. Auch wenn die Konvention nicht den gewünschten Effekt hatte, kommt ihr für die Entwicklung des Seerechts insofern Bedeutung zu, als „zum ersten Mal auf internationaler Ebene die Durchsetzung eines Rechtsprinzips erprobt worden [war], das die gemeinsame und solidarische Nutzung einer globalen Ressource zum Ziel hatte."[14]

Zur selben Zeit, in der die Walfang-Konvention vorbereitet und verhandelt wurde, fand in Den Haag die Kodifikationskonferenz des Völkerbundes statt. Hier ging es in erster Linie darum, bestehendes Völkergewohnheitsrecht in justiziable Normen umzuwandeln. Neben Fragen der Staatsangehörigkeit von Personen stand auch das Thema Küstenmeer auf der Agenda.[15] Zudem diskutierte die Vorbereitungsgruppe der Experten im Vorfeld eine Verregelung der Ausbeutung

---

12 Hobe, Einführung in das Völkerrecht, S. 183.

13 Internationaler Vertrag betreffend die polizeiliche Regelung der Fischerei in der Nordsee außerhalb der Küstengewässer, in: Reichsgesetzblatt 6. Mai 1882, S. 25–43.

14 Wöbse, Weltnaturschutz, S. 234. Vgl. außerdem Charlotte Epstein: The Power of Words in International Relations. Birth of an Anti-Whaling Discourse, Cambridge/MA 2008.

15 Andreas Berg: Die Kodifikationsbemühungen des Völkerbundes auf dem Gebiet des Seerechts (Küstenmeer), Dissertation Universität Hamburg 1999 <https://ediss.sub.uni-hamburg.de/handle/ediss/127> (13.01.2018).

der „*riches of the sea*“[16]. Dies fand jedoch keinen Eingang in die Agenda der Konferenz. Auch hinsichtlich einer einheitlichen Breite des Küstenmeeres konnte letztlich keine Einigung erzielt werden. Staaten wie Großbritannien und die Vereinigten Staaten, die aufgrund ihrer Handels- und Militärmacht auf eine möglichst freie Schifffahrt angewiesen waren, plädierten für eine maximale Breite von 3 Seemeilen, während zum Beispiel südamerikanische Küstenstaaten wie Uruguay auf Souveränitätsrechte innerhalb einer 6 Seemeilen breiten Zone pochten. Auch weil die Frage der „territorial waters“ von den meisten Delegierten nicht losgelöst von Fischereifragen gedacht werden konnte, kam es nicht zu der gewünschten Kodifizierung.[17]

Erneut aufgegriffen wurde die Küstenmeerfrage auf der ersten UN-Seerechtskonferenz 1958, auf der bereits eine deutliche Verschiebung hin zu Ressourcenfragen stattfand. Hier war das Küstenmeer nur noch ein Punkt unter mehreren, die in engem Zusammenhang mit der Ausbeutung von und der Souveränität über Meeresressourcen standen. Die Bedeutung der Meere hatte sich vom Transport- und Kommunikationsweg zum Abbaugebiet mariner natürlicher Ressourcen gewandelt. Das Seerecht bekam damit eine andere Funktion, es war kein „*law of movement*“ mehr, das den Verkehr auf Meeren regeln sollte, sondern „*a law of appropriation*“.[18]

3.2 Territorialisierungstendenzen und Regelungsbemühungen

Nach dem Zweiten Weltkrieg entwickelte sich die Frage der Kontrolle über marine natürliche Ressourcen zum Fluchtpunkt für seerechtliche Veränderungen und Regelungserfordernisse. Vor allem die industrialisierten Staaten machten neue, mit Gewinnerwartungen verbundene Nutzungspotentiale in den Ozeanen aus – wie zum Beispiel die Ölförderung auf dem Kontinentalschelf –, die nun durch

16 So der damals gebräuchliche Begriff, vgl. etwa Committee of Experts for the Progressive Codification of International Law: Report to the Council of the League of Nations on the Questions which appear ripe for International Regulation, adopted by the Committee at its Third Session, held in March–April 1927, C.196.M.70, 20.04.1927, S. 31.

17 Berg, Die Kodifikationsbemühungen des Völkerbundes, S. 96 f.; Juda, International Law and Ocean Use Management, S. 65. Die Frage nach der Breite des Küstenmeeres konnte erst mit dem Seerechtsübereinkommen von 1982 endgültig geklärt werden.

18 Schrijver, Sovereignty over Natural Resources, S. 204.

technische Neuerungen auf dem Gebiet der Offshore-, aber auch der Fischereitechnologie möglich zu werden schienen.[19]

Die sogenannten „Truman-Proklamationen“ aus dem Jahr 1945 übersetzten diese technologisch grundierten Projektionen in politisches Handeln und stießen einen seerechtlichen Reformprozess an, der auch die globalen Besitzverhältnisse nachhaltig verändern sollte. Die erste der Proklamationen war eine Reaktion auf die zunehmende Überfischung amerikanischer Gewässer und zielte darauf ab, künftig die Fischerei in den an US-Küstenzonen anschließenden Meeresgebieten zu regulieren und, wenn nötig, Schutzzonen einzurichten.[20] In Gebieten, in denen die Vereinigten Staaten gemeinsam mit anderen fischten, sollten derlei Schutzmaßnahmen mittels Abkommen festgelegt werden können. Unbeschadet solcher Regulierungen sollten Gewässer außerhalb der Küstenzone jedoch ihren Status als Hohe See behalten und damit Navigationsfreiheit garantieren. Einerseits handelte es sich hierbei um eine volkswirtschaftliche Maßnahme des Ressourcenerhalts, um die durch Überfischung gefährdete Ertragsfähigkeit des Meeres zu gewährleisten. In der Rückschau ist die Proklamation andererseits als ein erster Versuch zu bewerten, Souveränität über eine Ressource im staatsfreien Raum – und in diesem Sinn über ein Gemeingut – auszuüben. Als neuer Hegemon aus dem Zweiten Weltkrieg hervorgegangen, erlaubten sich die Vereinigten Staaten überdies, in der zweiten Proklamation auch noch die Jurisdiktion und Kontrolle über den Festlandsockel und seine Ressourcen zu verkünden und begründeten dies u.a. mit der Notwendigkeit, diese neu zu erschließenden Rohstoffe „vernünftig“ zu nutzen und zu bewahren.[21] Diese Formulierungen lieferten eine Rechtfertigung für die unilaterale Aneignung direkt mit: Die Vereinigten Staaten, als technisch hochentwickelte Gesellschaft, übernähmen für weltweit benötigte Ressourcen die Verantwortung. Den Festlandsockel dabei als erweitertes Staatsgebiet zu begreifen, lag nahe und untermauerte die Rechtmäßigkeit der Ansprüche mit wissenschaftlicher Evidenz.

---

19 Vgl. Jens Ruppenthal: Neue Nahrung aus der Tiefe: Fischereiforschung und die Technisierung unbekannter Zonen des Ozeans, in: Technikgeschichte 85/2 (2018), S. 85–104; Juda, International Law and Ocean Use Management, S. 93 f.

20 Proclamation 2668 – Policy of the United States with Respect to Coastal Fisheries in Certain Areas of the High Seas, 28. September 1945 <https://www.presidency.ucsb.edu/documents/proclamation-2668-policy-the-united-states-with-respect-coastal-fisheries-certain-areas> (25.04.2018).

21 Proclamation 2667—Policy of the United States with Respect to the Natural Resources of the Subsoil and Sea Bed of the Continental Shelf, 28. September 1945 <https://www.presidency.ucsb.edu/documents/proclamation-2667-policy-the-united-states-with-respect-the-natural-resources-the-subsoil> (25.04.2018).

Zum ersten Mal bildeten damit Bestrebungen, die Verfügungsmacht über Offshore-Vorkommen von Öl und Gas zu bekommen, die Grundlage für seerechtspolitisches Handeln. Damit trat nicht nur eine neue Nutzungsdimension zu Seeverkehr und Fischerei hinzu. Auch der Begriff des „Festlandsockels" wurde in die Völkerrechtsdebatte eingeführt. Der Vorteil war, dass sich mit seiner Beanspruchung ebenfalls Ansprüche auf verschiedenste Rohstoffe wie Öl, Gas, Kies und Sand anmelden ließen. Der einseitig ausgesprochene Gebietsanspruch der Vereinigten Staaten rief auf internationaler Ebene auch sogleich wieder die Frage nach der Breite des Küstenmeeres in Erinnerung, was sich in einer „beispiellosen Expansionswelle" äußerte.[22]

Da niemand ernsthaften Protest gegen die unilateralen Souveränitätsansprüche erhob, sahen einige südamerikanische Staaten im Vorstoß der Vereinigten Staaten eine Einladung, ihrerseits Maßnahmen zu ergreifen und Fischereizonen auszurufen, in denen auch die sogenannte „Wassersäule" (das sind die Wassermassen über dem Festlandsockel) unter nationale Jurisdiktion fallen sollte. Teilweise übertrafen sie damit noch die Reichweite der Ansprüche der Vereinigten Staaten. Peru und Chile beispielsweise, deren Küsten nur über einen sehr schmalen Schelf verfügen, beanspruchten gar die Jurisdiktion über ein bis zu 200 Seemeilen (sm) breites Gebiet, mit der Begründung, nur so die Fischvorkommen vor fremdem Zugriff schützen zu können. Ähnlich verfuhren Panama, Nicaragua, Costa Rica, Honduras, Brasilien und El Salvador. Diese Gebietsausweitungen, mit denen man den „Fischereiimperialismus"[23] der Industrieländer aus den südamerikanischen Gewässern verbannen wollte, wurden bis in die 1970er in immer neuen Deklarationen bekräftigt und fortentwickelt und dann im 1972 in der Deklaration von Santo Domingo unter dem Begriff *patrimonial sea* festgeschrieben.[24] Ein Konzept, dass auch auf der dritten Seerechtskonferenz eine nicht unerhebliche Rolle spielen sollte.

Ganz im Gegensatz zu den Truman-Proklamationen riefen die südamerikanischen Ausweitungen sowie besonders die isländischen Einhegungen internationalen Protest hervor. Die von den späten 1950ern bis in die 1970er immer

22 Wolf, Die dritte Seerechtskonferenz der Vereinten Nationen, S. 48.

23 L.D.M. Nelson: The Patrimonial Sea, in: The International and Comparative Law Quarterly 22/4 (1973), S. 668–686, hier S. 668, Fn. 4.

24 Wolf, Die dritte Seerechtskonferenz der Vereinten Nationen, S. 48; Roland Steiling: Das Seefischereirecht der Europäischen Gemeinschaften. Eine Darstellung der Entwicklung des gemeinschaftlichen Fischereiregimes vor dem Hintergrund der Ergebnisse der Dritten Seerechtskonferenz der Vereinten Nationen, Köln 1989, S. 24.

wieder aufflammenden „Kabeljaukriege" zwischen Island und Großbritannien beziehungsweise der Bundesrepublik riefen gar die NATO auf den Plan.[25]

Die zunehmende Rechtsunsicherheit verschaffte dem Regime für die Hohe See und der „territoral sea" einen Platz auf der Liste, mit der die von der UN-Generalversammlung gegründete *International Law Commission* (ILC) kodifikationsbedürftige Rechtsgegenstände identifizieren sollte. 1953 übermittelte die aus 34 unabhängigen Experten zusammengesetzte Kommission der Generalversammlung Artikelentwürfe, die sowohl den Kontinentalschelf als auch die Fischerei betrafen und empfahl, hinsichtlich der Frage des Festlandsockels eine Resolution zu verabschieden und die Fischereifragen an die Welternährungsorganisation (FAO) weiterzugeben. Dies lehnte die Generalversammlung jedoch mit der Begründung ab, dass dieses Vorgehen der Verwobenheit der Probleme mit weiteren Fragen, wie zum Beispiel die der Küstengewässer und Anschlusszonen, nicht gerecht werde. Schließlich legte die ILC der Generalversammlung einen umfassenden Entwurf vor, und diese beschloss die Einberufung der ersten UN-Seerechtskonferenz (UNCLOS I), die 1958 stattfand. Sie trugen dabei auch der Tatsache Rechnung, dass die rechtlichen Aspekte sich nicht abgekoppelt von politischen, ökonomischen und technischen Fragen behandeln ließen und dass dementsprechend mehrere Konventionen notwendig wären, um die künftige Nutzung der Meere zu regeln.[26]

Aus der ersten Seerechtskonferenz in Genf gingen vier Konventionen hervor: über das Küstenmeer und die Anschlusszone, die Hohe See, über die Fischerei und die „lebenden Ressourcen" der Hohen See sowie über den Festlandsockel.[27] Bis auf letztere, die völkerrechtliches Neuland betrat, und erstmals den Festlandsockel als staatliches Territorium postulierte, kodifizierten die Konventionen bereits angewandtes Völkergewohnheitsrecht. So legte Artikel 2 der Konvention über die Hohe See fest, dass diese allen Nationen offenstehe und daher kein Staat das Recht für sich in Anspruch nehmen könne, einen Teil dieses Gebiets seiner

---

25 Vgl. Heidbrink, The Oceans as the Common Property of Mankind , S. 665; Katrin Rupprecht: Der deutsch-isländische Fischereizonenstreit 1972–1976. Krisenfall für die NATO? Anhand der Akten des Auswärtigen Amtes, Frankfurt a. M. 2011.

26 UN Doc. A/Res./1105 (XI), International Conference of Plenipotentiaries to Examine the Law of the Sea, 21.02.1957; James Harrison: Evolution of the Law of the Sea: Developments in Law-Making in the Wake of the 1982 Law of the Sea Convention. Dissertation University of Edinburgh 2007, S. 23 f. <https://core.ac.uk/download/pdf/278903.pdf> (26.04.2018).

27 UN Doc. A/CONF.13/L.52, Convention on the Territorial Sea and Contiguous Zone, 27.04.1958 (Inkrafttreten 1964); UN Doc. A/CONF.13/L.53, Convention on the High Seas, 27.04.1958 (1962); UN Doc. A/CONF.13/L.54, Convention on Fishing and Conservation of Living Resources of the High Seas, 26.04.1958 (1966); UN Doc. A/CONF.13/L.55, Convention on the Continental Shelf, 26.04. 1958 (1964).

Souveränität zu unterstellen. Die Freiheit der Hohen See umfasste demnach die Freiheit der Schifffahrt und der Fischerei, die Freiheit, Unterseekabel und Rohrleitungen zu legen sowie die Freiheit, die Hohe See zu überfliegen.[28]

Allerdings machten weder die Hohe See-Konvention noch die Festlandsockel-Konvention eine Aussage darüber, wie breit denn nun die Territorialgewässer und der Festlandsockel genau sein sollten.[29] Auch die Frage der Fischereizonen konnte nicht geklärt werden, zumal die entsprechende Konvention nur von 37 Staaten unterzeichnet wurde und erst 1966 in Kraft trat. Diese verbliebenen Streitpunkte, die mitunter erst zur Einberufung der Konferenz geführt hatten, konnten auch auf der zweiten Seerechtkonferenz im Jahre 1960 nicht beigelegt werden, weswegen die Verträge an dieser Stelle verwundbar blieben.[30] Diese völkerrechtliche Unzulänglichkeit wirkte jedoch zugleich wie ein Katalysator, der vor dem Hintergrund der Entwicklungen vor allem auf dem Gebiet mariner Ressouren letztlich die Einberufung der dritten Seerechtskonferenz mitbedingte.[31]

Zwar führten die auf der ersten Seerechtskonferenz (1956–58) verabschiedeten Konventionen neue Aspekte in das Seerecht ein. Letztlich verfehlten die ersten beiden Seerechtskonferenzen jedoch ihr Ziel, verbindliche Regelungen für die Nutzung der Ozeane und ihrer Ressourcen zu schaffen. Neben der bereits erwähnten katalytischen Wirkung war allerdings besonders die erste Seerechtskonferenz aus zwei weiteren Gründen von Bedeutung. Erstens wurde hier erstmalig das Konzept des Gemeinsamen Erbes der Menschheit in Bezug auf die Meere eingeführt. Es war der thailändische Konferenzpräsident Wan Waithayacon, der auf der ersten Plenarsitzung der Konferenz feierlich bekundete, dass das Meer Gemeinsames Erbe der Menschheit sei und dass ein festgeschriebenes Seerecht den Schutz dieses Erbes im Sinne aller sichere.[32]

---

28 UN Doc. A/CONF.13/L.53, Convention on the High Seas (1962), Art. 2.

29 In Artikel 1 der Festlandsockel-Konvention wird der Kontinentalschelf definiert als „the seabed and subsoil of the submarine areas adjacent to the coast but outside the area of the territorial sea, to a depth of 200 metres or, beyond that limit, to where the depth of the superjacent waters admits of the exploitation of the natural resources of the said areas". Diese Regelung wurde schnell obsolet, da durch die rasante Weiterentwicklung von Technologien alsbald auch der Meeresboden der Tiefsee für den Ressourcenabbau in Frage kam.

30 Richard M. Barnes: The Law of the Sea, 1850–2010, in: David J. Starkey/Ingo Heidbrink (Hrsg.): A History of the North Atlantic Fisheries, Vol. 2: From the 1850s to the Early Twenty-First Century, Bremen 2012, S. 177–225, hier S. 193.

31 Vgl. Harrison, Evolution of the Law of the Sea, S. 26.

32 Im Protokoll der Konferenz heißt es wörtlich: „The sea was the common heritage of mankind. It was therefore in the common interest that the law of the sea should be certain, that it should regulate justly the various interests involved and that it should ensure the preservation of that heritage for the benefit of all.", UN Doc. A./CONF.13/SR.1, Summary Records of the Plenary

Zweitens war die von der ILC eingeführte Formulierung „sovereign rights" bedeutsam, die die Formulierung der Truman-Proklamationen „jurisdiction and control" ersetzte und zugleich den Begriff „sovereignty" umging. Dadurch ließ sich dem betreffenden Küstenstaat Verfügungsgewalt über die Ressourcen zusprechen, während traditionelle Freiheiten, wie beispielsweise die Schifffahrtsfreiheit in den darüber liegenden Gewässern, davon unberührt blieben.[33] Den Souveränitätsbegriff auf natürliche Ressourcen anzuwenden, war neu und deutete bereits das hohe Konfliktpotential im Hinblick auf die Verteilung mariner natürlicher Ressourcen an, welches später den Verlauf der dritten Seerechtskonferenz maßgeblich bestimmen sollte.[34]

Zusammenfassend lässt sich die Entwicklung des Seerechts im 20. Jahrhundert in vier Phasen einteilen:[35] Während sich die Seemächte und die meisten anderen Staaten in der ersten Phase bis Ende des Zweiten Weltkriegs weitgehend an das Prinzip der Freiheit der Meere hielten, markierten die Truman-Proklamationen 1945 einen Wendepunkt hin zur „most tumultous [period] since the ‚Grotian moment' for mare liberum in the early 1600s".[36] Die damit beginnende und bis 1967 andauernde Phase lässt sich als Periode des Erodierens bezeichnen. Zwar wurde die Freiheit der Meere nicht grundsätzlich, wohl aber durch neue Besitzansprüche in Frage gestellt, was besonders in den unilateralen Ausweitungen von Meereszonen und der Territorialisierung des Meeresbodens zum Ausdruck kam.[37] Vor allem diese „Landnahme zur See"[38] bedingte letztlich den Übergang in die dritte Phase, die mit einer folgenreiche Rede des maltesischen UN-Botschafters

---

Meetings, First Plenary Meeting, 24.02.1958, S. 3. Heute wird meist Arvid Pardo als derjenige genannt, der dieses Konzept auf die Meere übertragen hat.

33 Juda, International Law and Ocean Use Management, S. 148.

34 In Resolution 523 der Generalversammlung („Integrated economic development and commercial agreements") wurde der Zusammenhang von Souveränitätsrechten und natürlichen Ressourcen erstmalig hergestellt, indem „unterentwickelten" Staaten das Recht auf die freie Nutzung ihrer natürlichen Ressourcen zugestanden wurde, wobei auch hier der Begriff „sovereignty" nicht im Resolutionstext enthalten ist. Schrijver, Sovereignty over Natural Resources, S. 11.

35 Keohane und Nye machten 1977 ähnliche Phasen entlang der Regimesituation aus, nämlich 1. 1920 – 1945 Free seas regime (Britain reasserts leadership after World War I), 2. 1946 – 1966 Strong quasi regime (1945 Truman Declarations and Latin American Extensions), 3. 1967 – 1975 Weak quasi regime (Pardo's 1967 UN speech), Keohane/Nye, Power and Interdependence, S. 79.

36 David J. Bederman: The Sea, in: Bardo Fassbender/Anne Peters/Simone Peter (Hrsg.): The Oxford Handbook of the History of International Law, Oxford 2012, S. 359 – 379, hier S. 378.

37 Vgl. zur Territorialisierung der Meere auch Höhler, Exterritoriale Ressourcen.

38 So formulierte es später der damalige Wirtschaftsminister des Landes Schleswig-Holstein: „Es handelt sich um die größte ‚Landnahme zur See' der Geschichte", Jürgen Westphal: Seeräuberei unter der Flagge der UN, in: Die ZEIT Nr. 48, 23.11.1979.

Arvid Pardo vor der Generalversammlung der Vereinten Nationen begann (siehe folgendes Kapitel) und in der bis dahin weithin als gültig angesehene Regeln massiv infragegestellt wurden. Diese Phase der Neujustierung, in deren Zeitraum die dritte Seerechtskonferenz fiel, endete mit der Verabschiedung des Seerechtsübereinkommens im Jahre 1982 – zumindest offiziell. De facto dauerte der Aushandlungsprozess noch bis ins Jahr 1994, als die Seerechtskonvention in Kraft trat. So lange brauchte es, genügend Vertragspartner zur Ratifikation zu bewegen, die zum Teil auch nur deswegen vorgenommen werden konnte, weil Nachverhandlungen strittige Teile der Konvention modifizierten. Mit Inkrafttreten der Konvention befand und befindet sich das Seerecht bis heute in einer Phase der Implementierung und der Adaption.

3.3 Der Weg zur dritten Seerechtskonferenz

Dass es überhaupt eine dritte Seerechtskonferenz gab, lässt sich, wie dargestellt, langfristig auf die Megatrends Industrialisierung und Globalisierung und die damit verbundenen größeren Reichweiten sowie auf technische Innovationen und Effizienzsteigerungen zurückführen. Der technische Wandel bedingte nicht nur eine industrielle Fernfischerei, sondern brachte auch die Entsorgungsproblematik giftiger Abfälle oder die Verseuchung durch Ölrückstände mit sich, die das ökologische Gleichgewicht der Ozeane bedrohten. Zudem ermöglichte ein „außergewöhnlicher Fortschritt der Meeresforschung und -technik" es der Wissenschaft, die *ocean frontier* stetig zu verschieben.[39] Die Erforschung der Tiefsee offenbarte dabei immer auch neue Nutzungs- und Ausbeutungsmöglichkeiten, wie zum Beispiel Ölvorkommen auf dem Kontinentalschelf oder Manganknollenfelder im Pazifik, und entfachte ein regelrechtes Wettrennen. Dieses fand hinsichtlich der militärischen Nutzung vor allem zwischen den nuklearen Supermächten USA und UdSSR statt. Um die marinen Bodenschätze stritten sich in erster Linie die Industrieländer.

Bereits lange zuvor, während der Expeditionsfahrt des britischen Forschungsschiffes *HMS Challenger* (1872–1876), hatte man erstmals Manganknollen entdeckt, und 1898/99 konnte auch die Besatzung des deutschen Forschungsschiffs „Valdivia" die etwa kartoffelgroßen Knollen bergen und einer chemischen Analyse unterziehen. Das namensgebende Element Mangan hat in der Zusam-

39 Max Ivers Kehden: Abschied von der Freiheit der Meere? Zu den Bemühungen der UNO um eine soziale Ordnung des ozeanischen Raumes, in: Vereinte Nationen 5 (1971), S. 123–126, S. 123. Zur Wahrnehmung der Ozeane als Frontier vgl. z. B. Helen M. Rozwadowski: Arthur C. Clarke and the Limitations of the Ocean as a Frontier, in: Environmental History 17/2 (2012), S. 578–602.

mensetzung der Erzklumpen nur einen geringen Anteil, allerdings enthalten sie darüber hinaus Zink, Kobalt, Kupfer und Nickel. Da sie in mehr als 5 km Tiefe lagerten, sah man sie zunächst als nicht abbauwürdig an. Erst zu Beginn der 1950er Jahre rückten die Knollen wieder in das wissenschaftliche Blickfeld und zwar zunächst in dasjenige von John L. Mero, einem Wissenschaftler am *Institute of Marine Resources* an der University of California. Sein Vorschlag, Manganknollen zukünftig wirtschaftlich zu nutzen und sich damit von riskanten Deals mit Entwicklungsländern unabhängig zu machen, wurde durch die Ergebnisse von Forschungsfahrten im Rahmen des Internationalen Geophysikalischen Jahres 1959 gestützt. 1965 machte Meros Buch *The Mineral Resources of the Sea* international Furore und entfachte ein großes Interesse am Abbau von Manganknollen und Erzen auf dem Tiefseeboden. Die Aussicht auf mögliche Ressourcenalternativen, die im Kontext von Bevölkerungswachstum und den drohenden Grenzen des Wachstums für Bergbauunternehmen umso verheißungsvoller erschienen, fand in den 1970ern in der Gründung von Konsortien und Testförderungen Ausdruck.[40] Bereits 1967 investierten amerikanische Firmen, aber auch Japan und das Vereinigte Königreich in Explorationsunternehmungen.[41] Zukünftige Probleme antizipierend, befasste sich als erstes UN-Organ der Wirtschafts- und Sozialrat (*Economic and Social Council*, ECOSOC) mit den Ressourcen des Meeresbodens und verabschiedete 1966 eine Erklärung, in der das Plenum den UN-Generalsekretär und weitere UN-Organe dazu aufrief, den Forschungsstand und den Status Quo der Vorbereitungen für eine Ausbeutung der Tiefseeressourcen zu erheben.[42]

Der Meeresboden war nach dem Zweiten Weltkrieg also zu einem neuen Konfliktgebiet geworden. Die Frage lautete nun, welche Staaten dieses Gebiet territorialisieren würden. Und genau dies nahm der maltesische UN-Botschafter Arvid Pardo 1967 zum Anlass, die internationale Debatte um das Seerecht wiederzueröffnen.

---

40 Ole Sparenberg: Ressourcenverknappung, Eigentumsrechte und ökologische Folgewirkungen am Beispiel des Tiefseebergbaus, in: Günther Schulz/Reinhold Reith (Hrsg.): Wirtschaft und Umwelt vom Spätmittelalter bis zur Gegenwart: auf dem Weg zur Nachhaltigkeit? Erträge der 25. Arbeitstagung der Gesellschaft für Sozial- und Wirtschaftsgeschichte vom 3. bis 6. April 2013 in Salzburg, Stuttgart 2015, S. 109 – 124, hier S. 111; John L. Mero: The Mineral Resources of the Sea. Amsterdam, London, New York 1965. Ein tatsächlicher wirtschaftlicher Abbau hat bis dato nicht stattgefunden, wenngleich entsprechende multinationale Unternehmen einen baldigen Abbau regelmäßig ankündigen, diesen dann aber immer wieder verschieben.

41 Juda, International Law and Ocean Use Management, S. 188.

42 UN-Doc. E/RES/1112 (XL), Summary of the 1417th Plenary Meeting ECOSOC, 40th Session, 07.03.1966.

3.3.1 „Die Büchse des Pardo“

Pardos mehrstündige Rede vor dem Ersten Ausschuss der Generalversammlung der Vereinten Nationen wird von Zeitgenossen rückblickend gerne als „wegweisend“ und „revolutionär“ bezeichnet. Pardo habe eine Zeitbombe gezündet.[43] Juda konstatiert gar, es handele sich um die bemerkenswerteste Rede, die jemals in einer Generalversammlung gehalten worden sei. Er sieht ihre Bedeutung nicht in ihrer Länge, – mit über drei Stunden verlangte sie den Delegierten gehöriges Durchhaltevermögen ab – sondern vielmehr darin, dass Pardo die Causa „Meeresboden“ auf die höchste diplomatische Ebene brachte.[44] Mit seiner Rede erläuterte Pardo eine Verbalnote und das zugehörige Memorandum, die er als UN-Botschafter Maltas zuvor eingebracht hatte. Darin plädierte er für die Schaffung eines Regimes für den Meeresboden außerhalb nationalstaatlicher Hoheitsgewässer, um so der unkontrollierten Beanspruchung dieses „Niemandslands“ durch Industrie- und Küstenstaaten zuvorzukommen.[45] Da Malta nicht den Bündnisfreien angehörte, ging es dem kleinen, erst seit 1964 unabhängigen Land, dessen Regierung Pardo als Bevollmächtigten für Meeresangelegenheiten ernannt hatte, sicherlich auch darum, dem jungen Staat innerhalb der Vereinten Nationen Geltung zu verschaffen.[46]

Pardo hingegen begründete seine Initiative vor der Generalversammlung zum einen mit der Lage Maltas: Vom Mittelmeer umgeben, habe sein Land ein ganz besonderes Interesse an dem für seine Bewohner so lebenswichtigen Meer. Außerdem führte er aus, dass durch den rasanten technischen Fortschritt die Erforschung, aber auch die Okkupation und Ausbeutung des Meeresbodens möglich geworden sei und er einen „historical precedent“ befürchte. Neuartige Nutzungen des Ozeans, so machte Pardo deutlich, erforderten deswegen auch eine neue

43 J. Henry Glazer: The Maltese Initiatives within the United Nations – A Blue Planet Blueprint for Trans-National Space, in: Ecology Law Quarterly 4/2 (1974), S. 279–318, hier S. 283.

44 Juda, International Law and Ocean Use Management, S. 189.

45 UN Doc. A/6695, *Note verbale* from the Permanent Mission of Malta to the United Nations addressed to the Secretary-General (requests the inclusion of a supplementary item in the agenda of the 22nd session of the General Assembly and submits explanatory memorandum), 18.08.1967.

46 So hatte der Premierminister Maltas, George Borg Olivier, beeindruckt von Papst Johannes' XXIII. Enzyklika *Pacem in terris* u. a. den an der Universität Malta lehrenden Philosophen Peter Serracino Inglott um Beratung gebeten bei der Frage, welche Friedensinitiative Malta in die Vereinten Nationen einbringen könne. Dieser verwies ihn auf Pardos Arbeiten zu den Tiefseebodenressourcen. Jean Buttigieg: Arvid Pardo – a Diplomat with a Mission, in: Symposia Melitensia 12 (2016), S. 13–28, hier S. 15.

Ordnung.[47] Nach einem langen Exkurs über die Beschaffenheit der Meere und deren Bedeutung für das menschliche Leben als „womb of life“, aber auch als Nahrungsquelle und wirtschaftlicher Faktor, wandte er sich im Rekurs auf Meros Buch den Ressourcen der Tiefsee zu. Er hob hervor, dass die Ausbeutung dieser Ressourcen nahezu ausschließlich den hochtechnisierten Staaten von Nutzen wäre, da sie dann nicht mehr von den Rohstoffen anderer Länder abhängig seien. Damit zusammenhängend äußerte er die Befürchtung, dass die Supermächte sich den Meeresboden zur exklusiven Nutzung aneignen und diesen auch zur Installation von Nuklearwaffen benutzen könnten. Um dies zu verhindern, müssten die Vereinten Nationen die Initiative ergreifen und dafür Sorge tragen, dass der Meeresgrund nur zu friedlichen Zwecken genutzt werde. Die Regelungen der Genfer Seerechtskonventionen von 1958 im Hinblick auf den Festlandsockel – entstanden als Reaktion auf die Truman-Proklamation, die den Kontinentalschelf als Verlängerung der Landmasse verstand – hätten die neuen Möglichkeiten der Nutzung des Tiefseebodens nicht vorhersehen können. Umso nötiger sei eine baldige Regelung: „The only question is, will it be exploited under national auspices for national purposes, or will it be exploited under international auspices and for the benefit of mankind?“[48]

Mit Bezug zum 1967 verabschiedeten *Space Treaty*, der festschrieb, dass der Weltraum nur zu friedlichen Zwecken genutzt werden dürfe, schlug Pardo vor, dies auf den „inneren Weltraum“[49] zu übertragen und den Meeresboden von militärischem Engagement auszunehmen. Der Meeresgrund und seine Ressourcen außerhalb nationaler Jurisdikton sollten außerdem zum „Gemeinsamen Erbe der Menschheit“ (im Folgenden auch nur *Menschheitserbe*[50] oder *Gemeinsames Erbe*) erklärt werden. Hierfür schwebte Pardo eine internationale Behörde (*agency*) vor. Bisher sei das Meer das Stiefkind der Vereinten Nationen gewesen, was sich auch daran zeige, dass seine Behandlung auf viele verschiedene UN-Agenturen verteilt gewesen sei. Eine eigene Organisation, gegebenenfalls auch außerhalb des Systems der Vereinten Nationen, könne als eine Art Treuhänderin der Ozeane und des Meeresbodens fungieren und die verschiedenen Formen der Meeresnutzung koordinieren und überwachen. Im Sinne eines gemeinsamen Erbes seien die Gewinne aus der Ausbeutung der marinen Ressourcen im Interesse

---

47 UN Doc. A/C.1/PV.1515–1516, Speech of Arvid Pardo, First Committee of the General Assembly at its 22. Session, November 1, 1967 in New York, 01.11.1967.

48 Ebd., S. 8.

49 Kehden, Abschied von der Freiheit der Meere?, S. 123.

50 Vgl. auch die Nutzung dieses Begriffs im Gutachten des Wissenschaftlichen Beirats der Bundesregierung Globale Umweltveränderungen (WBGU): Welt im Wandel. Menschheitserbe Meer, Berlin 2013.

der Menschheit zu verwenden. Gewährleistet durch die *agency*, könne diese nach Abzug der Kosten für Verwaltung und Forschung noch bis zu 5 Milliarden Dollar jährlich abwerfen, so schätzte er. Würde man diesen Betrag an das Entwicklungsprogramm der Vereinten Nationen (*United Nations Development Programme*, UNDP) auszahlen, ließe sich das problembehaftete System der Entwicklungshilfe transformieren. Die Ressourcen sollten demnach nicht nur den hochtechnisierten Staaten zur Verfügung stehen, sondern dezidiert auch und besonders den armen Ländern nützen: „The needs of poor countries, representing that part of mankind which is most in need of assistance, should receive preferential consideration in the event of financial benefits being derived from the exploitation of the sea-bed and ocean floor for commercial purposes.“[51]

Neben dem Ost-West-Konflikt hatte Pardo hiermit nun auch den Nord-Süd-Konflikt als zentrales Movens in die Seerechtsdebatte eingebracht und überdies mit dem Konzept des Menschheitserbes die Fragen nach Ressourcensouveränität, Verteilungsgerechtigkeit und nach der Verwaltung von globalen Ressourcen auf die Agenda der internationalen Politik gesetzt. Er hatte den Finger in die Wunden des Seerechts gelegt und damit „Pandoras Büchse der ungeklärten Seerechtsfragen“[52] geöffnet.

3.3.2 Das Gemeinsame Erbe der Menschheit

Die Idee des Menschheitserbes, das Pardo für die Verwaltung des Meeresgrunds und seiner Bodenschätze vorschlug, war nicht gänzlich neu. In Anlehnung an Hugo Grotius‘ *res communis omnium*, das die Hohe See zum Besitz aller erklärte und folglich eine Aneignung durch Einzelne verbot, fand sie als „Welterbe“ beim Schutz von Kulturgütern und im Naturschutz Gebrauch.

Im Hinblick auf das Meer brachte der argentinische Jurist José León Suárez bereits 1925 im Völkerbund die Idee ein, die Meere als gemeinsam bewirtschafteten Raum zu verstehen, der deswegen Gegenstand internationalen Rechts sein müsse. Unterstützung fand er bei Walther Schücking, einem deutschen Völkerrechtler, der dafür plädierte, die Meere endlich von einer *res nullius* in eine *res communis* zu verwandeln, um sie solidarisch und im Sinne der Staatengemeinschaft zu nutzen und so das „maritime Naturkapital“ zu erhalten. Da diese Ideen jedoch weitreichende Konsequenzen für das internationale Gefüge insgesamt

51 UN Doc. A/C.1/PV.1516, Speech of Arvid Pardo, S. 2.
52 Juda, International Law and Ocean Use Management, S. 190.

bedeutet hätten und ihre Umsetzbarkeit infrage stand, brach man den holistischen Anspruch auf das Übernutzungsproblem des „Rohstoffs" Wal herunter.[53]

Wenngleich sich also ein internationales Regelungsinstrument für globale Ressourcen nicht verwirklichen ließ, wurde hier eine der Grundkomponenten des Pardo'schen Konzepts „Menschheitserbe" eingeführt, nämlich die Idee, eine rechtliche Basis für die internationale Verwaltung globaler Güter zu schaffen. Ebenfalls aus dem Völkerbund der späten 1920er Jahre stammt die Idee, Naturschönheiten als Erbe zu begreifen. Da sich die Notwendigkeit des Schutzes von Natur jedoch nicht mit ökonomischen Erfordernissen begründen ließ, setzte man hier auf Einhegung und richtete Reservate und Parks ein, die dem Gemeingebrauch eben nicht offenstanden, mit dem Argument, die Naturparadiese seien im Sinne der „Menschheit" zu erhalten. Zugleich gab man diesen Aneignungen einen transnationalen Anstrich, der jedoch letztlich nur auf kolonialen Verflechtungen beruhte.[54]

Eine der späteren Auffassung Pardos sehr nahekommende Bedeutung bekam das Konzept „Menschheitserbe" im Zuge einer vom ECOSOC Ende der 1940er Jahre einberufenen Konferenz zur Nutzung und Erhaltung der Ressourcen, die der amerikanische Präsident Harry S. Truman vorgeschlagen hatte, um so „damage [of] mankind's common estate"[55] zu verhindern. Auch von den Kritikern der Konferenz aus den elitären Naturschutzkreisen um den britischen Biologen und Philosophen Julian Huxley innerhalb der UNESCO wurde das „Menschheitserbe" bemüht, allerdings aus einer gänzlich anderen Richtung. Truman hätte die Naturschützer gerne mit ins Boot geholt, jedoch störten sich diese an den machtpolitischen Aspekten einer globalen Ressourcenpolitik und wollten nicht bei der Durchsetzung von Partikularinteressen einzelner UN-Mitglieder mitwirken. Ein wissenschaftliches Mitglied der UNESCO drückte dies folgendermaßen aus:

> All natural resources (like all human knowledge) are the common heritage of mankind and consequently we should always keep in view our responsibility of mutual trusteeship to one another and to the unborn generations to come.[56]

---

53 Wöbse, Globales Gemeingut und das Naturerbe der Menschheit im Völkerbund und den Vereinten Nationen, S. 86 – 87.

54 Ebd., S. 90; vgl. dies.: Framing the Heritage of Mankind: National Parks on the International Agenda, in: Bernhard Gißibl/Sabine Höhler/Patrick Kupper (Hrsg.): Civilizing Nature. National Parks in Global Historical Perspective, New York, Oxford 2015, S. 140 – 156.

55 Truman an den ECOSOC, 04.09.1946, zitiert nach Wöbse, Globales Gemeingut und das Naturerbe der Menschheit im Völkerbund und den Vereinten Nationen, S. 93.

56 UNESCO-Memorandum o.D., zitiert nach Wöbse, Globales Gemeingut und das Naturerbe der Menschheit, S. 96.

In diesem Verständnis des Menschheitserbes kommt ein weiteres Element zum Tragen, nämlich das der intra- und der intergenerationellen *Verantwortung.* Zudem wird der Erbgedanke auf alle Ressourcen (wozu auch Wissen gezählt wird) ausgeweitet. Dieser Universalismus mag aber zugleich auch der Grund gewesen sein, weswegen sich die UNESCO einer Kooperation mit dem ECOSOC verweigerte und während der schließlich 1949 stattfindenden Ressourcenkonferenz lieber eine Parallelkonferenz abhielt, auf der sie gemeinsam mit der frisch gegründeten Weltnaturschutzunion (*International Union for the Protection of Nature IUPN,* heute: IUCN) ein Gegengewicht zur rein ökonomischen Auffassung von Ressourcen bilden wollten. Anna Wöbses Argumentation folgend, kommt diesen beiden Konferenzen im Ressourcenkontext deswegen besondere Relevanz zu, weil hier zwar einerseits erstmalig Ressourcenfragen auf die globale Ebene gehoben wurden, und weil die korrespondierenden Konferenzen eine diskursive Verbindung zwischen Rohstoff- und Naturschutzfragen auch in transnationalen Zusammenhängen herstellten. Andererseits, hebt sie hervor, wurde aber die „Rhetorik von globaler Gerechtigkeit und Teilhabe an Naturgütern [...] auf die schlichte Zielvorgabe der Verfügbarmachung reduziert".[57]

Wie Wöbses Forschungsergebnisse nahelegen, lässt sich die Entstehung des Menschheitserbe-Konzepts schwerlich linear rekonstruieren. Hobe weist in diesem Zusammenhang auf die grundsätzliche Problematik hin, das Menschheitserbe als „Prinzip" zu bezeichnen, lässt es sich doch kaum als kohärente Figur begreifen.[58] Vielmehr zeugt die Begriffsgeschichte des Konzepts „Menschheitserbe" von jeweils unterschiedlichen Kontexten und Sinngebungen, die vor und auch während der dritten Seerechtskonferenz die Verhandlungen erschweren sollten.

Dazu trug wohl auch die völkerrechtliche Dimension des Konzepts „Menschheitserbe" bei, die nach dem Zweiten Weltkrieg in verschiedenen Zusammenhängen von Bedeutung war. Der Antarktisvertrag von 1959, geschlossen zwischen Staaten mit entsprechenden Gebietsansprüchen, schrieb fest, dass die Antarktis nur zu friedlichen, wissenschaftlichen Zwecken und zur internationalen Kooperation genutzt werden dürfe, und zwar „in the interest of all mankind".[59] Außerdem wurde festgehalten, dass kein Staat Souveränitätsansprüche stellen dürfe, und

57 Wöbse, Globales Gemeingut und das Naturerbe der Menschheit im Völkerbund und den Vereinten Nationen, v. a. S. 92–97, Zitat S. 99.

58 Stephan Hobe: Was bleibt vom gemeinsamen Erbe der Menschheit?, in: Klaus Dicke/Stephan Hobe/Karl-Ulrich Meyn (Hrsg.): Weltinnenrecht. Liber amicorum Jost Delbrück, Berlin 2005, S. 329–346, hier S. 331.

59 The Antarctic Treaty, Washington, D.C., 15.10.1959, in: Secretariat of the Antarctic Treaty <http://www.ats.aq/documents/ats/treaty_original.pdf> (31.07.2018).

zwar genau solange nicht, wie der Vertrag in Kraft sei. Diese kleine Hintertür hielten sich die Vertragsstaaten wohlweislich offen. Sowohl mit dem Vertrag selbst als auch paradoxerweise mit eben jener Hintertür wollte man sich nämlich gegen mögliche zukünftige Ressourcen- und Gebietskonflikte wappnen. Ähnlich verhielt es sich mit dem Weltraumvertrag, der im Jahr 1967 (also genau im Jahr von Pardos Rede) verabschiedet wurde und ebenfalls die friedliche Nutzung des Alls, einschließlich der Himmelskörper, zu wissenschaftlichen Zwecken kodifizierte. Bemerkenswert ist dies, weil zu diesem Zeitpunkt weder jemand den Mond betreten hatte, noch jemand etwas über dessen potentielle Ressourcen wusste. Hier verfolgte man also ebenfalls eine präventive Strategie, und zwar erneut im „common interest of all mankind".[60] Auch diese Formulierung enthält die Verantwortungsdimension, die jedoch, aufgrund der begrenzten Zahl an Parteien, die sich an die Verträge zu halten haben würden – nämlich sowohl beim Weltraumvertrag als auch beim Antarktisvertrag nur die Staaten, die dort überhaupt Forschung zu betreiben in der Lage waren – zugleich eine Entlastungsstrategie darstellte, mit der man rechtfertigen konnte, dass eben gerade nicht die „gesamte Menschheit" daran teilhaben konnte.[61] Gleichzeitig lag eine gewisse Arroganz darin, innerhalb einer kleinen Staatengruppe aus der industriell entwickelten Welt zu definieren, was im Interesse der „Menschheit" lag.

Obwohl es also unterschiedliche Ausprägungen und Interpretationen des Begriffs „Menschheitserbe" gab, lassen sich zumindest für dessen Benutzung im internationalen Recht fünf kennzeichnende Elemente ausmachen, die mehr oder weniger ausgeprägt in allen Versionen auftauchen: das Aneignungsverbot, die Nicht-Militarisierung des betroffenen Gebiets, Gebote betreffend die wissenschaftliche Forschung, die wirtschaftliche Nutzung und, zu guter Letzt, der Umweltschutz.[62]

Und dennoch: Pardos Idee vom Gemeinsamen Erbe bekam eine besonders hohe Aufmerksamkeit, weil er sie zu einem Zeitpunkt formulierte, als die Ausbeutung neu entdeckter ungeheuerlicher Ressourcenreservoirs in greifbare Nähe gerückt zu sein schien. Außerdem kam der etwas nebulösen Vorstellung von „der Menschheit" bei ihm nicht nur eine Nebenrolle zu. Indem Pardo den Gedanken vom Menschheitserbe in die Seerechtsdebatte einbrachte, stellte er zugleich etablierte Eigentumskonzepte in Frage. Denn Ressourcen zu Gemeinsamem Erbe zu

---

60 Treaty on Principles Governing the Activities of States in the Exploration and Use of Outer Space, Including the Moon and Other Celestial Bodies, Washington D.C., London, Moscow, 27.01.1967, in: US State Department of State <http://www.state.gov/t/isn/5181.htm#signatory> (31.07.2018).

61 Vgl. Rehling/Löhr, „Governing the Commons", S. 9f.

62 Hobe, Was bleibt vom gemeinsamen Erbe der Menschheit?, S. 331.

erklären, noch bevor sie sich jemand aneignen konnte, bedeutete auch einen kollektiven Souveränitätsverzicht: In Pardos Lesart beinhaltete die Idee vom Gemeinsamen Erbe sowohl den intragenerationellen (globale Ressourcengerechtigkeit) als auch den intergenerationellen Aspekt (Generationengerechtigkeit und Nachhaltigkeit). Um diesem Anspruch gerecht zu werden, bräuchte es ein gänzlich neues Verwaltungssystem, das die herkömmlichen Mechanismen des Besitzerwerbs, wie zum Beispiel Aneignung durch private, öffentliche oder nationale Akteure, ersetzte. Für Pardo hieß dies: Was der gesamten Menschheit zugutekommen soll, muss auch von der gesamten Menschheit verwaltet werden. Dementsprechend sollte eine internationale Behörde alle Aktivitäten auf dem Meeresboden überwachen, koordinieren und regulieren können. Im als Arbeitspapier für die Verhandlungen gedachten *Draft Ocean Space Treaty* ging Pardo sogar noch weiter und schloss die lebenden Ressourcen außerhalb der nationalen Hoheitszonen in das Menschheitserbe mit ein.[63] Außerdem sollten Küstenstaaten ihre finanziellen Erträge aus dem Ressourcenabbau innerhalb der 200 sm-Grenze mit Beiträgen an die internationale Gemeinschaft ausgleichen, um so zu gewährleisten, dass zumindest theoretisch die gesamte Menschheit am Wert der marinen Ressourcen beteiligt würde.[64] Pardo definierte für das Menschheitserbe drei Charakteristika:

1. Abwesenheit von Eigentum: das Gemeinsame Erbe der Menschheit berechtige zwar dazu, es zu nutzen, aber nicht dazu, es zu besitzen.

2. Management der Nutzung durch die internationale Gemeinschaft – und zwar nicht nur im Hinblick auf Ressourcen, sondern auch einschließlich aller anderen Nutzungsformen, wie zum Beispiel der wissenschaftlichen Forschung.

3. Vorteilsausgleich: alle Staaten sollten gleichermaßen an Gewinnen beteiligt werden.

Dass er dieses Konzept entgegen seiner Überzeugung letztlich nicht für den gesamten Ozean vorschlug, sondern nur für den Meeresboden, hatte praktische Gründe. Hätte er deutlich gemacht, das komplette Seerecht revolutionieren zu wollen, wäre es ihm wohl niemals erlaubt worden, seine Idee in die Generalversammlung einzubringen.[65]

Das Konzept „Menschheitserbe" hatte für Pardo eine so überzeugende philosophische Grundlage, dass es sogar die Welt verändern könnte: „For my dele-

63 UN Doc. A/AC.138/53, Draft Ocean Space Treaty: working paper submitted by Malta, 23.08. 1971.

64 Ebd.; vgl. auch Buttigieg, Arvid Pardo – a Diplomat with a Mission, S. 21.

65 Dalhousie University Archives, Elisabeth Mann Borgese Fond (EMB), MS-2-744, Box 179, Folder 38, Entwurfsfassung von: Pardo, Arvid: The Common Heritage – Selected Papers on Oceans and World Order 1967–1974, Introduction by Elisabeth Mann Borgese, Malta 1975.

gation the common heritage concept is not a slogan, it is not one of a number of more or less desirable principles, but it is the very foundation of our work, the key that will unlock the door of the future."[66]

Freilich konnte sich seine Vision trotz der verschlankten Variante nicht durchsetzen. Auch wenn seine Büste an der *University of Malta* mit der Inschrift „Father of the New Law of the Sea" versehen ist und damit die Bedeutung seiner Initiative unterstreicht – am Ende sollte die Seerechtskonvention eine recht spärliche Version seines Konzepts vom „Menschheitserbe" enthalten. Zu viele unterschiedliche Interpretationen und Interessenlagen verwässerten seine Ausgangsversion. Baslar führt dies unter anderem darauf zurück, dass Pardo es durch den expliziten Bezug zum Ost-West-Konflikt und zum Nord-Süd-Gefälle zu einem politischen Konzept gemacht habe und es deswegen für viele Staaten nicht ohne weiteres annehmbar gewesen sei. Seiner Ansicht nach hätte Pardo mit seiner Vision größeren Erfolg gehabt, wenn er das Menschheitserbe aus dem Naturrecht hergeleitet hätte, ganz so, wie Grotius dies Anfang des 17. Jahrhunderts für die Freiheit der Meere getan habe.[67] Zumindest Baslars erster Punkt ist nicht von der Hand zu weisen: vor allem die Komponente der Internationalisierung des Tiefseebodens kam bei den kapitalistischen Staaten im Westen als Warnsignal für eine Planwirtschaft daher. Auch die sozialistischen Staaten lehnten Pardos Konzept zunächst ab, da es dem Prinzip zuwiderlief, keinen Gewinn ohne Arbeit zu erhalten.[68]

Auch sahen sie ganz praktische Probleme: Verschiedene sozialistische Systeme würden von einer gemeinsamen internationalen Institution repräsentiert werden und verstaatlichte Industrien unter internationaler Kontrolle stehen. Vollmachten für jegliche supranationalen Organisationen lehnten sie ab. Hierfür zeigte Pardo 1969 bei einer Sitzung des *Legal Subcommittee* des frisch gegründeten Meeresbodenausschusses Verständis. Er verteidigte sein Konzept aber, indem er konterte, dass die meisten sozialistischen Staaten einen eher eingeschränkten Zugang zu den Ozeanen hätten und dementsprechend kaum Chancen auf Teilhabe an den schier unermesslichen nichtlebenden Ressourcen der Tiefsee haben würden. Mit einer Ablehnung des Konzepts „Menschheitserbe" würden sie sich also eines „equal access to resources" berauben „which will certainly become increasingly valuable in the peaceful competition between different social sys-

---

66 Arvid Pardo: The Common Heritage of Mankind: Selected Papers on Oceans and World Order 1967–1974, Malta 1975, S. 64.

67 Kemal Baslar: The Concept of the Common Heritage of Mankind in International Law, The Hague, Boston, Cambridge/MA 1998, S. 34.

68 Ebd., S. 32.

tems.“[69] Die Sowjetunion änderte daraufhin allmählich ihre Einstellung zum Menschheitserbe und entfachte damit umso mehr die Ablehnung des Westens.[70]

Pardo selbst wurde als maltesischer UN-Botschafter bereits 1971 von den Vorbereitungen für ein neues Seerecht abgezogen. Nach dem Wahlsieg der *Malta Labour Party* teilte die neue Regierung Maltas mit, dass man nicht länger an einer führenden Rolle in Seerechtsfragen interessiert sei.[71]

3.3.3 „The diagnostic phase“ – Vorbereitungen im Seabed Committee

Der Frage des Meeresbodens und seiner Ressourcen war ein Katalysator für die Wiederaufnahme alter, ungelöster Seerechtsfragen. Pardos Rede fiel auf fruchtbaren Boden, denn die Nutzung der Meere war so problembehaftet wie nie zuvor. Zum einen lag dies an der wachsenden Anzahl von Stakeholdern, deren Teilhabe – sei es durch Fischerei, Offshore-Wirtschaft oder Handelsschifffahrt – neue Regelungen des maritimen Raumes erforderte. Ein weiteres Problem stellten die zahlreichen nationalen Gesetzgebungen, die Ausweitung von Seegrenzen oder die Einrichtung von Meereszonen dar, die eine zunehmende Rechtsunsicherheit bewirkten und deren Vielstimmigkeit einem „Tower of Babel“[72] gleichkam.

Wie Pardo in seiner Rede deutlich machte, handelte es sich nicht um ein rein rechtliches Problem. Vielmehr beschäftigten die Meeresfragen außer Juristen auch Politiker, Wissenschaftler und Ökonomen, die sich längst in die Debatten eingeschaltet hatten. Dass die Seerechtsfrage als umfassendes und drängendes Problem wahrgenommen wurde, belegt die Neugründung des interdisziplinär angelegten *Law of the Sea Institute* an der University of Rhode Island im Jahre 1965.[73] Unter der Leitung des Ozeanographen John Knauss, des Geographen Lewis M. Alexander und des vormals im *U.S. Secretary of State* als *Special Assistant for Fish and Wildlife* tätig gewesenen William C. Herrington lud das Institut bereits 1966 zu einer Konferenz ein, auf der ein ganzes Bündel drängender Probleme diskutiert wurde. So wurden die seerechtlichen Konventionen von 1958 einer umfassenden Kritik unterzogen; auch diskutierte man die Beanspruchung lebender und nichtlebender Ressourcen sowie die geologischen Aspekte einer „sea-floor so-

69 EMB MS-2–744, Box 126, Folder 1, Fourth Statement to the Legal Subcommittee of the Committee on the Peaceful Uses of the Seabed and the Ocean Floor, March 20, 1969, S. 81.

70 Vgl. Baslar, The Concept of the Common Heritage of Mankind in International Law, S. 33.

71 Buttigieg, Arvid Pardo – a Diplomat with a Mission, S. 26.

72 Friedheim, Negotiating the New Ocean Regime, S. 28.

73 1976 wechselte es an die University of Hawai'i, von 1996–2002 war es an der University of Miami angesiedelt und zog dann an die University of California at Berkeley um.

vereignty“. Außerdem widmete man sich Fragen der Navigationsfreiheit, der Meeresforschung und -technologien sowie der Meeresverschmutzung, der Meereszonen und des Festlandsockels.[74]

Angesichts dieser Gemengelage verwundert es also nicht, dass Pardos Rede wie eine Bombe einschlug und einen „Blitzkrieg“ innerhalb der Vereinten Nationen entfachte. Entwicklungsländer, die das Menschheitserbe-Konzept und dessen Implikationen begrüßten, unterstützten den Vorschlag Maltas, und entsprechend wurde nach nur vier Monaten im Dezember 1967 ein Ad Hoc-Ausschuss der Generalversammlung eingesetzt, in dem zunächst die Meeresbodenfrage geklärt werden sollte.[75] Die Supermächte sträubten sich nicht dagegen, denn einen Ausschuss einzusetzen war eine unverbindliche Lösung, bei der zunächst keine daraus resultierenden Vorschriften darüber zu befürchten waren, ob und wie auf dem Meeresboden agiert werden durfte.[76]

Allerdings konnte im aus 35 UN-Mitgliedern zusammengesetzten Ad Hoc-Ausschuss keine Einigung über eine *Declaration of Principles* für die Verhandlungen erzielt werden, wozu laut Wolf unter anderem die Verzögerungstaktik der lateinamerikanischen Staaten beitrug, die befürchteten, dass eine Ausweitung der Verhandlungsthemen zu einer Verurteilung ihrer expansiven Meerespolitik hätte führen können.[77] Und so wandelte die 23. Generalversammlung den Ad Hoc-Ausschuss im Dezember 1968 in ein ständiges Organ um, dessen Auftrag in der Ausarbeitung eines *seabed regime* bestand, das sowohl Rechtsprinzipien für die Ressourcenausbeutung als auch institutionelle Elemente enthalten sollte.[78] Auch in diesem Forum zeichneten sich spätere Konflikte schon früh ab, weswegen die Abrüstungsfrage 1969 von den anderen Themen abgekoppelt und von der Gene-

---

74 Vgl. den zugehörigen Tagungsband von Lewis M. Alexander (Hrsg.): The Law of the Sea: Offshore Boundaries and Zones, Columbus/Ohio 1967.

75 UN Doc. A/Res/2340 (XXII), Ad Hoc Committee to Study the Peaceful Uses of the Sea-Bed and the Ocean Floor beyond the Limits of National Jurisdiction, 18.12.1967; Glazer, The Maltese Initiatives within the United Nations, S. 286.

76 Juda, International Law and Ocean Use Management, S. 171.

77 Wolf, Die dritte Seerechtskonferenz der Vereinten Nationen, S. 60. Dem Ad Hoc-Ausschuss gehörten an: Argentinien, Australien, Belgien, Brasilien, Bulgarien, Ceylon (Sri Lanka), Chile, die ČSSR, Ecuador, El Salvador, Frankreich, Großbritannien, Indien, Island, Italien, Japan, Jugoslawien, Kanada, Kenia, Liberia, Libyen, Malta, Norwegen, Österreich, Pakistan, Peru, Polen, Rumänien, der Senegal, Somalia, die Sowjetunion, Thailand, Tansania, die USA und die Vereinigten Arabischen Emirate.

78 UN Doc. A/Res/2467 (XXIII), Examination of the question of the reservation exclusively of peaceful purposes of the sea-bed and the ocean floor, and the subsoil thereof, underlying the high seas beyond the limits of present natoinal jurisdiction, and the use of their resources in the interests of mankind, 21.12.1968.

ralversammlung in Form einer Resolution für die friedliche Nutzung des Meeresbodens verabschiedet wurde.[79]

Eine für die Ressourcenfrage weitaus bedeutsamere Moratoriumsresolution wurde von den zahlenmäßig deutlich überlegenen Entwicklungsländern durchgesetzt, und legte fest, dass bis zur Errichtung eines *seabed regime* keine Aktivitäten unternommen werden dürften, die auf die Ausbeutung von Meeresbodenschätzen abzielten.[80] Mit den Inhalten der Resolution verhielt es sich ähnlich wie mit dem Konzept des Menschheitserbes: Während die Entwicklungsländer und einige Industrieländer (zum Beispiel Schweden und Finnland) daraus ein Aneignungs- und Nutzungsverbot ableiteten, sprachen die meisten Industrieländer der Resolution jegliche Verbindlichkeit ab. Wolf sieht die Gründe dafür in den zugunsten der Entwicklungsländer veränderten Stimmverhältnissen in der Generalversammlung. Als Reaktion darauf hatte sich die Praxis etabliert, Resolutionen nur dann als verbindlich zu betrachten, wenn diese als Interpretation von bereits in der UN-Charta enthaltenen Klauseln gelten konnten. Somit reduzierten die Industrieländer die Moratoriumsresolution auf eine bloß politische Forderung der Entwicklungsländer. Eine weitere Schwäche der Resolution sieht Wolf in der unpräzisen Definition des Meeresbodens, die weitere Expansionsbestrebungen nicht habe verhindern können. So ging es bei Pardo noch um Ressourcen außerhalb der „*present* national jurisdiction", nun hieß es vage „beyond the limits of national jurisdiction".[81]

Bereits im März 1969 hatte sich Malta dafür eingesetzt, die Verhandlungen auf das gesamte Seerecht auszuweiten. Obwohl die Notwendigkeit von den meisten Staaten anerkannt wurde, gab es dennoch Versuche, dies zu verhindern oder zumindest hinauszuzögern. Die beispielsweise von den Vereinigten Staaten verfolgte „no policy-policy" wurde im Mai 1970 allerdings überraschend von Präsident Richard Nixon ad acta gelegt, der im Meeresbodenausschuss die *United States Policy of the Seabed* verlesen ließ, welche er als Entwurf für eine Konvention verstanden wissen wollte. Der Entwurf enthielt den Vorschlag, die nationale Ju-

---

79 UN Doc. A/Res/2660 (XXV), Treaty on the Prohibition of the Emplacement of Nuclear Weapons and other Weapons of Mass Destruction on the Seabed and the Ocean Floor and the Subsoil Thereof, 07.12.1970; Renate Platzöder/Wolfgang Graf Vitzthum: Zur Neuordnung des Meeresvölkerrechts auf der Dritten Seerechtskonferenz der Vereinten Nationen: Vorgeschichte, Verfahren, Problemfelder, Vorentscheidungen, Ebenhausen/Isar 1974.

80 UN Doc. A/Res/2574 D (XXIV), Question of the reservation exclusively of peaceful purposes of the sea-bed and the ocean floor, and the subsoil thereof, underlying the high seas beyond the limits of present natoinal jurisdiction, and the use of their resources in the interests of mankind, 15.12.1969; Platzöder/Vitzthum, Zur Neuordnung des Meeresvölkerrechts, S. 178, Fn. 8.

81 Wolf, Die dritte Seerechtskonferenz der Vereinten Nationen, S. 61–62.

risdiktion über den Meeresboden bei einer Tiefenlinie von 200 Metern enden zu lassen, den Küstenstaaten aber gleichzeitig zu gestatten, in einer *trusteeship zone* zu explorieren und abzubauen. Die Erträge wären mit internationalen Entwicklungsinstitutionen zu teilen. Zudem sollte eine internationale Behörde autorisiert werden, Abbaurechte und –lizenzen an Staaten oder private Unternehmen zu vergeben. Was sich anhört wie ein Einschwenken auf Pardos internationalistischen Kurs, hatte in Wirklichkeit zum Ziel, ein Monopol der internationalen Gemeinschaft zu verhindern. Viele US-Ölkonzerne waren dennoch entsetzt, konnten schlussendlich aber aufatmen, da die Delegierten der Entwicklungsländer diesen Vorschlag ohnehin ignorierten.[82]

Derlei Scharmützel waren typisch für die Arbeit im Meeresbodenausschuss, und so einigte man sich 1970 auf eine Art Kompromiss. Zum einen erklärte die Generalversammlung in der Meeresbodengrundsatzerklärung den Meeresboden und seine Ressourcen zum Gemeinsamen Erbe der Menschheit, das zum Wohle der gesamten Menschheit und unter besonderer Berücksichtigung der Entwicklungsländer sowie ausschließlich zu friedlichen Zwecken genutzt werden dürfe. Das Gemeinsame Erbe der Menschheit wurde hier erstmalig als Völkerrechtsnorm verankert.[83] Beobachter erwarteten gar, dass diese *Declaration of Principles* das Völkerrecht in seiner Gesamtheit revolutionieren könnte. Durch die Betonung des Gemeinwohls gegenüber einzelstaatlichen Interessen und der „sozialen Verantwortlichkeit der Völkergemeinschaft für einzelne Mitglieder" könne die Deklaration womöglich der Entwicklung „vom individualistischen Laissez-faire des klassischen Völkerrechts zu einer gemeinschaftsbezogenen sozialen Ordnung" zum Durchbruch verhelfen.[84]

Zum anderen beschloss die Generalversammlung (gegen die Stimmen der Sowjetunion und anderer sozialistischer Staaten) in Resolution 2750 die Durchführung einer dritten Seerechtskonferenz, um so den angestoßenen Reformprozess zu retten. Indem die Resolution die „strategische, ökologische, fischereiwirtschaftliche und damit politische Interdependenz des marinen Raumes"[85] anerkannte, griff sie die Problematik sich überschneidender Nutzungszonen auf

82 Friedheim, Negotiating the New Ocean Regime, S. 30.

83 UN Doc. A/Res/2749 (XXV), Declaration of Principles Governing the Sea-Bed and the Ocean Floor, and the Subsoil Thereof, beyond the Limits of National Jurisdiction, 17.12.1970; Wolf, Die dritte Seerechtskonferenz der Vereinten Nationen, S. 63.

84 Kehden, Abschied von der Freiheit der Meere?, S. 124.

85 Platzöder/Vitzthum, Zur Neuordnung des Meeresvölkerrechts auf der Dritten Seerechtskonferenz der Vereinten Nationen, S. 30.

und machte den Weg frei für eine umfassende Revision des überkommenen Seerechts.[86]

Da der Meeresbodenausschuss seine Aufgabe – die Erarbeitung eines Konventionsentwurfs – nicht hatte erfüllen können, wurde er zum *preparatory committee* für die Seerechtskonferenz umgewandelt, das zwischen 1971 und 1973 sechsmal in New York und Genf zusammenkam und bis 1973 von 42 auf 90 Mitglieder anwuchs. Vielen Staaten begann zu dämmern, dass diese Seerechtskonferenz die weltwirtschaftlichen und geopolitischen Weichen für die Zukunft stellen würde. Und so versuchten manche von ihnen, sich frühzeitig Schlüsselpositionen bei der Organisation der Konferenz zu verschaffen. Bereits die Strukturierung der Konferenzorgane und die Bestimmung thematischer Schwerpunkte für die Unterausschüsse waren konfliktbehaftet, bestand doch Uneinigkeit darüber, womit sich eine neue Seerechtskonferenz überhaupt befassen sollte. Die Entwicklungsländer waren vor allem an einem internationalen Meeresbodenregime interessiert, während die meisten Industrie- und Küstenländer vor allem eine Lösung der Küstenmeer- und der Festlandsockelfrage anstrebten. Für die Supermächte standen der Erhalt der Navigationsfreiheit und die Offenhaltung von Meerengen im Vordergrund.[87] Trotz dieser so unterschiedlichen Interessen konnten 1971 drei Hauptausschüsse festgelegt werden. Der erste sollte sich ausschließlich mit der Meeresbodenfrage und allen damit zusammenhängenden Regimeelementen befassen. Der zweite war beauftragt, einen Themenkatalog für die restlichen Aspekte zu erarbeiten, namentlich die Hohe See, den Festlandsockel, die Fischerei und die Hoheitszonen. Im dritten Ausschuss stand schließlich der Schutz der marinen Umwelt sowie Fragen der Meeresforschung im Fokus. Diese Ausschussstruktur wurde später auch für die dritte Seerechtskonferenz selbst beibehalten.[88]

Allerdings half auch dies nicht dabei, Einigkeit über eine Konferenzagenda zu erlangen, geschweige denn über einen Vertragsentwurf, und so konnte der Meeresbodenausschuss der Generalversammlung 1972 lediglich eine Themenliste vorlegen, die immerhin 150 Punkte umfasste.[89] Dies war nicht weiter verwunderlich, handelte es sich beim Meeresbodenausschuss doch mehr um ein Ex-

---

86 UN Doc. A/Res/2750 C (XXV), Reservation exclusively for peaceful purposes of the sea-bed and the ocean floor, and the subsoil thereof, underlying the high seas beyond the limits of present national jurisdiction and use of their resources in the interests of mankind, and convening of a conference on the law of the sea, 17.12.1970.

87 Wolf, Die dritte Seerechtskonferenz der Vereinten Nationen, S. 64.

88 Platzöder/Vitzthum, Zur Neuordnung des Meeresvölkerrechts auf der Dritten Seerechtskonferenz der Vereinten Nationen, S. 16.

89 Friedheim, Negotiating the New Ocean Regime, S. 31.

pertengremium. Dessen Angehörige besaßen keinerlei Verhandlungsvollmacht und hatten dementsprechend nicht viel andere Möglichkeiten, als zunächst eine Problemdiagnose zusammenzustellen.[90]

Holprigkeiten gab es auch bei der Besetzung der Konferenzorgane. Sowohl die Vereinigten Staaten als auch die Sowjetunion widersetzten sich dem „one State-one seat"-Prinzip und sicherten sich jeweils einen Sitz sowohl im Lenkungs- als auch im Redaktionsausschuss. Die „Expansionisten", also jene Küstenstaaten, die ihre Hoheitszonen bereits ausgeweitet hatten oder dies zu tun gedachten, konnten sich Schlüsselpositionen in allen Konferenzorganen sichern. Dies hatte eine quasi-präjudizierende Wirkung, und es kristallisierte sich schnell heraus, dass durch die Unterstützung einiger industrialisierter Küstenstaaten eine rechtliche Verankerung von Wirtschaftszonen mehr als wahrscheinlich sein würde.[91]

Einzig der erste Unterausschuss hatte eine *Working Group on the International Regime and Machinery* gebildet und darin Hauptelemente eines Entwurfs für eine Meeresboden-Konvention formuliert. Das nach dem sri-lankischen Ausschussvorsitzenden Moragodage Christopher Walter Pinto benannte „Pinto-Papier" basierte auf der Meeresbodenerklärung von 1970, beschränkte sich entsprechend auf die Meeresbodenfrage und griff den maltesischen *Draft Ocean Space Treaty* nicht auf, in dem ein „einheitlicher Ansatz für die Ozeane als Ganzes" gefordert worden war.[92]

Obwohl der Meeresbodenausschuss weder einen umfassenden Empfehlungskatalog noch den Abschluss der Vorbereitungsarbeit verkünden konnte (dafür aber einen 1.000 Seiten umfassenden Bericht vorlegte)[93], beschloss die Generalversammlung die Einberufung der dritten Seerechtskonferenz für 1973. Einerseits erhoffte man sich von einer zügigen Eröffnung der Verhandlungsphase den Zwang zu Kompromissen, der im Vorbereitungsausschuss durch das „sanktionslose" Konsensprinzip nicht gegeben gewesen war (es gab also keine Mehrheitsentscheidungen, die Zugeständnisse erfordert und dadurch Bewegung in die Verhandlungsmasse gebracht hätten). Andererseits sollten auch die restlichen Staaten mit ins Boot geholt werden.[94]

90 Wolf, Die dritte Seerechtskonferenz der Vereinten Nationen, S. 66.

91 Platzöder/Vitzthum, Zur Neuordnung des Meeresvölkerrechts auf der Dritten Seerechtskonferenz der Vereinten Nationen, S. 4.

92 Ebd., S. 17.

93 UN Doc. A/Res/2750 C (XXV), 17.12.1970.

94 Platzöder/Vitzthum, Zur Neuordnung des Meeresvölkerrechts auf der Dritten Seerechtskonferenz der Vereinten Nationen, S. 17.

Nach einer organisatorischen Sitzung 1973 in New York begannen die materiellen Beratungen 1974 in Caracas (Venezuela).[95] Dass man noch zehn weitere Sitzungsperioden benötigen würde, um ein Vertragswerk zu verabschieden, davon ging zu diesem Zeitpunkt wohl kaum jemand aus.

3.4 Zusammenfassung

Mit der Globalisierung und Industrialisierung zu Land und zu Wasser gerieten die Meere zunehmend unter Druck, und damit wuchs das Erfordernis internationaler Regelungen. Entzündeten sich maritime Ressourcenkonflikte vor dem Zweiten Weltkrieg vornehmlich an Fischereifragen, weckten während des Krieges die neu entdeckten Ölvorkommen auf dem Kontinentalschelf Begehrlichkeiten und die Ressourcenerwartungen wandten sich nun auch dem Meeresboden zu. Dies kam, jedenfalls aus Sicht der Internationalen Beziehungen, besonders deutlich in der Truman-Proklamation von 1945 zum Ausdruck, die den Festlandsockel als natürliche Erweiterung der Landmasse definierte und den Küstenländern erlaubte, Ansprüche auf dessen wirtschaftliche Nutzung zu erheben. Diese Initative wurde von zahlreichen Staaten aufgegriffen, die ihrerseits die Hoheitszonen vor ihren Küsten ausweiteten und damit die seit Hugo Grotius etablierte „Freiheit der Meere" infragestellten. Zugleich wurde hiermit die Dreidimensionalität des marinen Raumes in den Fokus des Völkerrechts gerückt, und die Aufmerksamkeit richtete sich nunmehr auch auf die tiefen Gefilde des Meeres. Diese „functionalization of ocean space"[96] machte auch vor der Tiefsee nicht Halt, und die (Wieder-)Entdeckung von Manganknollen auf dem Meeresgrund Mitte der 1960er Jahre markierte den letzten Schritt auf dem Weg zu einer möglich erscheinenden vollständigen Territorialisierung der Meere. Die ersten beiden Seerechtskonferenzen 1956 – 1958 und 1960 konnten für einzelne Bereiche, wie etwa die Hohe See und den Festlandsockel, Regelungen erreichen. Jedoch waren diese für die Anwendung in der Praxis nicht hinreichend explizit und wurden nur von wenigen Staaten anerkannt. Und so veranlasste die Rede des maltesischen UN-Botschafters Arvid Pardo 1967 vor der Generalversammlung die internationale Gemeinschaft, neue Verhandlungen über ein umfassendes Seevölkerrecht einzuberufen. Pardos Befürchtung war unter anderem, dass mit der Territorialisierung des bisher ungenutzten Meeresbodens außerhalb nationaler Jurisdiktion ein historischer

95 Eigentlich sollte die zweite Sitzung in Santiago de Chile stattfinden, jedoch wurde sie wegen des dortigen Putsches nach Caracas verlegt.

96 Vgl. Juda, International Law and Ocean Use Management, S. 115.

Präzedenzfall geschaffen würde, von dem vor allem die industrialisierten Staaten profitieren würden. Um dies zu verhindern, brachte er das Konzept des Gemeinsamen Erbes der Menschheit in die Debatte ein. Damit stellte er etablierte Eigentumskonzepte infrage, denn die Idee des Gemeinsamen Erbes beinhaltete neben der intergenerationellen Gerechtigkeit auch eine intragenerationelle Dimension. Dies aufgreifend, schlug er die Errichtung einer internationalen Behörde vor, die die Aktivitäten auf dem Meeresboden koordinieren, überwachen und regulieren sollte, um schließlich auch die Gewinne aus einer künftigen Rohstoffförderung zum Wohle der gesamten Menschheit einzusetzen.

Nach Vorarbeiten im Meeresbodenausschuss erklärte die UN-Generalversammlung den Meeresboden und seine Ressourcen in der Meeresbodengrundsatzerklärung zum Gemeinsamen Erbe, das zum Wohle der gesamten Menschheit unter besonderer Berücksichtigung der Entwicklungsländer sowie ausschließlich zu friedlichen Zwecken genutzt werden dürfe. Vor allen Dingen aber berief die Generalversammlung eine dritte Seerechtskonferenz ein, auf der die unterschiedlichen Nutzungen des marinen Raums sowie seiner Ressourcen umfassend völkerrechtlich geregelt werden sollten.

4 UNCLOS III –Konferenztopographie

Die dritte Seerechtskonferenz erstreckte sich über ein ganzes Jahrzehnt. Dies lag in erster Linie an der Verhandlungsmasse, die eine schier unüberschaubare Fülle an Themen und Unteraspekten bereithielt: Der Bericht, den der Meeresbodenausschuss der Generalversammlung vorgelegt hatte, umfasste schließlich stolze 1.000 Seiten.[1] Es war jene Vielzahl an Problemen, die einen unbedingten und allumfassenden Abschluss der Verhandlungen erforderte. Alle Eventualitäten, die zukünftig zu einem nochmaligen Aufrollen der Seerechtsfrage hätten führen können, galt es zu berücksichtigen. Ein weiterer Faktor für die lange Dauer der Konferenz war das Konsensprinzip, mit dem eine große Unterstützung seitens der Mitgliedstaaten für einen späteren Vertrag gesichert werden sollte. Diese Vorgehensweise ersetzte die herkömmliche Zweidrittelmehrheit, und zwar auch, um zu verhindern, dass die Mitglieder der G77, die mittlerweile auf über 100 Staaten angewachsen war, von sich aus eine Mehrheit bilden konnten. Darüber hinaus sollte das angestrebte Vertragswerk als *package deal* im Sinne eines *gentlemen's agreement* verabschiedet werden.[2]

Es musste also so lange verhandelt werden, bis durch zahlreiche Kompromissfindungen ein allgemeiner Konsens erzielt werden würde, der als Gesamtpaket zu verabschieden war. Hier hoffte man zusätzlich auf die Sogwirkung, die dadurch entstehen würde, dass viele Staaten, und vor allem die international wichtigsten, zustimmten. Die Kombination aus Konsensprinzip und *package deal* barg jedoch einen Fallstrick. Durch die unzähligen Einzelinteressen der Staaten hinsichtlich unterschiedlicher Fragen lief im Prinzip jedes Land Gefahr, einem Abkommen beizutreten, das den eigenen Interessen auf dem einen oder anderen Gebiet zuwiderlief. So bestand die große Kunst auf der Konferenz theoretisch darin, einen Vertrag zu verabschieden, bei dem die Vorteile für jeden Teilnehmerstaat die Nachteile überwogen.[3]

Um dies zu erreichen, verhandelte man in zwei unterschiedlichen Arten von Foren. Dies geschah einerseits in den drei Hauptkomitees, deren Zuschnitt

---

1 UN Doc. A/8721, Report of the Committee on the Peaceful Uses of the Sea-Bed and the Ocean Floor beyond the Limits of National Jurisdiction to the General Assembly at its twenty-eighth Session, 1972 and Corr. 01.11.1972.

2 Friedheim, Negotiating the New Ocean Regime, S. 33.

3 Tullio Treves: United Nations Convention on the Law of the Sea. Introductory Note, in: United Nations Office of Legal Affairs 2008 <http://legal.un.org/avl/pdf/ha/uncls/uncls_e.pdf> (04.08.2018).

https://doi.org/10.1515/9783110748826-004

größtenteils aus dem Meeresbodenausschuss übernommen und deren Vorsitzende auf regionaler Basis bestimmt wurden.

Der erste Hauptausschuss befasste sich mit Meeresbodenfragen, insbesondere mit einem Regime und einer Behörde für den Tiefseeboden außerhalb nationaler Jurisdiktion (genannt *„the area"* beziehungsweise „das Gebiet"). Den Vorsitz hatte Paul Bamela Engo (Ständiger Vertreter Kameruns bei den Vereinten Nationen) inne. Der erste Hauptausschuss war unterteilt in eine Arbeitsgruppe und eine Verhandlungsgruppe, deren Vorsitz der schon erwähnte Moragodage Christopher Walter Pinto (Sri Lanka) übernahm.

Der zweite Hauptausschuss widmete sich dem „traditionellen" Seerecht und hatte damit ein besonders komplexes Mandat. Unter dieses Mandat fielen Fragen wie die Territorialgewässer, Meerengen, Archipelstaaten, die Hohe See, Wirtschaftszonen sowie darin befindliche lebende und nichtlebenden Ressourcen, der Kontinentalschelf/Festlandsockel und die Regelung des Zugangs zum Meer. Den Vorsitz führte der venezolanische UN-Botschafter Andrès Aguilar.

Im dritten Hauptausschuss verhandelten die Delegierten unter Vorsitz Alexander Yankovs (Bulgarien). Die informellen Sitzungen über Meeresverschmutzung und -umweltschutz leitete der Mexikaner José Vallarta, während die Sitzungen zur Meeresforschung sowie, neu hinzugekommen, Fragen des Technologietransfers unter Vorsitz von Cornel Metternich (Bundesrepublik Deutschland) stattfanden.

Für die prozeduralen Aufgaben setzte das Plenum einen Allgemeinen Ausschuss (*General Committee*) ein, in dem die Delegierten in eher informeller Weise Verhandlungen über die friedliche Streitbeilegung und die Schlussformeln führten.[4] Darüber hinaus gab es einen vom Österreicher Heinrich Gleissner geleiteten neunköpfigen Ausschuss zur Prüfung der Vollmachten (*Credentials Committee*) und einen Redaktionsausschuss (*Drafting Committee*) mit 23 Mitgliedern unter Vorsitz von Alan Beesley (Kanada). Zum Konferenzpräsidenten bestimmte das Plenum Hamilton Shirley Amerasinghe (Ständiger Vertreter Sri Lankas bei den Vereinten Nationen), der bereits von 1967–1973 den Vorsitz des Meeresbodenausschusses innegehabt hatte.[5]

Als weitere Foren fungierten von den Delegationen selbst ins Leben gerufene regionale und funktionale Verhandlungsgruppen, in denen man sich über Einzelfragen verständigte. Je kleiner und exklusiver diese Unterausschüsse waren,

4 Über die friedliche Streitbeilegung wurde unter Vorsitz Galindo Pohls (El Salvador) und R.L. Harrys (Australien) in informeller Runde Gedankenaustausch betrieben. Louis Sohn von der *Harvard Law School* fungierte als Berichterstatter.

5 John R. Stevenson/Bernard H. Oxman: The Third United Nations Conference on the Law of the Sea. The 1974 Caracas Session., in: The American Journal of International Law 69/1 (1975), S. 1–30, hier S. 3.

desto größer waren die Chancen für einzelne Akteure, ihre Interessen durchzusetzen, weswegen sich niemand diesem Prozedere verweigerte.[6] Die wohl prominenteste und nach dem norwegischen Handels- und Schifffahrtsminister sowie Vize-Präsidenten der Konferenz benannte „Evensen-Gruppe" etwa traf sich regelmäßig auf informeller Basis, um über Lösungen der Meereszonenfrage zu beraten.[7]

Man arbeitete mit Verhandlungstexten, die ab 1975 von den Vorsitzenden der Hauptausschüsse auf Basis der Formulierungen von Artikeln aus Vertragsentwürfen zusammengetragen und im Laufe der Verhandlungen mehrmals überarbeitet wurden.[8] Insgesamt brauchte es elf Sitzungen bis zur Verabschiedung der Konvention. Diese waren in den meisten Fällen auf zwei Sitzungsperioden pro Jahr aufgeteilt und fanden abwechselnd in New York und Genf statt (Ausnahmen waren die erste inhaltliche Sitzung in Caracas/Venezuela 1974 und die Abschlusssitzung 1982 in Montego Bay/Jamaika; für eine Übersicht über die Konferenzsitzungen siehe Anhang I).

Die Konferenztopographie war nicht nur hinsichtlich der Themen und Interessen komplex. Immer wieder entstanden zusätzlich neue Herausforderungen durch unvorhersehbare Entwicklungen oder das eigenmächtige Handeln einzelner Verantwortlicher, wie beispielsweise die kurzfristige Abänderung des *Informal Composite Negotiating Text* durch den kamerunischen Vorsitzenden des ersten Hauptausschusses, Paul Bamela Engo. Ein absehbarer Eklat blieb während der sechsten Sitzungsrunde 1977 in New York nur deswegen aus, weil die Vorlage des Textes am letzten Sitzungstag durch einen totalen Stromausfall verhindert wurde.[9]

---

6 Juda, International Law and Ocean Use Management, S. 213.

7 Berichten zufolge fanden diese Treffen während der New Yorker Verhandlungsphasen in einem Pfannkuchenhaus statt, in dem Evensen 12 bis 50 andere Delegierte als „Form der milden Bestechung" zu Pfannkuchen und Ahornsirup einlud. Berit Ruud Reetzer: Macht, Mythos und Mensch: der Politiker, Diplomat und Jurist Jens Ingebret Evensen, Vortrag im Peer Gynt-Club, Hamburg, 5.4.2012 <http://www.peer-gynt.de/uploads/pdf/Berit%20Ruud%20Retzer%20-%20Manuskript %20Jens%20 Evensen%20Vortrag%205.%20April%202012.pdf> (04.08.2018).

8 Folgende Versionen waren im Umlauf: Informal Single Negotiating Text (A/CONF.62/WP.8) 1975; Revised Single Negotiating Text (A/CONF.62/WP.8/Rev.1) 1976; Informal Composite Negotiating Text (A/CONF.62/WP.10) 1977; Revised Informal Composite Negotiating Text (A/CONF.62/WP.10/Rev.1) 1979; Draft Convention (Informal Text) (A/CONF.62/WP.10/Rev.3) 1980; Draft Convention on the Law of the Sea (A/CONF.62/L.78) 1981.

9 Max Ivers Kehden: Seevölkerrecht im Werden. Die dritte Seerechtskonferenz der Vereinten Nationen nach sechs Verhandlungsgrunden, in: Vereinte Nationen 25/6 (1977), S. 167–173, hier S. 167.

4.1 Zentrale Problemfelder

Es liegt auf der Hand, dass ob dieser komplexen Gemengelage kein Gesamtüberblick der Konferenz geboten werden kann.[10] Stattdessen werden im Folgenden die wichtigsten Problemfelder sowie zentrale Interessenlagen umrissen, um so die „Topographie" der dritten Seerechtskonferenz als Basis für die Teilstudien zu „kartieren".

Dabei können nicht alle Fragen berücksichtigt werden, wie wichtig sie für den Konferenzverlauf auch gewesen sein mögen. So bleibt zum Beispiel die Frage der friedlichen Streitbeilegung, die eine Schnittstelle zwischen den Sachthemen darstellt und entsprechend kontrovers diskutiert wurde, ausgespart, da sie nicht im unmittelbaren Zusammenhang mit der Ressourcenfrage steht. Deswegen sei an dieser Stelle auf die vielen zeitgenössischen politik- und rechtswissenschaftlichen Analysen verwiesen, in denen verschiedene Einzelaspekte ausführlich diskutiert werden.[11]

4.1.1 Tiefseeboden

Nachdem der Tiefseeboden bereits in der UN-Deklaration von 1970 zum gemeinsamen Erbe der Menschheit erklärt worden war, bestand zwischen den Verhandlungspartnern auf der Seerechtskonferenz Uneinigkeit darüber, ob das Menschheitserbe-Konzept damit bereits rechtskräftig sei oder ob es in einer Konvention noch konkretisiert werden müsse.[12] Während die Entwicklungsländer

---

10 Für einen Eindruck über den Verlauf der einzelnen Sitzungen eignen sich die regelmäßigen Zusammenfassungen z. B. im American Journal of International Law, angefangen mit Stevenson/Oxman, The Third United Nations Conference on the Law of the Sea, sowie die Berichte in Vereinte Nationen: Zeitschrift für die Vereinten Nationen und ihre Sonderorganisationen. Eine grobe Zusammenfassung für jede Sitzungsrunde, mit starkem Fokus auf den USA, bietet Friedheim, Negotiating the New Ocean Regime, S. 31–38.

11 Siehe z. B. Friedheim, Negotiating the New Ocean Regime; United Nations – Office for Ocean Affairs and the Law of the Sea: A Bibliography on the Law of the Sea 1968–1988. Two Decades of Law-Making, State Practice and Doctrine = Bibliographie du droit de la mer 1968–1988, New York 1993; vgl. auch Jenisch/Edler, Bibliographie des deutschen Schrifttums zum internationalen und öffentlichen Seerecht 1982–2007. Einen Gesamtüberblick bietet Günther Jänicke: Die Dritte Seerechtskonferenz der Vereinten Nationen. Grundprobleme im Überblick, in: Zeitschrift für ausländisches öffentliches Recht und Völkerrecht (ZaöRV) 38 (1978), S. 438–509.

12 Wolfgang Graf Vitzthum: Von der Freiheit zur Nationalisierung der Meere? Die dritte Seerechtskonferenz der VN in Caracas vom 20. Juni bis 29. August 1974, in: Vereinte Nationen 5 (1974), S. 129–135, hier S. 131.

auf der sofortigen Wirksamkeit bestanden, um ihre Teilhabe an den Tiefseeressourcen zu sichern, hatten sozialistische Staaten zunächst insgesamt Vorbehalte gegenüber dem Konzept „Menschheitserbe“. Westliche Industrieländer störten sich vor allem an der von den Entwicklungsländern angestrebten Ausgestaltung einer zukünftigen Meeresbodenbehörde. Die Kernfrage der Verhandlungen in diesem Zusammenhang lautete: Sollten Staaten oder private Unternehmen die Ressourcen des Meeresbodens über ein Lizenzsystem ausbeuten dürfen oder sollte eine neu zu gründende Behörde ausschließlich und in Eigenregie den Abbau betreiben?[13] Letzteres entsprach einer Implementierung des Menschheitserbe-Konzepts in die Praxis internationaler Institutionen: Die Behörde würde mittels eines angehängten Unternehmens eigenständig explorieren, ausbeuten und die Gewinne verteilen. Das hätte der Vision Pardos weitgehend entsprochen und die Belange der Entwicklungsländer, die selbst weder über die erforderlichen Technologien noch über die entsprechende Infrastruktur und das Know-how für die nötigen wissenschaftlichen und wirtschaftlichen Aktivitäten verfügten, besonders berücksichtigt.

Die Industrieländer hatten demgegenüber ein vitales Interesse an einem möglichst uneingeschränkten, „nichtdiskriminierenden“ Zugang, um beispielsweise ihren eigenen Rohstoffbedarf zu decken und ihre Importabhängigkeit von anderen Ländern zu verringern. Sie waren gegen einen Monopolcharakter der Behörde, zeigten aber gleichwohl Interesse an einer Regelung der Tiefseebodennutzung, um Planungssicherheit zu gewinnen. Eine zukünftige Behörde sollte dementsprechend mögliche Abbaugebiete registrieren dürfen, in erster Linie aber Investitionssicherheit garantieren.[14]

Die meisten Entwicklungsländer wünschten demgegenüber eine Behörde mit weitgreifenden Kompetenzen, die Produktionsmengen festlegen und erhobene Gebühren zugunsten der Entwicklungsländer einsetzen sollte. Einige brachten sogar den Vorschlag ein, der Behörde ein eigenes Tiefseebergbau betreibendes Unternehmen (das unter der Bezeichnung *Enterprise* firmierte) zu unterstellen. Während die einen dafür plädierten, dem *Enterprise* die alleinige Abbauberechtigung zu erteilen, enthielt der Vorschlag eines *„parallel system“* den Kompromiss, dass die Behörde privaten und staatlichen Unternehmen ergänzend Abbaulizenzen vergeben könne. Im Gegenzug sollten diese Unternehmen ver-

13 Ebd.

14 Ebd., S. 133; Max Ivers Kehden: Abschied von der Freiheit der Meere? Zu den Bemühungen der UNO um eine soziale Ordnung des ozeanischen Raumes, in: Vereinte Nationen 19/5 (1971), S. 123–129, hier S. 124.

pflichtet werden, Technologien, bereits erkundete Abbaugebiete und Kapital zur Verfügung zu stellen.[15]

Die Tatsache, dass zum Zeitpunkt der Verhandlungen noch keinerlei kommerzieller Abbau von Manganknollen stattgefunden hatte, deutet auf die politische und ideologische Aufladung der Debatten hin, die kontrovers geführt wurden, ohne dass die Details der tatsächlichen Ausgestaltung der verschiedenen Vorschläge hinreichend bekannt waren, geschweige denn diskutiert worden wären. Dennoch waren im ersten Ausschuss auch Stimmverhältnisse und Entscheidungsfindungsverfahren über Exploration und Abbau in einer zukünftigen Behörde ein großer Streitpunkt .[16]

4.1.2 Küstenmeer, ausschließliche Wirtschaftszone und Archipelstaaten-Frage

Die 1958 verabschiedete Konvention über das Küstenmeer hatte lediglich festgelegt, dass sich die Anschlusszone nicht weiter als zwölf Seemeilen über die Ausgangslinie hinaus erstrecken dürfe. Die Frage der Breite und der rechtlichen Ausgestaltung des Küstenmeers selbst war damit jedoch noch nicht geklärt. Der daraus resultierende Wildwuchs verschiedenster nationaler Zonenregelungen, beispielsweise zum Schutz vor Überfischung oder vor Meeresverschmutzung, erforderte somit eine endgültige und einheitliche Regelung.

Hinsichtlich der Nationalisierung des Meeres und seiner Ressourcen bestand ein grundsätzliches Spannungsfeld zwischen drei Positionen: Während die „Expansionisten", wie zum Beispiel einige der G77, Island, Kanada, Norwegen und Australien unter Duldung von Großbritannien und Frankreich eine besonders breite exklusive Nutzungszone befürworteten, waren „Traditionalisten" (z. B. die Sowjetunion und Japan) für eine Beibehaltung des Status quo im Sinne der Freiheit der Meere. Die Vereinigten Staaten wiederum forderten eine rechtlich getrennte Behandlung der küstennahen Ressourcenvorkommen auf dem Meeresboden und der Wassersäule.[17] Man einigte sich recht schnell darauf, in Anlehnung an das vor allem von lateinamerikanischen Staaten forcierte Konzept der *patrimonial sea* (s. o.), eine 200 Seemeilen breite ausschließliche Wirtschaftszone

15 Ole Sparenberg: Meeresbergbau nach Manganknollen (1965 – 2014). Aufstieg, Fall und Wiedergeburt?, in: Der Anschnitt: Zeitschrift für Kunst und Kultur im Bergbau 67/4 – 5 (2015), S. 118 – 135, hier S. 125.

16 Stevenson/Oxman, The Third United Nations Conference on the Law of the Sea, S. 11.

17 Platzöder/Vitzthum, Zur Neuordnung des Meeresvölkerrechts auf der Dritten Seerechtskonferenz der Vereinten Nationen, S. 59 f.

einzuführen.[18] In dieser Zone sollte jeder Küstenstaat exklusive Nutzungsrechte über die lebenden und nichtlebenden Ressourcen haben. Ausschließliche Hoheitsbefugnisse kamen ihm im Rahmen dieses Modells hingegen nur in bis zu 12 Seemeilen breiten Territorialgewässern zu. Diese Details der Ausgestaltung waren allerdings zunächst strittig.

Für viele Staaten sollte die Wirtschaftszone als eine Art „Mehrzweckregime" fungieren und zahlreiche Aktivitäten wie die Ölförderung, die Fischerei, die marine Forschung, den Umweltschutz und die Errichtung künstlicher Inseln unter nationale Jurisdiktion stellen. Staaten mit langer Küste tendierten zu einer restriktiven Haltung, bei der die rechtliche Ausgestaltung der Wirtschaftszone der des Küstenmeeres (und in diesem Sinne umfassender nationaler Jurisdiktion) sehr nahe kam und auch die Kontrolle über Schifffahrts- und Überflugsrechte beinhalten sollte.[19] Um dies durchzusetzen, waren diese Länder aber auf die Solidarität der geographisch benachteiligten Staaten und der Binnenländer angewiesen, die ebenfalls einen Zugang zu den Meeresressourcen forderten.[20]

Im Hinblick auf die Fischerei war die „Verzonung" der Meere vor allem deswegen relevant, weil Wirtschaftszonen für fernfischende Staaten einen Verlust von Fischfanggründen bedeuteten, die sich mehrheitlich in den nährstoffreichen Schelfgewässern befanden. Demgegenüber begrüßten viele Staaten den grundsätzlichen Ausschluss fremder Fischereifahrzeuge, da sie auf diese Weise den Druck auf die Fischbestände vor ihren Küsten einzuschränken hofften, der vor allem durch quasi weltweit operierende sowjetische und japanische Fangflotten verursacht wurde.[21]

Das Konzept der „Wirtschaftszone" konnte sich letztlich deshalb so früh durchsetzen, weil es die Ressourcenhoheit in einer verhältnismäßig breiten Zone von 200 Seemeilen mit der Schifffahrtsfreiheit verband, die lediglich im drei Seemeilen breiten Küstenmeer eingeschränkt beziehungsweise zusätzlich mit Kontrollrechten bis in die 12 Seemeilen-Anschlusszone verbunden sein sollte.

---

18 Vgl. Nelson, The Patrimonial Sea.

19 So z. B. Chile, Kanada, Neuseeland, Island und Norwegen, vgl. UN Doc. A./CONF.62/L.4, 26.07.1974.

20 Renate Platzöder: Die Küstenzone und die Hohe See, in: Vereinte Nationen 5 (1974), S. 135–139, S. 135.

21 Ebd., S. 136.

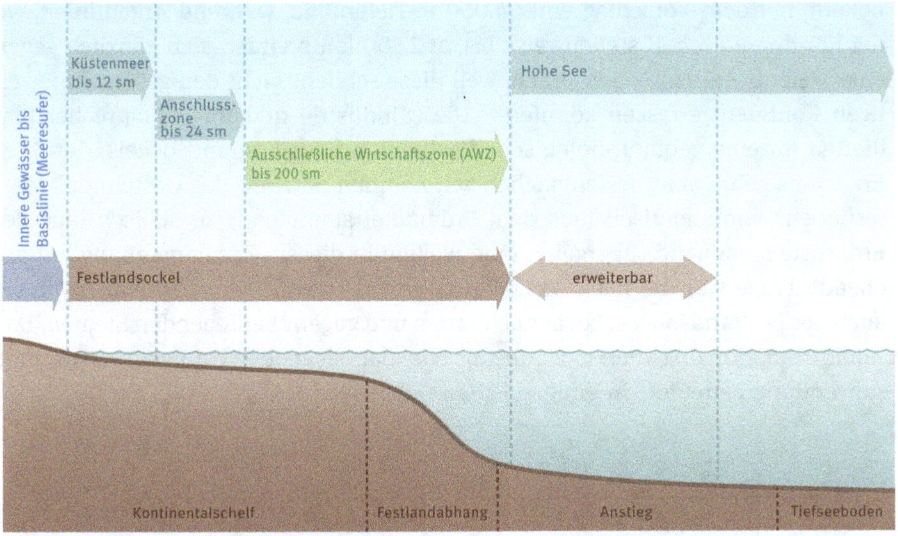

Abb. 1: Die im Seerechtsübereinkommen kodifizierte Zonenregelung. Die Souveränität des Küstenstaates nimmt mit wachsender Entfernung vom Land ab. © Maribus

4.1.3 Festlandsockel

Einige Staaten plädierten für ein Aufgehen des Festlandsockelprinzips im Wirtschaftszonenkonzept und somit für eine einheitliche Begrenzung küstenstaatlicher Hoheitsrechte bei 200 Seemeilen. Demgegenüber bevorzugten die Vereinigten Staaten zwar ebenfalls eine Nationalisierung des Festlandsockels. Dessen Begrenzung sollte aber jenseits von 200 Seemeilen nicht horizontal bemessen, sondern anhand der Meerestiefe festgemacht werden. Hier ging es also vornehmlich um die Definition des Kontinentalrandes, die gegebenenfalls unter Hinzuziehung einer wissenschaftlichen Kommission zu prägen wäre. Um ihrem Vorschlag Akzeptanz zu verschaffen, schlugen die Vereinigten Staaten darüber hinaus vor, die Gewinne aus dem Gebiet außerhalb der 200 Seemeilen-Zone zu teilen (*revenue sharing*), was von den Staaten mit besonders breitem Schelf jedoch abgelehnt wurde.[22] Da die teilnehmenden Staaten über unterschiedlich breite Kontinentalschelfe verfügten, variierten die Vorschläge entsprechend. Die Sowjetunion schlug 500 m als Tiefenkriterium vor, womit sie sich den sibirischen Schelf in seiner gesamten Breite von 1.700 km hätten sichern können. Portugal

22 Stevenson/Oxman, The Third United Nations Conference on the Law of the Sea, S. 17.

pokerte mit dem Vorschlag einer 4.000 m-Tiefenlinie, während Argentinien, wo der Kontinentalschelf stellenweise bis zu 2.500 km breit ist, sich gänzlich gegen eine Tiefenbegrenzung aussprach, weil diese schlicht nicht den gesamten jeweiligen Kontinent erfassen könnten.[23] Die Ölindustrie und ihre Fürsprecher plädierten für eine geomorphologische Bestimmung des Festlandsockels, der ihres Erachtens sehr genau festzumachen sei, nämlich dort, wo das Gestein des Meeresbodens von simatisch (aus dem Erdmantel stammend) zu sialisch (aus der Erdkruste stammend) übergehe. Eine weitere in diesem Zusammenhang auftauchende Frage war die nach den Abgrenzungen sowohl der Wirtschaftszone als auch des Festlandsockels bei benachbarten und gegenüberliegenden Staaten. Das Äquidistanzprinzip sahen nicht alle als eine naheliegende Lösung an, denn seine Anwendung bedeutete in einigen Fällen Gebietsverluste.[24]

4.1.4 Fischerei

Fischereifragen beziehungsweise die Frage lebender Ressourcen war ein kontroverses Thema, das zudem durch die zahlreichen Proklamationen von Fischereizonen einen gewissen Problemlösungsdruck evozierte. Die parallel zur Konferenz ausgefochtenen Fischereistreitigkeiten zwischen Island und Großbritannien sowie der Bundesrepublik Deutschland trugen zusätzlich zur emotionalen Aufladung des Themas bei. Die lebenden Ressourcen des Meeres berührten im Zuge der Überlegungen über Wirtschaftszonen einerseits den Souveränitätsaspekt und beinhalteten andererseits, im Hinblick auf wandernde Fischarten, den Aspekt der Gefahr einer „Tragedy of the Commons“ im Hardinschen Sinne. Denn würden die Fischbestände innerhalb von Wirtschaftszonen verwaltet, war damit noch nicht geklärt, wie die Bestände ziehender Fischarten beobachtet und verwaltet werden könnten, denn sie ließen sich ja keinem Küstenstaat zuordnen. Gleiches galt für pelagische Arten (Fische, die nicht in Schelfgebieten, sondern vor allem auf Hoher See vorkommen), die ebenfalls vor Überfischung geschützt werden mussten. Die Frage lautete also: Sollten internationale Organisationen das Management der Fischbestände übernehmen oder sollte die Verantwortung in den Händen der Küstenstaaten liegen?[25]

Der Hauptkonflikt, den die Angehörigen des zweiten Hauptausschusses im Zuge der Fischereifrage diskutierten, bestand zwischen den fernfischenden

23 Platzöder, Die Küstenzone und die Hohe See, S. 138.
24 Stevenson/Oxman, The Third United Nations Conference on the Law of the Sea, S. 11.
25 Vgl. Rüdiger Wolfrum: Die Fischerei auf Hoher See, in: ZaÖRV 38 (1978), S. 659–709.

Staaten und denjenigen, die die Bestände vor ihren Küsten vor dem Zugriff der fremden Flotten schützen beziehungsweise die volle Souveränität über die Ressourcen vor ihren Küsten ausüben wollten. Kapitel 6 widmet sich dieser Problematik am Beispiel der deutschen Hochseefischerei ausführlich.

4.1.5 Meeresforschung

In der Frage der Meeresforschung traten die Gegensätze von Industrie- und Entwicklungsländern besonders deutlich hervor. Für die Entwicklungsländer bot die Meeresforschung eine willkommene Möglichkeit für Trade-offs. Sie befürchteten eine vornehmlich militärische oder wirtschaftliche Nutzung von Erkenntnissen, die beide die Industrieländer bevorteilen würden, zumal nur einige wenige Industrieländer überhaupt Meeresforschung im großen Stil betreiben konnten. Gerade erst 1970 hatte die Internationale Dekade ozeanographischer Forschung begonnen und auch der konkrete Anlass für die Seerechtskonferenz, die Entdeckung der Manganknollenfelder, war ja aufgrund von Forschungsergebnissen zustandegekommen. Insofern waren Meeresforschung und Ressourcensouveränität zumindest indirekt miteinander verbunden. Entsprechend wichtig war den Entwicklungsländern eine Regelung auch der Meeresforschung im Sinne eines Abbaus der wirtschaftlichen Unterschiede zwischen Nord und Süd, weswegen sie umfassende Kontrolle und Beteiligung forderten. Ziel der Forschung betreibenden Staaten war demgegenüber Forschungsfreiheit in allen Belangen.

Im Hinblick auf die Ausgestaltung der Meeresforschung in der Wirtschaftszone prallten gleich vier verschiedene Positionen aufeinander. Erstens plädierte die G77 für umfassende Kontrollrechte des jeweiligen Küstenstaates. Eine Gruppe aus Entwicklungs- und Industrieländern befürwortete, zweitens, einen Lizenzansatz, bei dem der Küstenstaat Antragstellern die Forschung genehmigen solle, sofern diese bestimmte Voraussetzungen erfüllten, wie zum Beispiel die Beteiligung des Küstenstaates. Drittens schlug eine weitere Gruppe von Binnen- und geographisch benachteiligten Staaten (*land-locked and geographically disadvantaged states*) vor, statt einer Genehmigungspflicht lediglich eine mit einem Beteiligungsrecht des Küstenstaates verbundene Registrierungspflicht einzuführen. Eine vierte Gruppe, bestehend aus Frankreich, Großbritannien und einigen Ostblockstaaten, plädierte für völlige Forschungsfreiheit. Die beiden letztgenannten Gruppen befürchteten, dass Genehmigungspflichten zu gehörigen Verzögerungen von großangelegten Forschungsprojekten führen könnten, insbesondere, weil viele Projekte die Wirtschaftszonen mehrerer Staaten betreffen würden, in denen dann jeweils einzelne Lizenzen würden eingeholt werden müssen.[26]

Während viele Entwicklungsländer im Bemühen um mehr Kontrolle und Einfluss für die Wirtschaftszonen eine maximale Nationalisierung der Forschung anstrebten, präferierten sie für die Hohe See das Gegenteil, nämlich eine maximale Internationalisierung. Forschungsvorhaben sollten demzufolge nur von der neu einzurichtenden Meeresbodenbehörde durchgeführt werden dürfen. Die „Forschungsstaaten" setzten auch hier auf völlige Forschungsfreiheit, zeigten sich aber im Hinblick auf den Austausch von Forschungsdaten zunächst kompromissbereit.[27]

4.1.6 Meeresverschmutzung

Die Verschmutzung der marinen Umwelt diskutierte der dritte Ausschuss hinsichtlicher mehrerer Aspekte, so zum Beispiel die Berücksichtigung wirtschaftlicher Gegebenheiten bei Umweltschutzverpflichtungen, Abfallversenkung, Meeresverschmutzung durch Schiffe und vom Lande aus sowie die Rolle der Internationalen Schifffahrtsorganisation (*Inter-Governmental Maritime Consultative Organization*, IMCO) und einer möglichen neuen Meeresbodenbehörde. Entwicklungsländer machten hier einen Zielkonflikt zwischen wirtschaftlicher Entwicklung und Umweltschutz aus und forderten, dass für Schiffe unter ihrer Flagge weniger strenge Auflagen gelten sollten, um den Aufbau eigener Handelsflotten zu erleichtern. Auch pochten sie auf technische Hilfe bei der Einhaltung von Umweltschutzauflagen, um so den Umweltschutz mit ihren Entwicklungsbedürfnissen in Übereinstimmung zu bringen.[28]

Relativ unstrittig war eine grundlegende staatliche Verpflichtung zu Erhalt und Schutz der Meeresumwelt sowie die vom Staat zu stellende technische Unterstützung bei der Bekämpfung von Verschmutzungen. Uneinigkeit bestand hingegen in der Frage, wer für die Kontrolle und die Festlegung von Vorschriften zuständig sein sollte. Etwas verkürzt dargestellt, plädierten die Vertreter des sogenannten *zonal approach* für die Zuständigkeit des Küstenstaates, während der *flag* bzw. *port state approach* eine Regelung vom jeweiligen Schiff abhängig machte und die Regelungshoheit dem Staat zubilligte, unter dessen Flagge ein Schiff fuhr. Seitens der Schifffahrtsnationen wurde insbesondere der *zonal ap-*

26 Max Ivers Kehden: Meeresverschmutzung, Meeresforschung und Technologietransfer, in: Vereinte Nationen 5 (1974), S. 139–146, hier S. 144.

27 Ebd., S. 144 f.

28 Alexandre Kiss: La pollution du milieu marin, in: ZaÖRV 38 (1978), S. 902–932, hier S. 926.

proach in Bezug auf die Verschmutzung durch Schiffe als problematisch angesehen, da er mit internationalen Regelungen konkurrierte. Diese waren jedoch gerade im Hinblick auf die in fließenden Übergängen miteinander verbundenen Zonen und Regionen unabdingbar. Nicht Küstenstaaten, sondern allenfalls die Flaggenstaaten sollten etwaige strengere Umweltbestimmungen durchsetzen dürfen. Verfechter des *zonal approach* argumentierten demgegenüber, dass Küstenstaaten für ihre Gewässer befahrende Schiffe Richtlinien festlegen dürfen sollten, um so unzureichende internationale Vorschriften auszugleichen. Das Spannungsfeld zwischen nationalen und internationalen Regelungen bestand auch für die Frage der Verschmutzung vom Land aus, da nicht alle Staaten damit einverstanden waren, dass sich nationale Bestimmungen internationalen Regeln unterzuordnen hätten.[29]

Ein weiterer problematischer Punkt war die Ahndung von Verstößen. So hätte sich durch einen zonalen Ansatz zwangsläufig eine Zuständigkeit des Küstenstaates ergeben. Im Falle eines Tankerunfalls befürchteten aber besonders die Seehandelsmächte, mehrfach zur Rechenschaft gezogen zu werden, sollte sich der Umweltschaden über die Wirtschaftszonen mehrerer Staaten verteilen. Um zwischen den sich gegenüberstehenden Flaggenstaat-Ansatz und dem Zonen-Ansatz zu vermitteln, brachte die Bundesrepublik Deutschland das sogenannte „funktionale Konzept" in die Debatte ein, bei dem, je nach Sachgegenstand, sowohl dem Flaggenstaat als auch dem Hafen- und dem Küstenstaat Befugnisse zukommen sollten.[30]

4.1.7 Meerengen

Die Durchfahrt durch Meerengen war von einer möglichen künftigen Ausweitung der Hoheitszonen insofern betroffen, als diese Teile wichtiger internationaler Handelsrouten nationalisiert zu werden drohten. Dies traf zum Beispiel auf die Straße von Malakka, aber auch auf die Straßen von Gibraltar, Hormus und Dover zu, bei denen die jeweiligen Anrainerstaaten die Hoheitsbefugnisse erhalten würden.

Die Vereinigten Staaten und die Sowjetunion pochten deswegen besonders laut auf ihre Transitrechte und zogen hinsichtlich dieser Frage an einem Strang. Aufgrund des *package deal* erklärten sie sich bereit, 200 Seemeilen-Wirtschaftszonen zu akzeptieren, wenn dafür die Hoheitszonen nicht breiter als 12 Seemeilen

---

29 Kehden, Meeresverschmutzung, Meeresforschung und Technologietransfer, S. 142.
30 Ebd., S. 143.

werden würden und freie Durchfahrt für jene Meerengen gewährt würde, die auf Handelsrouten lagen.[31] Dies brachte in einigen Fällen die freie Durchfahrt durch die Küstenzonen eines oder mehrerer Staaten mit sich. Die Anrainer von Meerengen hingegen waren bemüht, ihren daraus erwachsenden Machtvorteil klug zu nutzen, auch, um mittels der erhofften Kontrollrechte die maritime Präsenz der Großmächte beziehungsweise ihrer Kriegsflotten beeinflussen zu können und somit auch sicherheitspolitisch an Boden zu gewinnen.[32] Letztlich willigten sie aber in eine Regelung der friedlichen Durchfahrt ein, weil sie das Zugeständnis bekamen, bei Verstößen gegen internationale Regeln oder Umweltschutzbestimmungen Maßnahmen ergreifen zu dürfen.[33]

4.2 Interessenlegende

Aufgrund der Komplexität der dritten Seerechtskonferenz ist es schwierig, Blockanalysen vorzunehmen oder Koalitionsmuster auszumachen. Aus diesem Grund vermittelt die folgende grobe Darstellung lediglich einen Überblick über die verschiedenen Bausteine, aus denen sich das Interessenmosaik der Seerechtskonferenz zusammensetzte. Die auf anderen UN-Konferenzen der 1970er Jahre üblichen regionalen oder politischen Koalitionen galten für das Thema „Meere" größtenteils nicht.[34] Besonders augenfällig wird dies beispielsweise in der bereits im vorherigen Teilkapitel beschriebenen Allianz der Supermächte USA und UdSSR, wenn es um die Schifffahrtsfreiheit ging. Hier entwickelte sich bisweilen ein – selbst in Détente-Zeiten – erstaunlicher Bilateralismus, der in anderen Kontexten kaum denkbar war. Auch die solidarische Einheit des Südens, die 1974 bei der Verabschiedung der Erklärung über die Errichtung einer Neuen Weltwirtschaftsordnung bestand, wurde durch die jeweiligen geographischen Besonderheiten der Entwicklungsländer auf der Seerechtskonferenz von Beginn an auf eine harte Probe gestellt. Diese Beispiele zeigen, dass die Seerechtskonferenz einige signifikante Besonderheiten aufwies. Zugleich belegen sie die Verwobenheit der Themen und die daraus resultierende Komplexität der Verhandlungen.

---

31 Friedheim, Negotiating the New Ocean Regime, S. 33.

32 Platzöder, Die Küstenzone und die Hohe See, S. 137.

33 Kehden, Seevölkerrecht im Werden, S. 169.

34 Neben der Umweltkonferenz von Stockholm 1972 fanden allein im Jahr 1974 vier größere UN-Tagungen statt, namentlich die Sondersitzung der Generalversammlung über Rohstoffe und Entwicklung in New York, in deren Folge die NIEO verabschiedet wurde, die Weltbevölkerungskonferenz in Bukarest sowie die internationale Ernährungskonferenz in Rom.

Wolf unterteilt die Staatenzusammenschlüsse auf der dritten Seerechtskonferenz in „Regionale Gruppen“ (lateinamerikanische Staaten, asiatische Staaten und afrikanische Staaten), „Interessengruppen mit allgemeiner Zielsetzung“ (osteuropäische sozialistische Staaten, westliche Industrieländer, Gruppe 77) und „Interessengruppen auf der Basis gemeinsamer Meeresinteressen“ (Küstenstaaten, Gruppe der Binnen- und geographisch benachteiligten Staaten, Landproduzenten, Meeresbergbaustaaten, Supermächte).[35] Die hier gewählte Unterteilung orientiert sich an den Meeresinteressen der Staaten. Dies gilt offensichtlich nicht für die Landproduzenten, als jene Staaten, die über landgebundene Ressourcen verfügten und in der Ausbeutung von Meeresressourcen eine unliebsame Konkurrenz sahen.

Auch kann man nur bedingt von tatsächlichen Interessenkoalitionen sprechen, da nicht alle hier dargestellten Interessenvertreter sich in offiziellen Gruppen zusammenschlossen, geschweige denn sich als einheitlich auftretende Akteure begriffen.[36] Teilweise überlappten sich verschiedene Gruppierungen, oder Staaten fühlten sich zwar bestimmten Gruppen zugehörig, konnten aber vorherrschende Positionen nicht mittragen, weil sie Interessenkonflikte in anderen Bereichen mit sich brachten. Insofern handelt es sich bei dem folgenden Überblick um eine Stereotypisierung von Interessengruppen, die zugleich als Analysehilfen für die Fallbeispiele dienen.

4.2.1 Schifffahrtsnationen und Fernfischerei betreibende Staaten

Schifffahrtsnationen wie die Vereinigten Staaten oder Großbritannien, von denen viele zugleich Meeresforschung im großen Stil betrieben, hatten ein vitales Interesse an der freien Durchfahrt von Meerengen, aber auch durch Küstengewässer, die sie auf ihren traditionellen Handelsrouten durchqueren mussten. Für die Küstengewässer sollte weiterhin das Prinzip der *innocent passage* gelten, also das Recht auf freie Durchfahrt der Gewässer, bei dem der Küstenstaat jedoch weitgehende Kontrollrechte besaß. Diese Kontrollrechte empfanden die Schifffahrtsnationen als Belastung; um sich dieser Last zu entledigen, forderten sie für Meerengen und internationale Seestraßen die Einführung des *free transit*-Prin-

---

35 Auf Wolfs vollständige Bestandsaufnahme sei an dieser Stelle verwiesen: Kap. 4 in Wolf, Die dritte Seerechtskonferenz der Vereinten Nationen.

36 Als kohärenteste Koalition identifiziert Wolf die osteuropäischen sozialistischen Staaten, die beispielsweise eine gemeinsame Position zum Interessenausgleich zwischen Fernfischerei-Staaten und Küstenstaaten formulierten, da man zwar die eigenen Fischereiinteressen sichern, sich aber zugleich nicht in Opposition zu den Entwicklungsländern bringen wollte, ebd., S. 98.

zips, demzufolge ein Küstenstaat bei der Durchfahrt fremder Schiffe deutlich weniger Rechte gehabt hätte. Darüber hinaus waren die großen Nationen an einer funktionalen Regelung der 200 Seemeilen-Zonen interessiert, die, nachdem sich ihre Einführung schon abzeichnete, zwischen Ressourcen und Schifffahrts- sowie Forschungsfreiheit differenzieren sollte. Um sich vor der vermeintlichen Willkür von Küstenstaaten zu schützen, sollten Umweltschutzauflagen international festgelegt werden. Wiederum sollte hierbei eher der Flaggen- bzw. Hafenstaat Strafmaßnahmen bestimmen und nicht der Küstenstaat, in dessen Wirtschaftszone ein Unglück oder ein Verstoß möglicherweise stattfinden würde. In diesem Zusammenhang forderten die großen Nationen die Anwendung des Prinzips der *innocent passage* auch für Großtanker und nuklearbetriebene Schiffe, bei denen das Umweltrisiko für die Küstenstaaten viel höher war.[37]

4.2.2 Küstenstaaten

Küstenstaaten engagierten sich vor allem in der Frage der Wirtschaftszone und des Festlandsockels und hatten hier natürlich ein besonderes Interesse an möglichst weit ausgedehnten Hoheitsbefugnissen. Dies betraf auch die Kontrolle über die Meeresforschung vor ihren Küsten sowie die Formulierung von Regeln für den Umweltschutz. Nachdem klar war, dass sich ein Wirtschaftszonenkonzept durchsetzen würde, ging es um seine konkrete Ausgestaltung. Als eine Wirtschaftszone mit der Ausdehnung von 200 Seemeilen so gut wie sicher war, versuchten vor allem die Staaten mit einem breiten Schelf, ein möglichst weit ausgedehntes Gebiet dieser unterseeischen Landmasse für sich zu beanspruchen.[38]

4.2.3 Binnen- und geographisch benachteiligte Staaten

Binnenstaaten ohne natürlichen Zugang zum Meer hatten ein Interesse daran, entweder über Nachbarstaaten Zugang zu den neuen Wirtschaftszonen zu bekommen oder aber zumindest an den Erträgen aus den marinen Ressourcen zu partizipieren. Da ihnen die Möglichkeit, eine eigene Wirtschaftszone zu proklamieren, verwehrt war, ging es ihnen vor allem um einen angemessenen Nachteilsausgleich. Viele waren dementsprechend auch an einer internationalisierten

37 Vgl. Rüdiger Wolfrum: Dritte Seerechtskonferenz der Vereinten Nationen: 3. Sitzungsperiode vom 17.3 – 9.5.1975 in Genf, in: Vereinte Nationen 4 (1975), S. 114 – 116, hier S. 115.
38 Wolf, Die dritte Seerechtskonferenz der Vereinten Nationen, S. 107 f.

Regelung des Meeresbergbaus interessiert, da sie auf diese Weise an den Gewinnen teilhaben konnten. Geographisch benachteiligte Staaten, die nur über einen kurzen, ungünstig gelegenen Küstenabschnitt oder einen schmalen Schelf verfügten, zogen mit den Binnenstaaten an einem Strang, um ihre maritimen Nachteile auszugleichen. Dabei war freilich umstritten, wie „geographisch benachteiligt" überhaupt zu definieren sei und wer sich folglich dazuzählen durfte.[39] Die Gruppe der *landlocked and geographically disadvantaged states* traf sich regelmäßig unter der Leitung Österreichs, um ihre Interessen abzustimmen und diesen in einem gemeinsamen Vorgehen Geltung zu verschaffen.[40]

4.2.4 Meeresbergbaustaaten

Ein zukünftiger Abbau von Manganknollen und anderen Rohstoffen aus der Tiefsee kam vor allem für die bergbauerprobten Industrieländer in Betracht, denn sie verfügten über hochtechnisiertes Equipment und die entsprechenden Ingenieurkapazitäten. Für Japan beispielsweise, das über keine nennenswerten Bodenschätze verfügte, stellte der Meeresbergbau außerdem eine aussichtsreiche Option dar, sich von Metallimporten unabhängig zu machen.[41] Vor dem Hintergrund der befürchteten baldigen Erschöpfung der Rohstofflagerstätten an Land sowie deren Nationalisierung in den Entwicklungsländern schienen die Manganknollen eine willkommene alternative Ressourcenquelle zu bieten. Der sich damals etablierende Bereich der Meerestechnik wiederum eröffnete bei den entsprechenden Unternehmen in den Industrieländern die Aussicht auf neue Absatzmärkte. Zwischen 1974 und 1982 entstanden sechs multinationale Konsortien, denen Unternehmen aus den USA, Kanada, Japan, Großbritannien, Frankreich, den Niederlanden, Belgien, Italien und Deutschland angehörten.[42] Aufgrund dieser Aktivitäten waren die Meeresbergbaustaaten an einer möglichst liberalen Ausgestaltung des Tiefseebodenregimes interessiert.

---

39 Stevenson/Oxman, The Third United Nations Conference on the Law of the Sea, S. 20.

40 Vgl. zu dieser Gruppierung ausführlich Gerhard Hafner: Die Gruppe der Binnen- und geographisch benachteiligten Staaten auf der Dritten Seerechtskonferenz der Vereinten Nationen, in: ZaöRV 38/3–4 (1978), S. 568–615.

41 Bereits seit 1967 versuchten Chile, Peru, Sambia und Zaire ein Kupferkartell aufzubauen, das im Zuschnitt der OPEC ähnelte. Vor diesem Hintergrund sind die Bestrebungen der Industrieländer nach Rohstoffunabhängigkeit zu verstehen, siehe Sparenberg, Meeresbergbau nach Manganknollen (1965–2014), S. 131.

42 Ebd., S. 132.

4.2.5 Landproduzenten

Staaten, die mit der Dekolonisation auch die Souveränität über ihre landbasierten Ressourcen gewonnen hatten, befürchteten Konkurrenz durch den Meeresbergbau. Sie versuchten, einen freien Zugang der Industrieländer zu den Tiefseebodenressourcen abzuwenden, um weitere strukturelle Vorteile der Industrieländer zu verhindern. Der Tiefseebergbau hätte das Angebot auf den Weltmärkten erhöht, weswegen Produzenten terrestrischer Ressourcen einen Preisverfall befürchteten. Da ihre gerade erworbene Ressourcensouveränität die Exportabhängigkeit dieser Staaten drastisch verschärfte, wollten sie nicht Gefahr laufen, auf dem Weg zur wirtschaftlichen Unabhängigkeit einen Rückschritt hinnehmen zu müssen.[43] Die Entwicklungsländer unter den Landproduzenten – und dies waren die meisten – waren überdies an einer gerechten Verteilung der Erträge aus den Meeresnutzungen und entsprechend an einer starken internationalen Behörde interessiert.[44]

4.2.6 Archipel- und Inselstaaten

Aus der Perspektive der Archipel- und Inselstaaten kam der Küstenmeer- und Wirtschaftszonenfrage eine besonders hohe Bedeutung zu. Für Archipelstaaten mit weit verstreuten Inselchen, zum Beispiel Fidschi oder Indonesien, bedeutete eine 200 Seemeilenzone unter der Bedingung territorialer Integrität, bei der also die Seegebiete innerhalb eines Archipels zum Staatsgebiet gehören würden, einen beträchtlichen Gebietsgewinn, der häufig die Landausdehnung bei Weitem übertraf und teilweise auch Tiefseebodenbecken und dort lagernde Meeresbodenschätze sowie traditionelle internationale Kommunikationsrouten einschloss. Entsprechend waren sie an eigener Kontrollkompetenz in diesen Gebieten höchst interessiert.[45] Staaten wie Kanada oder China, die über ihren Küsten weit vorgelagerte Inseln verfügten, aber auch Staaten mit Überseeterritorien hatten wegen des Gebietsgewinns ebenfalls ein großes Interesse an einer großzügigen Hoheits- beziehungsweise Wirtschaftszonenregelung.

---

43 Vgl. Kap. 4.3.3; zu den Landproduzenten Wolf, Die dritte Seerechtskonferenz der Vereinten Nationen.

44 Vgl. Max Ivers Kehden: Nationalisierung und Internationalisierung der Meere. Zur vierten Verhandlungsrunde der dritten Seerechtskonferenz in: Vereinte Nationen 24/2 (1976), S. 41–45, hier S. 42. Diese Problematik wird in Kap. 5 aufgegriffen.

45 Ders., Seevölkerrecht im Werden, S. 170.

4.3 Zusammenfassung

Obwohl sich die Organisatoren der Seerechtskonferenz für die Behandlung der hochkomplexen Materie durch die Bildung von drei Hauptausschüssen um Differenzierung und um Ordnung bemühten, erwiesen sich die Verhandlungen wegen der vielfältigen Bezüge der einzelnen Themen untereinander als besonders kompliziert und – vielleicht auch gerade dadurch – als sehr konfliktbehaftet. Dies lag nicht zuletzt an der Entscheidung für eine Kombination aus Konsensprinzip und *package deal*, was jedem Teilnehmerstaat ein Höchstmaß an geschicktem Bargaining bei gleichzeitig großer Kompromissbereitschaft abverlangte. Geographische und ozeanographische Gegebenheiten waren dabei die konferenzbestimmenden Faktoren, was die Bildung strategischer Allianzen erheblich erschwerte. Von einheitlichen Interessengruppen konnte insofern keine Rede sein; vielmehr bildeten sich die unterschiedlichsten, interessengeleiteten Allianzen je nach Sachgegenstand.

Besonders konfliktträchtig waren die Abbaumodalitäten für den Meeresbergbau sowie die Ausgestaltung einer künftigen internationalen Behörde. Hier lag vor allem zwischen Industrie- und Entwicklungsländern eine tiefe Kluft, wobei die „traditionellen" Landproduzenten ein weiteres Spannungsfeld eröffneten. Im Hinblick auf die Wirtschaftszonenfrage, und besonders, wenn es um deren Breite und Nutzung ging, verlief die Konfliktlinie, grob gesagt, zwischen Langküstenstaaten, Binnen- und geographisch benachteiligten Staaten sowie Fernfischerei betreibenden Staaten. Die Problematik der freien Durchfahrt und der Transitrechte für Meerengen war insbesondere ein Anliegen der Supermächte und der Seehandelstaaten. Besondere Brisanz bekam die Wirtschaftszonenthematik durch die Verknüpfung mit dem Problemkomplex der Ressourcensouveränität. Das wurde besonders am Beispiel der Frage deutlich, ob das Fischereimanagement durch die Staaten selbst oder durch internationale Organisationen erfolgen sollte. Aber nicht nur bei der Behandlung der Wirtschaftszonen war die Frage nach der räumlichen Ausdehnung ein Zankapfel; dies galt auch beim Problem der Begrenzung des Festlandsockels. In diesem Zusammenhang stritten die Küstenstaaten beispielsweise darum, ob der Sockel anhand seiner Breite oder entlang von Tiefenlinien zu bemessen sei – je nachdem, was für die jeweils verhandelnden Staaten günstiger erschien. Nach diesem Prinzip agierten auch die Staaten der G77. Innerhalb der Vereinten Nationen galt die Gruppe eigentlich als „feste Größe". Dass davon nur bedingt die Rede sein konnte, zeigte sich ziemlich deutlich auf der Seerechtkonferenz.

5 Die Gruppe 77 zwischen Souveränität und Solidarität

The maritime powers
Have long had their hours
In using the ocean for free.

Now the 77
Are in 7th heaven
Repealing the law of the sea.

And Seldon is seen
As fully redeemed,
With nodules increasing the stakes.

Dear Grotius, my gracious!
The oceans aren't spacious,
They're nothing but coastal states' lakes.[1]

Die Entwicklungsländer revolutionieren das Seerecht und beenden damit die Freiheit der Meere, die den seefahrenden Staaten über Jahrhunderte hinweg Reichtum und Macht sicherten. Manganknollen haben den Einsatz erhöht und die Inbesitznahme von Meeresraum durch die Küstenstaaten kommt einer Wiederbelebung von John Seldens *mare clausum* gleich – die vermeintliche Unendlichkeit des Ozeans ist passé. So interpretierte der Fischereiwissenschaftler und Seerechtler Francis T. Christy 1978 in seinem Gedicht „Ode to the Grotian Ocean" den Stand der Dinge. Die siebte Sitzungsperiode der Seerechtskonferenz war gerade zu Ende gegangen, und es hatte sich längst abgezeichnet, dass die Besitzverhältnisse auf den Meeren und damit auch die Meeresnutzung sich fundamental ändern würden.

Das Gedicht verdeutlicht zweierlei. Erstens beinhaltet es die Sicht der Industrieländer, die die Bemühungen der Entwicklungsländer um Teilhabe an den Meeresressourcen im Kontext des Versuchs sahen, die globalen Besitzverhältnisse im Sinne einer Neuen Weltwirtschaftsordnung zu reformieren. Beim genaueren Hinsehen entpuppen sich, zweitens, die hier aufgegriffenen Forderungen der Entwicklungsländer als Teil zweier sich scheinbar ausschließender Entwicklun-

1 Auszug aus F. Christy: „Ode to the Grotian Ocean", ASIL Newsletter (November/December 1978), zitiert in: Friedheim, Negotiating the New Ocean Regime, S. 13. In einer der vorhergehenden Strophen erkennt Christy durchaus an, dass die bisherigen Nutzungsprinzipien, z. B. die unbeschränkte Fischerei, auch ihre problematischen Seiten hatten.

https://doi.org/10.1515/9783110748826-005

gen. So bezieht sich der Verweis auf die Manganknollen, die bereits mit der *Declaration of Principles Governing the Sea-Bed and the Ocean Floor* 1970 (Meeresbodendeklaration) zum Gemeinsamen Erbe der Menschheit erklärt worden waren, auf die Internationalisierung des Tiefseebodens. Die „*coastal states's lakes*" verweisen demgegenüber auf die Nationalisierung von Meeresgebieten, wie sie auf der Konferenz unter anderem anhand des Konzepts der Wirtschaftszonen debattiert wurde. Chris Dietrich hat in seiner Arbeit über die „Ölrevolution" der Entwicklungsländer darauf hingewiesen, dass sich Internationalismus und Nationalismus für kosmopolitische „*third world diplomats*", die auf dem internationalen Parkett die heimischen Unabhängigkeitsbestrebungen zu vertreten hatten und sich gleichzeitig als gleichberechtigte Partner in internationalen Verhandlungen präsentieren mussten, keineswegs ausschlossen, sondern komplementär, ja sogar konstitutiv waren.[2] Auf der dritten Seerechtskonferenz trat diese Verquickung zweier Stoßrichtungen nun als ein dem Verhandlungsgegenstand immanentes Problem zutage: Wie war es übereinzubringen, einerseits die Internationalisierung von Tiefseeressourcen zu fordern und andererseits eine Nationalisierung von Meeresgebieten und den darin befindlichen natürlichen Ressourcen anzustreben?

Diese Problematik dient im Folgenden als Leitmotiv für das Fallbeispiel der Gruppe 77 und gliedert das folgende Kapitel, in dem in einem ersten Abschnitt die mit der Internationalisierung verbundenen Verteilungsfragen und Ressourcenproblematiken im Vordergrund stehen.[3] Der zweite Teil des Kapitels befasst sich dann sowohl mit den verhandlungstaktischen Überschneidungen mit der Küstenmeer- und Wirtschaftszonenthematik als auch mit den zur Debatte stehenden Ressourcenkonzepten im Rahmen der Nationalisierungstendenzen. Der dritte Teil schließlich konzentriert sich auf die daraus resultierenden Konsequenzen für die Verabschiedung einer Konvention.[4]

Die G77 sind dabei einerseits als kollektiver Akteur zu verstehen. Dieser zunächst eher informelle Staatenzusammenschluss, der sich seit seiner Gründung auf der ersten Sitzung der Welthandelskonferenz (UNCTAD) 1964 ständig vergrößert hatte, strebte vor dem Hintergrund der Forderung nach einer neuen

---

2 Dietrich, Oil Revolution, S. 153.

3 Die Parallelität von Nationalisierung und Internationalisierung diagnostizierte bereits Kehden in einem zeitgenössischen Konferenzbericht, Kehden, Nationalisierung und Internationalisierung der Meere.

4 Einige zentrale Argumente und Aspekte dieses Kapitels finden sich in stark gekürzter Form in Johanna Sackel: Solidarität vs. Ressourcensouveränität? Die dritte Seerechtskonferenz als Herausforderung für die Süd-Süd-Beziehungen, in: Dinkel/Fiebrig/Reichherzer, Nord/Süd, S. 405–422.

Weltwirtschaftsordnung das gemeinsame Ziel einer global gerechten Ressourcenverteilung an. Andererseits hatten die Mitglieder der G77 während der dritten Seerechtskonferenz wiederum jeweils eigene Interessen (siehe hierzu Anhang II, Interessenlagen der G77). Allein ihre Zusammensetzung aus Staaten mit sehr unterschiedlichen Infrastrukturen sowie differierenden sozial-ökonomischen und politischen Systemen legt dies nahe. Zudem waren sie zusätzlich in Regionalgruppen organisiert. Uneinheitlichkeit zwischen den Staaten der G77 bestand auch in den Partizipationmöglichkeiten an regelmäßigen Konsultationen. Während zum Beispiel einige der lateinamerikanischen Staaten über ein gut ausgebautes diplomatisches Netzwerk verfügten, fehlten vor allem bei vielen der afrikanischen und asiatischen Staaten die finanziellen Mittel, um dauerhaft Mitarbeiter an das Sekretariat der Welthandelskonferenz in Genf abzustellen, wo die G77 sich hauptsächlich miteinander abstimmten. Es waren unter anderem diese Diskrepanzen und die daraus resultierenden Koordinierungsprobleme, die verhinderten, dass die G77 ein eigenes Sekretariat unterhielten. Sie traten deswegen als semi-institutionalisierte Gruppe innerhalb der Vereinten Nationen auf.[5]

Mitnichten waren die G77 also eine homogene Gruppierung. Dieses Spannungsfeld gilt es offenzulegen, indem sowohl gemeinsame als auch einzelne Staatenpositionen aus den Konferenzdokumenten und -berichten exemplarisch herausgegriffen werden.[6] Dabei kann es nicht darum gehen, ein vollständiges Bild der Aktivitäten der G77 auf der Seerechtskonferenz zu liefern. Hierfür sei auf die zeitgenössischen politikwissenschaftlichen Konferenzanalysen verwiesen.[7] Vielmehr liegt das Augenmerk auf den verschiedenen Ressourcen- und Eigentumskonzepten sowie deren Begründungszusammenhängen und den dahinterliegenden Interessen.

5.1 Internationalisierung als Lösung für globale Ungleichheit?

Die 1970 mit der zahlenmäßigen Stimmgewalt der Entwicklungsländer in der Generalversammlung durchgesetzte Moratoriumsresolution sowie die Erklärung

5 Marc A. Williams: Third World Cooperation. The Group of 77 in UNCTAD, London 1991, S. 88 f.

6 Die Auswahl der Einzelfälle beruht auf der systematischen Durchsicht der Konferenzdokumentation, zum Teil halfen Hinweise in den Quellenbeständen der *United Nations Archives* und in zeitgenössischen Veröffentlichungen bei der gezielten Suche.

7 Insbesondere ist hier auf die in diesem Kapitel mehrmals zitierte völkerrechtliche Dissertation von Klaus-Dieter Wolf aus dem Jahr 1981 hinzuweisen, der die Seerechtskonferenz als Beobachter in Bezug auf das Nord-Süd-Verhältnis analysiert hat, Wolf, Die dritte Seerechtskonferenz der Vereinten Nationen.

des Tiefseebodens und seiner Ressourcen zum Gemeinsamen Erbe der Menschheit sind wohl mit Fug und Recht als Erfolgserlebnisse der G77 zu bezeichnen. Dies schien die Voraussetzungen dafür zu schaffen, dass zukünftig kein Tiefseebergbau ohne ihre Berücksichtigung oder sogar Beteiligung würde stattfinden können. Allerdings stand die Staatengemeinschaft nun vor einer gewaltigen Hürde, denn die dritte Seerechtskonferenz, deren Anspruch es war, für die Nutzung der Ozeane umfassende und möglichst endgültige Regelungen festzulegen, ging mit der Herausforderung einher, Recht zu schaffen auch für Nutzungen, für die man auf keinerlei Erfahrungsschatz zurückgreifen konnte. Bis auf wenige Probeentnahmen und Testförderungen hatte bis dato kein Meeresbergbau stattgefunden.[8] Der Ausgang einer solchen vollkommen neuen, progressiven Völkerrechtsentwicklung (im Gegensatz zur Kodifikation von Völkergewohnheitsrecht) war demnach völlig offen, dadurch jedoch zugleich prädestiniert, den Versuch zu wagen, ein neues Konzept im Umgang mit Ressourcen und speziell deren Verteilung durchzusetzen.

Noch vor dem offiziellen Beginn der dritten Seerechtskonferenz bat UN-Generalsekretär Kurt Waldheim alle Mitgliedstaaten darum, anzuzeigen, inwiefern sie über Meeresbergbaupotential und vor allem über mineralische Ressourcen verfügten.[9]

Die Industrieländer hatten seit Beginn der 1960er Jahre die Exploration der Festlandsockel vorangetrieben. So hatte beispielweise Kanada, das weltweit über die längste Küstenlinie verfügte, bis 1973 knapp 270 Millionen Dollar in die Erkundung seines Festlandsockels investiert. Bis Ende 1972 hatte man an 72 Stellen auf dem Schelf nach Öl gebohrt. Hinweise auf Vorkommen anderer kommerziell abbaubarer Mineralien fehlten allerdings bis dato. Insgesamt befand Kanada sich in einem sehr frühen Stadium der Exploration und ließ verlautbaren, man könne noch keine präzisen Angaben über das Öl- und Gaspotential machen. In der Arktis habe man außerdem noch überhaupt keine Erkundungen vorgenommen.[10]

Die Antwort Kanadas entsprach dem Tenor der meisten anderen Sachstandsmeldungen. Die Explorationen standen noch am Anfang, und das Potential sahen die Staaten eher in der Zukunft. Steckten also die Offshore-Industrien gewissermaßen noch in den Kinderschuhen, ist es umso bemerkenswerter, dass sich bereits 1974, nur ein Jahr später, vier Konsortien gebildet hatten, die sich als

---

8 Sparenberg, Meeresbergbau nach Manganknollen (1965–2014), S. 132.

9 United Nations Archives (UNA) S-0442–0425–15, Schreiben des Generalsekretärs vom 05.01. 1973.

10 UNA S-0442–0425–15, Mineral Resource Potential of the Canadian Continental Shelf, Schreiben des kanadischen UN-Botschafters an den Generalsekretär, 07.03.1973.

Pioniere auf dem Gebiet der Tiefseebergbaus engagieren wollten: das *Kennecot*-Konsortium mit Beteiligung amerikanischer, britischer und japanischer Unternehmen, die *Ocean Mining Associates* (amerikanisch, belgisch und italienisch), die *Association française pour l'étude et la recherche des nodules* (AFERNOD) sowie das japanische Konsortium *Deep Ocean Minerals Association* (DOMA).[11] Die dahinterstehende Absicht der Industrieländer, Nägel mit Köpfen zu machen, setzte die internationale Staatengemeinschaft umso mehr unter Handlungsdruck. Dieser Druck lastete am stärksten auf den Entwicklungsländern, deren überwiegende Mehrheit kaum über Ressourcenwissen im Hinblick auf ihre Festlandsockel, geschweige denn über das entsprechende technische Equipment und das nötige Know-how verfügten. Insofern verwundert es nicht, dass sie sich von Beginn an in Opposition zu den Industrieländern befanden und versuchten, strategisch einen einheitlichen Block zu bilden.

5.1.1 Das Gemeinsame Erbe der Menschheit als Vehikel für eine neue Weltwirtschaftsordnung?

Mit welch hohen Erwartungen die Entwicklungsländer in die Seerechtskonferenz starteten, wurde schon während der ersten Plenarsitzung in Caracas 1974 mehr als deutlich. Als Präsident Venezuelas hielt Carlos Andrés Pérez die Eröffnungsrede und bewertete die Konferenz als „most important international event that the world ha[s] witnessed“, denn sie biete die Möglichkeit, eine gerechtere Weltordnung zu etablieren.[12] Nach einem Exkurs zur kolonialen Vergangenheit Venezuelas nahm er ausdrücklichen Bezug auf „the lesson of oil“, womit er auf die jüngst von den OPEC-Staaten demonstrierte Ressourcenmacht rekurrierte. Er fuhr fort:

> The wealth of one country, or a group of countries, [can] be exploited for many years, but not forever, and the Conference [shall] agree now on the equitable and universal use of the wealth of the sea rather than follow the tradition of the exploitation of the weak by the strong [...].[13]

11 ECOSOC (Hrsg.): Sea-bed Mineral Resource Development (ST/ESA/107/Add.1), New York 1982, S. 3 f. Die meisten beteiligten Unternehmen stammten aus dem Bergbausektor, jedoch waren u. a. auch Ölfirmen, Luftfahrtunternehmen und das Stahlgewerbe beteiligt.

12 UN Doc. A/CONF.62/SR.14, Adress by Carlos Andrés Pérez, 14th Plenary Meeting, 20.06.1974, S. 36.

13 Ebd.

Die Programmatik einer Neuen Weltwirtschaftsordnung schwang in diesem Statement recht offensichtlich mit, und die Agenda schien gesetzt: Hier ging es um Grundsätzliches. Der Meeresraum, den die Seefahrernationen bisher mit ihren Flotten und technisch hochgerüsteten Fischereifahrzeugen dominiert hatten, wurde durch die Kenntnis neuer Ressourcenpotentiale gewissermaßen in die dritte Dimension erweitert.[14] Er sollte nicht länger nur von den „*happy few*“[15] beherrscht werden, und das Prinzip des Menschheitserbes stellte einen guten Ausgangspunkt dar, um mit dieser Tradition zu brechen.

Der Botschafter Costa Ricas griff als Vertreter der lateinamerikanischen Staaten den Ton auf, den der venezolanische Präsident angeschlagen hatte. Er mahnte, die Konferenz müsse sicherstellen, dass die neuen Meeresterritorien, welche existenzsichernde biologische und mineralische Reichtümer bereithielten, nicht, wie in der Vergangenheit zu Land geschehen, von den Großmächten dominiert werden dürften: „The task ahead [is] to formulate for the sea the system of international social justice that mankind [has] so far been unable to establish on land.“[16] Das Statement des westeuropäischen Vertreters mutete demgegenüber weit weniger pathetisch an; er äußerte lediglich die Hoffnung, dass die Konferenz von Kompromissfähigkeit und dem Verständnis für die legitimen Interessen der Mitgliedstaaten geprägt sein möge.[17]

Es wäre sicher falsch, dies bereits als Konfrontation zu bezeichnen, jedoch wurde hier deutlich, dass die einen eine regelrechte Revolution im Seerecht anstrebten, vor allem was die Ressourcenverteilung anging, während die anderen eher geneigt waren, den Status Quo aufrechtzuerhalten. Besonders im ersten Hauptausschuss, der die Fragen des Tiefseebergbaus behandelte, kam dies deutlich zum Ausdruck. Die Entwicklungsländer waren hier bei der Eingabe von Vorschlägen für die genaue Ausgestaltung des Meeresbodenregimes besonders aktiv, wurden jedoch schon aufgrund unterschiedlicher Auffassungen über den Status der Tiefseebodenressourcen als Gemeinsamem Erbe der Menschheit grundsätzlich angefochten. Für sie war das Menschheitserbe-Prinzip bereits mit der Meeresbodendeklaration rechtlich bindend geworden, wohingegen die meisten Industrieländer den Standpunkt vertraten, dieses sei in der Konvention

14 Vgl. hierzu Rozwadowski, Fathoming the Ocean; Robert Kunzig: Der unsichtbare Kontinent. Die Entdeckung der Meerestiefe, Hamburg 2002.

15 Kehden, Nationalisierung und Internationalisierung der Meere, S. 42.

16 UN Doc. A/CONF.62/SR.14, Adress by Gonzales Facio, 14th Plenary Meeting, 20.06.1974, S. 39.

17 UN Doc. A/CONF.62/SR.14, Statement José Manuel de Abaroa y Goñi, 14th Plenary Meeting, 20.06.1974, S. 39, S. 40.

erst noch zu konkretisieren.[18] Konsequenz des G77-Standpunktes wäre es gewesen, dass keinerlei Aneignung der Ressourcen des Gebiets durch einen Staat oder eine Körperschaft hätte stattfinden dürfen. Die Befürworter einer Konkretisierung zielten demgegenüber darauf ab, dass Aktivitäten solange frei vorgenommen werden dürften, bis es eine eindeutige rechtliche Regelung gäbe. Diese Argumentation schien im Hinblick auf die Mehrheitverhältnisse sehr durchsichtig. Denn jegliche Aktivitäten auf den mehrere Kilometer unter dem Meeresspiegel liegenden Territorien waren technisch ohnehin nur von einer Handvoll Staaten zu bewerkstelligen. Die einzigen Staaten, die sich in naher Zukunft Abbauaktivitäten zutrauten, waren die Vereinigten Staaten, die Bundesrepublik Deutschland, Japan, Großbritannien, Frankreich sowie die Sowjetunion. Letztere erwartete ihre Beteiligung jedoch erst in einer ferneren Zukunft. Einer Nutzung der Ressourcen zum Wohle der gesamten Menschheit stand also aus Sicht der Entwicklungsländer eine kleine Elite gegenüber, die sich mit dem Meeresbergbau von der vermeintlichen Ressourcenmacht der produzierenden Entwicklungsländer unabhängig machen wollte. Es waren aber wiederum genau jene, die als einzige über den notwendigen technischen Entwicklungsstand verfügten, um überhaupt einen Abbau betreiben zu können. Insofern befanden sich die Entwicklungsländer in einem Dilemma: Einerseits wollten sie die Ressourcen des Meeresbodens nutzen, um so vom gemeinsamen Erbe zu profitieren und das System der Entwicklungshilfe durch tatsächliche Partizipation zu ersetzen.[19] Andererseits war eine Nutzung überhaupt nur mit Unterstützung der Industrieländer möglich, eben weil sie die einzigen mit dem notwendigen Know-how und dem entsprechenden Equipment zur Durchführung von Exploration und Ausbeutung waren.

Die G77 standen noch vor einem weiteren Dilemma. Denn was bedeutete die Teilhabe an einem Gemeinsamen Erbe, wenn die dadurch erzielten Erträge auf der anderen Seite zu Gewinnverlusten führten? Dies war die Sorge der sogenannten Landproduzenten, also der Gruppe von Staaten, die schon jetzt jene Rohstoffe exportierten, die bei einem zukünftigen Tiefseebergbau die internationalen Märkte fluten würden.

Speziell zu diesem Problemkomplex hatte das UN-Sekretariat bereits 1970 in Kooperation mit der Welthandelskonferenz eine Studie beauftragt, um die Aus-

18 UN Doc. A/CONF.62/C.1/SR.11, Statement Pinto, Report of the Chairman of the informal meetings, 11th meeting of the First Committee, 06.08.1974, S. 53.

19 Wolf sieht darin den tieferliegenden Grund für den Konflikt zwischen Entwicklungs- und Industrieländern im ersten Ausschuss, vgl. Wolf, Die dritte Seerechtskonferenz der Vereinten Nationen, S. 125.

wirkungen des Meeresbergbaus auf Landproduzenten zu prognostizieren.[20] Die Entwicklungsländer unter den Landproduzenten hatten demnach bereits im Meeresbodenausschuss die möglichen Gefahren erkannt und mit ihrer Initiative, die Welthandelskonferenz einzubeziehen, einen Coup gelandet. Das Sekretariat der Welthandelskonferenz wurde von Mitarbeitern aus Entwicklungsländern dominiert, die aufgrund der Ausrichtung der Institution auf den Welthandel für die Thematik besonders sensibilisiert waren.[21] Darüber hinaus bestand zwischen dem Sekretariat und den G77 eine strukturelle Verbindung. So fertigte die Welthandelskonferenz regelmäßig Studien für die G77 an und stand ihnen auch mit politikstrategischer Beratung zur Seite.[22]

Die in Kooperation mit dem Generalsekretariat durchgeführte Studie ging davon aus, dass bereits 1976 mit einem kommerziellen Abbau der Manganknollen zu rechnen sei. Vor allem im Hinblick auf Nickel, Kobalt, Mangan und Kupfer waren die Prognosen vielversprechend. Gleichwohl verwies der Report auf die Unsicherheiten, die zum Beispiel dadurch zustande kämen, dass die bis dato auf dem Gebiet der Meerestechnik tätigen Firmen und Konsortien keine Zahlen über die Kostenschätzungen veröffentlicht hätten. Auch sei die Bandbreite der Kosten unter den Landproduzenten zu groß, um einen einheitlichen Wert der Versorgungskosten für diese Staaten benennen zu können. Trotz dieser und anderer Unwägbarkeiten ging man davon aus, dass die Manganknollenförderung aus dem Meer 1985 für Mangan 6 % der weltweiten Nachfrage ausmachen würde, für Nickel 18 %, Kupfer 1,3 % und für Kobalt 50 %.[23]

Die Auswirkungen auf die Rohstoffmärkte wären also laut der Studie nicht unerheblich gewesen, wenngleich das Ausmaß, in dem einzelne Staaten davon betroffen sein würden, sich unterschied. Entsprechend variierte auch die Interessenlage innerhalb der G77.

Einige *least developed countries*, unter anderem Sri Lanka, Mali, Tschad, Nepal, Haiti und Honduras, die auch zu Land über keine nennenswerten Bo-

20 UN Doc. A/CONF.62/25, Economic implications of sea-bed mineral development in the international area: a report of the Secretary-General, 22.05.1974. Der Auftrag, eine diesbezügliche Studie durchzuführen war in Resolution 2750 A (XXV) enthalten, die die Generalversammlung am 17.12.1970 verabschiedet hatte.

21 Siehe hierzu auch Michel Christian: UNCTAD, in: Reichherzer/Droit/Hansen, Den Kalten Krieg vermessen, S. 297–312.

22 Dies wurde nicht von allen Mitgliedstaaten positiv gesehen. Einige sprachen den UNCTAD-Mitarbeitern ihre Kompetenzen ab, da sie als internationale Behördenmitarbeiter an die Regeln der UNO gebunden seien und entsprechend den Interessen der G77 nur bedingt dienen könnten. Zudem produzierten sie zu viele Studien, was zu Lasten der Qualität ginge. Williams, Third World Cooperation, S. 89 f.

23 A/CONF.62/25, S. 21.

denschätze verfügten, beschränkten ihre Interessen auf die zu erwartenden finanziellen Erträge aus dem Meeresbergbau, die sie als zusätzliche Quelle für Entwicklungsprojekte sahen. Hingegen hoben Nickelproduzenten, die nur einen geringen Anteil am Weltmarkt hatten, die Bedeutung des Meeresbergbaus für ihre eigene Entwicklung hervor (so. zum Beispiel Kuba, die Dominikanische Republik, Guatemala, Indonesien, die Philippinen und Kolumbien). Potentielle Konsumenten von Nickel und Kupfer innerhalb der G77, wie die Schwellenländer Indien, Brasilien und Mexiko, aber auch Iran und Singapur setzten ganz andere Hoffnungen in den Tiefseebergbau. Sie sahen sich als potentielle Partner in zukünftigen Joint Ventures, entweder, indem sie ihr Land für die Verarbeitung der geförderten Rohstoffe zur Verfügung stellten, oder durch die Bündelung technologischer Ressourcen mit Industrieländern. Landproduzenten wie Chile, Zaire, Sambia und Peru – allesamt Großexporteure von Kupfer – wollten demgegenüber ihre Exporterträge schützen, die sie durch die Meeresbergbaugewinnung gefährdet sahen. Eine nicht zu unterschätzende Bedeutung hatte in diesem Interessengemenge überdies die Erwartung eines *package deal* am Ende der Konferenz. Dies veranlasste viele Staaten dazu, im Verhandlungsverlauf eine abwartende Haltung einzunehmen, um ihre Positionen im Bereich des Tiefseebergbaus gegebenenfalls für Trade-offs in anderen Verhandlungsfeldern der Konferenz einzusetzen.[24]

Bereits in der ersten Sitzung des ersten Hauptausschusses 1974 in Caracas mahnte der chilenische Vertreter eine besondere Berücksichtigung der Lage der landproduzierenden Rohstofflieferanten, und insbesondere der Entwicklungsländer unter ihnen, an. Umgehend sprang ihm der peruanische Vertreter bei, woraufhin die Forderung, zusätzliche Studien der Welthandelskonferenz zum Thema zu berücksichtigen und sorgfältig zu prüfen, dieses allererste Zusammentreffen während der ersten tatsächlichen Verhandlungsperiode dominierte.[25] Freilich darf hier nicht übersehen werden, dass die Frage der Landproduzenten bereits im Meeresbodenausschuss Thema gewesen und damit nicht neu war. Jedoch verdeutlicht die Vehemenz, mit der die Problematik auf die Agenda gerückt wurde, zugleich die Bedeutung, die die betroffenen Staaten diesem Problem beimaßen.

---

24 UNA S-0913–0001–06, Bernardo Zuleta, Undersecretary-General Special Representative of the Secretary-General to the Third United Nations Conference on the Law of the Sea to The Secretary-General: Mr. Shevchenkos's Memorandum to you of 28.9.1977 regarding Law of the Sea, 30.12.1977.

25 Un Doc. A/CONF.62/ C.1/ SR.1, Summary records of meetings of the First Committee, 1st meeting, 10.07.1974, S. 3.

Wie nicht anders zu erwarten, untermauerte der Bericht des Vertreters der Welthandelskonferenz, es handelte sich um den Griechen Gerasimos Arsenis, in der Plenarversammlung der Seerechtskonferenz in Caracas die Befürchtungen der Landproduzenten.[26] Die Studien der Welthandelskonferenz kamen zu dem Schluss, dass der Anspruch einer Einkommensmaximierung sowie eine effektive Partizipation der Entwicklungsländer am Welthandel durch die Erträge aus dem Meeresbergbau zumindest teilweise unterlaufen werden könnten. Dies würde zudem den Bemühungen einer Harmonisierung zwischen produzierenden und konsumierenden Staaten zuwiderlaufen, die die Entwicklungsländer im internationalen Wirtschaftssystem zum Beispiel durch Preisstabilisierungsmechanismen oder durch die Verbindung von Rohstoffpreisen mit den Preisen der Endprodukte erreichen wollten. Insofern, so die Schlussfolgerung Arsenis' vor dem Plenum, sei es zwingend notwendig, die zusätzlichen Lieferungen aus dem Meeresbergbau in eine umfassende Rohstoffstrategie zu integrieren. Ansonsten würde der Meeresbergbau in erster Linie den konsumierenden Staaten, unter ihnen viele Industrieländer, zugutekommen, während die Landproduzenten – die meisten davon Entwicklungsländer – Wachstumshemmungen oder gar Einbußen in ihren Exporterlösen würden hinnehmen müssen.[27]

Bei einer Entschädigung für Verluste der betroffenen Staaten, beispielsweise aus einem Fond, so Arsenis weiter, verpuffe allerdings zugleich der positive Effekt, den man sich eigentlich durch die zusätzlichen Gewinne aus dem Tiefseebergbau zugunsten der Entwicklungsländer erhoffte. Ohne spezielle Arrangements zum Schutz der Entwicklungsländer trügen die Meeresmineralien zwar insgesamt zu einem Wachstum der Weltwirtschaft bei, vergrößerten aber zugleich den Einkommensunterschied zwischen Entwicklungs- und Industrieländern. Hinsichtlich bisher schon diskutierter Lösungsansätze führte Arsenis weiter aus, dass im Rahmen eines Kompensationsansatzes für die Entschädigung der Entwicklungsländer die finanziellen Mittel dafür von den konsumierenden Industrieländern beziehungsweise von internationalen Finanzinstitutionen bereitzustellen wären. Als alternative Option nannte er Preis- und Produktionskontrollen für die Meeresbodenressourcen, die die landproduzierenden Entwicklungsländer schützen könnten.[28]

Die Einschätzungen der Welthandelskonferenz stützten also den Befund, ein zwar gemeinschaftlich, aber unkontrolliert durchgeführter Meeresbergbau würde

---

26 UN Doc. A/CONF.62/32, Statement made by Mr. G. D. Arsenis on behalf of the Secretary-General of the United Nations Conference on Trade and Development at the 42nd meeting, 15.07.1974.

27 Ebd., S. 62.

28 Ebd.

die Entwicklungsländer auch innerhalb der G77 in Gewinner und Verlierer einteilen, oder, noch schlimmer, den Entwicklungsländern insgesamt zum Nachteil gereichen. Wie der Report des Weiteren nahelegte, konnten drastische Produktionseinschränkungen im Meeresbergbau zugunsten der Landproduzenten den Nutzen der Nichtproduzenten unter den Entwicklungsländern schmälern. Dies führte, wenig überraschend, innerhalb der G77 zu Unmut. Die meisten der lateinamerikanischen und asiatischen Mitglieder machten deutlich, dass ihre Bereitschaft, sich einer nichtproduzierenden Minderheit zugunsten der Gruppensolidarität unterzuordnen, begrenzt sei. Sie seien schließlich gekommen, um zu verhandeln![29]

Und das taten sie auch. Die lateinamerikanischen Staaten, die schon während der ersten Dekolonisierungswelle im 19. Jahrhundert unabhängig geworden waren und aus dem in Theodore Roosevelts Regierungszeit etablierten „Hinterhof der Vereinigten Staaten“ heraustreten wollten, waren auf der Konferenz besonders aktiv. Wenngleich sie deswegen unter den anderen Bündnisfreien umstritten waren, nahmen sie demgegenüber innerhalb der G77 stets eine Sonderstellung ein, die sich unter anderem mit der Bereitstellung des theoretischen Instrumentariums wie der „Prebisch-Singer-These“ und der Dependenztheorie sowie ihrer führenden Rolle innerhalb der Welthandelskonferenz erklären lässt. Im Bemühen um eine Neue Weltwirtschaftsordnung genossen sie jedenfalls hohes Ansehen, und dies drückte sich auch auf der Seerechtskonferenz aus.[30]

Hieraus erklärt sich auch Kolumbiens von Erfolg gekrönter Versuch, möglichst viele der G77 davon zu überzeugen, dass auch sie Landproduzenten seien, um so ihre Unterstützung im Hinblick auf etwaige Maßnahmen zur Entlastung der Rohstoffexporteure zu gewinnen. So kritisierte der Vertreter Kolumbiens, dass die von der Welthandelskonferenz erstellte Liste der betroffenen Staaten bei weitem nicht vollständig sei. Nahezu alle Entwicklungsländer seien auf irgendeine Art und Weise Rohstoffproduzenten von mindestens einem der infrage kommenden Metalle, und 30 von ihnen seien sogar stark betroffen.[31] Auf diese Weise konnten

---

29 UNA S-0913–0001–06, Briefing on the Status of the Law of the Sea Conference, 08.06.1977 und 10.06.1977.

30 Vgl. Werner Link/Paul Tücks: Der Nord-Süd-Konflikt und die Zusammenarbeit der Entwicklungsländer, Berlin 1985, S. 35.

31 Un Doc. A/CONF.62/WS/9, Written statement by the delegation of Colombia to the Plenary, 03.04.1980. Vgl. auch Wolf, Die dritte Seerechtskonferenz der Vereinten Nationen, S. 115. Dabei wärmte Kolumbien die Argumentation Chiles auf, die dessen Delegierter bereits 1974 in einem Arbeitspapier in die Debatte eingebracht hatte. Siehe UN Doc. A/CONF.62/C.1/L.11, Chile: working paper on the economic implications for the developing countries of the exploration of the sea-bed beyond the limits of national jurisdiction, 26.08.1974.

die Landproduzenten innerhalb der G77, auch mit Unterstützung mächtiger Industriestaaten wie Australien und Kanada, letztlich doch beträchtliche Verhandlungsmacht entfalten. Dies offenbarte sich im Zuge der Verhandlungen über die Ausgestaltung des Abbausystems (vgl. Kap. 5.1.2) und wird auch durch ihre Berücksichtigung in den Verhandlungstexten belegt, etwa bei der Zusammensetzung des Rats und in der *Economic Planning Commission* der Meeresbodenbehörde.[32]

Wie die Problematik der Landproduzenten und der unterschiedlichen Entwicklungsstände unter den Ländern der G77 zeigt, waren die an die Manganknollen als Gemeinsamem Erbe geknüpften Erwartungen seitens der Entwicklungsländer nicht nur mit Hoffnungen, sondern auch mit Ängsten verbunden. Begründen lässt sich dies mit der doppelten Verantwortungsdimension des Menschheitserbe-Prinzips. Einerseits enthielt es, wie von Pardo expliziert, die Aufforderung, die betreffenden Ressourcen gemeinschaftlich zu nutzen und zu verwalten. Andererseits ging das Menschheitserbe-Prinzip, angewandt auf den bisher nahezu unangetasteten Meeresboden, mit der Frage einher, was eine solche genossenschaftsähnliche Nutzungsgemeinschaft für außerhalb dieses Systems gehandelte Ressourcen bedeutete, deren Nutzung und Verteilung der freie Markt regelte. Hier biss sich gewissermaßen die Katze in den Schwanz: Eine mit dem Menschheitserbe-Prinzip verbundene Revolution im Seerecht stellte für die G77 den ersten Schritt, zumindest aber ein Experimentierfeld auf dem Weg zu einer neuen Weltwirtschaftsordnung dar.[33] Ohne die Durchsetzung einer solchen neuen Weltwirtschaftsordnung hatte das Menschheitserbe-Prinzip im Seerecht jedoch nachteilige Effekte innerhalb des alten, zu überwindenden Systems. Die Problematik der Landproduzenten war folglich auch ein Problem der Ungleichzeitigkeit. Im übertragenen Sinne könnte man diesen Zustand auch als „Liminalität“ bezeichnen, womit nach Victor Turner Übergangsphasen gemeint sind, in denen eine Gesellschaft sich von einem Zustand gelöst, den angestrebten jedoch noch nicht erreicht hat und sich deswegen in einem mehrdeutigen Zustand befindet.[34]

---

32 Vgl. UN Doc. A/CONF.62/WP.10, Informal Composite Negotiating Text, Part XI, Section 5, S. 29–30.

33 Mexiko wollte den Passus „[...] the establishment of just and equitable conditions for the use of the sea and its resources will contribute to the development of the new international economic order“ sogar in die Präambel der Seerechtskonvention einfügen lassen und damit einen eindeutigen Verweis auf die NIEO prominent platzieren. UN Doc. A.CONF.62/L.24, 05.05.1978 Mexico: draft preambular paragraphs.

34 Liminality and Communitas, in: Victor Turner: The Ritual Process. Structure and Anti-Structure, 2. Aufl., New Brunswick/NJ 2008, S. 94–130.

Ein solcher Zustand der Uneindeutigkeit forderte die G77 in ihrer gemeinsamen Haltung heraus, indem sie einerseits ein revolutionäres Prinzip verfochten, das, verbunden mit der Pardo'schen Konzeption, die Entwicklungsländer besonders zu begünstigen und ihre benachteiligte Stellung im globalen Gefüge auszugleichen versprach. Dies verlangte ihnen aber andererseits notwendigerweise ab, innerhalb eines Systems zu planen, dass sie zu überwinden gedachten, womit sie zugleich anerkannten, dass die Verwirklichung einer neuen Weltwirtschaftsordnung unwahrscheinlich war.

Wenngleich es den G77 lange gelang, in der Meeresbergbaufrage weitgehend geeint aufzutreten, wie sie dem Konferenzpräsidenten noch im Juni 1977 versicherten,[35] hing die Problematik der Landproduzenten doch stets wie ein Damoklesschwert über den G77.

5.1.2 „Who may exploit the area?"

Wie sich im Laufe der Verhandlungen herauskristallisierte, verlief die Trennlinie zwischen den Industrie- und den Entwicklungsländern nicht etwa entlang des Menschheitserbe-Konzepts als solchem. Vielmehr schieden sich die Geister an der Frage, ob die Tiefseebodenressourcen durch eine zu schaffende internationale Meeresbodenbehörde, durch Staaten oder von privaten Unternehmen zu bewirtschaften seien. Bereits im die Seerechtskonferenz vorbereitenden Meeresbodenausschuss waren verschiedene Ideen für ein Abbausystem ins Spiel gebracht worden, die zwischen zwei grundverschiedenen Positionen changierten. Ein von den Industrieländern eingebrachter Vorschlag sah ein Lizenzsystem vor, in dem der Meeresbodenbehörde nur sehr eingeschränkte Befugnisse zugestanden wurden. Sie sollte zwar koordinieren und regulieren, der Abbau sollte aber ausschließlich von Unternehmen aus Industrieländern durchgeführt werden. Demgegenüber stand ein von den meisten Entwicklungsländern präferierter Vorschlag, der vorsah, alle Aktivitäten unter die Ägide einer mit einem eigenen Bergbauunternehmen (*Enterprise*) ausgestatteten internationalen Behörde zu stellen.[36]

Ganz im Sinne von Pardos Vorschlag, die Meeresbodenressourcen außerhalb nationaler Jurisdiktion als Gemeinsames Erbe der Menschheit unter besonderer Berücksichtigung der Entwicklungsländer zu behandeln, trieben die G77 während

35 UNA S-0913–0001–06, G77 – Framework of Position System of Exploitation, Amadou Cissé, President of the Group of 77 to Hamilton Shirley Amerasinghe, President of the Third United Nations Conference on the Law of the Sea, 01.07.1977.

36 Wolf, Die dritte Seerechtskonferenz der Vereinten Nationen, S. 133.

der zweiten Sitzungsperiode der Seerechtskonferenz in Caracas ein internationalistisches Managementkonzept voran. Ihrer Ansicht nach sollten Ressourcen, die dem Wohle der gesamten Menschheit dienten, auch von einer supranationalen Organisation verwaltet werden.

Die im ersten Ausschuss diskutierte internationale Meeresbodenbehörde, die die Exploration und Ausbeutung des Tiefseebodens koordinieren sollte, tauchte in den Textentwürfen der G77 als starke Institution mit weitreichenden Kompetenzen auf.[37] Hier geriet die Meeresbodenbehörde zum allmächtigen Akteur, der sämtliche Angelegenheiten des Tiefseebergbaus regeln sollte. Von der Exploration eines zukünftigen Abbaugebiets über seine Erschließung bis zum Abbau der Ressourcen samt aller Nebenaktivitäten; für alles sollte der Behörde die alleinige Kompetenz zukommen. Der erste Artikel betonte, dass das Gemeinsame Erbe der Menschheit von jeglicher Besitzübertragung ausgeschlossen sei und nur die Behörde – entweder über den Abschluss von Verträgen oder in Form von Joint Ventures mit juristischen oder natürlichen Personen – Gebiet und Umfang des Abbaus bestimmen könne. Dabei müsse die Behörde sich selbst aussuchen dürfen, mit wem sie Verträge abschließe und die Bewerber danach auswählen, ob sie die Belange der Entwicklungsländer gesondert berücksichtigten, und zwar sowohl durch direkte Beteiligung als auch durch „Trainingsprogramme“ für diese Länder auf dem Gebiet des Meeresbergbaus. Qualifizierte Personen aus Entwicklungsländern sollten zudem bevorzugt als Personal bei der Behörde eingestellt werden. Gleichzeitig würde ein Vertrag die Bergbaukonsortien dazu verpflichten, während des gesamten Unterfangens, egal ob es um Forschungs- oder Abbautätigkeiten ging, kontinuierlich Technologietransfer zu leisten, sowie der Behörde das nötige Know-how zur Verfügung zu stellen.[38] Damit sollte gewährleistet werden, dass die Industrieländer keine Vorteile aus ihrem technologischen und industriellen Vorsprung würden ziehen können. Im Gegenteil, die G77 erwarteten, an allen zukünftigen Entwicklungen auf dem Gebiet des Meeresbergbaus unmittelbar beteiligt zu sein – nicht nur mittels Partizipation an Technologien und Ressourcenwissen, sondern auch an den Erträgen aus dem Meeresbergbau. Ziel war also eine Umverteilung; und die Formulierungen im Textentwurf der G77 ähneln denen in der im Dezember gleichen Jahres verabschiedeten Resolution zur Errichtung einer Neuen Weltwirtschaftsordnung strukturell sehr.[39]

---

37 UN Doc. A/CONF.62/C.1/L.7, Text on conditions of exploration and exploitation prepared by the Group of Seventy-Seven, 16.08.1974.

38 Ebd., Art. 3, 5, 15a und c.

39 Erkennbar z.B. an den Aspekten des Technologietransfers, der Stärkung der UN-Kontrolle durch den Ersatz privater und staatlicher Instanzen durch internationale Gremien sowie der

Die Tatsache, dass die Ressourcen auf dem Boden der Tiefsee noch gänzlich unangetastet waren, barg scheinbar den Vorteil, nicht in bereits bestehende Verwaltungssysteme eingreifen zu müssen. Ein Verhandlungserfolg auf dem Gebiet der Tiefseebodenressourcen verhieß die Schaffung eines Präzedenzfalls, der für die globale Ressourcenverteilung und damit einhergehende Machtverhältnisse insgesamt Konsequenzen haben könnte.

Insofern war es kaum verwunderlich, dass die G77 sich nicht scheuten, noch deutlich weitreichendere Klauseln in ihren Entwurf einzupflegen. So sollte die Behörde immer den größeren Anteil an einem Joint Venture besitzen und damit auch die Kontrolle über die Finanzierung sowie die Letztkontrolle behalten. Demgegenüber müssten die Vertragspartner die notwendigen Mittel bereitstellen und hierfür gar eine Garantie hinterlegen. Zudem würden sie die alleinige Verantwortung und das Risiko tragen, wohingegen die Behörde „in case of radical change in circumstances" sogar das Recht besitzen sollte, vertraglich festgehaltene Maßnahmen zu revidieren.[40]

Ein solches *unitary system*, bei dem sowohl die Erforschung als auch die Ressourcengewinnung unter der Ägide der Behörde standen, war aus Sicht der Industrieländer, und insbesondere derjenigen unter ihnen mit Meeresbergbau-Ambitionen, eine Provokation, die umo schwerer wog, als sich inzwischen die komplette G77 hinter diesem Vorschlag versammelt hatte.[41] Die Vereinigten Staaten, die im Meeresbodenausschuss auf einem Lizenzsystem bestanden hatten, bei dem Unternehmen nach Lizenzierung durch die Behörde mehr oder weniger eigenverantwortlich agieren konnten, kamen den Entwicklungsländern insofern entgegen, als sie die Meeresbodenbehörde in einem neuen Entwurf als koordinierendes Organ anerkannten.[42] Man erhoffte sich, mit der so demonstrierten Kompromissbereitschaft ein Entgegenkommen der zahlenmäßig überlegenen Entwicklungsländer zu erreichen. Darüber hinaus war ein internationales Regime für den Meeresboden für die Industrieländer im Allgemeinen und im Besonderen für die Vereinigten Staaten per se nicht unnütz, verhieß es doch eine

Schaffung internationaler Entscheidungsinstitutionen und der Regulierung multinationaler Konzerne, vgl. hinsichtlich des letzten Punktes auch Jennifer Bair: Corporations at the United Nations: Echoes of the New International Economic Order, in: Humanity 6/1 (2015), S. 159–171.

40 UN Doc. A/CONF.62/C.1/L.7, Art. 10–13.

41 Vgl. Wolf, Die dritte Seerechtskonferenz der Vereinten Nationen, S. 137.

42 UN Doc. A/CONF.62/ C.1/L.3, Draft articles considered by the Committee at its informal meetings (Articles 1–21), 05.08.1974 (Who may exploit the Area?). Der Vorschlag der USA entspricht jeweils der Alternative C, vgl. auch UN Doc. A/CONF.62/C.1/L.6, United States of America: draft appendix to the law of the sea treaty concerning mineral resource development in the international sea-bed area, 13.08.1974.

gewisse Rechtssicherheit im Hinblick auf die beträchtlichen Investitionssummen, die im Zuge des Meeresbergbaus zu leisten waren. Regelungen über die Nutzung des Meeresbodens legte laut dem US-Vorschlag jedoch die Konvention fest und nicht, wie von den G77 vorgeschlagen, die Behörde. Mit dieser Klausel wollte man verhindern, dass die Entwicklungsländer, die in den Organen der Meeresbodenbehörde voraussichtlich eine Stimmenmehrheit haben würden, willkürlich den Daumen über Nutzungsanträge heben oder senken könnten.[43] Den Entwicklungsländern war es hingegen wichtig, beim Meeresbergbau eine Monopolstellung von Unternehmen zu verhindern. Sie strebten die volle Internationalisierung des Meeresbodens an. In Zuge dessen hätte ihrer Vorstellung nach wiederum die Behörde eine Monopolstellung innegehabt. Gegenwind bekamen sie diesbezüglich auch von der Sowjetunion, die sich selbst durch die Implementierung einer Anti-Monopol-Klausel in den Konventionstext die Möglichkeit eines zukünftigen Bergbaus offenhalten wollte, für den ihr in der näheren Zukunft noch die Wettbewerbsfähigkeit fehlte. Die UdSSR schlug deswegen ein paralleles Abbausystem vor, bei dem sowohl die Behörde als auch einzelne Staaten (und nicht etwa Unternehmen) Abbau betreiben dürften.[44] Hieraus ergab sich wiederum eine eigentümliche Allianz mit den Vereinigten Staaten, da beide Parteien eine möglichst geringe internationale Kontrolle befürworteten. Auch die EG-Staaten und Japan setzten sich für eine Einschränkung der Kompetenzen der Meeresbodenbehörde ein. Die meisten Industrieländer befürworteten demnach einen eng eingegrenzten Kompetenzbereich der Behörde, die in ihrer Lesart eher eine „Registrierstelle nationaler Claims“ sein sollte.[45]

Die Entwicklungsländer hingegen sahen den Internationalismus als einzige Möglichkeit, die Prinzipien einer Neuen Weltwirtschaftsordnung für den Meeresbergbau durchzusetzen, wie der kolumbianische Vertreter Fonseca Truque, der in Caracas den Vorsitz der G77 innehatte, im ersten Ausschuss betonte.[46] Ein Li-

---

43 UN Doc. A/CONF.62/C.1/L.3, Art. 9 C.

44 UN Doc. A/CONF.62/C.1/L.12, Union of Soviet Socialist Republics: working document on the basic provisions of the rules and conditions governing the evaluation and exploitation of the mineral resources of the sea-bed beyond the limits of the continental shelf – provisions which should form an integral part of the law of the sea Convention, 21.03.1975.

45 Vitzthum, Von der Freiheit zur Nationalisierung der Meere?, S. 133. Siehe auch UN Doc. A/CONF.62/C.1/L.8, Belgium, Denmark, France, Germany (Federal Republic of), Italy, Luxembourg, Netherlands, United Kingdom of Great Britain and Northern Ireland: working paper, 16.08.1974; UN Doc. A/CONF.62/C.1/L.9, Japan: working paper on conditions of exploration and exploitation, 19.08.1974.

46 „The vast resources of the seas should be administered directly by the Authority in a joint international co-operation effort for the benefit of all mankind“, UN Doc. A/CONF.62/C.1/SR.11,

zenzsystem, wie von den westlichen Industrieländern gewünscht, disqualifizierten die G77 als ungeeignet für eine gerechte Ressourcenverteilung. Eine solche Methode sei „typical of an era of paternalism and dependence“[47] und verstärke die bestehenden ungerechten Wirtschaftsstrukturen lediglich. Truque wandte sich darüber hinaus gegen die Spaltungsversuche der Industriestaaten. Diese hatten argumentiert, von einem Lizenzsystem würden vor allem die ärmsten Entwicklungsländer sowie die Binnen- und geographisch benachteiligten Staaten profitieren, wohingegen die Landproduzenten belastet würden.[48] Dies war sachlich nicht von der Hand zu weisen. Denn Produktionskontrollen zum Schutz der Landproduzenten hätten die Funktionsfähigkeit des *Enterprise* eingeschränkt und somit den Nutzen für die Nichtproduzenten unter den G77 geschmälert. Der G77-Sprecher ließ sich davon jedoch nicht beirren und stellte den Spaltungsversuchen die gestärkte Solidarität der Entwicklungsländer gegenüber, mit der sie in Zukunft über den Technologietransfer eine direkte Partizipation in Erkundung und Abbau der Ressourcen erreichen wollten. Aus diesem Grund sei ein Lizenzsystem für sie völlig inakzeptabel, da es sowohl den finanziellen als auch den technologischen Vorsprung der Industrieländer vergrößere.[49]

Mithilfe dieser Strategie der „Stärke durch Einheit“ schafften es die G77 letztlich auch, dass ihre Vorstellungen in den ersten informellen Verhandlungstext (*Informal Single Negotiating Text*, ISNT) eingingen und damit sogar einem Kompromisstext vorgezogen wurden, der unter Leitung des norwegischen Delegationsleiters Evensen mühsam ausgehandelt worden war. Der amerikanische Botschafter Richardson übte daran später heftige Kritik: Die Aushandlung des informellen Verhandlungstextes in der finalen Phase sei nicht fair und offen erfolgt, stattdessen sei der Text im quasi-privaten Rahmen und außerhalb einer repräsentativen Staatengruppe formuliert worden.[50]

Dieses Zwischenergebnis sah zunächst nach einem Erfolg für die G77 aus. Dieser Erfolg wurde auf lange Sicht allerdings dadurch geschmälert, dass sich die Industrieländer über den Tisch gezogen fühlten und ihr als Entgegenkommen gemeintes Abrücken von einem reinen Lizenzsystem nicht berücksichtigt sahen. Die US-Amerikaner schlugen daraufhin ein Parallelsystem vor, das einen Abbau durch das *Enterprise* mit Abbautätigkeiten von Unternehmen kombinierte. Dabei

---

Statement Fonseca Truque (Colombia), speaking as the Chairman of the Group of 77, Summary records of meetings of the First Committee, 11th meeting, 06.08.1974, S. 57.

47 Ebd., S. 56.

48 Ebd.

49 UN Doc. A/CONF.62/C.1/SR.11, Chairman of the Group of 77, S. 57.

50 UNA S-0913–0001–06, United States Mission to the United Nations: Statement by Ambassador Elliot L. Richardson, Press Release USUN-57 (77), 20.07.1977.

sollte ein Teil des Meeresbodens für die Behörde und der andere Teil für private oder staatliche Unternehmen reserviert sein. Auch diese Kompromissformel verfing bei den meisten Entwicklungsländern zunächst nicht, konnte sich aber auf lange Sicht durchsetzen, weil die Amerikaner den Verhandlungspartnern die Pistole auf die Brust setzten. In kleiner und informeller Runde ließen sich einige wenige der Entwicklungsländer auf den amerikanischen Deal ein, ein *Enterprise* zu akzeptieren, wenn im Gegenzug Unternehmen Zugang zu den Tiefseeressourcen erhielten.[51] Durch diese Zusage bestätigt, drohten die Vereinigten Staaten nun damit, bei Nichtberücksichtigung ihres Vorschlags statt einer internationalen Abmachung ein nationales Gesetz zu erlassen, um ihren Unternehmen den Meeresbergbau zu ermöglichen. Ein entsprechender Vorschlag lag dem US-Senat bereits vor.[52] Obwohl er damit den Zorn vieler der G77 auf sich zog, die ihm Spaltungsversuche vorwarfen, entschied sich der Vorsitzende Engo eigenmächtig dafür, den US-amerikanischen Vorschlag in die überarbeitete Version des ersten Verhandlungstextes, den *Revised Single Negotiating Text* (RSNT) aufzunehmen, in der Hoffnung, auf diese Weise die Amerikaner wieder ins Boot zu holen und damit die Verhandlungen zu retten.[53]

Die Gewichtung der Behördenkompetenzen hatte sich im zweiten Verhandlungstext also im Vergleich zum vorigen, der den Wünschen der G77 entsprochen hatte, deutlich zugunsten des amerikanischen Vorschlages gewandelt. Zwar ließen sich die G77 nun prinzipiell auf ein Parallelsystem ein. Jedoch waren sie unzufrieden mit dessen Ausgestaltung, wie sie im zweiten Verhandlungstext fixiert worden war. So beschwerte sich etwa der Vertreter Perus, dass die Behörde im neuen Text an Kompetenzen verloren habe und weder mitbestimmen noch darüber verhandeln dürfe, in welchen Gebieten ein Abbau erfolgen solle. Stattdessen sei die Behörde nun von den Regelungen der Konvention in ihrer Entscheidungsfreiheit eingeengt. Mexiko schloss sich dieser Kritik an und plädierte für ein starkes *Enterprise*. Unbedingt wolle man vermeiden, dass die Industrieländer den höchsten Profit einfahren würden. Deswegen müsse es für deren Gewinne einen Ausgleich geben, der auch die Landproduzenten zu berücksichtigen habe. Die Funktionstüchtigkeit des *Enterprise* lasse sich über einen Fond sichern. Darüber hinaus schlug der mexikanische Delegierte vor, diejenigen, die ein „planwirtschaftliches Regime“ anstrebten, mit denjenigen, die ein markt-

---

51 Wolf, Die dritte Seerechtskonferenz der Vereinten Nationen, S. 144 f.

52 Deep Seabed Hard Minerals Bill, 91th Congress, 2nd Session, S.713, abgedruckt in: Renate Platzöder (Hrsg.): Dokumente der Dritten Seerechtskonferenz der Vereinten Nationen – New Yorker Sessionen 1976, Bd. 4, Stiftung Wissenschaft und Politik – M 2124/IV, Februar 1977, S. 1217.

53 Wolf, Die dritte Seerechtskonferenz der Vereinten Nationen, S. 145.

wirtschaftliches System präferierten, über ein „mixed system" zusammenzubringen, bei dem die Behörde Staaten oder private Unternehmen nicht ausschließe, aber dafür sorge, dass das „Gemeinsame Erbe" nicht gefährdet werde.[54] Man befürchtete also, dass bei der aktuellen Lösung primär transnationale Unternehmen profitieren würden. Demgegenüber wollten die Entwicklungsländer dem Menschheitserbe-Prinzip eine praktische Bedeutung geben, die gerecht im Sinne der internationalen Gemeinschaft sein und dafür zugunsten der Entwicklungsländer operieren würden.[55]

Die Punkte „Abbausystem", und „Prioritäten für das behördeneigene Enterprise", gehörten also zu den schwierigsten Fragen überhaupt.[56] Um solche „hard core issues" zu bewältigen, schlugen die Entwicklungsländer eine paritätisch besetzte Verhandlungsgruppe vor. Diese *Group of 21* sollte einen intensiveren Austausch ermöglichen. Zwar kamen weniger Teilnehmer zu Wort, jedoch stammten diese dafür aus der Führungsriege der jeweiligen Staaten und konnten dadurch mit einer höheren Autorisierung verhandeln. Neben der Möglichkeit, intensiver und zielorientierter zu debattieren und bestehende Grundsatzkonflikte in kleiner Runde auszufechten, war diese komprimierte Gruppe (bestehend aus 10 G77-Staaten, 9 westlichen Industrieländern und 2 osteuropäischen Ländern mit jeweils rotierender Mitgliedschaft) für die Entwicklungsländer eine Gelegenheit, den sonst ungeregelt und informell stattfindenden Treffen einzelner Delegationen ein kontrollierbares Forum entgegenzusetzen.[57]

Auch hier versuchten sie also, über die Strategie der Institutionalisierung ihre Teilhabe zu sichern. Letztlich kamen sie aber gegen die US-Amerikaner nicht an. Diese kamen den G77 zwar noch weiter entgegen, erhöhten damit aber auch den moralischen Druck, einem Kompromiss zuzustimmen. So boten die USA nun im Zuge eines leicht modifizierten Parallelsystems an, mindestens die Hälfte der mineralischen Rohstoffe des Tiefseebodens unter ein internationales Regime zu stellen. Außerdem beabsichtigten sie, sowohl finanzielle als auch technische Hilfe für das *Enterprise* zu leisten, sofern das Abkommen nach 25 Jahren einer Revision unterzogen würde. Dabei argumentierten sie vor allem mit den horren-

---

54 UN Doc. A/CONF.62/C.1/SR.35, Statement de Soto und Gonzales de Leon, 35th meeting of the First Committee. Final Report by the Co-Chairman, 15.09.1976.

55 UN Doc. A/CONF.62/C.1/SR.36, Statement Evilla Borja (Ecuador), 36th meeting of the First Committee, 17.09.1976.

56 So auch die Einschätzung des Ausschussvorsitzenden Engo. UN Doc A/CONF.62/L.36, Report of the Chairman of the First Committee, 26.04.1979.

57 UN Doc. A/CONF.62/C.1/L.23, Report by the Chairman of the First Committee on the work of the working group of 21 and of negotiating group 3, 25.04.1979; UN Doc. A/CONF.62/L.36, Report of the Chairman of the First Committee, 26.04.1979.

den Kosten des Meeresbergbaus. Um überhaupt mit dem Abbau beginnen zu können, müssten 700 Millionen US-Dollar investiert werden. Wie Außenminister Kissinger in einem Gespräch mit dem UN-Generalsekretär Waldheim betonte, könnten dies in den nächsten vierzig Jahren ohnehin nur die USA, Westeuropa, Japan und höchstens noch die Sowjetunion leisten. Aus diesem Grund wäre man auf die Zustimmung anderer Staaten zum Parallelsystem-Vorschlag der USA nicht angewiesen – zur Not würden die Vereinigten Staaten einer unilateralen Lösung den Vorzug geben.[58]

Nachdem die Entwicklungsländer erkannt hatten, dass die Meeresbergbaustaaten sich unter Umständen nicht scheuen würden, Meeresbergbau ohne ein internationales Abkommen zu betreiben, schwenkten sie auf den Vorschlag eines Parallelsystems ein. Dass die Entwicklungsländer die Kompromissvorschläge der Amerikaner so lange nicht annehmen wollten, lag unter anderem an den hohen Gewinnerwartungen, die sie mit dem Meeresbergbau verbanden. So gingen sie davon aus, dass durch den Meeresboden der Ressourcenbedarf mehrerer Jahrhunderte gedeckt würde. Zudem gingen sie irrigerweise davon aus, die vorbereitenden Unternehmungen der Industrieländer seien weit fortgeschritten.[59]

Genau dies machten sich die Industrieländer, und insbesondere die Vereinigten Staaten, jedoch zunutze, indem sie immer wieder darauf verwiesen, dass ohne ihr Zutun überhaupt kein Abbau stattfinden würde. Denn die Tücke dieses Parallelsystems, bei dem sowohl das *Enterprise* als auch andere Akteure die Ressourcen ausbeuten dürften, verbarg sich in der praktischen Umsetzung. Während Konsortien in den Startlöchern standen, die bereits mit ersten Explorationen aktiv gewesen waren, existierte das *Enterprise* bis dato lediglich in den Köpfen der Konferenzteilnehmer.[60]

Und so wurde das Parallelsystem in die dritte Version des Verhandlungstextes, den neuen Informal Composite Negotiating Text (ICNT) von 1977 übernommen.[61] Obwohl eigentlich ein Erfolg für die Industrieländer, passte ihnen die textliche Ausgestaltung des Parallelsystems im neuen, kombinierten Verhandlungstext nicht, da ihnen die Aktivitäten der Unternehmen zu eingeschränkt er-

---

58 UNA S-0913–0001–05, Protokoll: Meeting in the Secretary-General's Office, 02.09.1976; vgl. auch Wolf, Die dritte Seerechtskonferenz der Vereinten Nationen, S. 152.

59 Siehe beispielsweise UN Doc. A/CONF.62/C.1/L.11, Chile: working paper on the economic implications for the developing countries of the exploration of the sea-bed beyond the limits of national jurisdiction, 26.08.1974.

60 UN Doc. A/CONF.62/L.35, Report by the Chairman of negotiating group 1, 25.04.1979.

61 UN Doc. A/CONF.62/WP.10, Informal Composite Negotiating Text, 15.07.1977, Art. 151.

schienen.[62] Die genaue Ausgestaltung des Parallelsystems blieb also, neben der Besetzung und Zusammensetzung der Behördenorgane, bis zum Ende der Verhandlungen und sogar darüber hinaus Anlass für ständige Konfrontationen.

Die Internationalisierung der Meeresbodenressourcen hatte für die G77 nicht nur ökonomischen, sondern auch symbolischen Wert. Die Figur des Gemeinsamen Erbes der Menschheit war besonders anschlussfähig für die Idee einer neuen Weltwirtschaftsordnung, mit der die Entwicklungsländer das Nord-Süd-Gefälle beseitigen wollten. Dieser symbolische Wert nahm während des Konferenzverlaufs zu. War ein zukünftiger Manganknollenabbau in den 1960ern noch mit hohen Gewinnerwartungen verknüpft, setzte Ende der 1970er Jahre allmählich Ernüchterung ein. Nicht nur rückten die Prognosen über den Beginn eines rentablen Meeresbergbaus Jahr für Jahr weiter in die Zukunft.[63] Er würde für viele Entwicklungsländer auch negative Nebeneffekte haben, wie das Beispiel der Landproduzenten zeigte. Dennoch hatten die meisten Entwicklungsländer das Gefühl, man dürfe die Chance, die das Menschheitserbe-Konzept und die damit verbundene Internationalisierung von Ressourcen bargen, nicht ungenutzt vorbeiziehen lassen. Immer wieder verwiesen sie darauf, wie wichtig dies für ihre Mission der Schaffung einer gerechteren Weltwirtschaftsordnung sei.[64] Darüber hinaus benötigten die G77 das Konzept, um ihre eigene Einheit zu unterstreichen. Denn die Frage der Wirtschaftszonen, die die Delegierten im zweiten Hauptausschuss verhandelten, stellte die Einheit der G77 einmal mehr auf eine harte Probe.

5.2 Nationalisierung: Auf dem Weg zur Ressourcensouveränität?

Die Frage der Souveränität über die lebenden und nichtlebenden Ressourcen vor den Küsten der Kontinente barg für die G77 besondere Brisanz, weil sie die im Zuge der Internationalisierung des Meeresbodens propagierte „Solidarität der Habe-

62 Rüdiger Wolfrum: Seerecht: 6. Tagungsrunde der III. Seerechtskonferenz der Vereinten Nationen vom 23. Mai bis zum 15. Juli 1977 in New York, in: Vereinte Nationen 4 (1977), S. 127–128, hier S. 127.

63 Sparenberg, Meeresbergbau nach Manganknollen (1965–2014), S. 137 f.

64 So beschwerte sich der Vertreter Gabuns auf der Genfer Session 1979 darüber, dass die NIEO-Implikationen der Meeresbodenfrage während der Konferenz systematisch eliminiert worden seien und befürchtete, die „capitalist world" würde den Konferenzausgang beschleunigen wollen, um parallel ein Kartell zur Ausplünderung der Tiefsee zu etablieren. UN Doc. A/CONF.62/SR.115, 115th plenary meeting 27.04.1979.

nichtse"[65] unterlief und sich als Nagelprobe für die Einheit der Entwicklungsländer entpuppte. Denn die Küstenstaaten unter ihnen waren vor allem daran interessiert, den Fischreichtum vor ihren Küsten dem Zugriff der Fernfischereistaaten zu entziehen, deren Flotten langsam aber sicher in alle Ecken des Ozeans expandierten – selbst die antarktischen Gewässer gerieten aufgrund ihres Reichtums an lebenden Ressourcen ins Visier.[66] Analog zu den Nationalisierungen natürlicher Ressourcen an Land, die viele der landproduzierenden Entwicklungsländer vornahmen, um wirtschaftliche Unabhängigkeit vom Norden zu erlangen, schien die Reform des Seerechts nun die Möglichkeit zu bieten, Ressourcensouveränität auch über den Fischreichtum und die Ressourcen des Festlandsockels zu erlangen. Insofern passte sich dieses Ziel in den Forderungskatalog der Neuen Weltwirtschaftsordnung ein. Allerdings galt dies nicht für alle Mitgliedstaaten der G77, denn ein beträchtlicher Teil von ihnen zählte zu den Binnenstaaten oder definierte sich als geographisch benachteiligt. Dementsprechend fehlte vielen unter ihnen nicht nur die Küste, sondern auch die Möglichkeit, nationale Souveränität über marine Ressourcen zu deklarieren. Dies heißt freilich nicht, dass sie ihren Anspruch auf Teilhabe nicht formuliert hätten. Es gab zahlreiche Vorschläge, wie sich eine solche Teilhabe umsetzen ließe. Welche Ressourcenkonzepte lagen diesen Vorschlägen zugrunde und welche Auswirkungen hatte dies auf die Einheit und die Verhandlungstaktik der G77?

Wie das künftige Rechtsregime aussehen und welche Besitzverhältnisse daraus resultieren sollten, darüber gab es sehr unterschiedliche Auffassungen. Allerdings war der Verhandlungsprozess weniger offen als in der Meeresbergbaufrage, denn seit der Truman-Proklamation 1945 und wegen der auf den ersten beiden Seerechtskonferenzen ungelöst gebliebenen Küstenmeer- und Festlandsockelfrage hatten einige Staaten bereits unilaterale Ausdehnungen von Küstengewässern und Proklamierungen von Fischereizonen vorgenommen (vgl. Kap. 3.2). Diese Aktivitäten im Vorfeld wirkten während der Konferenz wie Spurrillen, in denen sich die Verhandlungen bewegten.

5.2.1 Frühe Vorstöße der Entwicklungsländer

Insbesondere die lateinamerikanischen Staaten hatten mit ihrem Konzept einer *patrimonial sea* bereits 1970 auf zwei Regionalkonferenzen einen inhaltlichen

65 Vitzthum, Von der Freiheit zur Nationalisierung der Meere?, S. 130.
66 Christian Kehrt: „Dem Krill auf der Spur". Antarktisches Wissensregime und globale Ressourcenkonflikte in den 1970er Jahren, in: GuG 40/3 (2014), S. 403–436.

Akzent gesetzt. Auf Einladung von Uruguay verabschiedeten alle lateinamerikanischen Staaten, die bis dato 200 Seemeilen-Zonen proklamiert hatten (Argentinien, Brasilien, Chile, Ecuador, El Salvador, Nicaragua, Panama, Peru und Uruguay) am 8. Mai 1970 die sogenannte Montevideo-Deklaration. Paragraph 2 dieser Deklaration sprach Küstenstaaten das Recht zu, maritime Grenzen zu errichten, und zwar „in accordance with their geographical and geological characteristics and with factors governing the existence of marine resources and the need for their rational utilisation".[67] In dieser Formulierung war das spätere Konzept der ausschließlichen Wirtschaftszonen (*Exclusive Economic Zone*, EEZ) bereits angelegt, indem sich die Errichtung seewärtiger Grenzen mit dem Schutz von Ressourcen begründete. Gleichwohl überließ die Montevideo-Deklaration die Frage der genauen Ausgestaltung der Rechte anderer Staaten innerhalb dieser Zonen den einzelnen Staaten selbst. Die im August desselben Jahres verabschiedete *Declaration of Latin American States on the Law of the Sea* griff dies auf, wobei unter den Staaten Uneinigkeit darüber bestand, wo genau die Außengrenzen liegen sollten. Auch zeichneten sich Konfliktlinien mit einzelnen Binnenstaaten ab. So votierten sowohl Bolivien als auch Paraguay, beide ohne Küste, gegen die Deklaration, da sie ihre Belange darin nicht berücksichtigt sahen.[68] Dies war ein erster Hinweis darauf, dass den Binnenstaaten allmählich die große Bedeutung der bevorstehenden Umwälzungen im Seerecht dämmerte. Bisher hatten diese Staaten versäumt, sich auf diesem Feld zu engagieren – so war beispielsweise kein einziges Binnenentwicklungsland Mitglied im Meeresbodenausschuss gewesen.

Die Santo Domingo-Deklaration vom 7. Juli 1972 (Kolumbien, Costa Rica, Guatemala, Haiti, Honduras, Mexiko, Nicaragua, Dominikanische Republik, Trinidad und Tobago, Venezuela) präzisierte das *patrimonial sea*-Konzept weiter:

> The coastal State has sovereign rights over the renewable and non-renewable natural resources, which are found in the waters, in the sea-bed and in the subsoil of an area adjacent to the territorial sea called the patrimonial sea [...]. The breadth of this zone should be the subject of an international agreement, preferably of an international scope. The whole of the area of both the territorial sea and the patrimonial sea, taking into account geographic circumstances, should not exceed a maximum of 200 nautical miles.[69]

---

67 Zitiert in Nelson, The Patrimonial Sea, S. 675.

68 Ebd., S. 676.

69 Specialized Conference of Caribbean Countries Concerning the Problems of the Sea, Declaration of Santo Domingo, 09.06.1972, in: American Journal of International Law 66/5 (1972), S. 918–921.

Die Souveränität über natürliche Ressourcen fand hier ausdrücklich Erwähnung und bezog diesmal, mit dem Rekurs auf die nichtlebenden Ressourcen und den Festlandsockel, auch die mineralischen Ressourcen auf dem Meeresboden ein. Man führte hiermit also eine Doppelstrategie ein: Die Meeresbodenressourcen des „Gebiets" sollten als gemeinsames Erbe von der internationalen Gemeinschaft verwaltet werden, während die lateinamerikanischen Deklarationen den Meeresboden um dieses Gebiet herum nationaler Jurisdiktion anheimstellten, was faktisch bedeutet hätte, die Bewirtschaftung aller Meeresgebiete einer Regulierung zu unterwerfen. Es gab allerdings auch südamerikanische Staaten (nämlich vornehmlich diejenigen, die bereits 200 Seemeilen-Küstenmeere ausgerufen hatten), die sich vor einer mit dem Konzept der *patrimonial sea* einhergehenden Einschränkung der Souveränität verwahrten, wie etwa Peru und Ecuador, und eine restriktivere Definition befürworteten.[70] Einige Staaten schlugen wiederum Klauseln vor, die sich explizit auf ihre Souveränitätsrechte als dekolonisierte Staaten beriefen. Sie reichten Artikelentwürfe ein, die ehemalige oder noch existierende Kolonialmächte ausdrücklich vom Zugang zu ihren Gewässern ausschlossen (Jamaika) oder betonten, dass etwaige Ansprüche auf „historische Gewässer" unstatthaft seien (Indonesien).[71]

Mit ihrer Idee, die Ressourcen in den Küstengewässern gesondert zu berücksichtigen fanden die Lateinamerikaner prinzipiell auch bei anderen Mitgliedstaaten der G77 Gehör, wenngleich es Unterschiede in der detaillierten Ausgestaltung der Nutzungszonen gab. Ein scharfer Interessenkonflikt bestand hingegen zwischen den Küstenstaaten und den Binnen- und geographisch benachteiligten Staaten.

Nachdem die Binnenentwicklungsländer im Meeresbodenausschuss nicht vertreten gewesen waren, hatten sie sich zusammen mit den geographisch benachteiligten Staaten unter den Entwicklungsländern kurz vor der Caracas-Session 1974 in Uganda zusammengefunden, um ihre Ansprüche gemeinsam zu

---

70 Nelson, The Patrimonial Sea, S. 674. Das Konzept der *patrimonial sea* war insgesamt bei weitem nicht so restriktiv, wie bisweilen dargestellt (vgl. beispielsweise Renate Platzöder: Beiträge afrikanischer Staaten zur Neuordnung des Meeresvölkerrechts zur Vorgeschichte der Dritten Seerechtskonferenz der Vereinten Nationen. Hamburg 1977, S. 139 f.). Nelson zeigt auf, wie sehr die Vorschläge auch innerhalb der Gruppe der lateinamerikanischen beziehungsweise der karibischen Staaten differierten und dass die Gleichsetzung der *patrimonial sea* mit einem expansiven Küstenmeerkonzept nur bedingt trägt.

71 UN Doc. A/CONF.62/C.2/L.36, Jamaica: draft articles on item 2.1., 05.08.1974, Article 2; UN Doc. A/CONF.62/C.2/L.67, Indonesia: draft articles on historic waters, 16.08.1974 („No claim to historic waters shall include land territory or waters under the established sovereignty, sovereign rights or jurisdiction of another State").

formulieren. In der dort verabschiedeten Kampala-Deklaration forderten sie, dass die Konferenz ihre Belange besonders berücksichtigen müsse, um nicht hinter dem selbst gesetzten Anspruch zurückzubleiben, die Ressourcen des Meeres gerecht zu verteilen und ein Seerecht im Interesse der gesamten internationalen Gemeinschaft auszuhandeln.[72] Mit der Begründung, dass unter ihnen viele *least developed countries* seien, forderten sie einen freien Zugang zum Meer und betonten:

> [...] the peaceful uses of the sea and the development and enjoyment of its resources represent vital and crucial elements of trade, commerce and communications in the world, which in turn play a very significant role in the process of economic development of nations [...].[73]

Die Meeresressourcen erschienen somit als entscheidender Beitrag für die Teilhabe der Binnen- und geographisch benachteiligten Entwicklungsländer am Weltmarkt, den man im Zuge der Neuen Weltwirtschaftsordnung revolutionieren wollte. Konkret bedeutete dies für sie, basierend auf der Gleichheit aller Staaten sowie der Nichtdiskriminierung und dem Recht auf Entwicklung, Häfen und andere infrastrukturelle Einrichtungen der Transitstaaten mitnutzen zu dürfen, um ihren internationalen Handel abwickeln zu können. Sie verlangten überdies eine gleichberechtigte Repräsentation in der Meeresbodenbehörde und – im Hinblick auf die Wirtschaftszonen bedeutsam – Nutzungsrechte für die Anschlusszonen zu den Küstenmeeren.[74]

In der Argumentation der Binnen- und geographisch benachteiligten Staaten unter den G77 scheint eine weitere, dem Menschheitserbe-Konzept ähnelnde Lesart von Ressourcengerechtigkeit auf. Denn die Kampala-Deklaration ging davon aus, dass das Meer und seine Ressourcen allen Völkern zur Verfügung stehen müssten, womit sie sich nah bei der Global Commons-Idee befanden. Dass sie nicht ausdrücklich das Meer in seiner Gesamtheit als Menschheitserbe markierte, mag damit zusammenhängen, dass die unterzeichnenden Staaten ausnahmslos Entwicklungsländer waren und insofern auf die Einheit der G77 und damit auch auf die Küstenstaaten unter ihnen Rücksicht nehmen mussten. Mit einer Übertragung des Konzepts auf den gesamten Ozean hätten sie das Solidaritätsgebot unterlaufen und wären vom Konzept der Ressourcensouveränität, welches sie in den anderen UNO-Kontexten ja durchaus mittrugen, abgewichen. Mit der Klausel, an den Ressourcen jenseits der Territorialgewässer teilzuhaben, versuchten sie,

72 UN Doc. A/CONF.62/23, The Kampala Declaration, 02.05.1974.
73 Ebd.
74 Ebd.

dieses Dilemma zu umgehen und erkannten die Ansprüche der Küstenstaaten auf nationale Meereszonen prinzipiell an, machten aber zugleich deutlich, dass ihnen der Zugang zum Welthandel und zu den Ressourcen der Anschlusszone zustehe.[75]

Die Kampala-Deklaration zeichnete den inneren Konflikt der G77 vor, der auch in der ersten offiziellen afrikanischen Intervention auf der Seerechtskonferenz zum Ausdruck kam. In der *Declaration of the Organization of African Unity* (OAU), auch Mogadischu-Deklaration genannt, legten die afrikanischen Staaten im Juni 1974 ein Modell vor, in dem der wirtschaftliche Aspekt für die Verwaltung der Küstengewässer einmal mehr in den Vordergrund gerückt wurde. Hier war nun von einem „exclusive economic zone concept including exclusive fishery zone“[76] die Rede, bei dem die küstenstaatliche Jurisdiktion sich ausschließlich auf die wirtschaftlichen Nutzungen der Gewässer bezog. Überflugs- und Durchfahrtsrechte blieben unberührt.[77]

Der Aspekt der permanenten Souveränität der postkolonialen Staaten über die natürlichen Ressourcen stand im Zentrum der Deklaration. Dies verdeutlicht insbesondere der Hinweis auf den Wert der marinen Ressourcen für die gesamte Menschheit, die allerdings bisher nur von einigen wenigen Staaten zum Wohle ihrer Bevölkerungen genutzt würden. Die marinen Ressourcen um den afrikanischen Kontinent herum stünden aber den eigenen, den afrikanischen Bevölkerungen zu. Diese demonstrative Zurschaustellung der afrikanischen Einheit versuchte die OAU auch durch die Einbeziehung der Binnen- und geographisch benachteiligten Staaten des Kontinents beizubehalten, was jedoch nur bedingt gelang. Zwar konstatierten die OAU, dass das Recht der Binnenstaaten auf Zugang zum Meer in einer zukünftigen Seerechtskonvention enthalten sein müsse.[78] Die Deklaration gab allerdings keine detaillierte Auskunft darüber, wie man sich einen solchen Zugang vorstellte. Dies zu klären blieb demnach den Delegierten auf der Seerechtskonferenz beziehungsweise zukünftigen regionalen und bilateralen Abkommen vorbehalten. Wenngleich sich die afrikanischen Staaten in dieser Deklaration als solidarische Einheit präsentierten, ist in diesem Passus

75 „9. With respect to the exercise of jurisdiction over resources in areas adjacent to the territorial sea, the land-locked States and other geographically disadvantaged States shall have equal rights with other States and without discrimination in the exercise of such jurisdiction in accordance with international standards to be drawn up by the Third United Nations Conference on the Law of the Sea.“, ebd.

76 UN Doc. A/CONF. 62/33, Declaration of the Organization of African Unity on the issues of the Law of the Sea, 19.07.1974, Abschnitt C.

77 UN Doc. A/CONF.62/33, 19.07.1974; vgl. auch Renate Platzöder: Beiträge afrikanischer Staaten zur Neuordnung des Meeresvölkerrechts zur Vorgeschichte der Dritten Seerechtskonferenz der Vereinten Nationen, Hamburg 1977, S. 140.

78 UN Doc. A/CONF.62/33, 19.07.1974, Abschnitt A.2.

doch deutlich erkennbar, dass sie sich der Problematik einer Interessendivergenz zwischen Küsten- und Binnenstaaten durchaus bewusst waren. Die afrikanischen Staaten, aber auch die G77 insgesamt standen also vor der Frage, inwieweit sich die Thematik des Küstenmeeres und der Wirtschaftszonen in die Agenda der Neuen Weltwirtschaftsordnung integrieren ließ, für deren Verwirklichung eine einheitliche und solidarische Position des Südens unerlässlich war.

5.2.2 Eine „unheilige Allianz“: Die Gruppe der Binnen- und geographisch benachteiligten Staaten als Herausforderung für die Gruppe 77

Die Bildung der Gruppe der Binnen- und geographisch benachteiligten Staaten[79] auf der dritten Seerechtskonferenz (im dort gepflegten Jargon auch „LL&GDS“, abgeleitet von *land-locked and geographically disadvantaged states*) erleichterte dieses Unterfangen nicht unbedingt. Denn hierbei handelte es sich um eine reine Interessengruppe, die, bereits 1971 im Meeresbodenausschuss gegründet, eben nicht nur aus Entwicklungsländern bestand. So waren beispielsweise auch die Bundesrepublik Deutschland, Österreich und Belgien Mitglied dieser Gruppe, die zwar industriell hochentwickelt, dafür aber über keinen oder nur einen kurzen Küstenabschnitt verfügten und sich deswegen als geographisch benachteiligt begriffen. Dies verdeutlicht abermals den Interessenkonflikt, in den die entwicklungsstaatlichen Mitglieder der geographisch Benachteiligten gerieten. Auf der einen Seite riefen sie nach nationaler Ressourcensouveränität über ihre terrestrischen Bodenschätze – einer der zentralen Punkte der Neuen Weltwirtschaftsordnung – und auf der anderen Seite forderten sie Berücksichtigung bei der Aufteilung von Meeresressourcen, die sich nicht auf ihrem Territorium befanden. Diese Forderung überschnitt sich ebenfalls mit der Meeresbergbaufrage. Denn hier plädierten die geographisch Benachteiligten für eine starke Behörde mit *Enterprise*-System, das ihnen die Teilhabe an den Tiefseebodenressourcen sichern sollte. Damit drangen sie aber auf eine Internationalisierung von Ressourcen und nicht auf deren Nationalisierung im Zuge der Erlangung von Ressourcensouveränität. Dadurch lagen sie wiederum überkreuz mit einigen Landproduzenten innerhalb der G77, die Produktionskontrollen des Meeresbergbaus forderten, um ihre Exporte zu schützen.

79 Zur Titulierung dieser Gruppe als „unheilige Allianz“ siehe Wolf, Die dritte Seerechtskonferenz der Vereinten Nationen, S. 234.

Auch die westlichen Industrieländer unter den geographisch Benachteiligten bemerkten diese Sollbruchstelle der G77 und versuchten, sie zu instrumentalisieren. So bemühten sie sich, die entwicklungsstaatlichen LL&GDS-Mitglieder davon zu überzeugen, dass sie hinsichtlich des Zugangs zu den lebenden Ressourcen dieselben Interessen wie die Binnenindustrieländer verfolgten.[80]

Um ihre Einheit zu wahren, versuchten die G77, die Positionen der Binnen- und geographisch benachteiligten Staaten unter ihnen mit denen der Küstenstaaten zu harmonisieren, was allerdings nur bedingt gelang. So mussten sie im zweiten Hauptausschuss einräumen, dass es innerhalb ihrer Gruppe keinen Konsens gebe und man deswegen nur einen Querschnitt der innerhalb der G77 vertretenen Positionen übermitteln könne. Diese Positionen formulierten sie in einem offiziellen Arbeitspapier sehr küstenstaatenfreundlich als „ausschließliche Wirtschaftszone (EEZ)".[81] Sie forderten nicht nur die Souveränität über die in diesen Gebieten befindlichen Ressourcen, sondern erhoben auch Ansprüche hinsichtlich der Meeresverschmutzung und der wissenschaftlichen Forschung, für die sie sich Autorisierung, Regulierung und Kontrolle vorbehielten. Als dekolonisierte Staaten war es ihnen besonders wichtig, völlig unabhängig von den ehemaligen Metropolen zu sein. Ehemalige Kolonialmächte sollten keinesfalls irgendeine Entscheidungs- oder Verfügungsgewalt haben. Hinsichtlich der geographisch benachteiligten Staaten wagten sie einen Kompromissversuch, indem sie zwischen Industrie- und Entwicklungsländern differenzierten. So sollten industrialisierte LL&GDS nur an den Wirtschaftszonen ebenfalls industrialisierter Nachbarstaaten teilhaben (Art. 5). Außerdem dürfe den Einwohnern von Küstenstaaten durch die Beteiligung von LL&GDS an „ihren" Meeresressourcen daraus kein Nachteil entstehen. Eine Definition für geographisch benachteiligte Entwicklungsländer lieferten sie überdies gleich mit. Dabei handelte es sich ihrer Auffassung nach erstens um Staaten, die aus geographischen Gründen keine Wirtschaftszonen beanspruchen konnten. Zweitens waren Staaten gemeint, die aus biologischen oder ökologischen Gründen („exclusively natural in character") keinen substanziellen wirtschaftlichen Gewinn aus ihren Wirtschaftszonen zu ziehen vermochten und deren Zugang zu lebenden Ressourcen demgegenüber durch das Abfischen in den Zonen benachbarter Staaten gefährdet würde. Bin-

80 Vgl. Edward Miles: The Structure and Effects of the Decision Process in the Seabed Committee and the Third United Nations Conference on the Law of the Sea, in: International Organization 31/2 (1977), S. 159–234, hier S. 177.

81 Moncef Kedadi (Chairman of the Group of 77) to Galindo Pohl (Chairman of the Second Committee): Group of 77 Working Paper on the Exclusive Economic Zone, 01.05.1975, in: Renate Platzöder (Hrsg.): United Nations Conference on the Law of the Sea. Documents of the Geneva Session 1975, Hamburg 1975, S. 262ff.

nenstaatlichen Nachbarn sollte demnach durchaus ein Zugang gewährt werden. Allerdings enthielt Artikel 8 die Formulierung, dass bei Streitigkeiten über die genaue Nutzungsausgestaltung der Wirtschaftszonen die Interessen aller Beteiligten in Betracht zu ziehen seien, sowie die der internationalen Gemeinschaft insgesamt. Die Passage war derart offen formuliert, dass es letztlich dem Charakter einer Sperrklausel glich.[82] Diese verklausulierten Verrenkungen und der Hinweis auf die Vorläufigkeit des Entwurfs veranschaulichen das Dilemma, in dem die G77 sich auch in der Wirtschaftszonenfrage befanden. Das lag zum einen an der Herausforderung, die speziellen Interessen der Entwicklungsländer gegenüber denen der Industrieländer innerhalb der LL&GDS-Gruppe hervorzuheben. In diesem Zusammenhang versuchte der Vertreter Perus, Alfonso Arias Schreiber, in einem Brief an den Konferenzpräsidenten hinsichtlich des ersten Verhandlungstextes die Kategorie eines „geo-*economically* disadvantaged State" einzuführen. Diese hätte einerseits die geographischen Gemeinsamkeiten mit den Industrieländern durch ein strukturelles Kriterium ersetzt und andererseits die Gruppe der Binnen- und geographisch benachteiligten Staaten aufgebrochen. Denn in dieser Lesart waren plötzlich nahezu alle Staaten in irgendeiner Form benachteiligt; die Anrainerstaaten von Meerengen, weil sie besonders von Sicherheitsfragen betroffen waren, Staaten mit biologisch oder geographisch „komplizierten" Küsten, aber auch Nachbarstaaten der „maritime powers". In dieser Lesart wurde auch Peru selbst zu einem benachteiligten Staat, der auf die hohe Fischereiproduktivität vor seiner Küste angewiesen war, die er durch die Ansprüche von Drittstaaten bedroht sah. Es sei nicht hinzunehmen, so Schreiber, dass die geographisch benachteiligten Industrieländer dieselben Präferenzen beanspruchten wie die LL&GDS-Entwicklungsländer, obwohl sie über die ökonomischen, technologischen und wissenschaftlichen Möglichkeiten verfügten, ihre Nachteile selbst auszugleichen. Peru befürchtete gar ein Scheitern der Konferenz, wenn derlei ungerechtfertigte Ansprüche auch noch von anderen Staaten unterstützt würden (womit Schreiber wohl die entsprechenden Entwicklungsländer meinte).[83]

Zum anderen hatten einige G77-Mitglieder (z. B. Chile, Indien und Indonesien) parallel zu der Positionierung der Entwicklungsländer auch an einem Entwurf der sogenannten Evensen-Gruppe (ein informeller Zusammenschluss um den norwegischen Delegationsleiter Jens Evensen, in dem die Langküstenstaaten

82 Ebd., S. 265.
83 Letter to the President of the Conference by Ambassador Alfonso Arias Schreiber, 5 April 1976, in: Renate Platzöder: Documents of the New York Session. 10 march – 7 may 1976, Hamburg 1976, S. 268 f.

besonderes Gewicht hatten) mitgewirkt, der zur gleichen Zeit eingebracht wurde.[84]

Zwar fand sich auch in diesem Papier der Hinweis, dass es über einzelne Artikel noch Unstimmigkeiten gebe. Allerdings standen die darin enthaltenen Forderungen in diametralem Gegensatz zu den Ansprüchen der Binnenstaaten, die uneingeschränkten Zugang zu den Küstenregionen forderten. Der Vorschlag der Evensen-Gruppe jedoch enthielt den Passus, dass Ressourcen, die ein Staat in seiner Wirtschaftszone nicht ausschöpfen könne, Drittstaaten zur Verfügung zu stellen seien und eben ausdrücklich nicht nur benachbarten Binnenstaaten. In die Entscheidungsfindung darüber, ob und welchen Staaten ein Zugang gewährt werden sollte, seien vielmehr verschiedene Faktoren einzubeziehen. Zudem dürften Staaten, die dort bisher gefischt hatten und deren Forschungen über Fischbestände man bis dato genutzt hatte, nicht ohne triftigen Grund ausgeschlossen werden. Regulierungsmaßnahmen wie Quoten und Lizenzen sowie Vereinbarungen zum Transfer von Fischereitechnologie sollten jedoch in der alleinigen Kompetenz des Küstenstaats liegen. Vor allem aber betonte der Evensen-Entwurf, dass kein Artikel der Konvention das Recht des Küstenstaates einschränken dürfe, anderen Staaten den Zugang zu verbieten. Der Zugang für Binnenstaaten und geographisch Benachteiligte sei über regionale und bilaterale Absprachen zu regeln.[85]

Das Papier zollte also im Prinzip den fernfischenden Staaten Tribut, indem diesen ein potentieller Überschuss zur Verfügung gestellt wurde. Gerade für die Entwicklungsländer in der Evensen-Gruppe eröffnete sich dadurch die Möglichkeit, Fischereiabkommen abzuschließen, im Zuge derer sie Lizenzen gegen Technologietransfer vergeben konnten. Demgegenüber kamen die geographisch benachteiligten Staaten schlechter weg, weil man die Absprache von Zugangsregelungen einfach auslagerte und damit keinerlei Verbindlichkeiten zuließ.

Die LL&GDS-Gruppe selbst trat aber für eben solche festgeschriebenen Verpflichtungen in einer künftigen Konvention ein. Küstenstaaten sollten ihre Nachbarstaaten nicht willkürlich ausschließen können. Sogar wenn festgestellt würde, dass die Wirtschaftszone eines Küstenstaates nur ein geringes Ressourcenaufkommen aufwies, sollte der Küstenstaat benachbarten Binnenstaaten gleichwertige Beteiligung gewähren.[86]

---

84 Jens Evensen (Head of the Delegation of Norway) to Heads of Delegation: Evensen Group: The Economic Zone – Sixth Revision, 16 April 1975, 24.04.1975, in: ebd., S. 273 ff.

85 Ebd., Art. 9 und 10.

86 Franz Weidinger (Chairman of the Group of Land-locked and Geographically Disadvantaged States) to Galindo Pohl (Chairman of the Committee II): Contribution of the Group of Land-Locked and Geographically Disadvantaged States to the „Unified Negotiating Text" on the Economic

Welch drastische Auswirkungen diese Forderung in der Realität haben konnte, zeigte sich beispielsweise im Falle Boliviens. Der Binnenstaat hatte seinen Zugang zum Pazifik während des Salpeterkrieges (1879 – 1883) an Chile verloren und unternahm nun allerlei Anstrengungen, diesen unter Nutzung des seerechtlichen „Schwebezustands" während der Seerechtskonferenz zurückzuerlangen. 1975 nahmen die beiden Staaten Kontakt auf, um die Zugangsfrage zum Pazifik zu klären. In einer Sieben Punkte-Erklärung forderte Bolivien einen 50 Kilometer langen und 15 Kilometer breiten Küstenabschnitt rund um die chilenische Stadt Arica. Chile wies diesen Vorschlag vorerst zurück und forderte im Austausch für ein solches „Stück" vom Pazifik unter anderem eine ebenbürtige Landabtretung von Bolivien sowie die Rückgabe der Provinzen südlich von Arica, die es im *Guerra del Pacífico* verloren hatte. Außerdem verlangte Chile die ausschließliche Nutzung des Flusses Lauca, Kompensation für die Überlassung der Arica-La Paz-Eisenbahnstrecke sowie eine Demilitarisierung des Korridors, den es Bolivien entlang der Grenze zu Peru gewähren sollte. Dies wiederum erforderte zusätzliche Konsultationen Chiles mit dem Nachbarstaat Peru, da ein Vertrag von 1929 vorsah, dass die Abtretung von Territorien dessen Zustimmung erforderte. Peru schlug vor, dass Chile Bolivien den Korridor überlassen und dort, wo dieser auf den Pazifik traf, eine internationale Zone errichten solle, in der die drei Staaten gemeinsam Souveränität ausüben würden. Chile lehnte dies ab, und auch Bolivien war mit den Bedingungen nicht einverstanden. Der Fall barg ein großes Konfliktpotential und die Beziehungen zwischen den Andenstaaten verschlechterten sich derart, dass ein bolivianischer Armeekommandeur Ende 1976 sogar so weit ging, die eigene Bevölkerung auf die Verteidigung ihres Landes im Kriegsfall einzustimmen.[87]

Das Beispiel zeigt auf, welche Implikationen die Forderungen der Binnen- und geographisch benachteiligten Staaten mit sich brachten und weswegen ihnen ein so hohes Spaltungspotential innewohnte. Jedoch war gerade diese Problematik bilateraler Abmachungen einer der Gründe, welche die Gruppe dazu veranlasste, vehement auf eine Berücksichtigung ihrer Interessen in einer völkerrechtlichen Konvention zu pochen. In diesem Zusammenhang brachten sie ebenfalls den Begriff der regionalen beziehungsweise subregionalen Wirtschaftszonen ins Spiel, womit sie eine recht eindeutige Position gegen eine aus-

Zone, 8 May 1975. 2. Regime on the Living and Non-living Resources of the Economic Zone, in: Platzöder, Documents of the New York Session, S. 285 ff.

87 UNA S-0913 – 0001 – 07, Shevchenko (Under-Secretary General for Political and Security Council Affairs to the Secretary-General): Bolivia's Claim for an Outlet to the Pacific Ocean, 24.02. 1977.

schließlich nationale Ressourcensouveränität bezogen.[88] Die LL&GDS unter den G77-Mitgliedern scherten damit aus der sich ohnehin schon auflösenden gemeinsamen Marschrichtung der Entwicklungsländer aus.

5.2.3 Vergemeinschaftung als Alternative zur Nationalisierung? *Regional Seas* und *Common Heritage Fund*

Das Menschheitserbe-Konzept für den Meeresboden hatte auf der Konferenz bisweilen eine inspirierende Wirkung hinsichtlich der küstennahen Meeresgebiete. Dies offenbaren die unterschiedlichen Vorschläge für regionale Meere, die den Vergemeinschaftungsgedanken aufgriffen. Dabei ging es nicht primär darum, 200 Seemeilen breite Wirtschaftszonen grundsätzlich zu verhindern. Auch die Binnenentwicklungsländer hatten durchaus ein Interesse daran, die Ausbeutung der Meere durch die privilegierten industrialisierten Staaten zu unterbinden. Zudem versprach eine Wirtschaftszone der drohenden „Tragödie der Allmende" beizukommen, weil die darin befindlichen Ressourcen leichter zu verwalten und zu schützen waren. Dabei wollte man aber die Verfügungsgewalt für einzelne Staaten einschränken, um so zu verhindern, dass die Meere sich in einen Teppich nationaler Territorien verwandelten. Wie der Fall Boliviens belegt, war der dahinterstehende Antrieb jedoch nicht etwa, die Meere insgesamt in ein „Global Common" zu verwandeln. Vielmehr erfolgten diese Vorstöße gewissermaßen aus einem „wohlverstandenen Eigeninteresse", um, wie im Falle Boliviens, einen Zugang zum Meer (zurück-) zu erlangen.

Bereits 1974 in Caracas trieb Bolivien im zweiten Hauptausschuss seine Idee einer *regional tributary zone* voran, die maßgeblich auf seine Lage als Binnenstaat zurückging. Auf diesen Status sei Bolivien erst durch Gebietsabtretungen an Chile 1884 als Folge des Salpeterkrieges zurückgefallen. Es begriff sich deswegen als „the only really landlocked country in South America"[89] und beanspruchte für sich, zugleich ein geographisch besonders benachteiligter Staat zu sein, da vier seiner fünf Nachbarstaaten mit sehr langen Küsten gesegnet waren. Diese Küstenmeere speisten sich aber – und hier setzte die Argumentation an – auch aus

88 Contribution of the Group of Land-Locked and Geographically Disadvantaged States to the „Unified Negotiating Text" on the Economic Zone, 8 May 1975. 2. Regime on the Living and Non-living Resources of the Economic Zone, Art. 8, in: Platzöder, Documents of the Geneva Session 1975, S. 285 ff.

89 UN Doc. A/CONF.62/C.2/SR.25, Statement by Tredinnick (Bolivia) on exclusive economic zone beyond the territorial sea, Summary records of meetings of the Second Committee, 25th meeting, 05.08.1974, S. 199.

Boliviens natürlichen Reichtümern: „For millions of years the rivers and the winds [have] carried vast quantities of Bolivia's riches to the sea, the sea-bed and subsoil, thus depriving the land of its resources, including its fertile soil.“[90] Diese Argumentation war in gewisser Hinsicht paradox. Hier wurde so etwas wie ein historischer (eigentlich jedoch erdgeschichtlicher) Beitrag Boliviens zum Nährstoffreichtum der Küsten ins Feld geführt, woraus sich eine historische begründete Verpflichtung der Küstenländer ableiten lassen sollte. Die von Bolivien ausgeübte Ressourcensouveränität über Gewässer und den Boden lieferte demnach die Begründung für die Einschränkung der nationalen Souveränität der Nachbarstaaten über marine Ressourcen gleich mit.

Die Nachbarn Boliviens mit langen Küstenabschnitten (Brasilien, Argentinien, Peru und Chile) zählten zum „200-mile club“,[91] und der bolivianische Vertreter Tredinnick Abasto räumte in seinem Statement ein, dass man sich dem Trend zur Schaffung von Wirtschaftszonen im modernen Seerecht nicht prinzipiell verschließen wolle. Man sei bereit, Konzessionen zu machen und ein 12 Seemeilen breites Küstenmeer zu akzeptieren. Die daran anschließende Zone bis zu 200 Seemeilen müsse aber eine regionale Wirtschaftszone sein, in der Binnenstaaten volle Teilhabe sowie die gleichen Rechte und Pflichten zukommen sollten wie den Küstenstaaten. Dazu gehörten sowohl die Aufsuchung als auch die Nutzung erneuerbarer und nicht erneuerbarer Ressourcen, Meeresschutzmaßnahmen und die Kontrolle wissenschaftlicher Forschung. Um Boliviens Anliegen moralisch zu unterfüttern, verwies Tredinnick auf eine führende Rolle der Entwicklungsländer bei der Strukturierung eines neuen Seerechts. Alle Formen der Hegemonie und Abhängigkeit seien zu eliminieren und die Prinzipien internationaler sozialer Gerechtigkeit auch auf die Meeresressourcen innerhalb der 200 Seemeilen-Zonen anzuwenden. Ausdrücklich bezog er sich auf das „Gemeinsame Erbe der Menschheit“. Dieses als völkerrechtliche Norm etablierte Prinzip sei auch auf die *regional tributary zone* zu übertragen. Analog zur Meeresbodenbehörde schlug er eine regionale Organisation vor, die sowohl die Verwaltung als auch die Kontrolle der Ressourcenausbeutung übernehmen solle. Zudem habe diese regionale Behörde eine gerechte Verteilung und hierbei die Berücksichtigung der Entwicklungs- und der Binnenstaaten zu gewährleisten.[92] Unterstützung bekam Bolivien vom Nachbarstaat Paraguay, der ebenfalls über

---

90 Weiter führte er aus: „The sea [must] return to all countries, including non-coastal countries, part of the vast mineral riches which [have] created the regional economic zone or regional patrimonial sea. [...] Now the sea must pay tribute to those countries which for millions of years [have] nourished it“, ebd.

91 Ebd.

92 Ebd.

keinen direkten Zugang zum Meer verfügte. Gemeinsam brachten die beiden Staaten einen Entwurf in die Debatte ein, der allerdings keine Aufnahme in einen der informellen Verhandlungstexte fand. Ebenso wenig war dies dem zwei Jahre später von Sambia eingebrachten Entwurf vergönnt, der, mit Verweis auf die Kampala-Deklaration, ebenfalls regionale Wirtschaftszonen mit eigenen Organisationen vorschlug.[93]

Diese Vorschläge aus den Reihen der Binnen- und geographisch benachteiligten Staaten, die die Idee eines „regionalen Gemeinsamen Erbes" in die Debatten einbrachten, wurden in ihrer Radikalität hinsichtlich der Nutzbarmachung des Menschheitserbe-Konzepts nur noch von Nepal übertrumpft. Der kleine Himalaya-Staat lag nicht nur weit über dem Meeresspiegel. Es war überdies ein Binnenstaat und eines der ärmsten Länder der Welt, das über keine nennenswerten Rohstoffe verfügte. Man könnte also meinen, dass Nepal sich von einem neuen Seerecht kaum tangiert gefühlt haben dürfte, da es nicht einmal von der Landproduzentenproblematik betroffen war. Gerade diese Situation jedoch dürfte ausschlaggebend gewesen sein für den nahezu revolutionären Vorschlag, den Nepal 1978 in die Seerechtsdebatte einbrachte.[94] Das Land hatte theoretisch nichts zu verlieren, jedoch wollte es die Chance, etwas zu gewinnen, nicht ungenutzt vorbeiziehen lassen. Dass der Vorstoß Nepals verhältnismäßig spät geschah, hing maßgeblich damit zusammen, dass sich das Konstrukt der 200 Seemeilen-Wirtschaftszonen in der Völkerrechtspraxis weitgehend durchgesetzt hatte und einem Großteil der Entwicklungsländer mittlerweile klar geworden war, dass besonders die Industrieländer von dieser Regelung profitieren würden. Ähnlich wie im Fall des bolivianischen Vorschlags ging es bei der nepalesischen Initiative nicht darum, das Wirtschaftszonenkonzept zu verwerfen, denn es schützte die Küsten und Festlandsockel vieler Entwicklungsländer vor der willkürlichen Ausbeutung durch die Industrieländer. Sie hatten aber die Verwässerung des Menschheitserbe-Gedankens erkannt und fürchteten um den Verlust des darin enthaltenen Umverteilungspotentials.

Nepals Vorschlag eines *Common Heritage Fund* basierte auf der Feststellung, dass der kombinierte informelle Verhandlungstext, der 1977 erstellt worden war, in seiner aktuellen Form nicht zu einer gemeinschaftlichen Nutzung der Ressourcen innerhalb der Wirtschaftszone beitrage. Dies sei der Tatsache nicht an-

---

93 UN Doc. A/CONF.62/C.2/L.65, Bolivia and Paraguay: draft articles on the „regional economic zone", 06.08.1974; UN Doc. A/CONF.62/C.2/L.95, Zambia: draft articles in keeping with the Declaration of Developing Land-locked and other Geographically Disadvantaged States adopted at Kampala in March 1974, 20.09.1976.

94 UN Doc. A/CONF.62/65, Draft Articles on the Common Heritage Fund, 08.05.1978.

gemessen, dass sich die meisten und ertragreichsten Meeresschätze innerhalb dieser Meereszonen befanden.[95] In einem erläuternden Brief an den Konferenzpräsidenten rechnete der nepalesische Vertreter Shailendra Upadhyay vor, dass mit der 200 Seemeilen-Wirtschaftszonenregelung nur 25 Staaten die Kontrolle über 76 % der Wirtschaftszonen erlangen würden. Von diesen 25 Staaten seien 13 Industrieländer, nämlich unter anderem die Vereinigten Staaten, Australien, Neuseeland, Kanada, die Sowjetunion, Japan, Norwegen und Südafrika. Allein diese wenigen Staaten würden fast die Hälfte (48 %) des Anteils von 76 % der Wirtschaftszonen besitzen, während demgegenüber 12 Entwicklungsländer nur 28 % erhielten. Upadhyays Fazit: „It will make the rich richer and the poor poorer." Damit stehe es im diametralen Gegensatz zur Idee eines Gemeinsamen Erbes der Menschheit und den damit einhergehenden Implikationen für eine neue und gerechtere globale Wirtschaftsordnung.[96] Die Schaffung eines neuen Seerechts sei weder von der Errichtung einer Neuen Weltwirtschaftsordnung noch von der Einführung des neuen politischen Konzepts gemeinsamen Eigentums, eben des Menschheitserbes, zu trennen. Upadhyay geizte nicht mit großen Worten: die „human family" würde durch dieses neue Politikverständnis von neuer globaler Kooperation profitieren, Konflikte würden der Vergangenheit angehören und der Weg zu einem weltumspannenden Fortschritt geebnet.[97] Das Menschheitserbe-Konzept und ein darauf zugeschnittenes Regime für die Wirtschaftszonen unterscheide sich grundlegend vom Konzept nationaler Souveränität. Fatal sei, dass das Menschheitserbe-Prinzip seit der Einführung durch Pardo 1967 vielfach missinterpretiert worden sei, unter anderem indem man annahm, dass sich das Gemeinsame Erbe der Menschheit und das Wirtschaftszonenkonzept gegenseitig ausschlössen. Die Tatsache, dass die großen Industrieländer, wie die Vereinigten Staaten und auch die Sowjetunion, sich anfänglich gegen eine ausschließliche Wirtschaftszone ausgesprochen hatten, habe überdies dazu beigetragen, dass viele Entwicklungsländer annahmen, möglichst restriktive Wirtschaftszonen seien in ihrem Interesse. Somit sei die Idee des Gemeinsamen Erbes im Zuge der Etablierung der Wirtschaftszonen an den Rand gedrängt worden, obwohl die Wirtschaftszonenregelung seines Erachtens einen substantiellen Beitrag zur Implementierung des Menschheitserbe-Konzepts leisten könne. Um also die dia-

95 UN Doc. A/CONF.62/65, Letter dated 5 May 1978 from the representative of Nepal to the President of the Conference, 08.05.1978.

96 Ebd.

97 „It provides mankind with an opportunity to make tangible progress on the establishment of a new international economic order and a new international political understanding that will strengthen global co-operation, making conflict obsolete and understanding among nations imperative, thus paving the path to progress for all mankind", ebd.

gnostizierte Erosion des Menschheitserbe-Gedankens aufzuhalten sei es notwendig, die mineralischen Ressourcen innerhalb der Wirtschaftszonen, analog zu den Tiefseebodenressourcen, ebenfalls gemeinschaftlich zu nutzen.[98] Hierfür reichte Nepal zehn Artikel zur Aufnahme in den Verhandlungstext ein, deren Kerngedanke es war, „that States use some of the mineral revenues derived from the exclusive economic zone in order to assist developing countries and thus to narrow the gap between the rich and the poor nations, without prejudice to their geographical location, but on the basis of their needs".[99]

Der Umverteilungsgedanke tritt hier deutlich zutage. Zusätzlich klingt der eigentliche Clou des Vorschlags an, der auf der Etablierung eines ausgeklügelten Verteilungssystems beruhte. Dabei sollten sich die Einzahlungen in den *Common Heritage Fund* sowie die Ausschüttungen daraus am Pro-Kopf-Einkommen der Staaten bemessen, sodass die reichsten Staaten am meisten beizutragen hätten, während die ärmsten Staaten die höchsten Zuwendungen erhalten würden.[100] In den Fonds einfließen sollten sowohl die für die Entwicklungsländer vorgesehenen Erträge aus dem Tiefseebergbau als auch die Nettoerträge der nationalen Wirtschaftszonen und des Festlandsockels (Nettoerträge wurden definiert als Differenz zwischen den Aufsuchungs-/Abbaukosten und dem Absatzpreis). 70 % des Gesamterlöses sollten den Entwicklungsländern zugutekommen, während die restlichen 30 % für den Meeresumweltschutz, marine Technologien und zur Unterstützung der Arbeit der UNO, insbesondere im Bereich der Friedenssicherung, aufzuwenden seien.[101]

Internationalisten verbanden mit dem Vorschlag Nepals die Hoffnung einer Wiederbelebung des „Gemeinsamen Erbes der Menschheit" und inszenierten eine Art Fackelübergabe von Pardo zu Upadhyay. Pardo unterstützte den nepalesischen Vorschlag ausdrücklich, und auch Prominente wie der norwegische Forschungsreisende Thor Heyerdahl versuchten, dem Vorstoß die nötige Aufmerksamkeit zu verschaffen.[102] Dies half jedoch kaum, genügend Delegationen von Nepals *Common Heritage Fund* zu überzeugen, was auch damit zusammenhing, dass der Vorschlag keine breite Diskussion erfuhr. Immer wieder musste der nepalesische Vertreter um Berücksichtigung des Konzepts bitten. Obwohl der Konferenzpräsident den Vorschlag zur weiteren Verhandlung empfohlen hatte, war

98 Ebd.

99 Ebd.

100 UN Doc. A/CONF.62/65, Draft Articles on the Common Heritage Fund, 08.05.1978, Art. 304.

101 A/CONF.62/65, Art. 306.

102 UNA S-0444–0243–0003, The World Order Research Institute: WORI-Report Nr. 29, May-June 1978. Der Report enthält u.a. ein Bild, auf dem Pardo Upadhyay zum nepalesischen Vorschlag gratuliert.

es dazu bis zur *Resumed Session* der achten Sitzungsrunde immer noch nicht gekommen. Lediglich in der asiatischen Regionalgruppe hatte sich eine kleine Arbeitsgruppe dazu gebildet, neben Nepal bestehend aus Indien, Pakistan, dem Oman, Singapur und Sri Lanka. Der nepalesische Vertreter schlug deswegen während einer Plenarsitzung vor, auch auf Konferenzebene eine Arbeitsgruppe dazu einzurichten. Jedoch stieß er mit diesem Vorschlag auf wenig Gegenliebe. Konferenzpräsident Amerasinghe befürchtete verkomplizierende „Wucherungen" von Arbeitsgruppen und plädierte dafür, über die Einrichtung einer weiteren Gruppe zunächst zu beraten.[103] Dies kam allerdings einer Zurückweisung der Idee eines *Common Heritage Fund* gleich.

Da die konkrete Ausgestaltung der Wirtschaftszonen zu den *hard core issues* der Konferenz gehörte, für die kleinere Verhandlungsgruppen eingerichtet worden waren, konnte die nepalesische Idee allerdings dort noch einmal thematisiert werden und fand weitere Unterstützer (Bolivien, Österreich, Uganda, Obervolta und Sambia). Gemeinsam reichten diese Staaten auf der New Yorker Session 1980 ein weiteres informelles Papier ein, mit dem sie eine Modifikation des Artikel 82 der ersten revidierten Fassung des kombinierten Verhandlungstextes vorschlugen, der bis dato vorsah, dass Ressourcenerträge, die auf dem Festlandsockel jenseits der 200 Seemeilen-Grenze gewonnen wurden, anteilig an die Meeresbodenbehörde zu zahlen seien. Die Unterstützer Nepals schlugen hierfür als Alternative den *Common Heritage Fund* vor, in den Gewinnanteile auch aus den Wirtschaftszonen fließen sollten.[104] Ihrer Ansicht nach würden die von ihnen vorgeschlagenen Formulierungen den bisherigen, über die bereits weitgehend Einigkeit erzielt worden war, nicht widersprechen. Im Gegenteil, so die Anhänger des nepalesischen Vorschlags, sie könnten zu einer breiteren Akzeptanz der künftigen Konvention führen, weil die Binnen- und geographisch benachteiligten Staaten so hinreichend berücksichtigt werden würden.[105]

Freilich stieß der revolutionäre nepalesische Vorschlag bei den Küstenstaaten auf heftigen Widerstand. Bereits 1978 erteilte Norwegen, das mit der Wirtschaftszonenregelung große Erwartungen an den Aufbau einer eigenen Offshore-Industrie verband, der Idee, neben den lebenden auch die nicht-lebenden Res-

103 UN Doc. A/CONF.62/SR.117, Summary Records of the 117th plenary meeting, 19.07.1979.

104 Report of the Chairman of Negotiating Group 6, Ambassador Andres Aguilar (Venezuela) to the Second Committee, NG6/19, 22.08.1979, in: Renate Platzöder: Dokumente der Dritten Seerechtskonferenz der Vereinten Nationen. New Yorker Session 1980; Materialiensammlung für die Deutsche Seerechtsdelegation, Ebenhausen bei München 1980, S. 572.

105 So wiesen sie zumindest den Konferenzpräsidenten bereits Anfang 1980 auf ihren geplanten Vorstoß hin. Organizing Committee of the Group for the Common Heritage Fund, 12.02.1980, in: Platzöder, Dokumente der Dritten Seerechtskonferenz New Yorker Session 1980, S. 771.

sourcen der Wirtschaftszone in irgendeiner Form zu vergemeinschaften, eine deutliche Absage.[106] Ebensowenig konnte sich der *Common Heritage Fund* bei den Entwicklungsküstenländern durchsetzen. Diese waren viel zu sehr auf die Erlangung nationaler Ressourcensouveränität fixiert und nicht bereit, hiervon abzuweichen.[107] Der Vertreter Nepals ging hingegen noch 1980 davon aus, dass ausschließliche Wirtschaftszonen kein gültiges Völkerrecht darstellten und wähnte die G77 hinter sich, die sich deutlich gegen unilaterale Maßnahmen, vor allem im Hinblick auf den Meeresbergbau, ausgesprochen hatten.[108] Dies galt jedoch längst nicht für die Frage der Wirtschaftszonen, in der die G77 gespaltener waren denn je. So lehnten beispielsweise Peru, Senegal, Uruguay, Somalia und Argentinien die Idee des *Common Heritage Fund* vehement ab, verfügten sie doch über lange Küsten und einen breiten Schelf, was die Souveränität über gewaltige Ressourcenvorkommen versprach. Zudem galt die Einführung von Wirtschaftszonen für die meisten Staaten bereits seit 1974 als unstrittig und gesetzt. Längst hatten auch viele der Küstenländer unter den G77 eigene 200-Seemeilen-Wirtschaftszonen proklamiert und somit dazu beigetragen, dass diese Zonen spätestens ab 1977 praktisch als Völkergewohnheitsrecht gehandhabt wurden.[109]

Ein weiterer Grund für die Ablehnung einer zumindest teilweisen Revision beziehungsweise Modifikation des Wirtschaftszonenkonzepts war, dass die Verhandlungen aufgrund unilateraler Aktivitäten der Vereinigten Staaten in der Meeresbergbaufrage zu scheitern drohten und man Fragen, über die bereits weitgehende Einigung bestand, nicht noch einmal aufrollen wollte, da dies den angestrebten *package deal* zusätzlich gefährdet hätte.

5.3 Rückgewinnung von symbolischer Einheit in Opposition zu den Vereinigten Staaten?

Dass die G77 es schafften, trotz aller unterschiedlichen Interessen nach außen weiterhin einigermaßen geschlossen aufzutreten, verdankten sie letztlich der Ungeduld der Vereinigten Staaten und der Planung unilateraler Gesetzgebung zum Meeresbergbau in mehreren Industrieländern. Der bereits 1976 dem US-

---

106 UN Doc. A/CONF.62/SR.102, Summary records of the 102nd plenary meeting, 18.05.1978; vgl. auch Wolf, Die dritte Seerechtskonferenz der Vereinten Nationen, S. 271.

107 Vgl. hierzu John Logue: Moment of Choice: Will the Third World Fight for the Common Heritage Fund Proposal?, in: Finn Laursen (Hrsg.): Toward a New International Marine Order, The Hague, Boston 1982, S. 23–33.

108 UN Doc. A/CONF.62/SR.136, Summary records of the 136th Plenary meeting, 26.08.1980.

109 Vgl. Wolf, Die dritte Seerechtskonferenz der Vereinten Nationen, S. 270.

Kongress vorgelegte Entwurf für ein nationales Meeresbergbaugesetz war zwar 1978 noch immer nicht verabschiedet worden, allerdings führte seine pure Existenz zu großer Empörung vor allem bei den Entwicklungsländern, und damit zu einer erneuten Konfrontation in den Seerechtsverhandlungen. Diese schwappten 1978 sogar bis in die UN-Generalversammlung, auf der immerhin 44 Staaten den Alleingang der Vereinigten Staaten missbilligten. Einzig die Bundesrepublik Deutschland unterstützte die Amerikaner offiziell, unter anderem, weil man ebenfalls eine nationale Gesetzgebung erwog.[110]

Die G77 hingegen verwahrten sich vor unilateralen Maßnahmen, die die Meeresbodendeklaration von 1970 übergingen, da dies einem Völkerrechtsbruch entsprochen hätte. Unterzeichner dieser *Declaration of Principles*, so die G77, dürften es nicht akzeptieren, wenn ein Staat diese Prinzipien verletze und sich auf wie auch immer „erworbene Rechte" beriefe. Überdies befürchteten sie, dass weitere Staaten es den Vereinigten Staaten gleichtun könnten und dadurch ein seerechtliches Chaos hervorrufen würden.[111] Die Entwicklungsländer empörten sich zudem über damit verbundene prozedurale Fragen. So hatten die Industrieländer die Verhandlungen in ihren Augen dadurch verzögert, dass sie den Meeresbergbau *en detail* im Konventionstext regeln wollten, während die G77 stets für ein breites Rahmenwerk plädiert hatten, bei dem die Regelungskompetenz der Behörde zugesprochen wurde. Genau dieselben Staaten, die zur zeitlichen Ausdehnung der Konferenz maßgeblich beigetragen hatten, trieben nun plötzlich überhastet unilaterale Gesetzgebungen voran und torpedierten damit möglicherweise die gesamte Konferenz.[112]

Wie in einem Statement der G77 an den Konferenzpräsidenten deutlich wurde, prallten hinsichtlich des Tiefseebodens zwei Völkerrechtsverständnisse aufeinander.[113] Während die Vereinigten Staaten davon ausgingen, dass die Freiheit der Hohen See auch für die Ressourcen des Meeresbodens galt – denn die *Declaration of Principles*, die den Meeresboden zum Menschheitserbe erklärte, war in ihren Augen mitnichten geltendes Völkerrecht –, begründeten die G77 ein Abbauverbot für Einzelstaaten umgekehrt damit, dass es keine Völkerrechtsquelle

110 UNA S-0913–0001–08, Summary of a paper concerning references to the Law of the Sea Conference during the General Debate, 20.10.1978.

111 UNA S-0913–0001–08, Undersecretary-General Bernardo Zuleta to Secretary-General: Unilateral Legislation to be adopted by the United States, 12.09.1978.

112 Statement declaring the position of the Group of 77 on unilateral legislation affecting the resources of the deep seabed, 15 September 1978, in: Renate Platzöder (Hrsg.): Dokumente der Dritten Seerechtskonferenz, New Yorker Session 1978, Bd. 2, Ebenhausen bei München 1978, S. 275 f.

113 Ebd.

gebe, die einzelnen Staaten einen Abbau der Meeresbodenressourcen *gestatte*. Die Meeresbodendeklaration habe eben nicht nur Empfehlungscharakter, sondern sei 1970 von der Generalversammlung ohne Dissens verabschiedet worden, womit alle Staaten den internationalen Charakter des „Gebiets" anerkannt hätten. Unilaterale Ausbeutung der im „Gebiet" befindlichen Ressourcen stelle insofern eindeutig eine Völkerrechtsverletzung dar. Derartig handelnde Staaten dürften nicht erwarten, dass ihre einseitig ausgesprochenen Rechte auf der Konferenz Berücksichtigung fänden. Dies würde nur ein weiteres Hindernis auf dem Weg zu einem Vertrag schaffen, und die G77 seien nicht bereit, illegalen Maßnahmen durch die bloße Behandlung auf der Konferenz zu Legalität zu verhelfen. Sie drangen darauf, die Konferenz in einem größeren historischen Kontext zu sehen: Würde sie aufgrund einseitiger Maßnahmen scheitern, sei das gesamte multilaterale Verhandlungssystem der Vereinten Nationen gefährdet.[114]

Der amerikanische Botschafter Richardson beharrte in seiner Antwort dennoch auf der Position seiner Regierung, und der Frontverlauf zwischen den Vereinigten Staaten und den G77 verdeutlichte sich einmal mehr in Richardsons Feststellung, dass die Leugnung der legitimen Rechte Amerikas, im Sinne der Freiheit der Hohen See Meeresbergbau zu betreiben, inakzeptabel sei.[115] Auch wies er darauf hin, dass längst nicht alle Staaten der Moratoriumsresolution zugestimmt hätten – die Vereinigten Staaten waren einer von ihnen. Richardsons Hauptargument aber bestand darin, den Tiefseebergbau als durch die anhaltenden Verhandlungen gefährdet darzustellen. So habe man das US-Meeresbergbaugesetz bis dato nicht verabschiedet, da man auf einen baldigen Verhandlungsabschluss hoffe. Dieser sei aber aufgrund der Differenzen mit den Entwicklungsländern um Rechte und Ausgestaltung der Behörde noch immer nicht in Sicht und deswegen die Zukunft des Meeresbergbaus insgesamt in Gefahr. Denn Investitionen waren notwendig, und sie erforderten Rechtssicherheit. Solle der Meeresbergbau weiterentwickelt werden und so der Menschheit insgesamt zugutekommen, müsse die Rentabilität für die Investoren gewährleistet sein. Eine weitere Verzögerung des Beginns der Abbautätigkeiten bedeute für diese allerdings erhöhte Kosten beziehungsweise könne dazu führen, dass sich die entsprechenden Unternehmen wieder aus dem Geschäft zurückzögen.[116] Hiermit erinnerte der US-Amerikaner an das Kernproblem, dass nämlich ohne die technischen und finanziellen Mittel aus den Industrieländern überhaupt kein Mee-

114 Ebd.
115 Statement by Ambassador Elliot L. Richardson, Special Representative of the President for the Law of the Sea Conference to the Plenary Meeting, September 15, 1978, in: Platzöder, Dokumente der Dritten Seerechtskonferenz, New Yorker Session 1978, Bd. 2, S. 282ff.
116 Ebd.

resbergbau stattfinden konnte und die Entwicklungsländer, wollten sie vom gemeinsamen Erbe profitieren, in völliger Abhängigkeit von den Industrieländern verblieben.

Die G77 wollten sich hiervon jedoch nicht einschüchtern lassen. Mittlerweile war ohnehin allen Konferenzteilnehmern klar geworden, dass in absehbarer Zeit kein rentabler Tiefseebergbau stattfinden würde.[117] Und so wogen die Entwicklungsländer zwischen einem schnellen Konferenzabschluss und der für sie günstigen Weichenstellung für zukünftige Abbautätigkeiten ab. Auf der einen Seite entschieden sie sich dafür, den Industrieländern mit der grundsätzlichen Zustimmung zu einem Parallelsystem entgegenzukommen, wenn diese im Gegenzug durch die entsprechende finanzielle und technologische Ausstattung das Funktionieren des *Enterprise* gewährleisten würden. Auf der anderen Seite gingen sie weiterhin gegen Versuche unilateraler Gesetzgebung vor. In einer Plenarsitzung der Konferenz 1979 drohte der Sprecher der G77 gar indirekt damit, in künftige Verträge zwischen Landproduzenten und Industrieländern Klauseln einzubauen, die den parallelen Tiefseebergbau auf nationaler Basis verböten.[118] Unterstützung bekamen sie vom Vorsitzenden des ersten Ausschusses, dem Kameruner Paul Bamela Engo, der in seinem Statement die grundsätzliche Problematik einer Welt des Ultranationalismus und die damit zusammenhängenden Schwierigkeiten bei der Durchsetzung des Menschheitserbe-Konzept betonte. Die Meeresbodenbehörde habe zum Wohle der gesamten Menschheit zu arbeiten und dürfe weder, wie im Hinblick auf den Umgang mit Entwicklungsländern üblich, gönnerhaft behandelt werden, noch durch ihre Ausgestaltung zu einem Monopol der hochtechnisierten Staaten beitragen.[119]

Auch das *Trade and Development Board* der Welthandelskonferenz schaltete sich mit einem Verweis auf die Gültigkeit der Moratoriumsresolution nochmals in

117 Ole Sparenberg weist darauf hin, dass Studien zum Tiefseebergbau, egal ob sie aus den 1960er oder den 1990er Jahren stammen, immer von einem mittelfristigen Beginn des Abbaus ausgehen, meist werden um die 20 Jahre veranschlagt. Demnach gab es bereits 1972 Studien, die von einer geringen Rentabilität des Tiefseebodens ausgingen, Sparenberg, Meeresbergbau nach Manganknollen (1965–2014), S. 138.

118 „It [is] possible also that countries producing minerals on land would incorporate in their contracts with foreign investors clauses to oblige them not to participate directly or indirectly in the exploitation of the sea-bed in the absence of an international régime, under penalty of revision of such contracts." UN Doc. A/CONF.62/SR.110, Statement by Carías (Honduras), Summary records of the 110th plenary meeting, 19.03.1979.

119 UN Doc. A/CONF.62/SR.110, Statement Engo (Cameroon), 19.03.1979.

die Konferenzverhandlungen ein, verurteilte unilaterale Maßnahmen und mahnte die damit einhergehende Verantwortung für den weiteren Konferenzverlauf an.[120]

Trotz all dieser Interventionen gelang es nicht, die Vereinigten Staaten wieder ins Boot zu holen. Im Gegenteil, der Regierungswechsel von Jimmy Carter zu Ronald Reagan verschärfte die Lage der Konferenz nochmals. Nicht nur wurde das Personal der amerikanischen Delegation ausgetauscht, und zwar komplett und nur einen Tag vor Beginn der nächsten Sitzung.[121] Auch zog sich die Delegation kurz vor der zehnten Session 1981, die zeitnah angesetzt worden war, um die Vereinigten Staaten zum Handeln zu zwingen, aus den Verhandlungen zurück, um den Verhandlungstext einer umfassenden Überprüfung zu unterziehen. Vor einem Unterausschuss des US-Repräsentantenhauses referierte der neue Delegationsleiter James L. Malone zehn Gründe für die Revision.[122] Dazu zählte unter anderem das im Anfangsstadium von den Vereinigten Staaten zu finanzierende *Enterprise*, das gegenüber den Firmen der Industrieländer begünstigt würde. Des Weiteren sei die internationale Regulierung insgesamt viel zu schwerfällig und die protektionistischen Abbaubeschränkungen zugunsten der Landproduzenten könnten auf Investoren abschreckend wirken. Überhaupt fehle ein Investitionsschutz, und auch mit dem Prinzip „Ein Staat – eine Stimme" im Rat der Behörde war man nicht einverstanden, da hier Maßnahmen gegen den Willen der Vereinigten Staaten würden durchgesetzt werden können.[123]

Während der zehnten Sitzungsperiode der Konferenz verhielten sich die Vereinigten Staaten dann weitgehend passiv, und damit war klar, dass 1981 keine Konvention verabschiedet werden würde. Viele Staaten, allen voran die G77, befürchteten nun ein Scheitern der Konferenz insgesamt, da die Vereinigten Staaten sich bis dato nur vage dazu geäußert hatten, welche Punkte des Verhandlungstextes sie revidieren wollten. Aus der *„linguistic camouflage"* der Vereinigten Staaten schloss die G77, dass die USA nochmals an die Substanz des Konventionstextes heranwollten.[124] Dabei seien ja die Vorbehalte der Vereinigten Staaten bereits vielfältig in den bestehenden Text eingeflossen. Wenn nun alle Staaten

120 Un Doc. A/CONF.62/79, Resolution 108 (V) adopted by the Trade and Development Board of the United Nations Conference on Trade and Development at its 170th meeting on 1 June 1979, 26.07.1979.

121 US Sea Treaty Negotiators Fired, in: The Sacramento Bee, 09.03.1981.

122 Norbert J. Prill: Seerecht: 10. Tagung der III. Seerechtskonferenz der Vereinten Nationen, erster Teil: Eklat durch neue US-Regierung/Tommy Koh neuer Präsident/Vorbereitungskommission im Vordergrund der Sachberatungen, in: Vereinte Nationen 3 (1981), S. 99–100, hier S. 99.

123 Ebd.

124 UNA S-0913–16–8, Statement by Imam Ul Haque, Chairman of the Group 77 at the Third United Nations Conference on the Law of the Sea, Plenary, August 10, 1981.

ihre verbleibenden Vorbehalte nochmals geltend machten, würden die Verhandlungen niemals ein Ende nehmen. Die G77 führte schließlich die eigenen Abstriche ins Feld, die man während des Verhandlungsprozesses habe machen müssen:

> An objective examination of the process of these negotiations will clearly indicate a constant erosion of the positions of the Group of 77. The developing countries are now left with the barest minimum and are placed in the most vulnerable position and are themselves in the greatest need of assurance and safeguards.[125]

Man hatte zugunsten eines universell gültigen Gesetzeskorpus' schmerzhafte Kompromisse in Kauf genommen und erwartete eine ähnliche Kompromissbereitschaft auch von den anderen Konferenzteilnehmern. Warum die G77 sich zu einschneidenden Zugeständnissen in der Meeresbergbaufrage hatten drängen lassen, machte deren Vertreter vor dem Plenum noch einmal unmissverständlich deutlich:

> The Group of 77 has consistently tried in international fora to remove the built in inequities in the present international economic system which discriminates heavily against the countries of the Third World. In this age of interdependence we are committed to improve the lot of our people through a restructuring of international economic relations. The exploitation of the economic resources of the Area which have been declared to be the Common Heritage of Mankind provides us with a unique opportunity to avoid the mistakes of the past.[126]

Hiermit versuchte die G77 nochmals, die Meeresbergbaufrage in einem größeren historischen Kontext zu verorten. Der Hinweis auf die damit verknüpfte Mission des globalen Südens mutet wie eine vor allem nach innen gerichtete Beschwörungsformel an, mit der man sich der eigenen Einheit versichern wollte. Als Botschaft nach außen verwies die Interdependenzformel auf die globalen Zusammenhänge und Abhängigkeiten, über die auch die Industrieländer von einem wirtschaftlichen Aufschwung der Entwicklungsländer profitieren würden. In diesem Licht erschien die Seerechtskonferenz wie ein Menschheitsprojekt, mit dem sich alle aus dem Kolonialismus abgeleiteten globalen Ungerechtigkeiten beseitigen ließen.

Letztlich, dies belegt der Konventionstext von 1982, hatten sich die Forderungen der Entwicklungsländer nach einer starken Behörde mit für sie günstigen Abstimmungsmodalitäten in Rat und Versammlung weitgehend durchgesetzt. Sie konnten die Konvention zunächst als Erfolg verbuchen, jedoch entpuppte sich

125 Ebd., S. 3.
126 Ebd., S. 10.

dieser noch während der Verabschiedung des Seerechtsübereinkommens als Pyrrhussieg. Zwar waren die Vereinigten Staaten 1982 an den Verhandlungstisch zurückgekehrt, und in der entscheidenden Sitzung stimmten immerhin 130 Staaten für die Konvention. Wichtige Industriestaaten versagten jedoch ihre Zustimmung (meist durch Enthaltung; die Vereinigten Staaten stimmten sogar gegen den Konventionstext) oder ratifizierten das Übereinkommen in der Folge nicht.[127] Island trat dem Übereinkommen 1985 bei und blieb damit bis 1994, als die Seerechtskonvention nach der 60. Ratifikation endlich in Kraft treten konnte, das einzige Industrieland im Kreis der Signatarstaaten.[128]

Dass es schlussendlich überhaupt zu einem Inkrafttreten der Konvention kam, verdankte sich erstens den Entwicklungen im Tiefseebergbau, die nach wie vor dadurch gekennzeichnet waren, dass es keinen kommerziellen Abbau gab und auch in naher Zukunft nicht geben würde. Zweitens lösten sich die Hoffnungen auf eine Neue Weltwirtschaftsordnung in den 1980er Jahren auf. Die Gründe dafür lagen sowohl im „Aufstieg des Neoliberalismus" und den Schuldenkrisen im Globalen Süden, aber auch in der Unfähigkeit der Entwicklungsländer, in der realen Ressourcenpolitik konsequent als Einheit aufzutreten. Ausgehend von diesen beiden Entwicklungen konnten, drittens, Nachverhandlungen stattfinden, die das Meeresbergbauregime den Interessen der Industrieländer anpassten. Im Durchführungsübereinkommen von 1994 dominierte nun nicht mehr die Meeresbodenbehörde. Stattdessen wurden Unternehmen mit einem zukünftigen *Enterprise* gleichgestellt. Darüber hinaus wurden die Auflagen zum Technologietransfer entschärft, und die Behörde war nicht mehr befugt, Produktionsbegrenzungen festzulegen. Auch die Abstimmungsmodalitäten in der Versammlung und im Rat der Meeresbodenbehörde waren zugunsten der Industrieländer umgeschrieben worden, die nun wegen der zahlenmäßigen Übermacht der Entwicklungsländer einen Minderheitenschutz genossen.[129]

Wenngleich also der US-Regierungswechsel zum Konservativen Ronald Reagan und dessen programmatische Skepsis gegenüber dem Multilateralismus

---

127 Insgesamt gab es vier Gegenstimmen: Venezuela wegen der Formel über benachbarte Meereszonen, die Türkei aus dem gleichen Grund, Israel wegen der Beobachterrolle der PLO in Meeresbodenbehörde und Vorbereitungskommission und die Vereinigten Staaten. 17 Staaten enthielten sich (darunter die westeuropäischen Staaten, einige Osteuropäer sowie die Mongolei und Thailand). 18 Staaten nahmen an der Abstimmung nicht teil, so z. B. Ecuador, das weiterhin auf 200 Seemeilen Territorialgewässern bestand, Norbert J. Prill: Seerecht: 11. Tagung der III. Seerechtskonferenz der Vereinten Nationen/Abstimmung über Konventionstext/Vier Nein-Stimmen und 17 Enthaltungen, in: Vereinte Nationen 4 (1982), S. 144–145, hier S. 144.

128 Sparenberg, Meeresbergbau nach Manganknollen (1965–2014), S. 137.

129 Ebd., S. 141.

die Solidarität unter den Entwicklungsländern förderte, war der Ausstieg der Vereinigten Staaten gleichzeitig der Todesstoß für ein Meeresbergbauregime nach den Wünschen der G77. Die Idee einer potenten Behörde, die den Meeresbergbau zum Wohle der gesamten Menschheit und unter besonderer Berücksichtigung der Entwicklungsländer regulieren sollte, wand sich nach der Verabschiedung der Seerechtskonvention in Agonie und wurde 1994 endgültig begraben. Die entwicklungsländerfreundliche Seerechtskonvention von 1982 hatte sich also erst in eine industrieländerfreundliche Konvention verwandeln müssen, um (fast) weltweit Akzeptanz zu finden.

5.4 Zusammenfassung

Insbesondere in der Wahrnehmung der Industriestaaten traten die G77 als geschlossene Gruppe auf. Dies lag zum einen daran, dass die Verhandlungsgefechte des Nord-Süd-Konflikts auch auf der dritten Seerechtskonferenz ausgetragen wurden. Die Entwicklungsländer befeuerten diese Wahrnehmung, indem sie gleichsam rituell bei jeder sich bietenden Gelegenheit auf die Implikationen der Meeresressourcenfrage für eine Neue Weltwirtschaftsordnung verwiesen. Gleichwohl nahmen die Industriestaaten die Sollbruchstellen innerhalb der G77 wahr und versuchten, die Gruppe durch Druck auf eben jene neuralgischen Punkte auseinanderzutreiben, wie sich im Falle der Landproduzentenproblematik und in der Gruppe der Binnen- und geographisch benachteiligten Staaten zeigte. Dass ihnen dies bisweilen gelang, lag maßgeblich an den Fliehkräften innerhalb der G77, die sich schlicht aus den geographisch determinierten Faktoren ergaben. Anders als innerhalb der Welthandelskonferenz, wo es um eine generelle, aber letztlich doch verhältnismäßig vage bleibende Umgestaltung des internationalen Wirtschaftssystems ging, dominierten auf der Seerechtskonferenz konkrete Sachfragen. Dadurch ergab sich für die G77 die unangenehme Situation, zwei gegenläufige Ziele miteinander übereinbringen zu müssen, nämlich zum einen die Internationalisierung von Ressourcen in der Meeresbergbaufrage und zum anderen die Nationalisierung mariner Ressourcen zur Erlangung von Ressourcensouveränität. Viele der Mitglieder konnten sich in der Wirtschaftszonenfrage nicht dazu durchringen, ein alternatives Konzept von Ressourcensouveränität zu akzeptieren, wie es in der Idee des *Common Heritage Fund* oder dem Konzept der *regional seas* anklang.[130] Dies hätte aber dazu beitragen können, ihre Interessen zu harmonisieren und das Menschheitserbe-Prinzip zu stärken. Dass

130 Vgl. Wolf, Die dritte Seerechtskonferenz der Vereinten Nationen, S. 254.

dies versäumt wurde, lag zum einen daran, dass die Entwicklungsländer die mit der Internationalisierung einhergehende Vergemeinschaftung aus dem eigenen Interesse heraus deuteten. Das „Gemeinsame Erbe der Menschheit“ erschien somit nicht als tatsächlich solidarisches Nutzungs- und Verteilungskonzept, sondern als Vehikel, um Ressourcen zum eigenen Vorteil umzudeklarieren.[131]

Mitunter lässt sich der mangelnde Durchsetzungswille jedoch auch darauf zurückführen, dass mit der Ausweitung des Menschheitserbe-Prinzips ihre Bemühungen um eine neue Weltwirtschaftsordnung, bei denen die postkoloniale Souveränität über natürliche Ressourcen im Vordergrund stand, infrage gestellt worden wären. Demnach waren es also diese gegenläufigen Konzepte der Ressourcengerechtigkeit, die die G77 insgesamt schwächten. Vereint waren sie dann am Ende doch nur in der Opposition zu den Industrieländern, und besonders zu den Vereinigten Staaten. Die damit einhergehende Beschwörung der Solidarität innerhalb der eigenen Gruppe ergab sich wiederum nur daraus, dass sie befürchteten, bei einem Scheitern der Konferenz und ohne ein neues Seerecht mit leeren Händen beziehungsweise ohne Beteiligung an den Meeresbodenressourcen dazustehen.

Dass am Ende auch mehrere Entwicklungsländer – unter ihnen die lateinamerikanischen „Territorialisten“, die ein besonders breites Küstenmeer forderten, sowie der Binnenstaat Bolivien – die Konvention zunächst nicht unterzeichneten, belegt einmal mehr, wie sehr die dritte Seerechtskonferenz die gewohnten Allianzen und Verlässlichkeiten unterlief und die Teilnehmerstaaten auf ihre nationalen Interessen zurückwarf.

131 Vgl. Höhler, Exterritoriale Ressourcen: Die Diskussion um die Tiefsee, die Pole und das Weltall um 1970, S. 70.

6 Die deutsche Hochseefischerei: ein Verlierer der dritten Seerechtskonferenz?

Wenn es das Ziel war, eine fairen Kompromiß zu finden zwischen den Interessen der Staaten, die eine reiche Küste haben und den Staaten, die vor dieser Küste fischen wollen – vielleicht, weil sie das seit Jahrzehnten oder Jahrhunderten tun –, dann muss man feststellen: dieses Ziel ist verfehlt worden.[1]

Was Karl-Heinz Feilhauer, 1984 Vorsitzender des „Verbands der deutschen Hochseefischereien e.V.“, hier so bitter beklagt, ist der Verlust der „traditionellen“ Fanggründe der deutschen Hochseefischerei. Mit der Verabschiedung der Seerechtskonvention im Jahr 1982 waren die Bestimmungen zu Wirtschaftszonen von 200 Seemeilen endgültig zu Völkerrecht geworden. Dies bedeutete konkret, dass deutsche Fischereifahrzeuge nicht mehr im Sinne der Freiheit der Meere die gewohnten Fangplätze im Nordatlantik anlaufen konnten. Dabei waren es gerade diese Fanggebiete gewesen, die überhaupt erst zur Etablierung der deutschen Hochseefischerei als relevantem norddeutschen Wirtschaftszweig beigetragen hatten. Die Einführung der exklusiven Wirtschaftszonen besiegelte einen unumkehrbaren Strukturwandel innerhalb der deutschen Fischereiwirtschaft. Verfügte die Fischereiflotte der Bundesrepublik 1970 noch über 110 Fahrzeuge, waren es 1984, im Jahr, in dem Feilhauer sich so pointiert äußerte, nur noch 21.[2] Gleichzeitig nahm ab Ende der 1970er die Beschäftigtenzahl in der Hochseefischerei eklatant ab. Das Bordpersonal schrumpfte von ca. 3.000 Beschäftigten im Jahr 1978 auf rund 430 Personen im Jahr 1990.[3] Zwar hing dies nicht ausschließlich mit den erweiterten Fischereizonen, sondern auch mit nicht unerheblichen Rationalisierungsmaßnahmen zusammen, jedoch verdeutlichen die Zahlen zusammengenommen den Niedergang der deutschen Hochseefischerei.

---

1 Karl-Heinz Feilhauer: Das Seerechts-Übereinkommen der Vereinten Nationen und die deutschen Wirtschaftsinteressen aus der Sicht der Fischerei, in: Das Seerechtsübereinkommen der Vereinten Nationen und die deutschen Wirtschaftsinteressen. Symposium in Hamburg am 3. September 1984, Schriften des deutschen Vereins für internationales Seerecht, Reihe A: Berichte und Vorträge, H. 50, Hamburg 1984, S. 53.

2 Vgl. die Tabelle in Roland Baartz: Entwicklung und Strukturwandel der deutschen Hochseefischerei unter besonderer Berücksichtigung ihrer Bedeutung für Siedlung, Wirtschaft und Verkehr Cuxhavens, Stuttgart 1991, S. 653. Wie die Tabelle ebenfalls verdeutlicht, hatte die Flotte sich bereits von 1950 bis 1970 mehr als halbiert, was jedoch auch mit der Größenentwicklung der Schiffe zu tun hatte (moderne Fangfabrikschiffe hatten eine wesentlich höhere Tonnage).

3 Ebd., S. 248.

https://doi.org/10.1515/9783110748826-006

Wie das Eingangszitat veranschaulicht, gaben die führenden Köpfe der Branche den für sie ungünstigen Ergebnissen der Seerechtsverhandlungen die Hauptschuld. Doch welche Entwicklungen führten zu diesem Urteil? Hierfür gilt es zunächst zu untersuchen, mit welchen Problemen der Wirtschaftszweig der deutschen Hochseefischerei sich durch die Seerechtskonferenz konfrontiert sah. Der Hochseefischerei-Verband tritt dabei als intermediärer Akteur in Erscheinung, der, im Regionalen verwurzelt, vor allem auf nationaler Ebene für die Vertretung seiner Interessen auf internationaler Ebene warb. Wie versuchte der Verband und die für die Hochseefischerei zuständigen Beamten im Bundeslandwirtschaftsministerium (BML), aber auch die Konferenzdelegation, die Interessen der deutschen Hochseefischerei zu wahren und durchzusetzen? Darüber hinaus ist zu fragen, welchen Stellenwert die „lebenden Ressourcen" in der deutschen Verhandlungsposition und -taktik einnahmen und welche Konzepte von natürlichen Ressourcen und Ressourcengerechtigkeit diesen zu Grunde lagen.

Die regionale Bedeutung der Hochseefischerei, ihre Verortung innerhalb der deutschen Volkswirtschaft sowie die damit verbundenen Selbstwahrnehmungen und Zuschreibungen fundierten die Argumentationen während der Seerechtskonferenz.

6.1 Entwicklung und Stellenwert der deutschen Hochseefischerei für die Küstenregionen unter Berücksichtigung ihres Selbstbildes

Im Jahr 1971 feierte die NORDSEE Deutsche Hochseefischerei AG ihr 75-jähriges Firmenjubiläum. Seit seiner Gründung 1896 hatte das Unternehmen zwei Weltkriege überstanden und war durch Fusion mit kleineren Reedereien gewachsen. Später war es selbst vom Unilever-Konzern „geschluckt" worden und mit dem Vertriebszweig sowie dem Gastronomiekonzept „NORDSEE-Quick" in die ganze Republik expandiert.[4] Der Reedereiabteilung des Unternehmens ging es dabei jedoch nur scheinbar gut. Gewinne konnte man nur verzeichnen, weil man einen Betriebsüberschuss der Reederei zu Lasten der anderen Abteilungen auswies.[5] Damit war die NORDSEE-Reederei ein typisches Beispiel für die Entwicklung der deutschen Hochseefischerei, deren Branche sich seit 1950 in einem fortwähren-

4 Werner Jakobeit/Karl Keirat: Die Firmengeschichte der Reederei „NORDSEE", Cuxhaven 2016.
5 Bundesarchiv (BArch) B 116/46699, Untersuchung der Kosten- und Ertragslage in der Großen Hochseefischerei für das Geschäftsjahr 1971, hier: Betriebsergebnisse der Reedereigruppen, 20.11.1971.

den Konzentrationsprozess befand. Gab es 1950 noch 40 Reedereien, waren diese 1970 in nur noch vier Reedereigruppen zusammengefasst und, mit Ausnahme der Hamburger Pickenpack-Gruppe, von großen Lebensmittelkonzernen übernommen worden, namentlich Unilever, Oetker und Jacobs.[6]

In einer Sonderausgabe der Nordsee-Nachrichten anlässlich des NORDSEE-Jubiläums 1971 ließ der Vorsitzende der Geschäftsleitung, Berthold Freyberg, in einem Grußwort zum 75-jährigen Bestehen die bewegte Geschichte des Unternehmens Revue passieren und prognostizierte neue Herausforderungen. Dabei verwies er zum einen auf die Erkenntnis, dass das Meer nicht so unerschöpflich sei, wie man lange Zeit geglaubt hatte. Das Meer müsse „vernünftig bewirtschaftet“ werden, ohne dass dabei durch falsche Fangmethoden ganze Bestände ausgerottet würden. Denn damit gingen die „wichtigsten Eiweißreserven“ verloren.[7]

Zum anderen verwies er auf die sich auftürmenden politischen Probleme: „Die ‚Freiheit der Meere‘ im alten Sinne ist in Frage gestellt, und die Ansprüche der Uferstaaten stellen alle fischfangtreibenden Nationen vor Probleme. Wir hoffen, dass sie gelöst werden.“[8] Hinter diesen Worten verbargen sich zwei Botschaften an die Leser aus der Fischereiwirtschaft. Der Verweis auf die Eiweißreserven diente der Selbstvergewisserung: Indem man das Meer als Proteinspeicher abstrahierte, ließ sich dessen Charakter als für die Menschheit lebenswichtigem Ressourcenreservoir betonen, für dessen Ausschöpfung es der Hochseefischerei bedurfte. Freyberg führte zugleich die politischen Probleme ins Feld und suchte damit zu verdeutlichen, dass die große Herausforderung aus Sicht der Hochseefischerei von außen kam und man deren Lösung dementsprechend nicht selbst in der Hand hatte. Fortfahrend pries Freyberg den „Geist der NORDSEE“, der sich im Sozialverhalten des Unternehmens äußere: „Es gibt ihn wirklich. Wir haben etwas von denen übernommen, die vor uns die NORDSEE geprägt haben.“ Mit dieser beinahe mythisch anmutenden Verbindung in die Vergangenheit schwor Freyberg die Mitarbeiter auf Solidarität und Geduld ein, die für die Lösung der Probleme der Zukunft notwendig sein würden.[9]

Solche mythischen Motive hatten in der Hochseefischerei Tradition. Dies lässt sich nicht zuletzt darauf zurückführen, dass die Tätigkeit des Hochseefischers, ähnlich wie die des Bergmanns, mit großen Entbehrungen und Gefahren ver-

6 Baartz, Entwicklung und Strukturwandel der deutschen Hochseefischerei, S. 291.

7 Archiv des Deutschen Schifffahrtsmuseums Bremerhaven (DSM-Archiv), R06 – 4.11 NORDSEE-Archiv, Grußwort des Vorsitzenden Freyberg, in: Logbuch 1896 – 1971. 75 Jahre Nordsee. Sonderausgabe der Nordsee-Nachrichten zum 75jährigen Bestehen der NORDSEE, 23.04.1971.

8 Ebd.

9 Ebd.

bunden war. Harte Handarbeit auf See und Stürme hatten innerhalb der ersten 60 Jahre der Hochseefischerei an die 3.000 Tote gefordert, wie der Geschäftsführer des Verbands der deutschen Hochseefischereien 1954 anlässlich des „Tags des Hochseefischers" betonte, der in den wichtigen Fischereistandorten Bremerhaven, Cuxhaven, Hamburg und Kiel stattfand.[10]

Der Verband war 1918 gegründet worden, um die deutsche Fischereiflotte nach dem Ersten Weltkrieg wiederaufzubauen. Nach einer kurzfristigen Auflösung im Jahr 1926 wurde er 1927 zunächst als Arbeitgeberverband neugegründet, wandelte sich dann aber schnell wieder zu einem Vertreter der wirtschaftlichen Interessen der Branche.[11] Im Jahr 1953 organisierte der Verband erstmalig einen Tag des Hochseefischers, um die Arbeit des Fischers zu würdigen, der „in seiner Arbeit etwas mehr ist als andere".[12] Dazu waren Gäste aus Wirtschaft, Staat und Kirche geladen. Bei seiner Ansprache im Stadttheater Bremerhaven verkündete der Verbandsvorsitzende Heinrich Loges pathetisch:

> Wir Reeder wissen, wer Ihr seid und was wir Euch schuldig sind, und dieser ‚Tag des Hochseefischers' soll nichts anderes sein als eine einzige Danksagung an Euch für alles, was Ihr getan und geleistet habt. Ihr alle, Kapitäne und Steuerleute, Maschinisten und Heizer, Funker, Netzmacher, Köche und Matrosen, Ihr lasst Euch in Eurer Arbeit und Eurer Einsatzbereitschaft durch keinen anderen Berufsstand in Deutschland und keine Fischereination der Welt übertreffen. Wir Deutschen sind nun einmal – gezwungen durch die Verhältnisse – ein Volk der Arbeit und werden es nach Tradition, äußeren Umständen und innerer Berufung auch bleiben. Und wir sind stolz darauf. Besonders stolz auf euch, die Hochseefischer.[13]

In Loges' Lesart standen die „Männer am Netz"[14] für Heldenmut. Die Assoziation zum Soldatentum darf man wohl als gewollt begreifen. Die Begleitbroschüre zum Tag des Hochseefischers griff dieses Narrativ auf und bezog sich direkt auf die entbehrungsreichen Nachkriegserfahrungen: „Der Fisch den unsere Fischdampfer einbringen, ist ein wertvolles Nahrungsgut, das uns in Notzeiten im Kampf

---

10 Geschäftsführer Dierks auf der Pressekonferenz. DSM-Archiv, R 06 – 7.18 NORDSEE-Archiv, Pressematerial Tag des Hochseefischers 1954.

11 Verband der deutschen Hochseefischereien e.V. (Hrsg.): Männer Trawler Meere, Bremen 1961, S. 30.

12 DSM-Archiv, R 06 – 7.18 NORDSEE-Archiv, Pressematerial Tag des Hochseefischers 1953, Ansprache Direktor Heinrich Loges, Vorsitzender Verband der deutschen Hochseefischereien e.V. im Stadttheater Bremerhaven, 12.07.1953.

13 Ebd.

14 DSM-Archiv, III A 1429 Hochseefischerei und Kutterfischerei Lundbeck, Broschüre „Tag des Hochseefischers", 11. und 12. Juli 1953.

gegen den Hunger half und heute hilft, die für unsere Wirtschaft so bedrohliche Eiweißlücke zu schließen und die Volksgesundheit zu fördern."[15]

Den Hochseefischer zeichnete demnach nicht nur Heldenmut, sondern auch Opferbereitschaft aus. Dies vermittelt auch die Bildsprache der Begleitbroschüre zum „Tag des Hochseefischers", für die ein aus dem Jahr 1936 stammendes Bild verwendet wurde.[16] Derart heroisch dargestellt, sollte der Hochseefischer seine Arbeit als Dienst am Volk begreifen.

Gleichzeitig steckte darin auch eine klare Botschaft an die Öffentlichkeit und die für die Fischerei zuständigen Politiker. Nicht umsonst zählte Ministerialdirigent Meseck, Ressortleiter im Ministerium für Landwirtschaft und Forsten zu den geladenen Gästen. Dieser erinnerte auf der gleichen Veranstaltung ein Jahr später an die volkswirtschaftliche Bedeutung der Hochseefischerei: „Auch für uns, für unsere Bundesrepublik, stellt die Seefischerei eine einzigartige Nahrungsreserve dar, die wir zudem ohne Devisen uns zugänglich machen können – womit wir durchaus keine autarkischen Überlegungen verbinden."[17]

Damit spielte er wohl auf die nationalsozialistischen Autarkiebestrebungen an, in deren Rahmen der Ausbau der Hochseefischerei und des Walfangs die durch den Rückgang der Fleischimporte entstandene „Eiweißlücke" hatte schließen sollen.[18] Auch das Argument der Devisenfreiheit der Meeresressourcen war schon Teil der nationalsozialistischen Propaganda gewesen. Die „Devisenfreiheit" zog sich jedoch bereits seit dem 19. Jahrhundert und letztlich bis zur Einführung ausschließlicher Wirtschaftszonen wie ein roter Faden durch alle fischereiwirtschaftlichen Debatten. Denn die Devisenfreiheit beruhte auf jener Fischereifreiheit, die die Hochzüchtung der deutschen Fischereiflotte für die Große Hochseefischerei erst ermöglicht hatte, wie Ingo Heidbrink in seiner Studie zur Geschichte der deutschen Hochseefischerei herausgearbeitet hat.[19]

Während die Kleine Hochseefischerei Hochseekutter mit geringerer Motorleistung einsetzt, ist die Große Hochseefischerei gleichbedeutend mit der Fernfischerei, die weit entfernt liegende Fanggebiete aufsucht. Für Deutschland waren dies vornehmlich Fanggründe vor Island, Neufundland und Grönland, auf die

15 Ebd.

16 DSM-Archiv, III A 1429 Hochseefischerei und Kutterfischerei Lundbeck, Postkarte „50 Jahre Deutsche Hochseefischerei, Wesermünde 25. – 26. Sept. '36".

17 Ausführungen Ministerialdirigent Meseck anlässlich der Pressekonferenz am „Tag des Hochseefischers" 1954, DSM-Archiv, R 06 – 7.18 NORDSEE-Archiv, Pressematerial Tag des Hochseefischers 1954.

18 Vgl. Ole Sparenberg: „Segen des Meeres". Hochseefischerei und Walfang im Rahmen der nationalsozialistischen Autarkiepolitik, Berlin 2012.

19 Heidbrink, „Deutschlands einzige Kolonie ist das Meer!".

Abb. 2: Deckblatt der Broschüre zum „Tag des Hochseefischers" 1953.
DSM-Archiv, III A 1429 Hochseefischerei und Kutterfischerei Lundbeck.

man wegen Überfischungserscheinungen in der Nordsee auswich. 1891 brach einer der ersten Hochsee-Fischdampfer, die „Präsident Herwig", erstmalig Richtung Island auf.[20] Wenngleich die Fahrt aus ökonomischer Sicht nicht von Erfolg gekrönt war, kam die Besatzung mit der frohen Kunde von reichen Fischgründen zurück. Die deutschen Fangflotten expandierten sukzessive auch in andere ent-

20 Ebd., S. 35.

fernt liegende Gewässer, wie zum Beispiel in die Barentssee oder das Gebiet um die Bäreninsel zwischen dem Nordkap und Spitzbergen. Dass die Fahrten sich lohnten, zeigt ein Blick auf die Zahlen: Während in der Nordsee im Jahr 1922 bei 3807 Reisen an die 66.190 Tonnen gefangen wurden, brachte die Islandfischerei bei 919 Reisen 44.779 Tonnen Fangmenge ein.[21] Die Lukrativität der Hochseefischerei stieg durch den Bau moderner Fabrikschiffe zu Beginn der 1940er Jahre nochmals an. Die darin verbaute Tiefkühltechnik ermöglichte es, noch ausgedehntere Fangfahrten zu unternehmen, ohne dass der Fisch während der langen Reise verdarb. Die Technik verbesserte sich ständig, und ab den 1960ern wurden Fangfabrikschiffe zum Standard, die sowohl über Fangeinrichtungen als auch über Filetieranlagen und Tiefkühlladeräume verfügten.[22]

Nachdem die deutsche Fischereiflotte im Zweiten Weltkrieg stark dezimiert worden war und der Alliierte Kontrollrat 1950 die nach dem Krieg verhängten Neubaubeschränkungen aufgehoben hatte, expandierte die Hochseefischerei erneut, hatte nun aber mit der Liberalisierung des Handels im Agrar- und Fischereiproduktsektor zu kämpfen. Der damit einhergehende Importdruck führte dazu, dass der Markt die steigenden Anlandungen nicht mehr aufnehmen konnte. Diese Absatzschwierigkeiten stürzten den Sektor der Hochseefischerei in eine andauernde Krise, die sich auf die Flottenkapazität und auch auf die Anzahl an Reedereien auswirkte.[23] Kapitalschwache und kleinere Reedereien konnten sich nicht halten, größere wie die NORDSEE-Reederei übernahmen hingegen einige Betriebe und legten Neubauprogramme für moderne Fangschiffe auf – 1961 wurden die ersten Hecktrawler eingesetzt, die die Seitentrawler ablösten.[24] Während der Fischabsatz rückläufig war, erwies sich der Fischfang in der Nordsee als zusehends unergiebiger. Ermöglicht durch den erweiterten Aktionsradius der Fabrikschiffe, gedieh die Fernfischerei vor Grönland und Kanada. Auch die Ausdehnung der Hoheitsgewässer auf 12 Seemeilen durch Island 1958 trug dazu bei, dass die Fangplätze im Nordwestatlantik höher frequentiert wurden. Island, dessen Volkswirtschaft wie bei keinem anderen Land der Welt vom Fischexport abhing, sah diese durch technisch überlegene ausländische Flotten vor seiner Küste gefährdet und entschied sich deshalb, zur Wahrung der eigenen Interessen unilateral eine 12 Seemeilen breite Schutzzone einzurichten, nachdem die erste

---

21 Jahresübersicht Dampferfischerei (sämtliche deutsche Fischereihäfen), in: ebd., S. 42.

22 Ebd., S. 61.

23 Rolf Hagemann: 1885 – 1985. Einhundert Jahre deutsche Hochseefischerei, in: Büro Bremerhaven-Werbung/Fischereihafen-Betriebsgesellschaft mbH Bremerhaven (Hrsg.): Zum Jubiläum 1885 – 1985. 100 Jahre deutsche Hochseefischerei, Bremerhaven 1985, S. 11 – 31, hier S. 23.

24 Jakobeit/Keirat: Die Firmengeschichte der Reederei „Nordsee“, S. 33.

Seerechtskonferenz 1958 die Problematik der Fischereigrenzen nicht hatte lösen können.[25]

Während Deutschland auf Verhandlungen setzte, gaben die Briten, für die Islands Küsten ebenfalls wichtige Fangplätze waren, ihren Trawlern mit Schiffen der Royal Navy Geleitschutz. Die Isländer wiederum setzten ihre Küstenwachboote ein, wovon einige ebenfalls bewaffnet waren. Der als *Cod War* in die Geschichte eingegangene britisch-isländische Fischereikrieg wurde indes mit eher ungewöhnlichen Mitteln ausgefochten: So hinderten die Isländer die britische Besatzung am Ausbringen der Netze. Die wiederum versuchten, sich der Isländer mit Kartoffeln, gefrorenen Fischen und Bootshaken zu erwehren.[26] Derlei Scharmützel sollten auch in den 1970er Jahren noch einmal von Belang werden, diesmal jedoch auch zwischen Island und der Bundesrepublik, die sich 1958 noch für eine diplomatische Lösung entschieden hatte und sich aus der neuen 12 Seemeilen-Zone fernhielt. Auf diesem Wege wurde 1961 eine dreijährige Übergangsphase ausgehandelt, die es der deutschen Hochseefischerei ermöglichen sollte, sich allmählich den neuen Umständen anzupassen.[27]

Der bereits eingeläutete Strukturwandel des deutschen Fischereisektors ließ sich nicht aufhalten. Durch den Verlust der Fangplätze und die Modernisierung der Flotte, aber auch durch die fortschreitende Entwicklung des Tiefkühlmarktes, änderten sich die Zusammensetzung der Besatzung und die Arbeitsweise auf See. Als Reaktion auf die Absatzschwierigkeiten exportierte die Bundesrepublik überdies immer mehr Erzeugnisse, so zum Beispiel Salzfisch aus Neufundland für iberische Abnehmer oder Trockenfisch im Rahmen der Ernährungshilfe für afrikanische Regionen. Zuschnitt und Ausrüstung der noch jungen Hochseefischereiflotte mochten zu diesen Entwicklungen nicht mehr recht passen. Allerdings gehörten die norddeutschen Küstengebiete zu den strukturschwächeren Regionen der Küstenbundesländer und insgesamt waren 1970 ca. 13.000 Menschen in der Fischindustrie beschäftigt. Um den regional bedeutsamen Wirtschaftszweig zu stützen, gewährte die Bundesregierung 1962, sowie nochmals 1967, ein Umstrukturierungsprogramm mit Abwrack- und Neubauhilfen sowie Zinsverbilligungen.[28] Dadurch schrumpfte die Zahl der Frischfischfänger während der 1960er

25 Heidbrink, „Deutschlands einzige Kolonie ist das Meer!“, S. 91.

26 Ebd., S. 93 f.

27 Ebd., S. 100.

28 DSM-Archiv, R 06 – 7.18 NORDSEE-Archiv, Broschüre der Fischereihafen-Betriebsgesellschaft Bremerhaven: Zum Jubiläum. 1885 – 1985. 100 Jahre deutsche Hochseefischerei, S. 26.

Jahre um zwei Drittel. Die Zahl der Teilfroster halbierte sich, wohingegen die Vollfroster-Flotte von zwei Schiffen im Jahr 1960 auf 41 im Jahr 1969 anwuchs.[29]

Um die Strukturanpassungen vornehmen zu können, waren die Fischereibetriebe auf hohe Subventionen angewiesen. Bereits 1965 war die Eigenkapitalausstattung der Hochseefischerei auf nur noch ca. 13 % gesunken. Zwar konnten die Betriebe durch die Subventionierung hier und da noch Gewinne verzeichnen. Aus volkswirtschaftlicher Sicht stellte die Hochseefischerei allerdings eine Belastung dar.[30] Diese Entwicklung setzte sich fort. 1972 investierte die Bundesrepublik über 27 Millionen D-Mark in die deutsche Hochseefischerei (davon entfiel ein Großteil auf Neubaudarlehen im Rahmen eines Sofortprogramms für Fabrikschiffe, der Rest auf Zinsverbilligungen sowie Struktur- und Konsolidierungsbeihilfen). Zusätzliche Stützen erhielt die Fischwirtschaft durch die Küstenbundesländer, die unter anderem Marktgesellschaften subventionierten sowie Zuschüsse und Darlehen gewährten.[31]

Mit dem Strukturwandel ging auch die Erschließung neuer Fanggründe und damit die „Blütezeit der Fernfischerei“[32] einher. Denn die „biologischen und hydrographischen Veränderungen auf einigen Fanggebieten, im einen oder anderen Fall vielleicht auch zu intensive Befischung, hatten dazu geführt, daß auf manchen Fangplätzen nachlassende Fänge zu verzeichnen waren“, wie es 1971 in der Sonderausgabe der Nordsee-Nachrichten zum 75-jährigen Bestehen der NORDSEE verharmlosend hieß.[33] Diese Überfischungserscheinungen, die damit einhergehenden Fangverbote für Hering und Kabeljau sowie der drohende Verlust von Fangplätzen durch die Ausdehnung der Fischereigrenzen zwangen die deutsche Hochseefischerei, neben den bisherigen Fernfischereigebieten im Nordatlantik in weitere Meeresgebiete vorzustoßen. 1966 fand eine Expeditionsreise des Fangfabrikschiffs „Tübingen“ vor die südafrikanische Westküste statt. Ein Jahr später erkundete das Fischereiforschungsschiff „Walther Herwig“ die Küsten vor Uruguay und Argentinien.[34] Diese Initiativen gingen dabei nicht unbedingt von den

29 Baartz, Entwicklung und Strukturwandel der deutschen Hochseefischerei, S. 348; vgl. auch Heidbrink, „Deutschlands einzige Kolonie ist das Meer!“, S. 107.

30 Ebd., S. 122.

31 BArch B 116/46716, R. Lasch: Entwurf „Die Struktur der Fischwirtschaft in den Küstenländern der Bundesrepublik Deutschland“, Institut für landwirtschaftliche Marktforschung Braunschweig-Völkenrode 1972.

32 Heidbrink, „Deutschlands einzige Kolonie ist das Meer!“, S. 106.

33 DSM-Archiv, R06–4.11 NORDSEE-Archiv, Logbuch 1896–1971. 75 Jahre Nordsee. Sonderausgabe der Nordsee-Nachrichten zum 75jährigen Bestehen der NORDSEE, 23.04.1971, S. 63.

34 Jakobeit/Keirat, Die Firmengeschichte der Reederei „Nordsee“, S. 35.

Reedereien der Hochseefischerei selbst aus, sondern von der im Bundesministerium für Landwirtschaft und Forsten (BML) angesiedelten Bundesforschungsanstalt für Fischerei.

Während einer Sitzung der „Kommission für die Erschließung neuer Fanggründe" im Juni 1966 bei der Bremerhavener Fischerei-Betriebsgesellschaft berieten Reederei-Angehörige, der Hochseefischerei-Verband und Mitarbeiter der Bundesforschungsanstalt über die Erkundungsreise. Die Vertreter der Hochseefischerei äußerten ihren Unmut darüber, nicht frühzeitig in die Planungen einbezogen worden zu sein, stellten aber trotzdem sowohl einen Kapitän als auch Material für die Expedition. Gleichzeitig zeigten sie sich skeptisch im Hinblick auf künftige Ausweitungen der Fischereigrenzen durch Argentinien, Brasilien, Uruguay und Chile.[35] Dahinter stand nicht nur die Befürchtung, in Unternehmungen ohne Zukunft zu investieren, sondern auch die mangelnde Bereitschaft, die gewohnten Fanggründe zu verlassen. So könne ein Engagement „in Übersee" aufgrund der „vielfältigen hier vorliegenden Aufgaben" zurzeit nicht eingegangen werden, antwortete der Verband noch 1971 auf eine Kooperationsanfrage aus Uruguay.[36]

Mit der Befürchtung einer baldigen Ausweitung der Fischereigrenzen lag die deutsche Hochseefischerei richtig. Bereits 1968 erweiterte die argentinische Regierung ihre Hoheitsgewässer auf 200 Seemeilen und reagierte damit auf die „bedrohlich zunehmende sowjetrussische Fischerei".[37] Die Aussichten für die Fernfischerei trübten sich also für alle fernfischenden Staaten. Gleichwohl hoffte die deutsche Hochseefischerei, ihre angestammten Fanggebiete würden von diesen Entwicklungen verschont bleiben, wofür sie sich mit eifriger Lobbyarbeit engagierte.

Der Verband der deutschen Hochseefischereien verstand es scheinbar, seine Beziehungen an den entsprechenden Stellen einzusetzen und dem Wirtschaftszweig dadurch etwas Luft zu verschaffen. So verkündete der Jahresbericht des

35 BArch B 116/42707, 1. Forschungsreise des FFS Walther Herwig zu den südamerikanischen Schelfgebieten vor der Küste Argentiniens, Protokoll über Sitzung der „Kommission für die Erschließung neuer Fanggründe", 01.06.1966.

36 Brief Verband der deutschen Hochseefischereien e.V. Fritz Heissmann an Handelsattaché a.D. Maurice A. Chaitin, in: 79 III Deutsche Hochseefischerei im internationalen Rahmen Jan. 1963-Nov.1972, Archiv DSM: Verband deutscher Hochseefischereien, zitiert in Heidbrink, „Deutschlands einzige Kolonie ist das Meer!", S. 121, Fn. 47.

37 BArch B 116/42707, 1. Forschungsreise des FFS Walther Herwig zu den südamerikanischen Schelfgebieten vor der Küste Argentiniens, Staatssekretär BML an Ministerialdirigent Meseck: Vermerk zur Unterrichtung, 24.01.1968.

Verbands 1967, man habe durch vielseitige Bemühungen und Gespräche mit Abgeordneten und den zuständigen Referenten im BML wiederholt eine Struktur- und Konsolidierungshilfe in Höhe von 7 Millionen DM aushandeln können, und überhaupt verbinde den Verband mit der Unterabteilung Fischwirtschaft des BML eine gute Zusammenarbeit. Auch mit der Bundesforschungsanstalt für Fischerei sei man mittlerweile in gutem Kontakt.[38] Der Verband fühlte sich demnach gewappnet für kommende Herausforderungen. Zumindest beteuerte er dies, um seine Mitglieder zu beruhigen (dies waren NORDSEE, Hanseatische, Nordstern und Pickenpack). Die momentane Krise habe den Reedern das Vertrauen zur Wiederherstellung einer besseren Grundlage des Gewerbes nicht genommen, heißt es im Jahresbericht.[39] Das Produkt Fisch werde weiterhin benötigt und sei, sowohl in gefrosteter als auch in frischer Form, begehrt – und noch dazu gesund. Diese Form der Selbstvergewisserung ging einher mit dem bereits bekannten Motiv, ein Opfer widriger Umstände zu sein:

> Die deutsche Hochseefischerei glaubt nach wie vor, den entscheidend durch Krieg, Nachkriegszeit und revolutionäre Entwicklung im Markt hervorgerufenen Rückschlägen letztlich doch begegnen zu können und damit auch nach und nach das wirtschaftliche Fundament der deutschen Hochseefischerei so zu festigen, daß sie aus eigener Kraft bestehen und sich weiter entwickeln kann.[40]

Die in dieser bereits recht verzweifelt klingenden Durchhalteparole angeführten Gründe für die Probleme der Hochseefischerei sollten bereits in naher Zukunft durch einen weiteren Aspekt ergänzt werden, nämlich durch die revolutionären Entwicklungen im Seevölkerrecht. Jedoch ließ sich deren Ausmaß 1967, demselben Jahr, in dem Arvid Pardo seine berühmte Rede vor der Generalversammlung hielt, lediglich erahnen.

6.2 Traditionelle Fanggründe und historische Rechte – Die proaktive Phase bis zur dritten Sitzungsperiode 1975

6.2.1 Ausgangslage und Aktivitäten vor Beginn der Konferenz

Die Ausgangslage der Bundesrepublik Deutschland für die Verhandlungen über lebende Ressourcen auf der Seerechtskonferenz war nicht unbedingt günstig.

38 DSM-Archiv, III A 1173 Nachrichten aus der Nordsee-Fischerei, Verband der deutschen Hochseefischereien e.V.: Jahresbericht 1967, S. 5.
39 Ebd., S. 24.
40 Ebd.

Dies hatte verschiedene Gründe. Erstens konnte sie nicht mit einer langen Küstenlinie aufwarten und musste sich die kleine Nordsee und die noch kleinere Ostsee mit vielen Anrainerstaaten teilen. Dies unterschied sie von den meisten ihrer üblichen Verbündeten. Sowohl die Vereinigten Staaten als auch Kanada und Großbritannien verfügten über besonders ausgedehnte und reichhaltige Küsten, während die Bundesrepublik von der Fernfischerei abhängig war. Dies einte sie sowohl mit der Sowjetunion als auch mit Japan, die große Fernfischereiflotten besaßen. Als hochindustrialisierter Staat hatte sie demgegenüber in der Meeresbergbaufrage sowie hinsichtlich der Schifffahrtsfreiheit und der Meeresforschung ähnliche Interessen wie die anderen Industrieländer, was befürchten ließ, dass das Sachgebiet Fischerei eine gemeinsame Linie dieser Staaten unterlaufen könnte. Zweitens war die Bundesrepublik keine traditionelle Seefahrernation, und ein Großteil der Bevölkerung stand nicht in unmittelbarer Beziehung zum Meer. Die Abhängigkeit vom Meer war sozialgeographisch auf die verhältnismäßig kleinen Küstenregionen beschränkt, und insofern fand die Seerechtskonferenz wenig öffentliche Beachtung.[41] Die zunächst randständige Behandlung der Seerechtsfrage hing, drittens, wohl auch damit zusammen, dass die Bundesrepublik erst 1973 Mitglied der Vereinten Nationen wurde. Zwar war sie bereits seit den 1950er Jahren in zahlreichen Sonderorganisationen vertreten, was auch ohne Mitgliedschaft möglich war. Jedoch verhinderte die Nichtmitgliedschaft in den Vereinten Nationen ihre aktive Mitarbeit im Meeresbodenausschuss, der die Konferenz vorbereitete.

Und so begann man auch erst wenige Monate vor Beginn der dritten Seerechtskonferenz, eine Delegation zusammenzustellen. Als Delegationsleiter verpflichtete das Auswärtige Amt mit Sonderauftrag den bereits im Ruhestand befindlichen ehemaligen deutschen Botschafter in Brasilia, Karl Hermann Knoke. Erst im Juli 1973, fünf Monate vor Beginn der ersten Konferenzsitzung, nahm Knoke mit einer Sondergenehmigung erstmalig an einer Sitzung des Meeresbodenausschusses in Genf teil. Hinzu kam, dass die Genehmigung hierfür nicht rechtzeitig erfolgt war, was in Genf zu einer peinlichen Situation für den deutschen Diplomaten führte, der in der Folge nur als Zuhörer anwesend sein durfte.[42]

Nun wäre es falsch, zu behaupten, dass die bundesdeutsche Delegation aufgrund dieser vielfältigen misslichen Umstände gänzlich unvorbereitet in die Konferenz startete. Auf Ebene der Europäischen Gemeinschaften (EG) fanden bereits im Vorfeld Abstimmungen statt und aufgrund der Teilnahme der anderen

41 Vgl. zur Wahrnehmung des Meeres in Deutschland auch Ruppenthal, Raubbau und Meerestechnik, S. 69.

42 Politisches Archiv des Auswärtigen Amtes (PA AA) B 88 (ZA)/ 193900, Fernschreiben Knokes aus Genf an das Auswärtige Amt (AA), 04.07.1973.

Mitglieder waren die betroffenen bundesdeutschen Ressorts durchaus über die Vorgänge und Positionen anderer Staaten informiert. Dies galt auch für Fischereifragen. Aufgrund der 1970 eingeführten gemeinsamen Strukturpolitik für die Fischwirtschaft im Rahmen der europäischen Integration trafen sowohl das BML als auch die Fischereiverbände regelmäßig mit den Vertretern der anderen Mitgliedstaaten zusammen. Dies begünstigte die Entwicklung einer gemeinsamen EG-Haltung beziehungsweise ermöglichte zumindest den Versuch einer solchen Konsolidierung.[43]

Die Gruppe „Meeresgründe“ des beratenden Ausschusses für die Fischwirtschaft der EWG traf erstmalig am 22. November 1972 zusammen, um eine vorläufige gemeinsame Konferenzstrategie zu erarbeiten.[44] Man war sich einig, dass die Kommission auf die in der Gruppe mitarbeitenden Berufsverbände – darunter auch der deutsche Hochseefischerei-Verband – angewiesen sei, da nur sie die wirtschaftlichen und sozialen Gegebenheiten, mithin die „Realitäten der europäischen Fischwirtschaft“[45] kompetent zu beurteilen vermochten. Um die Politiken der Mitgliedstaaten koordinieren zu können, erbat die Kommission ein Arbeitspapier, in dem die nationalen Fischereiverbände eine gemeinsame Haltung entwickeln sollten. Als Grundlage hierfür erarbeitete die Gruppe wesentliche Aspekte ihrer Aktionsprinzipien, mit denen die Mitgliedstaaten im Meeresbodenausschuss und später auf der Seerechtskonferenz die Interessen der EG verteidigen sollten.[46] Wenngleich die deutsche Fischereipolitik also noch nicht direkt ihre ureigenen Interessen vertreten konnte, war es ihr doch zumindest möglich, auf EG-Ebene an einer für sie günstigen Weichenstellung mitzuarbeiten.

Im Vordergrund der Überlegungen der Expertengruppe stand eine „vernünftige Nutzung“ der Meeresreichtümer, die man durch die „derzeitigen unvernünftigen Praktiken“ gefährdet sah. In diesem Sinne hielt die Gruppe fest:

> Wichtigster Grundsatz muß sein: die Notwendigkeit *gemeinsam* auf vernünftigen Grundlagen die *Verwaltung der Ozeane* (zum Zwecke der Erhaltung und des Schutzes der Lebewesen) zu *organisieren*, da diese Ozeane ein gemeinsames Menschheitsgut darstellen. Jede Haltung, die auf eine zerstörende Ausbeutung der Fischpopulationen abzielt, muß als krimineller Übergriff auf dieses Gut angesehen werden.[47]

---

43 Vgl. hierzu den Bestand B 116/46716 (EG-Sitzungen des Ständigen Strukturausschusses für die Fischwirtschaft) im Bundesarchiv (BArch) sowie Verordnung (EWG) Nr. 2141/70 des Rates vom 20.10.1970 über die Einführung einer gemeinsamen Strukturpolitik für die Fischwirtschaft.

44 BArch B 116/46767, Vorentwurf Bericht Gruppe „Meeresgründe“ des beratenden Ausschusses für die Fischwirtschaft der EWG, erste Sitzung am 22.11.1971.

45 Ebd.

46 Ebd.

47 Ebd.

Das in dieser Formulierung mitschwingende Prinzip des Gemeinsamen Erbes bezog sich hier nicht nur auf die Meeresbodenschätze, sondern diente auch als Grundlage für den Umgang mit den lebenden Ressourcen, wenngleich mit der Formulierung „gemeinsames Menschheits*gut*“ die Nutzungsdimension eindeutig in den Vordergrund rückte. Der Schutz der „Lebewesen“ vor zerstörender Ausbeutung war in diesem Sinne ein Gebot der Wirtschaftlichkeit. Darin impliziert war die Wahrnehmung von Fisch als knapper werdende Ressource.

Wie Jens Ruppenthal nachgewiesen hat, war noch in den 1950er Jahren das Diktum von der Unerschöpflichkeit der Meere innerhalb der Fischereiwirtschaft und -forschung verbreitet. Erst während der 1960er Jahre diskutierten die Experten verstärkt über die Überfischungsproblematik, die man jedoch eher als punktuell wahrnahm und nicht als eine realistische Gefahr für die Fischereiwirtschaft als Ganzes begriff – auch, weil die erweiterten technischen Möglichkeiten, etwa durch Fangfabrikschiffe, es erlaubten, überfischte Bestände im wahrsten Sinne des Wortes hinter sich zu lassen und auf andere Gebiete auszuweichen. Zudem glaubte man an die Innovationen aus der Fischereiforschung, die die Fischerei weiterhin ertragsfähig halten würde.[48]

Anfang der 1970er Jahre hingegen war klar, dass auch ganze Meeresgebiete überfischt und dadurch unwirtschaftlich werden konnten, weswegen die Fischereiforschung sowie die Forschungspolitik ihre Bestrebungen zur Erschließung „neuer“ lebender Ressourcen, wie beispielsweise Krill oder Tintenfisch, intensivierten.[49]

Insofern ging es den EG-Fischereiexperten also nicht um den Schutz von „Lebewesen“ im eigentlichen Sinne. Der Schutz galt vor allem der Erhaltung der Ertragsfähigkeit, dem lukrativen Geschäft und damit auch der Systemerhaltung der Fischereiwirtschaft. Verstieß also eine Nutzerpartei gegen diese Grundsätze, störte dies – ganz im Sinne der „Tragödie der Allmende“ – das gesamte System. Allein deswegen brauchte es eine Instanz, die darauf achtete, dass dieses System im Gleichgewicht blieb.

Und so bezogen die Verfasser mit dem Verweis auf eine gemeinsame Organisation auch eine gerechte Verteilung von Ressourcen in ihre Grundsätze ein. Diese müsse sowohl „Entwicklungsprobleme in der Welt“ als auch die tatsächlichen Gegebenheiten der Fischwirtschaft in den einzelnen Ländern berücksichtigen.[50] Hier trage die EWG eine besondere Verantwortung, da sie „als fort-

48 Ruppenthal, Raubbau und Meerestechnik, S. 87.

49 Ebd., S. 89.

50 BArch B 116/46767, Vorentwurf Bericht Gruppe „Meeresgründe“ des beratenden Ausschusses für die Fischwirtschaft der EWG, erste Sitzung am 22.11.1971.

geschrittener Wirtschaftsblock in besonderer Weise mitverantwortlich für die Entwicklung der übrigen Welt“ sei. Gleichwohl verband man dies mit der Prämisse, dass die EWG ihre Verantwortung nur wahrnehmen könne, wenn sie die Erhaltung ihrer eigenen Fischwirtschaft sicherstellen und Möglichkeiten für ihr Fortbestehen finden würde.[51]

Dies hieß konkret, dass die Aufhebung traditioneller Fanggründe durch die Ausweitung nationaler Fischereizonen unbedingt verhindert werden musste, da ein Rückzug in die eigenen Gewässer jeweils Überfischung zur Folge haben würde. Insofern waren die Bekenntnisse zur gerechten Ressourcenverteilung im Sinne der Entwicklungsländer nur ein vorgeschobenes Argument der EG-Strategie. Zuvorderst ging es um die Erhaltung der eigenen Fischereisektoren. Dementsprechend sei es zwar geboten, auf der Konferenz einen progressiven Kurs einzuschlagen, um zu „einer weltweiten Lösung der Probleme des Rechts der Weltmeere“ beizutragen, jedoch dürften die Mitglieder nicht akzeptieren, mit einer solchen Lösung gegen sich selbst und die eigenen Interessen vorzugehen.[52]

Diesem „Prinzip des Überlebens“ folgend war es das gemeinsame Hauptanliegen der EG-Staaten, den Begriff der Wirtschaftszone, wie er im Meeresbodenausschuss diskutiert wurde, zu beseitigen. Er erschien den Europäern zu verallgemeinernd, weil er grundlegende biologische und geographische Unterschiede nicht hinreichend berücksichtige.[53] Stattdessen befürwortete man regionale und sektorale Lösungen, die sich an verschiedenen Kategorien ausrichten sollten. Einige von diesen Kategorien wären wohl durchaus auch für „Territorialisten“ wie Peru annehmbar gewesen, wie zum Beispiel die Ökologie der Fischarten, empfindliche Arten oder die spezifischen Situationen für Entwicklungsländer. Andere waren eindeutig auf die Interessen der EG-Mitglieder zugeschnitten, wie in der Verbindung zwischen den Kategorien „historische Rechte“ und „wirtschaftlichen und sozialen Gegebenheiten der Länder, die auf dem Gebiet des Fischfangs unbestreitbar eine Vorrangstellung einnehmen“[54] deutlich wurde.

„Historische Rechte“ waren zunächst einmal ein vager Begriff und eine angreifbare Größe, ließen sich aber rechtfertigend heranziehen, wenn es um Ansprüche auf bisher befischte Gebiete vor fremden Küsten ging. Der Kategorie der „Vormachtstellung“ wurde der Begriff des „Erfinders“ in Klammern hinzugefügt – Ressourcengerechtigkeit war also in dieser Lesart auch eine Frage der Kompetenz

51 Ebd.
52 Ebd.
53 Ebd.
54 Ebd.

(im Sinne von Technologie und Know-how) und begünstigte damit die Industrieländer.[55]

Fluchtpunkt all dieser Überlegungen waren Fischereikommissionen, die die Fischerei in den Meeresregionen regeln oder für einzelne Fischarten zuständig sein sollten. Die bereits bestehenden, wie beispielsweise die Nordwestatlantische Fischereiorganisation (*International Commission for the Northwest Atlantic Fisheries*, ICNAF) wollte man durch weitere ergänzen und von einer Weltorganisation koordinieren lassen. Regeln und Verfahren sollten von den Kommissionen in Abstimmung zwischen den Staaten erfolgen, „die unter Wahrung ihrer nationalen Interessen das Stadium individuellen Egoismusses überwinden" müssten.[56] Im Kern ging es also darum, anhand der Fischereikommissionen diejenigen Küstenstaaten zu zähmen, die die Souveränität über ihnen vorgelagerte Meeresgebiete ausweiten wollten.

Der Versuch der Fischereiverbandsmitglieder der EG-Staaten, den Begriff der Wirtschaftszone komplett zu umgehen, konnte indes die EG-Kommission nicht überzeugen, und so operierte der erste Entwurf des Arbeitspapiers dann eben doch mit diesem Begriff, was von den anwesenden Mitgliedern des deutschen Hochseefischerei-Verbandes scharf angegriffen wurde. Sie befürchteten, dass die Kommission bereits im Vorfeld von einem schwachen Kompromiss zugunsten der EWG-Seefischerei ausging und intervenierten: Wenn die EWG den Begriff der Wirtschaftszone verwende, benutze sie gewissermaßen eine Waffe, die von der Gegenseite erfunden worden sei. Bereits der Gebrauch dieser Terminologie sei gefährlich. Unterstützung erfuhren sie bei dieser Intervention von den Vertretern des britischen Trawler-Verbandes, mit dem sie sich zukünftig abzustimmen gedachten.[57]

Indes, die EG-Kommission war von den Überlegungen der Verbände, die auf mehreren Sitzungen fortgeführt wurden, nicht überzeugt. Wie ein Vertreter des Hochseefischerei-Verbandes den Mitgliedern zu berichten wusste, hatte der Vorsitzende der Arbeitsgruppe und Vertreter der EG-Kommission, Jacques van Lierde, erhebliche Zweifel, dass man die EG-Lösungsvorschläge den Befürwortern von Wirtschaftszonen „durch geschickte Formulierungen verkaufen könne".[58] Dennoch

---

55 Ebd.

56 Ebd.

57 BArch B 166/46767, Verband der deutschen Hochseefischereien e.V.: Rundschreiben Nr. G5/73 an Reedereileiter der Mitgliedsreedereien, 15.01.1973: Vorbereitung Seerechtskonferenz, hier: EWG-Arbeitsgruppe des beratenden Ausschusses für die Fischwirtschaft.

58 BArch B 116/46767, Verband der deutschen Hochseefischereien e.V.: Rundschreiben Nr. G9/73 an Leiter der Mitgliedsreedereien, 05.03.1973. Vorbereitung Seerechtskonferenz, Vermerk über die Sitzung der Arbeitsgruppe Meeresboden am 02.03.1973 in Brüssel.

wurde das Arbeitspapier zugunsten einiger Vorschläge der Verbände geändert und in einer Version, die während der Frühjahrssitzung des Meeresbodenausschusses in New York im Rahmen der Europäischen Politischen Zusammenarbeit (EPZ) verhandelt wurde, war die „Wirtschaftszone" durch den Begriff „Anschlusszone" ersetzt worden.[59] Gleichwohl war man sich bewusst, dass sich auch mit dieser Formulierung die Einräumung von Sonderrechten für die Küstenstaaten nur schwer umgehen ließ. Auf einem Koordinierungstreffen der EG-Staaten während der Sitzung des Meeresbodenausschusses im Frühjahr 1973 in New York diskutierten „die Neun" auch die Frage einer Weltorganisation für Fischereifragen. Hier herrschte jedoch keine Einigkeit unter den Mitgliedern. Die deutschen Vertreter bestanden auf der Entscheidungsbefugnis der regionalen Fischereiorganisationen, während Frankreich sich gänzlich gegen eine „Mundialisierung" durch eine übergeordnete Behörde wandte. Die britische Delegation wiederum wollte die Zuständigkeit einer solchen Organisation auf die Streitschlichtung beschränken.[60]

Zwischen den EG-Mitgliedern herrschte außerdem Uneinigkeit darüber, ob das EG-Fischereipapier bereits im Meeresbodenausschuss oder doch erst auf der offiziellen Konferenz eingebracht werden sollte. Insgesamt kam man weder zu einer materiellen Einigung noch zu einer Verständigung über das gemeinsame taktische Vorgehen, sodass man sich aufgrund dieser Unstimmigkeiten damit abfand, vorerst keine offizielle gemeinsame Position in der Fischereifrage zu vertreten. Wohl aber einigte man sich, sich zukünftig sowohl auf Delegationsebene als auch im Kreis der Fischereiexperten, inklusive der betroffenen Wirtschaftsvertreter, regelmäßig abzustimmen.[61]

Für die deutsche Hochseefischerei bedeutete dies, dass sie mit recht diffusen Zuständen und Zuständigkeiten zurechtkommen musste. Offiziell und gestützt auf die EG-Fischereistrukturverordnung war die EWG für Fischereifragen zuständig, weshalb, wie die Arbeitsgruppe „Meeresgründe" belegt, die Wirtschaftsvertreter in Form des Verbandes auch direkten Zugang zu den Beratungen auf dieser Ebene bekamen. Gleichzeitig wurden aber die von ihnen eingebrachten Vorschläge von der Kommission diplomatisch angepasst, um auf der Konferenz nicht allzu offensiv aufzutreten. So verzichtete man beispielsweise im revidierten Arbeitspapier

59 PA AA B 88 (ZA)/193900, Fernschreiben aus New York (UNO) an AA, 05.04.1973: Frühjahrssitzung des Meeresbodenausschusses.

60 Ebd.

61 PA AA B 88 (ZA)/193901, Aufzeichnung Knoke: Koordinierungssitzung der Seerechtsdelegationen der EG-Mitgliedstaaten, 24.07.1973; PA AA B 88 (ZA)/193901, Aufzeichnung Knoke: Koordinierung der Neun am 01.08.1973.

auf die Erwähnung historischer Fischereirechte, die vor allem den Deutschen und den Briten wichtig gewesen waren.[62]

Hinzu kam, dass auf der Ebene der politischen Zusammenarbeit auch von den eigenen Delegierten Positionen vertreten werden mussten, die von den Fischereiinteressen abwichen. Denn die Abgesandten hatten die Gesamtinteressen der Bundesrepublik zu vertreten und der Fischereiaspekt stellte eben nur einen Teil der komplexen Verhandlungsmaterie dar.

Dieser Problemkomplex wurde durch den Fischereistreit mit Island noch verkompliziert, der seit 1972 die deutschen und isländischen Fischer in Atem hielt. Trotz einstweiliger Verfügung des von der Bundesrepublik angerufenen Internationalen Gerichtshofs (IGH), hatte Island seine Fischereigrenzen von 12 auf 50 Seemeilen ausgeweitet und beanspruchte damit eben jene Meeresgebiete allein für sich, die die deutsche Hochseefischerei seit einigen Jahrzehnten ebenfalls befischte. Der Fischereistreit zog sich mittlerweile über mehrere Jahre hin und konnte auch durch den endgültigen Schiedsspruch des IGH am 25. Juli 1974 nicht beigelegt werden. Da die Isländer den IGH als nicht zuständig betrachteten, erkannten sie dementsprechend auch nicht an, dass ihnen die Rechtmäßigkeit ihrer Maßnahmen abgesprochen wurde.[63]

Um trotz der insgesamt sehr unübersichtlichen Situation zu einer für sie günstigeren Ausgangslage zu gelangen, sprachen Vertreter des Hochseefischerei-Verbandes im Juli 1973, also noch vor Beginn der Seerechtskonferenz, bei Staatssekretär Fritz Logemann im BML vor. Dieser hatte den Kontakt mit dem Auswärtigen Amt hergestellt, das ebenfalls einen Vertreter zu dem Treffen schickte. Ausgehend von der schwierigen Situation vor Island, wo jüngst ein deutscher Trawler aufgebracht worden war, verwies der Verband auf die Gefahren für die Hochseefischerei, die anhängige Fischwirtschaft und die „strukturell sehr einseitig ausgerichtete Küstenwirtschaft im Allgemeinen".[64] Ein Ausfall der Hochseefischerei auf den angestammten Fangplätzen mit marktgängigen „Fischsorten" gehe mit der Gefahr einer Unterversorgung des Marktes einher, die zuallererst die Verbraucher treffen würde. Bereits jetzt schätze man den Minderertrag auf 25 %. Sollte es weiterhin zu

---

62 Die Briten wünschten eine Berücksichtigung historischer Fischereirechte bezüglich der Anschlusszonen, die Deutschen drangen auf die Beibehaltung „bewährte[r] Absprachen und Regelungen in Nordsee und Nordostatlantik", PA AA B 88 (ZA)/193900, Aufzeichnung Seerechtsdelegation, 25.06.1973: Sitzung des Ad Hoc-Ausschusses für Seerechtsfragen der Europäischen Gemeinschaften in Brüssel am 21.06.1973.

63 Heidbrink, „Deutschlands einzige Kolonie ist das Meer!", S. 129 f.; vgl. auch Rupprecht, Der deutsch-isländische Fischereizonenstreit 1972–1976.

64 PA AA B 88 (ZA)/193900, Verband der deutschen Hochseefischereien e.V. an Fritz Logemann, 26.07.1973.

Störmaßnahmen kommen, forderte der Verband die Bereitsstellung eines Erstattungsbeitrags von 30 Millionen Mark.[65] Über diese ganz konkrete und hochaktuelle Gefährdungslage ließ sich dann auch leicht der Bogen zur Seerechtskonferenz schlagen, die dazu genutzt werden müsse, die Weltöffentlichkeit auf das „Islandproblem" und das Problem der Fischereigrenzen im Allgemeinen aufmerksam zu machen. Um besonders der Bundesrepublik und Großbritannien, das ebenfalls mit den Isländern im Streit lag, den Rücken zu stärken, gelte es, eine geschlossene Position der EG-Staaten zu erreichen. Der Verband plädierte außerdem dafür, dass die Bundesrepublik auf bilateralem Wege eine engere Zusammenarbeit mit „an der Erhaltung der Weltfischerei interessierten Fischereinationen" unverzüglich einleiten solle. Es dürfe nichts unversucht gelassen werden, „um eine breite Front zur Wahrnehmung der von uns zu vertretenen Fischereiinteressen bei der 3. Seerechtskonferenz aufzubauen".[66]

Ministerialdirektor von Schenck aus dem Auswärtigen Amt ging davon aus, dass die mit einer künftigen Fischereiregelung verbundenen Probleme auf der Seerechtskonferenz „voraussichtlich zu den schwierigsten und kontroversesten gehören werden" und versprach, in enger Abstimmung mit dem Fischereireferat im BML zu arbeiten.[67]

Die Erwartungshaltung des Verbandes richtete sich demnach zunächst in erster Linie auf eine möglichst baldige und endgültige Lösung des Island-Konflikts. Nach dem für Deutschland positiven Urteil des IGH im Island-Streit erwartete man davon ausgehend eine günstige Wirkung auf die Verhandlungen der Seerechtskonferenz, die dann im besten Falle auf eine zusätzliche Rechtssicherheit hinauslaufen würden.[68] Zugleich befand man sich in Habachtstellung, denn es war ja bereits deutlich geworden, dass sich nicht einmal die EG-Staaten untereinander einig waren, geschweige denn die Konferenzteilnehmer. Von denen waren einige bereits ähnlich vorgegangen wie Island und hatten breite Fischereizonen vor ihren Küsten proklamiert.

Bereits im Mai 1973, als auf EG-Ebene über ein gemeinsames Fischereipapier nachgedacht wurde, hatte der Verband seine Vorstellungen in den Entwurf einer

65 Ebd.

66 Ebd.

67 PA AA B 88 (ZA)/193901, Ministerialdirektor von Schenck an den Verband der deutschen Hochseefischereien e.V., 06.08.1973.

68 Vgl. hinsichtlich der Bedeutung des IGH-Urteils auch die Einschätzung Ingo Heidbrinks, der dem Verfahren zwar kaum Relevanz für die Beilegung des deutsch-isländischen Fischereistreits beimisst, dafür aber eine umso größere Wirkung auf die Vorbereitung der dritten Seerechtskonferenz, Heidbrink, „Deutschlands einzige Kolonie ist das Meer!", S. 132.

Rahmenkonvention gegossen, mit dem er seine Vision von einer internationalen Fischereiregelung sowohl dem BML als auch dem Auswärtigen Amt übermittelte.[69] Dieser Entwurf gibt nicht nur Aufschluss über die Wünsche, Erwartungen und Ziele der deutschen Hochseefischerei auf der Seerechtskonferenz, er liefert auch Einblicke in die von ihr vertretenen Ressourcenkonzepte.

So war dem Verband besonders wichtig, zwischen anorganischen und lebenden Ressourcen zu unterscheiden. Die „wesentlichen Unterschiede zwischen einer dauernden Nutzung von Meereslebewesen und dem Abbau von anorganischen Bestandteilen des Meeresbodens" erfordere die Errichtung eines besonderen Regimes für die Seefischerei, verkündete die Präambel.[70] Dahinter stand wohl die Befürchtung, dass die Fischereiaspekte auf der Seerechtskonferenz zugunsten der Meeresbodenfrage in den Hintergrund rücken könnten. Außerdem hielt Artikel 1 des Entwurfs fest, dass Meeresbergbaueinrichtungen die Fangtätigkeiten möglichst wenig behindern und Staaten sich verpflichten sollten, die Lebensbedingungen der Meereslebewesen zu erhalten. Die „lebenden Schätze des Meeres" erforderten in den Augen des Verbandes deshalb eine besondere internationale Regelung, bei der der „Gemeingebrauch"[71] im Vordergrund stand. Die Idee der „Global Commons" ist dieser Wortwahl inhärent, unterstrichen durch die Betonung einer „bestmögliche[n] Nutzung und dauernde[n] Erhaltung". Gleichwohl vermied der Entwurf den Begriff des „Gemeinsamen Erbes der Menschheit", was wohl darauf zurückzuführen ist, dass die Adaption dieses Begriffes für die lebenden Ressourcen weitreichende Ansprüche der Entwicklungsländer hätte provozieren können.[72]

Zwar sollten die Entwicklungsländer Berücksichtigung erfahren und in ihren Küstenmeeren Vorzugsrechte genießen. Sie sollten aber auch die „besonderen Interessen von bestimmten Küstenländern" berücksichtigen. Damit stellte der Verband einerseits den Zusammenhang mit der allgegenwärtigen Nord-Süd-Problematik her. Diesen Bezug konnte er schon allein aufgrund der in der Meeresbodendeklaration enthaltenen normativen Programmatik des „Gemeinsamen Erbes", die wegweisend für die Seerechtskonferenz war, nicht gänzlich unbeachtet lassen. Auf der anderen Seite sollte die Erwähnung „bestimmter Küstenländer" dafür sorgen, dass auch die Bundesrepublik als ein Staat mit „speziellen

69 BArch B 116/46767, Verband der deutschen Hochseefischereien e.V.: Entwurf (02.05.1973) für eine Allgemeine Konvention für die Seefischerei.

70 Ebd.

71 Ebd.

72 Vgl. Johanna Sackel: Food Justice, Common Heritage and the Oceans. Resource Narratives in the Context of the Third United Nations Conference on the Law of the Sea, in: International Journal of Maritime History 29/3 (2017), S. 645–659, hier S. 651.

Bedürfnissen“ durchgehen konnte. Hierfür hatten die Verfasser in Artikel 10 des Entwurfs eine Rangordnung entworfen, die über Fangrechte und die Menge der Entnahmen bestimmen sollte. Im erster Stelle rangierten die Anrainerstaaten, „deren Wirtschaft im ganzen [sic] oder in den Küstenregionen sehr erheblich von der Fischerei abhängt“, sowie Entwicklungsländer, deren Fischerei sich im Aufbau befinde. An zweiter Stelle folgten Staaten, deren Fischfangflotten seit mindestens fünf Jahren im Konventionsgebiet fischten – hierzu zählte die Bundesrepublik – und an dritter alle übrigen Mitglieder.[73]

Artikel 1, der die Grundsätze des Konventionsentwurfs erläuterte, führte einen Ersatzbegriff für das „Gemeinsame Erbe“ ein: Fischbestände waren im Sinne der Verfasser ein „gemeinsames Wirtschaftsgut der gesamten Menschheit“, das für die Versorgung der wachsenden Weltbevölkerung mit proteinhaltigen Nahrungsmitteln von großer und künftig noch zunehmender Bedeutung sei. Hieraus folgte indirekt, dass es Staaten mit entsprechend ausgestattetem Fischereisektor erlaubt sein sollte, auch auf Bestände zuzugreifen, die von Anrainerstaaten nicht eigenständig voll ausgeschöpft werden könnten. Die vorangestellten Grundsätze schufen hierfür die Basis, indem zum Beispiel die an der Seefischerei beteiligten Staaten sich verpflichten sollten, die lebenden Ressourcen im Rahmen der besten dauernden Ertragsmöglichkeiten vollständig zu nutzen.[74] Dem lag das Konzept des *maximum sustainable yield* zugrunde, demzufolge ein Bestand nicht zu viel, aber eben auch nicht „zu wenig“ befischt werden darf, wenn er zukünftig besonders ertragreich sein soll.[75] Diese Klausel war also für fernfischende Staaten gewissermaßen die Eintrittskarte in fremde Küstengebiete, deren Anrainerstaaten nicht in der Lage waren, die lebenden Ressourcen in diesen Zonen selbst auszuschöpfen. In dieser Lesart erschienen Fischbestände als Zukunftsanlage, als wirtschaftliches Potential, das im Sinne der Nachhaltigkeit nicht ungenutzt bleiben durfte und dessen Entwicklung zugleich vom Menschen beeinflussbar war.

Auch die im Rahmen der EG diskutierten internationalen Fischereiorganisationen tauchten im Entwurf des Verbandes wieder auf. Sie sollten Maßnahmen festlegen, um den besten dauernden Ertrag in den jeweiligen Fanggebieten si-

---

73 BArch B 116/46767, Verband der deutschen Hochseefischereien e.V.: Entwurf (02.05.1973) für eine Allgemeine Konvention für die Seefischerei.

74 Ebd., Grundsatz 3.

75 Vgl. zur Bedeutung dieses Konzepts im Fischereimanagement Carmel Finley: All the Fish in the Sea. Maximum Sustainable Yield and the Failure of Fisheries Management, Chicago 2011; Johanna Sackel: „Rationale Fischerei“? Das Konzept des Maximum Sustainable Yield im Spannungsfeld von Ökonomie und Ökologie, in: Vierteljahrschrift für Sozial- und Wirtschaftsgeschichte 105/2 (2018), S. 183–200.

cherzustellen, die dann jeweils von den Mitgliedstaaten umzusetzen seien. Ein Weltfischereirat, angesiedelt bei der FAO, sollte die Gesamtkoordination der globalen Seefischerei übernehmen, etwa hinsichtlich der Fischereiforschung oder der statistischen Erfassung nutzbarer Bestände. Auch sollte er Entscheidungen über Erhaltungsmaßnahmen treffen können.[76]

Insgesamt war der Konventionsentwurf darauf angelegt, die Interessen der Küstenstaaten und der Entwicklungsländer an den lebenden Ressourcen zwar zu berücksichtigen, jedoch in verklausulierter Form vor allem die Bedürfnisse der Fernfischereistaaten, wie die Bundesrepublik einer war, zu erfüllen. Das Küstenmeer sollte dementsprechend keinesfalls weiter als 12 Seemeilen ausgedehnt werden dürfen und Gebiete außerhalb den Status der Hohen See (Freiheit der Meere!) behalten (Art. 2). Je mehr Kompetenzen überdies internationalen Organisationen zukommen würde, desto weniger Macht hätten die Küstenstaaten.[77]

Dieser Linie folgte auch die Einschätzung des Völkerrechtsreferats im Auswärtigen Amt. Schon bevor die Konferenz überhaupt begonnen hatte, waren die sogenannten Langküstenstaaten als „Feind“ ausgemacht, denen es zuvorderst um den küstennahen Fischreichtum und die Abwehr der Fernfischerei ging. Deswegen war es zunächst das erklärte Ziel der deutschen Delegation, diese Staaten von der Zweckmäßigkeit und Funktionsfähigkeit regionaler Fischereiorganisationen zu überzeugen. Für die deutsche Hochseefischerei waren solche Organisationen nämlich das kleinere Übel, da man über diesen Umweg eine Mitbestimmung über etwaige Erhaltungsmaßnahmen erlangen konnte. Läge die alleinige Kompetenz beim Küstenstaat, fielen diese Einflussmöglichkeiten weg. In den regionalen Fischereiorganisationen besaßen die Mitgliedstaaten bei der Abmachung von Verwaltungsmaßnahmen immerhin ein Stimmrecht. Sollte es nicht gelingen, den Küstenstaaten die Vorzüge solcher Organisationen schmackhaft zu machen, fürchtete man gar einen Zerfall des internationalen Seerechts.[78]

Wenngleich also die Aussichten für die deutsche Hochseefischerei im Hinblick auf die Konferenz nicht unbedingt vielversprechend waren, konnten ihre Wirtschaftsvertreter zumindest einen Erfolg ihrer Lobbybemühungen verbuchen. So war es ihnen gelungen, enge Kontakte sowohl mit den Fischereireferenten im BML als auch mit den Zuständigen im Auswärtigen Amt zu etablieren. Gleichwohl standen die dortigen Beamten vor der großen Herausforderung, die Behandlung bilateraler Konflikte (wie zum Beispiel des Fischereistreits mit Island), die Ver-

---

76 BArch B 116/46767, Verband der deutschen Hochseefischereien e.V.: Entwurf (02.05.1973) für eine Allgemeine Konvention für die Seefischerei, Artikel 21.

77 Ebd.

78 PA AA B 88 (ZA)/193901, Völkerrechtsreferat an den Parlamentarischen Staatssekretär, 05.11. 1973: VN-Seerechtskonferenz. Zur Unterrichtung.

handlungen auf der Seerechtskonferenz und noch dazu die Entwicklung einer EG-Fischereipolitik miteinander harmonisieren zu müssen.[79]

Der Hochseefischerei-Verband, der selbst in regelmäßigem Austausch mit den Verbänden anderer EG-Mitgliedstaaten und insbesondere mit dem britischen Trawler-Verband stand, bewegte sich folglich im selben Spannungsfeld. Die von den Interessenvertretern der Fischerei gewünschte Verhandlungslinie war, die Souveränitätsansprüche der Entwicklungsländer und der Küstenstaaten soweit wie möglich zurückzudrängen und stattdessen traditionelle beziehungsweise historische Rechte als Basis für die Fischereifreiheit völkerrechtlich festzuschreiben, eingeschränkt nur durch die Fischereiorganisationen, die den Erhalt der Bestände sicherstellen sollten.

6.2.2 Die Bundesrepublik zwischen allen Stühlen – Bemühungen um eine einheitliche Verhandlungsposition

Die bevorzugte Methode der deutschen Hochseefischerei war der Grundfischfang. Hierfür werden Schleppnetze genutzt, die oben mit einer Kopfleine und unten mit einem Grundtau versehen sind, das Bodenkontakt hat. Zielarten sind Plattfische, Garnelen oder Köhler (besser bekannt unter dem Marketing-Namen „Seelachs").[80]

Diese Art des Fischfangs wird in Fanggründen betrieben, die im Bereich des Festlandsockels liegen. Die Einsatzgebiete der deutschen Hochseefischerei der 1970er Jahre reichten dementsprechend fast überall bis an die bestehenden 12 Seemeilen-Fischereigrenzen der Küstenstaaten heran. Insofern bedeuteten Ausweitungen küstenstaatlicher Jurisdiktion in jedem Fall einen Verlust, der sich kaum durch die Fischerei vor den eigenen Küsten oder vor denen der EG-Mitgliedstaaten würde ausgleichen lassen. Mit dem europäischen Fischereiabkommen vom 9. März 1964 war es den Vertragsstaaten gestattet worden, ihre Fischereizonen unter Anerkennung historischer Fischereirechte auf 12 Seemeilen auszudehnen. Im Rahmen dessen hatte die Bundesrepublik bilaterale Abkommen mit Dänemark, Großbritannien, Schweden und Polen getroffen.[81] Die Verordnung (EWG) Nr. 2141/70, die 1971 in Kraft trat, gestattete den EWG-Mitgliedern demgegenüber gleichberechtigten Zugang zu den Gewässern aller Mitgliedstaaten. Diese Grundsätze einer gemeinsamen Fischereipolitik hatten die EWG-Mitglieder noch

---

79 Vgl. Ruppenthal, Raubbau und Meerestechnik, S. 101.

80 Grundschleppnetze, in: Fischbestände Online <https://fischbestaende.thuenen.de/fanggeraet/aktive-geraete/schleppnetze/grundschleppnetze/> (28.10.2018).

81 PA AA B 88 (ZA)/193934, Möcklinghoff (BML), 30.04.1974: Positionspapier für die III. Seerechtskonferenz, hier: Fischerei.

schnell vor den Beitrittsverhandlungen mit Großbritannien, Irland, Dänemark und Norwegen verabschiedet, um von deren reichhaltigen Fischgründen zu profitieren. Immerhin hätten allein die Fischereiressourcen Großbritanniens und Norwegens 75% der Ressourcen einer zukünftigen Zehnergemeinschaft ausgemacht.[82] Dieser Schachzug hatte zwei Folgen: Zum einen trug er dazu bei, dass Norwegen aufgrund eines negativen Referendums von einem EG-Beitritt absah.[83] Zum anderen bescherte die Verordnung – vor allem auf britisches Bestreben hin – eine im Beitrittsvertrag festgeschriebene Einräumung einer Übergangsphase mit Sonderregelung. Diese gestattete den Mitgliedstaaten, die anderen EG-Mitglieder bis 1982 von der Fischerei innerhalb einer 6 Seemeilen breiten Zone, in Ausnahmefällen sogar innerhalb einer 12 Seemeilen-Zone, auszuschließen. Damit wurde der Grundsatz des gleichen Zugangs erheblich aufgeweicht.[84]

Dies wiederum hatte direkte Konsequenzen für die Aushandlung einer gemeinsamen EG-Haltung in der Fischereifrage auf der Seerechtskonferenz und erschwerte insofern auch die Strategiefindung der Bundesrepublik, die so viel Fischereifreiheit wie möglich erhalten wollte. Würden bei einer Neuordnung des Seerechts neben Island auch die Färöer, Norwegen, Grönland, Kanada und die Vereinigten Staaten ihre Fischereizonen ausweiten, befürchtete man einen nahezu vollständigen Verlust der mittlerweile etablierten Fanggebiete. Deswegen war das erklärte Ziel zunächst, die äußerste Grenze für die Fischereihoheit bei höchstens 12 Seemeilen festzulegen, die Verwaltung außerhalb dieser regionalen Fischereiorganisationen zu unterstellen und Ausweitungen soweit wie möglich einzudämmen. Bei allen Ausweitungen darüber hinaus blieb der Bundesrepublik nur der Abschluss bilateraler Abkommen, woraus sich „unerträgliche Unsicherheitsfaktoren für die Unternehmen der deutschen Hochseefischerei" ergäben. Negative Erfahrungen hatte man bereits mit Argentinien gemacht, das die zunächst moderaten Lizenzgebühren auf „prohibitive Sätze" erhöht hatte.[85]

Gleichwohl war man sich bewusst, dass Fischereizonen jenseitig der 12 Seemeilen-Zonen kaum zu vermeiden sein würden. Immerhin hatten die meisten Küstenländer solche Zonen entweder bereits proklamiert oder wirkten im Rahmen der Seerechtsverhandlungen auf sie hin. Wie die Delegation während der zweiten

---

82 Steiling, Das Seefischereirecht der Europäischen Gemeinschaften, S. 87; vgl. auch Katja Seidel: Die Errichtung des „Blauen Europa" – die Gemeinsame Fischereipolitik, in: Éric Bussière/ Juan Manuel Barroso (Hrsg.): Die Europäische Kommission. Geschichte und Erinnerungen einer Institution, Luxemburg 2014, S. 343–350, hier S. 343.

83 Steiling, Das Seefischereirecht der Europäischen Gemeinschaften, S. 95.

84 Ebd., S. 89.

85 BArch B 116/46767, Interessen der Bundesrepublik Deutschland auf dem Gebiet der Seefischerei bei einer Neuordnung des Seerechts (o.D.).

Session 1974 aus Caracas berichtete, hatten sich die so unterschiedlichen Staaten Kanada und Kolumbien in der Wirtschaftszonenfrage abgestimmt. Sie pochten darauf, dass eine Wirtschaftszone keine internationale Zone mit bloßen Präferenzrechten für den Küstenstaat sein dürfe. Sie sei vielmehr als nationale Zone zu betrachten, die hinsichtlich der Schifffahrt oder der Verlegung von Pipelines Rechte für Drittstaaten beinhalten solle. Aus Sicht der bundesdeutschen Delegation handelte es sich dabei jedoch um nicht mehr und nicht weniger als ein „verschleiertes Küstenmeer".[86] Solchen Vorstößen sei unbedingt zu widersprechen, betonte BML-Fischereireferent Gero Möcklinghoff gegenüber dem Auswärtigen Amt. Auch sei auf EG-Ebene von vornherein Überlegungen Großbritanniens, Dänemarks, Irlands und Frankreichs entgegenzutreten, die erwogen, Teile eines international beschlossenen Fischereiregimes auch auf das Verhältnis der EG-Partner untereinander anzuwenden.[87] Denn mit dem Einflussverlust auch im EG-Bereich wäre die deutsche Fischerei, deren Hochseeflotte mittlerweile weitgehend auf Vollfroster und damit auf Fernfischerei umgestellt war, beinahe vollständig auf bilaterale Abkommen oder Joint Ventures zurückgeworfen. Mit letzteren hatte man bis dato nur negative Erfahrungen gemacht. So hielt man die Verfügungsmöglichkeiten der deutschen Seite über den Einsatz der Schiffe und die Verwertung des Fanges im Rahmen solcher Abkommen für unzureichend. Dementsprechend war noch kein einziges Joint Venture zustandegekommen.[88]

Da die gegenwärtigen Entwicklungen und Positionen anderer Staaten wenig erfolgversprechend waren, hatte der Arbeitsstab Seerechtskonferenz beim Völkerrechtsreferat im Auswärtigen Amt verschiedene verhandlungstaktische Rückfallpositionen erarbeitet. Eine erste war das Sich-Abfinden mit 50 Seemeilen-Zonen, womit man einerseits besonders den „Expansionisten" unter den Entwicklungsländern entgegenkam und andererseits nicht gänzlich gegen die eigenen Fernfischereiinteressen verstieß. Eine zweite realistische Möglichkeit, Zugeständnisse zu machen, sah man in Regionalzonen bis 200 Seemeilen, die insbesondere im Hinblick auf die EG infrage kämen, allerdings nur, wenn die Mitgliedstaaten auch in der britischen Zone nach dem Prinzip der Gleichstellung fischen könnten. Der Vorteil dieser Lösung war aus Sicht der Völkerrechtler die Möglichkeit, mit dem größeren Gewicht der EWG wechselseitige Abkommen mit Island oder Norwegen schließen zu können.[89] Sollte man jedoch auf die Aner-

86 PA AA B 88 (ZA)/193937, Fernschreiben Delegationsbericht Nr. 266, 07.08.1974.

87 PA AA B 88 (ZA)/193934, Möcklinghoff (BML), 30.04.1974: Positionspapier für die III. Seerechtskonferenz, hier: Fischerei.

88 Ebd.

89 PA AA B 88 (ZA)/193935, Aufzeichnung 50 SK (o.D.): Ausführungen zur Wirtschaftszone und insbesondere der Fischerei; taktische Überlegungen.

kennung von Fischereizonen einschwenken müssen, plädierten sie dafür, den Küstenstaaten in jedem Fall zwei Auflagen zu machen: erstens die verpflichtende Zusammenarbeit mit regionalen oder globalen Organisationen hinsichtlich der Ausübung der Fischereirechte und zweitens die Zulassung von Fischereifahrzeugen anderer Staaten, wenn der Küstenstaat selbst nicht in der Lage sein sollte, die Bestände vor seiner Küste umfassend zu bewirtschaften.[90] Punkt zwei war vor allem im Hinblick auf die Entwicklungsländer interessant, betraf aber zum Beispiel auch Island, dessen Fischereiwirtschaft sich nicht auf einem vergleichbaren industriellen Niveau wie die der Bundesrepublik befand. Würden diese Staaten verpflichtet, Überschüsse den „traditionell" in diesen Meeresgebieten fischenden Staaten zur Verfügung zu stellen, ließen sich möglicherweise sogar Lizenzgebühren vermeiden.[91] In dieser Lesart war die Ressourcensouveränität des Küstenstaates abhängig vom Industrialisierungsniveau sowie vom Ausbau des Fischereisektors und damit eindeutig zugunsten der Fernfischereistaaten eingeschränkt.

Die Caracas-Session offenbarte, dass die allermeisten Staaten für eine 200 Seemeilen-Wirtschaftszone plädierten, wodurch diese Entwicklung zunehmend unaufhaltsam zu werden schien. Auch die Vereinigten Staaten, die vorher einen „*species approach*" vertreten hatten, also die Verwaltung der Fischerei nicht durch Zonen, sondern im Hinblick auf einzelne Arten, schwenkten allmählich auf den Wirtschaftszonenvorschlag ein. Ebenso verhielt sich die Sowjetunion, die bisher als fernfischender Staat auf der Linie der Bundesrepublik gelegen hatte. Als Gegenleistung forderten die Supermächte eine Garantie der freien Durchfahrt durch Meerengen. Und so kam auch die Bundesrepublik nicht umhin, ihre Haltung zum Wirtschaftszonenkonzept zu überprüfen.[92]

Eine öffentliche Anerkennung der 200 Seemeilen-Regelung hätte allerdings ihre Position im Fischereistreit mit Island gefährdet, die bisher maßgeblich auf dem Argument beruhte, dass einseitige Gebietsausweitungen völkerrechtswidrig seien. Der Fischereistreit entwickelte sich demnach zu einem Ballast, der den deutschen Verhandlungsspielraum beschränkte. Abseits davon stellte man jedoch die 200 Seemeilen-Zone als „zukünftige Realität" in Rechnung.[93]

90 Ebd.

91 Ebd.

92 BArch B 116/46767, 50 SK an beteiligte Ressorts, 08.05.1974: Aufzeichnung Meinungsaustausch mit der Delegation der USA zur 3. Seerechtskonferenz, Bonn, 29.04.1974; PA AA B 88 (ZA)/193963, Fernschreiben aus Caracas, 03.07.1974: Sowjetischer Positionswechsel bezüglich Wirtschaftszonenkonzept.

93 PA AA B 88 (ZA)/193936, Aufzeichnung 50 SK, 03.07.1974: Überprüfung der Haltung der Bundesrepublik Deutschland zu einer 200 sm-Wirtschaftszone.

Weiterer Widerstand erschien daher nicht mehr erfolgversprechend und sollte nicht länger aufrechterhalten werden. Man fürchtete, sich ansonsten mit einer Extremposition zu isolieren. Als einen möglichen Ausweg schlug die Arbeitsgruppe vor, zu erwägen, inwiefern das Konzept der 200 Seemeilen-Wirtschaftszone innerhalb der EG für die Interessen der Bunderepublik Deutschland nutzbar gemacht werden könnte.[94]

Die Vorschläge der Seerechtskonferenz-Arbeitsgruppe enthielten also erste Anzeichen dafür, dass die Interessen der Hochseefischerei ins Hintertreffen gerieten, nämlich zugunsten einer vorteilhafteren Gesamtverhandlungsposition, die man durch das Einlenken auf realistischere Abkommensmodalitäten erreichen wollte.

Demnach richteten sich die fischereipolitischen Bemühungen umso mehr auf gemeinsame Anstrengungen der EG. Die Koordinierung unter den Mitgliedstaaten verlief jedoch schwerfällig. Während der Caracas-Sitzung hielten die Delegationsmitglieder 41 gemeinsame Sitzungen ab, die sich insbesondere wegen den Sympathiebekundungen einiger Mitglieder für das Konzept der 200 Seemeilen-Wirtschaftszonen sowie der störrischen Interventionen Großbritanniens als konfliktbehaftet erwiesen.[95]

Nach den schwierigen EG-Verhandlungen bereits im Vorfeld war es dennoch als ein Fortschritt zu werten, dass acht EG-Mitglieder ein gemeinsames Fischereipapier als offizielles Konferenzdokument einbringen konnten.[96] Darin war auch die Berücksichtigung traditioneller Fischereiinteressen enthalten. Sie steckten im Vorschlag „präferentieller" statt exklusiver Wirtschaftszonen. Diese Formulierung implizierte, dass dem Küstenstaat zwar Vorrechte, aber keine ausschließlichen Ausbeutungsrechte zukommen sollten. Auch waren dem Entwurf zufolge regionale Fischereiorganisationen zu stärken, in denen Entscheidungen nach dem Mehrheitsprinzip getroffen werden sollten. Darüber hinaus fand sich in Artikel 20 ein Verfahren zur Regelung von Streitigkeiten zwischen Organisation und Küstenstaaten, womit sich die Willkür der Küstenstaaten einhegen lassen würde. Dies kam den Fischereiinteressen der Bundesrepublik durchaus entgegen.[97]

---

94 Ebd.

95 BArch B 116/46767, Seerechtsdelegation (Knoke), 28.08.1974: Bericht 2. Session vom 20. Juni bis 29. August in Caracas.

96 A/CONF.62/C.2/L.40 and Add.1, 5, Belgium, Denmark, France, Germany (Federal Republic of), Ireland, Italy, Luxembourg, and Netherlands: draft articles on fisheries, 08.08.1974.

97 PA AA B 88 (ZA)/193936, Aufzeichnung Knoke/50 SK, 09.09.1974: Bericht über die 2. (Caracas-) Session (20.06. bis 29.08.1974).

Bis auf Großbritannien waren alle EG-Mitglieder kompromissbereit und sahen das Fischereipapier als Möglichkeit, im Rahmen der Gemeinschaft eine stärkere Position zu vertreten als sie es jeweils einzeln vermocht hätten. Für die Briten enthielt das Papier allerdings eine in ihren Augen unannehmbare Klausel. Auch Großbritannien war ein Fernfischereistaat, für den 200 Seemeilen-Zonen als Ergebnis der Seerechtskonferenz eine erhebliche Belastung der Fischereiwirtschaft bedeutet hätten. Im Gegensatz zur Bundesrepublik verfügten das Land allerdings über eine sehr lange Küstenlinie und reichhaltige Fischgründe um die ganze Insel herum. Sollten die Briten in der Fernfischerei eingeschränkt werden, würden sie sich auf diese eigenen Bestände zurückziehen müssen. Sie forderten deswegen ein Regime, das ihnen in den eigenen Gewässern einen Ausgleich für ihre Verluste bringen sollte, auch wenn dies eine Abänderung der EG-internen Vereinbarungen (freier Zugang bis 6 Seemeilen, einige Ausnahmeregionen mit 12 Seemeilen) bedeutete.[98] Letztlich ging es Großbritannien also erneut um eine Ausnahmeregelung, die den Briten ihrer Meinung nach zustand, eben weil das Land einen beträchtlichen Anteil der EG-Fischereiressourcen mit in die Gemeinschaft gebracht hatte. Obwohl im Fischereipapier bereits Konzessionen an Großbritannien gemacht worden waren, verweigerten sich das Königreich im letzten Moment einer gemeinsamen Aktion und forderte eine Revision der innergemeinschaftlichen Fischereipolitik zugunsten von britischen Sonderrechten.[99]

Dies war vor allem für die Bundesrepublik ärgerlich, die das Fischereipapier zunächst ebenfalls nicht hatte unterstützen wollen, da in Artikel 8 eine Abgrenzung von historischen Fischereirechten und Präferenzpositionen der Küstenstaaten enthalten war. Dies hätte praktisch bedeutet, dass die küstenstaatlichen Sonderrechte über die der „traditionellen“ Fernfischerei gestellt worden wären. Man hatte außerdem Bedenken, dass sich aus der Erklärung eine Präjudizierung hinsichtlich einer Verlängerung der im Rahmen der EG-Fischereipolitik bestehenden Ausnahmeregelung über 1982 hinaus ergeben könnte. Gleichzeitig wollte man sich innerhalb der EWG nicht ins Abseits manövrieren. Und so erging die Weisung an die Delegation, dem Papier notfalls zuzustimmen, jedoch nur, wenn alle anderen Mitglieder (außer gegebenenfalls Großbritannien) sich an der Einbringung des Papiers beteiligten.[100]

Letztlich stimmte man dem EG-Papier also nur zu, weil man davon ausging, dass isolierte Vorschläge keine hinreichende Beachtung finden würden. Hierfür nahm die Bundesrepublik die Gefährdung traditioneller Rechte in Kauf, was na-

98 PA AA B 88 (ZA)/193936, Völkerrechtsreferat an Seerechtsdelegation, 12.09.1974: Fischereiregelung/Britische Haltung.
99 PA AA B 88 (ZA)/193937, Arbeitsgruppe Seerecht an Seerechtsdelegation, 01.08.1974.
100 Ebd.

türlich ganz und gar nicht den Wünschen des Hochseefischerei-Verbandes entsprach. Dessen Vertretern hatte Delegationsleiter Knoke schon zu Beginn des Jahres zu erklären versucht, dass man sich nicht an die 12 Seemeilen-Zonenregelung klammern könne. Man müsse den Entwicklungsländern aus taktischen Gründen ein Stück weit entgegenkommen und dürfe sie nicht mit einem allzu konservativen EG-Papier verprellen.[101]

Im Prinzip war also allen Beteiligten klar, dass eine kompromissbereite Haltung von Nöten sein würde, um überhaupt irgendwelche Einzelaspekte durchzusetzen, wie zum Beispiel traditionelle Fischereirechte. In diesem Punkt konnte die Bundesrepublik in Caracas auf die beiden Supermächte zählen, die in ihren Vorschlägen ausdrücklich auf historische Fischereirechte Rücksicht nahmen.[102] Jedoch drohte auch von diesen Vorschlägen Ungemach, denn solche historischen Rechte sollten laut den Vereinigten Staaten und der Sowjetunion nur Berücksichtigung finden, wenn der Küstenstaat die lebenden Ressourcen in seiner Wirtschaftszone nicht vollständig selbst nutzen könnte. Die zuständigen Herren Karl-August Fleischhauer und Werner Kaufmann-Bühler im Völkerrechtsreferat des Auswärtigen Amtes empfahlen deshalb, eine „Balance“ gegen den Ausbau der Fischereikapazität des Küstenstaates auf 100 % der zulässigen Fangmenge einzubauen, um zu verhindern, dass dieser zur alleinigen Ausbeutung seiner lebenden Ressourcen in der Lage war. Auch eine obligatorische Streitregelung in Bezug auf die Festsetzung der nationalen Anteile sahen sie als notwendig an. Mindestens aber solle die Delegation darauf hinwirken, dass eine „korrespondierende Kompetenz bestehender Fischereiorganisationen eingerichtet“ werde.[103] Wenngleich man dies wohl als recht hilflose Vorschläge einordnen darf, stand dahinter die Überlegung, über eine Streitschlichtungsinstanz zu verhindern, dass Küstenstaaten ihre Bestände voll ausschöpften. In der Praxis hätte dies aber geheißen, dass diese Staaten sich zugunsten wie auch immer gearteter „historischer Rechte“ von Drittstaaten einer Selbstbeschränkung hätten unterwerfen müssen. Dass sie dies freiwillig täten, war illusorisch.

Vielversprechender erschien da die Möglichkeit, die sich auf der Seerechtskonferenz durch die Gruppe der Binnen- und geographisch benachteiligten Staaten eröffnete. Diese bestand zwar zum allergrößten Teil aus Entwicklungsländern, traf allerdings unter dem Vorsitz Österreichs, also ebenfalls einem In-

101 PA AA B 88 (ZA)/193961, Vermerk Arbeitsgruppe Seerecht, 14.01.1974: Informationsgespräch mit dem Deutschen Hochseefischereiverband.

102 PA AA B 88 (ZA)/193936, Völkerrechtsreferat an Seerechtsdelegation, 27.09.1974: Ergänzungen zur Aufzeichnung vom 09.09.1974.

103 PA AA B 88 (ZA)/193936, Fleischhauer/Kaufmann-Bühler an Seerechtsdelegation, 27.09.1974: Ergänzungen zur Aufzeichnung vom 09.09.1974.

dustrieland, zusammen. Ein gemeinsam mit den EG-Staaten Belgien, Luxemburg, den Niederlanden sowie Dänemark und elf Binnenstaaten der Gruppe 77 eingebrachtes Papier über das Küstenmeer und die Meeresforschung stellte laut Einschätzung der Delegation einen ersten Schritt dar, Gemeinsamkeiten mit dieser Staatengruppe zu betonen.[104] Besonders interessant war die Gruppe der geographisch benachteiligten Staaten für die Bundesrepublik vor allem wegen ihres Stimmgewichts, weswegen man beschloss, mit diesen Staaten verstärkt in Kontakt zu treten und eine Diskussion anzuregen.[105]

So erwog etwa das Bundesverkehrsministerium, den Vorschlag Boliviens und Paraguays über die Einrichtung regionaler Wirtschaftszonen zu unterstützen, wodurch vermieden werden könne, dass die 200 Seemeilen-Wirtschaftszone einzig dem Küstenstaat zur Verfügung stünde. Würde man das Meer nicht als Fortsetzung des Lands begreifen, sondern es als eigenständiges Gebiet ansehen, bei dem Kontinente nicht die Basis, sondern die Außengrenze darstellten, könne man, ausgehend von einer geographischen Gliederung, das Meer in Großregionen einteilen, die regional als „Gemeinsames Erbe der Menschheit" zu verwalten seien. Der Clou an der Sache sei, dass alle Staaten, anstelle der gewünschten 200 Seemeilen-Zone zur alleinigen Ausbeutung, eine noch viel größere Zone erhielten. Diese sei jedoch mit den Nachbarstaaten der entsprechenden Region und unter Aufsicht einer „internationalen Weltbehörde" zu verwalten und auszubeuten. Das Ministerium ging sogar so weit, die Gruppe der Binnen- und geographisch benachteiligten Staaten der EG oder der NATO als Partner für eine gemeinsame Positionierung vorzuziehen. Diese seien den bundesdeutschen Interessen weniger dienlich, „da dort von Staaten mit langen Meeresküsten vor allem versucht wird, die Bundesrepublik Deutschland und andere westeuropäische Staaten vor den Karren eigennütziger Interessen zu spannen."[106]

104 BArch B 116/46767, Seerechtsdelegation (Knoke), 28.08.1974: Bericht 2. Session vom 20. Juni bis 29. August in Caracas; UN Doc. A/CONF.62/C.2/L.33, Austria, Belgium, Bolivia, Botswana, Burundi, Byelorussian Soviet Socialist Republic, Czechoslovakia, Finland, Germany (Federal Republic of), Hungary, Laos, Lesotho, Luxembourg, Mali, Mongolia, Netherlands, Paraguay, Singapore, Swaziland, Sweden, Switzerland, Uganda, Upper Volta and Zambia: draft articles on the territorial sea, 31.07.1974.

105 PA AA B 88 (ZA)/193936, Völkerrechtsreferat an Seerechtsdelegation, 08.11.1974: Kontakte mit den geographisch benachteiligten Staaten in Europa und der Dritten Welt zur Vorbereitung des Konferenzabschnitts in Genf im März bis Mai 1975.

106 BArch B 116/46767, Bundesminister für Verkehr an Seerechtsdelegation und andere Ressorts, 30.09.1974: Bemerkung zu Delegationsbericht und Ressortbesprechung vom 09.09.1974.

Dieser Vorschlag, der sich scheinbar so wunderbar in die normativen Ansprüche der Konferenz einpasste und sowohl den Interessen der geographisch benachteiligten Entwicklungsländer als auch der Bundesrepublik besonders entgegenzukommen schien, fand jedoch bei den übrigen Ressorts kaum Anklang. Allen voran intervenierte das Bundeswirtschaftsministerium, denn die Aufteilung in Seeregionen könne auf dem Gebiet des Meeresbergbaus eben nicht im Interesse der Bundesrepublik liegen. Der Vorschlag stelle einen Schritt zur vollständigen Aufteilung der Meere dar und behindere überdies den Seehandel.[107] In erster Linie hatte man im Bundeswirtschaftsministerium jedoch den Meeresbergbau im Blick, dem aufgrund seiner Bedeutung für die im Rohstoffbereich fast vollständig importabhängige Bundesrepublik vor allem im Zuge des späteren *package deal* eine Priorität einzuräumen sei – notfalls auch auf Kosten von Zugeständnissen in der Fischereifrage.[108] Der darin zum Ausdruck kommende Wirtschaftsnationalismus bezog sich also vor allem auf die mineralischen Ressourcen und weniger auf die Erhaltung der mit den lebenden Ressourcen einhergehenden Devisenfreiheit.

Die nachrangige Behandlung der Fischereifrage im Wirtschaftsministerium lässt sich einerseits auf die genannte volkswirtschaftliche Bedeutung zurückführen, die ja tatsächlich verhältnismäßig gering war. Darüber hinaus spielte aber wohl auch eine Rolle, dass man den Industriezweig der Hochseefischerei als Teil der Landwirtschaft betrachtete, schließlich stand die Fischereipolitik unter der Ägide des BML. Die bereits angeklungene Sichtweise, Fische gemeinhin nicht als Rohstoff zu betrachten, kam hier zum Tragen. Wenngleich auf der Seerechtskonferenz durchgängig von „lebenden Ressourcen“ gesprochen wurde und einige Entwicklungsländer diese im Zuge ihres Strebens nach Ressourcensouveränität den mineralischen Ressourcen hinsichtlich der Bedeutung mindestens gleichsetzten (vgl. Kap. 5), war diese Zuschreibung in den verschiedenen bundesdeutschen Ressorts weniger gängig. Dies kam beispielweise darin zum Ausdruck, dass nur wenige interne Papiere und Stellungnahmen den Begriff „lebende Ressourcen“ nutzten. Meist war von „Fischerei“ oder schlicht „Fischen“ die Rede. Anders verhielt es sich da in der Meeresbergbaufrage.

107 BArch B 116/46767, Bundesminister für Wirtschaft an Seerechtsdelegation und beteiligte Ressorts, 18.12.1974: 3. Seerechtskonferenz, hier: Position der deutschen Seerechtsdelegation für die 3. Session.
108 Ebd.

6.2.3 Exkurs: Die bundesdeutschen Interessen am Meeresbergbau

Ab den späten 1960er Jahren herrschte ein regelrechter Manganknollen-Boom, der vor allem nach dem „Ölpreisschock" Anfang der 1970er Jahre an Fahrt aufnahm. Die Aussicht, dass auf dem Meeresgrund bisher unangetastete und womöglich noch unentdeckte Ressourcen schlummerten, die eine Ressourcenunabhängigkeit vom globalen Süden versprachen, löste in den Industrieländern eifriges Berechnen, Planen und Forschen aus. Ole Sparenberg hat dies ausführlich am Beispiel der westdeutschen Interessen und Aktivitäten rund um den Meeresbergbau untersucht,[109] weswegen an dieser Stelle ein kurzer Exkurs ausreicht, um in erster Linie aufzuzeigen, dass die bisher behandelte deutsche Hochseefischerei hinsichtlich der Berücksichtigung ihrer Interessen mächtige innerstaatliche Konkurrenz hatte.

Das Bundeswirtschaftsministerium hatte im Hinblick auf eine dauerhafte Rohstoffversorgung ein großes Interesse daran, dass die auf dem gerade prosperierenden Gebiet der „Meerestechnik" führenden deutschen Unternehmen sich im Meeresbergbau engagierten. Die Bundesregierung förderte ab 1972 Studien zum Meeresbergbau und ermutigte die Unternehmen, sich zusammenzuschließen, um die jeweiligen Kompetenzen zu bündeln. Auf diese Anregung hin gründeten im selben Jahr die Preussag AG, die Metallgesellschaft AG und die Salzgitter AG (später traten noch die Rheinischen Braunkohlewerke bei) die „Arbeitsgemeinschaft meerestechnisch gewinnbarer Rohstoffe" (AMR).[110] Um die Risiken für ein solches mit vielen Ungewissheiten behaftetes Projekt weiter zu streuen, gründete die AMR 1975 zusammen mit kanadischen, japanischen und US-amerikanischen Unternehmen das Joint Venture „*Ocean Management Incorporation*" (OMI), das, wie auch fünf weitere internationale Konsortien, maßgeblich durch staatliche Gelder finanziert wurde.[111] 1978 führte die OMI erstmalig eine Testförderung durch und konnte damit nachweisen, dass ein Abbau von Manganknollen grundsätzlich möglich war, wenngleich der Abbau selbst mit großen technischen Problemen behaftet waren. Dies war auch nicht weiter verwunderlich: Das potentielle Abbaugebiet war riesig und bis zu den wertvollen Knollen galt es an die 5 km zu überwinden. Mit einer Art „Saugrüssel" wurden die Knollen dann aufgelesen. Präzisionsarbeit war dabei nur bedingt möglich. Es bedurfte offensichtlich noch einiger Entwicklungsanstrengungen, um den Abbau von Manganknollen wirtschaftlich zu machen.[112]

109 Sparenberg, Meeresbergbau nach Manganknollen (1965–2014).

110 Ebd., S. 132.

111 Ebd.

112 Ebd., S. 133.

Obwohl, oder umgekehrt, gerade weil die zukünftige Lukrativität des Meeresbergbaus nicht eindeutig zu bestimmen war, entwickelte sich die Frage der Abbau- und Verwaltungsbestimmungen auf der Konferenz zum strittigsten Punkt. Dass die Uneinigkeit zwischen den Industrie- und den Entwicklungsländern hierüber bis zum Ende nicht ausgeräumt werden konnte, trug dann auch maßgeblich dazu bei, dass die Bundesrepublik dem Seerechtsübereinkommen bis 1994 nicht beitrat und demgegenüber sogar, wie die Vereinigten Staaten auch, 1980 ein nationales Tiefseebergbaugesetz verabschiedete, um gegebenenfalls abseits internationaler Abmachungen zu agieren. Trotz der Forschungs- und Experimentieraktivitäten blieb der Tiefseebergbau bis heute „stets ein Projekt für die mittlere Zukunft."[113]

6.3 Von der Realität eingeholt – Der erste informelle Verhandlungstext als Wendepunkt

Nachdem die zweite Sitzungsperiode in Caracas 1974 deutlich gemacht hatte, dass die Bundesrepublik mit ihrer Ablehnung der 200 Seemeilen-Wirtschaftszone im westlichen Bündnis mehr oder weniger auf verlorenem Posten stand, hieß es nun, sich für die nächste Session im Frühjahr 1975 in Genf taktisch neu aufzustellen. Die Bedeutung der Seerechtskonferenz hatten mittlerweile auch die Bundestagsfraktionen erkannt, und einige Abgeordnete stellten im Herbst 1974 eine Kleine Anfrage, die insgesamt 21 Punkte umfasste und damit eine sehr detaillierte Auskunft verlangte.[114] Dies erforderte erstmalig eine öffentliche Stellungnahme der Bundesregierung zur Seerechtskonferenz, die bis dahin eher hinter den Kulissen beraten worden war. Dies hing wohl auch mit dem vermeintlichen Rechtscharakter der Thematik zusammen, die schließlich auch dazu geführt hatte, dass das Völkerrechtsreferat im Auswärtigen Amt federführend mit der Materie befasst war. Die Kleine Anfrage erzwang dabei nicht nur eine Stellungnahme vor dem Bundestag. Im Zuge der Formulierung einer gemeinsamen Antwort erforderte sie von den beteiligten Ressorts auch die Festlegung auf eine einheitliche Position.

113 Ebd., S. 137.

114 Deutscher Bundestag, 7. Wahlperiode, Drucksache 7/2666, 16.10.1974: Kleine Anfrage der Abgeordneten Dr. Mertes (Gerolstein), Dr. Narjes, Dr. Marx, Baron von Wrangel, Dr. Warnke, Dr. Birrenbach, Dr. Abelein, Dr. Wörner, Dr. Todenhöfer, Dr. Wulff, Jäger (Wangen), Milz, Dr. Kunz (Weiden) und Genossen und der Fraktion der CDU/CSU betr. Auswirkungen der Seerechtskonferenz der Vereinten Nationen auf die politischen und wirtschaftlichen Interessen der Bundesrepublik Deutschland.

Nachdem die verschiedenen Abteilungen jeweils schriftlich zu dem Fragenkatalog Stellung genommen hatten, erfolgte die endgültige interne Abstimmung in einer Ressortbesprechung. Da das Fischereireferat im BML zu diesem Zeitpunkt vorrangig mit der Island-Frage beschäftigt war, überließ es dem Arbeitskreis Seerecht im Auswärtigen Amt die Formulierungen in Sachen Fischerei und gab damit einen Teil des eigenen Kompetenzbereichs aus der Hand. Um diesen Nachteil auszugleichen, schärfte Ministerialdirigent Gero Möcklinghoff vom BML seinem Hilfsreferenten Oberregierungsrat Hartmut Schlapper ein, auf der Sitzung besonders präsent und hart zu sein. Vor allem solle er die Bedeutung der Ergebnisse der Seerechtskonferenz für die Fische herausstreichen und dafür sorgen, dass diese „möglichst als Rohstoff betrachtet" würden.[115] Hiermit reagierte er auf die mangelnde Berücksichtigung und Wertschätzung der Fischereiressourcen seitens des Wirtschaftsministeriums, das unter Rohstoffen vornehmlich die mineralischen Ressourcen verstand. Mit der „Umetikettierung" der lebenden Ressourcen als Rohstoff wollte das BML letztlich eine Gleichstellung der Fischerei mit den Wirtschaftsinteressen auf dem Gebiet des Meeresbergbaus erreichen und damit auch die Weichen für eine künftige Konferenztaktik stellen, die die Hochseefischerei hinreichend berücksichtigte.

In der Antwort auf die Kleine Anfrage wurden die bisherigen ungünstigen Konferenzentwicklungen für die Hochseefischerei relativ klar benannt. So sei mit einer wesentlichen Erschwerung des Zugangs zu den präferierten Fanggebieten zu rechnen, die in quantitativen Fangbeschränkungen sowie zusätzlichen finanziellen Belastungen bestehen könne.[116] Auf lange Sicht rechnete man für einige Fanggebiete mit einem völligen Ausschluss der deutschen Fischerei. Diese vergleichsweise drastische Schilderung versuchte man abzumildern, indem man im Folgenden auf die fortbestehenden Fischereimöglichkeiten der Bundesrepublik innerhalb der EG verwies. Hier ging man davon aus, dass das Prinzip des nichtdiskriminierenden Zugangs zu den Fischereizonen anderer EG-Staaten nicht in Frage gestellt werden würde.[117]

---

115 BArch B 116/46767, Handschriftliche Notiz zu Entwurf der Antwort auf die Kleine Anfrage der Abgeordneten Dr. Mertes und Genossen betreffend Auswirkungen der Seerechtskonferenz der Vereinten Nationen auf die politischen und wirtschaftlichen Interessen der BRD (Redigierte Fassung, BML-offen, soweit Fischerei betroffen).

116 Deutscher Bundestag, 7. Wahlperiode, Drucksache 7/2856, 28.11.1974: Antwort der Bundesregierung auf die Kleine Anfrage der Abgeordneten Dr. Mertes (Gerolstein), Dr. Narjes, Dr. Marx, Baron von Wrangel, Dr. Warnke, Dr. Birrenbach, Dr. Abelein, Dr. Wörner, Dr. Todenhöfer, Dr. Wulff, Jäger (Wangen), Milz, Dr. Kunz (Weiden) und Genossen und der Fraktion der CDU/CSU; Drucksache 7/2666 – betr. Auswirkungen der Seerechtskonferenz der Vereinten Nationen auf die politischen und wirtschaftlichen Interessen der Bundesrepublik Deutschland, Antwort auf Frage 22.

117 Ebd.

Dies stimmte allerdings nur zum Teil, wie 1974 in Caracas offensichtlich geworden war. Denn bei eben jenen Fragen gab es unter den EG-Staaten keine Einigkeit. An anderer Stelle räumte die Bundesregierung die europäische Uneinigkeit bezüglich einer gemeinsamen Linie in Fischereifragen durchaus ein, wenngleich sich das volle Ausmaß der Differenzen in einer verschleiernden Formulierung versteckte: Negativ könne sich die Bildung nationaler Wirtschaftszonen auf das Verhältnis der EG-Staaten zueinander insbesondere dann auswirken, sobald ein von der Wirtschaftszone profitierender Mitgliedstaat die Bedingungen des Vertrags von Rom und des Beitrittsvertrages infrage stelle. Dass Großbritannien diesbezüglich bereits Sonderrechte einforderte, blieb unerwähnt und klang lediglich in einem Nebensatz an, der darauf verwies, dass das Land die von den anderen acht eingebrachten Fischereiartikel nicht unterstützt hatte.[118] Anders als behauptet, konnte demnach das Prinzip des nicht-diskriminierenden Zugangs zu den Gewässern der EG-Mitglieder, auf das die deutsche Hochseefischerei insbesondere dann angewiesen sein würde, wenn es zu weiteren Ausweitungen der Fischereizonen kommen sollte, keinesfalls als gesichert gelten.

Man hatte das Parlament seitens der Bundesregierung nun zwar ausführlich informiert, jedoch ergaben sich daraus vorerst keine weiteren Konsequenzen im Sinne einer veränderten Behandlung der Thematik. Dass die Seerechtskonferenz innenpolitisch weiterhin ein Schattendasein fristete, belegt auch die Tatsache, dass das Kabinett sich erst 1976 konkret mit ihr befasste.[119]

Indes dürfte diese weitgehend geräuschlose Behandlung im Hintergrund den in den Ressorts Beteiligten nicht unrecht gewesen sein. Die Abstimmung der deutschen Konferenzstrategie für die dritte Sitzungsperiode in Genf erwies sich als kompliziert genug, da brauchte es keine weiteren Störfaktoren von außen. So kritisierte Delegationsleiter Knoke auf einer Ressortbesprechung der Abteilungsleiter im Januar 1975, zwei Monate vor Sitzungsbeginn in Genf, das bisherige taktische Vorgehen auf der Konferenz. Er störte sich an den in Caracas innerhalb der Delegation immer wieder auftretenden Widersprüchen, etwa indem man auf Expertenebene Konzessionen gemacht habe, die mit der deutschen Haltung in den jeweils anderen Ausschüssen nicht übereinzubringen gewesen seien. Hier bedürfe es zukünftig einer genaueren Abstimmung, mahnte er.[120]

---

118 Ebd., Antwort auf Frage 8.

119 Vgl. Suchergebnis Stichwort „Seerechtskonferenz" in den Kabinettsprotokollen, in: Das Bundesarchiv: „Die Kabinettsprotokolle der Bundesregierung" online <http://www.bundesarchiv.de/cocoon/barch/0000/k/index.html> (31.10.2018).

120 PA AA B 88 (ZA)/193938, Vermerk, 22.01.1975: Betr. 3. Seerechtskonferenz, hier: Ressortbesprechung auf Abteilungsleiterebene am 20.01.1975 im AA.

Hinsichtlich der Fischereifrage konnte man sich auf derselben Sitzung immerhin vorläufig auf das weitere Vorgehen einigen, das dadurch bestimmt sein sollte, sich nicht durch strikte Opposition in den eigenen Verhandlungsoptionen zu beschränken. Das Auswärtige Amt hatte qua seines Aufgabengebietes stets auch das internationale Ansehen der Bundesrepublik in seine Überlegungen miteinzubeziehen und stellte die Sachfragen deswegen jeweils in einen breiteren Kontext. Walter Gorenflos etwa, Leiter der Unterabteilung Vereinte Nationen im Auswärtigen Amt, nannte es „unzweckmäßig", aus rein taktischen Gründen den Widerstand gegen die mehrheitlich akzeptierte 200 Seemeilen-Wirtschaftszone aufrechtzuerhalten.[121] Die einzelnen Ressorts waren demgegenüber an einer möglichst zufriedenstellenden Lösung für ihren jeweiligen Zuständigkeitsbereich interessiert. Gero Möcklinghoff vom BML betonte deswegen die hervorragende Bedeutung der Konferenz für die Fischereiwirtschaft. In den Verhandlungen über Fragen der Hochseefischerei sei diesbezüglich besondere Härte zu zeigen. Auf Knokes Frage hin, welchen Verhandlungszielen auf der Konferenz Vorrang einzuräumen sei, sprach sich Möcklinghoff gegen solche Priorisierungen aus. Es stand zu befürchten, dass nicht alle Ressorts die Fischereifrage als dringlich wahrnahmen, weswegen es sicherer schien, eine Rangfolge grundsätzlich auszuschließen. Er verlange nicht, „die Interessen anderer Häuser" hinter die Fragen der Hochseefischerei zurückzustellen, könne es andererseits aber auch nicht hinnehmen, dass die Interessen seines Hauses mit nachgeordneter Priorität gehandhabt würden. Prioritäten seien allenfalls *innerhalb* der einzelnen Teilgebiete festzulegen.[122]

Zwar votierte auch keiner der anderen Besprechungsteilnehmer offen für Priorisierungen. Der Vertreter des Bundeswirtschaftsministeriums, Waldemar Müller-Thuns, war allerdings der Auffassung, dass der Beitrag des künftigen Tiefseebergbaus zum Bruttosozialprodukt der Bundesrepublik ein Vielfaches dessen betrage, was andere von der Konferenz berührte Wirtschaftszweige gesamtwirtschaftlich bedeuteten.[123] Dies war ganz offensichtlich gegen die Fischereiwirtschaft gerichtet, die in erster Linie die norddeutschen Bundesländer betraf und hier vor allem die Küstenregionen.

Als es einige Tage später darum ging, die gemeinsame Verhandlungslinie festzuschreiben, legte Müller-Thuns noch einmal nach: Verhandlungstaktisch sei es klüger, weder ausdrücklich für noch gegen die Wirtschaftszone zu argumentieren. Da diese sich bereits auf breiter Basis durchgesetzt habe, ließen sich somit

121 Ebd.
122 Ebd.
123 Ebd.

unergiebige Konfrontationen vermeiden. Lieber solle man flexibel bleiben, um gegebenenfalls auf dem Wege des „Bargainings" Kompromisse auszuhandeln.[124]

Um vor den anderen EG-Mitgliedern das Verlustrisiko für die Hochseefischerei herauszustellen, wies der neue Regierungsdirektor des Referats für Fischereiangelegenheiten, Dierk Booß, die dem BML zugeordnete Bundesforschungsanstalt für Fischerei an, die erwarteten Fangverluste außerhalb der 200 Seemeilen-Zonen der EG-Länder zu übermitteln und dabei die Zahlen so zu wählen, dass sich ein möglichst hoher Ausfall errechnete. Je drastischer dieser ausfiel, desto sicherer war die Argumentationsbasis gegenüber einer an wirtschaftlicher Stabilität interessierten Wirtschaftsgemeinschaft, so die Überlegung.[125] Booß, der nun einen Großteil der EG-Fischereikoordinierung übernahm, ließ überdies einen eigenen Entwurf über die Wirtschaftszone formulieren, der sich nur auf Fischereiaspekte erstreckte und wollte diesen als dem Konferenzstand angepasste Fortschreibung des bisherigen Positionspapiers verstanden wissen.[126]

Aus dem Entwurf geht klar hervor, dass man das im EG-Fischereipapier vorgeschlagene Modell der präferentiellen Wirtschaftszone mittlerweile als problematisch betrachtete. Zwar sei es weiterhin einer exklusiven Zone vorzuziehen. Allerdings könne es langfristig ebenfalls existenzgefährdend für die deutsche Fischerei sein. Man fürchtete, dass die Fernfischerei gegenüber „expandierenden Küstenfischereien" zurücktreten müsse.[127] Dem lag die Überlegung zugrunde, dass Küstenstaaten ihre neu erworbenen Souveränitätsrechte vor ihren Küsten nutzen würden, um ihren eigenen Fischereisektor massiv auszubauen. Dadurch könnten diese Staaten mehr abfischen als bisher, wodurch sich ein für Drittstaaten bestimmter *surplus* (also der „Überschuss", der von den Küstenstaten nicht selbst abgefischt werden konnte) zwangsweise verringern würde.

Eine weitere Gefahr der „präferentiellen Wirtschaftszone" verbarg sich in der vorgesehenen Kompetenz des Küstenstaats, im Zuge von Schonmaßnahmen Fangbeschränkungen oder -verbote zu erlassen. Der Völkerrechtsprofessor Günther Jaenicke, Sprecher der Delegation im zweiten Konferenzausschuss, in dem die Wirtschaftszone verhandelt wurde,[128] verwies in diesem Zusammenhang auf bisherige Erfahrungen in Fischereiorganisationen. So schätzten nämlich Küstenstaaten die Gefahren einer Überfischung der Fischbestände regelmäßig höher

124 BArch B 116/46767, Bundeswirtschaftsministerium an Seerechtsdelegation und beteiligte Ministerien, 03.02.1975: Wirtschaftszone.

125 BArch B 116/46784, Vermerk Ref. 724 (Fischereiangelegenheiten), 29.01.1975: Stand der EG-Koordinierung für die III. Seerechtskonferenz (Fischerei).

126 BArch B 116/46767, Ref. 724 an Seerechtsdelegation und beteiligte Ministerien, 05.02.1975.

127 Ebd.

128 PA AA B 88 (ZA)/193938, Personelle Ausstattung Seerechtskonferenz in Genf, 03.02.1975.

ein als die nicht unmittelbar betroffenen Staaten. Sollte den Küstenstaaten also die Kompetenz zugestanden werden, Schutzbestimmungen für Bestände in ihren Wirtschaftszonen zu erlassen, seien diese „der Versuchung ausgesetzt, Vorratspolitik zu betreiben“.[129]

Aufgrund dieser Unsicherheitsfaktoren war, laut Booß, das wichtigste „Essential“ für die weitere Verhandlungstaktik in der Wirtschaftszonenfrage die Vermeidung von Vollsouveränität für die Küstenstaaten sowie die damit einhergehende bestmögliche Wahrung der traditionellen Fischereirechte. Notfalls sollten wenigstens ausreichende Übergangsregelungen von mindestens 10 Jahren ausgehandelt werden, die ungefähr der Lebensdauer eines Fischdampfers entsprachen.[130] Darin war der sich voraussichtlich beschleunigende Strukturwandel in der deutschen Hochseefischerei bereits mitgedacht. Mit einer Übergangsphase würde dieser jedoch wenigstens geplant und geordnet stattfinden können.

Neben der Wahrung der traditionellen Fischerei sollten Fischereimöglichkeiten in Zonen von Staaten gesichert werden, die ihre Bestände nicht vollständig selbst zu nutzen vermochten. Da dies in den meisten Fällen Entwicklungsländer betraf, kam hier der Erwerb von Fischereirechten mittels Lizenzgebühren in Frage.[131] Für diese Staaten war zu erwarten, dass die Anpassung ihrer Fischereiwirtschaft an das Niveau der Industrieländer noch lange auf sich warten lassen würde und man ihnen somit die Ressourcenteilhabe einfach abkaufen könnte.

Die mit der Teilhabe an einem „EG-Meer“ verbundenen Fischereimöglichkeiten gehörten nicht zu den formulierten Essentials für die Verhandlungstaktik. Zwar konnte man sich rechtlich auf das Prinzip des nichtdiskriminierenden Zugangs berufen, allerdings wurde dieses von Großbritannien infrage gestellt, indem das Land eine Revision der geltenden EG-Fischereiregelung forderte. Ob dieser Unsicherheiten legte der Entwurf den Schwerpunkt also auf die nationale Verhandlungstaktik.[132]

Booß sah für das Konzept der „präferentiellen Wirtschaftszone“ kaum Erfolgsaussichten und rechnete eigentlich damit, dass sich ausschließliche Nutzungsrechte für die Küstenstaaten durchsetzen würden.[133] Dennoch schlug er vor, zunächst an diesem Modell festzuhalten und gemeinsam mit den EG-Staaten, dem Ostblock und den Vereinigten Staaten (die aufgrund gefährdeter Durchfahrts-

129 BArch B 116/46767, Handakte (o.D.): Neueste Entwicklungen im internationalen Seerecht, von Günter Jaenicke, S. 21.

130 BArch B 116/ 46767, Booß (Ref. 724) an Seerechtsdelegation und beteiligte Ministerien, 05.02. 1975.

131 Ebd.

132 Ebd.

133 Ebd.

rechte die exklusiven Zonen bis 200 Seemeilen noch ablehnten) sowie Japan und gegebenenfalls den Binnen- und geographisch benachteiligten Staaten eine Front gegen die Verfechter der exklusiven Wirtschaftszone zu bilden. Die in der Gruppe der geographisch Benachteiligten vorangetriebenen Überlegungen zu regionalen Zonen, die auch das Bundeswirtschaftsministerium für die Fischereiregelung präferierte, seien allerdings mit Vorsicht zu genießen. Die Bundesrepublik könne ihre Fischereiinteressen allenfalls in der Region des Nordatlantiks beziehungsweise des Nordostatlantiks wahren. Ob sie diesen Meeresgebieten im Falle von Regionalzonen zugeordnet werden würde, war jedoch fraglich. Da diese Regionen geographisch nicht zu Kontinentaleuropa gehörten, bestand sogar die Gefahr, auf die Nordsee zurückgeworfen zu werden.[134]

Um die neue Verhandlungslinie auch mit den Wirtschaftsvertretern abzustimmen, fand noch vor Beginn der Genfer Session ein Informationsgespräch mit dem Hochseefischerei-Verband statt. Der Verbandsvorsitzende Joachim Genschow, Geschäftsführer Rolf Hagemann sowie weitere Mitglieder des Verbandes bekamen die Möglichkeit, mit dem Delegationsleiter Knoke persönlich zu sprechen, außerdem waren Mitglieder des Völkerrechtsreferats im Auswärtigen Amt und Ministerialdirigent Möcklinghoff aus dem BML zugegen.[135] Gleich zu Beginn des Gesprächs fand Knoke deutliche Worte und warnte davor, sich hinsichtlich der Einführung von Wirtschaftszonen Illusionen hinzugeben. Denn mittlerweile gehe es nicht mehr um das Ob, sondern nur noch um das Wie. Der Forderung auf Berücksichtigung historischer Fangrechte räumte er keine großen Chancen ein. Einen Ausweg sah er jedoch in Kooperationen mit Entwicklungsländern. Hier böten sich gegebenenfalls Möglichkeiten im Rahmen des Lomé-Abkommens zwischen der EG und den AKP-Staaten. Auch wies Knoke auf die gravierenden Abstimmungsschwierigkeiten innerhalb der EG hin, die eine einheitliche Linie verhinderten und in denen Großbritannien, Dänemark und Irland sogar gänzlich gegen die deutschen Interessen argumentierten. Auch in Genf werde man deswegen vermutlich keine gemeinsame Position vertreten können. Als sei dies noch nicht genug, eröffnete Kaufmann-Bühler vom Auswärtigen Amt dem Verband, dass man zukünftig verstärkt auf bilaterale Abkommen setzen müsse. Erste Schritte würden derzeit mit Norwegen verhandelt.[136] Da bilaterale Abkommen immer auch auf dem Prinzip des *do ut des* basieren, war dies für die Hochseefischerei ungünstig, da man in diesem Fall vollständig von der Konzessionsbe-

---

134 Ebd.

135 PA AA B 88 (ZA)/193962, Vermerk (o.D.): Informationsgespräch mit Vertretern des Verbands der deutschen Hochseefischereien e.V. am 12.02.1975 über Fragen der III. Seerechtskonferenz.

136 Ebd.

reitschaft der eigenen Regierung abhängig war, die die Gelder für derlei Abkommen zur Verfügung stellen musste.

Ähnlich verhielt es sich mit Joint Ventures, denen nicht nur der Verband mit Vorbehalten gegenüberstand. Schließlich kam es für die Hochseefischerei darauf an, die Konsumgewohnheiten der Bevölkerung zu bedienen und dementsprechend „deutsche Fische vor fremden Küsten zu fischen" und sie ohne Zollbelastung in Bremerhaven und Cuxhaven anzulanden.[137] Davon abgesehen, bestand seitens der Entwicklungsländer, wie etwa Argentinien, nicht immer „das richtige Interesse".[138]

Darüber hinaus konnten derlei Kooperationen zunächst nur von den Unternehmen selbst ausgehandelt werden, da eine Initiative der Bundesregierung die deutsche Verhandlungsposition in Genf untergraben hätte. Ein solches Engagement seitens der Privatwirtschaft war allerdings mit beträchtlichem Aufwand verbunden, da man einerseits nicht selbst über das nötige Kapital verfügte, Fangrechte finanziell zu erkaufen und andererseits technische Hilfe oder die Beschäftigung Einheimischer als Gegenleistung einen Schnitt ins eigene Fleisch bedeuteten. Aufgrund dieser wenig zufriedenstellenden Prognosen traute sich der Verband gar zu fragen, ob man einen Nichtbeitritt zur Konvention erwägen sollte.[139] Hier blieben die Regierungsvertreter vorsichtig. Zwar waren UNO-Beschlüsse ohne Ratifikation nicht bindend. Wenn jedoch genügend Staaten die Beschlüsse vollzögen, schüfen sie hiermit Völkergewohnheitsrecht. Eine Nichtzeichnung löste die Probleme insofern nicht.[140] Im Gespräch mit dem Verband fügten die Regierungsvertreter noch hinzu, dass man das wirtschaftliche Gewicht der Bundesrepublik bei künftigen Verhandlungen von Fischereiabkommen nur dann in die Waagschale werfen könne, wenn eine vertraglich fixierte Verhandlungspflicht bestehe.[141] Bei einer Nichtzeichnung der Konvention seitens der Bundesrepublik hätten potentielle Vertragspartner demnach Verhandlungen mit der Begründung des deutschen Nichtbeitritts verweigern können.

---

137 BArch B 116/65021, Vermerk Verband der deutschen Hochseefischereien e.V., 20.07.1976: 5. Session der Seerechtskonferenz, Anhörungsbesprechung mit Genscher am 19.07.1976 in Bremen.

138 PA AA B 88 (ZA)/193962, Vermerk (o.D.): Informationsgespräch mit Vertretern des Verbands der deutschen Hochseefischereien e.V. am 12.02.1975 über Fragen der III. Seerechtskonferenz.

139 Ebd.

140 Deutscher Bundestag, Protokoll Nr. 51, Ausschuß für Ernährung, Landwirtschaft und Forsten, 15.01.1975.

141 PA AA B 88 (ZA)/193962 Vermerk (o.D.): Informationsgespräch mit Vertretern des Verbands der deutschen Hochseefischereien e.V. am 12.02.1975 über Fragen der III. Seerechtskonferenz.

Dies belegte einmal mehr die verzwickte Verhandlungssituation für die Hochseefischerei. Der Delegation blieb nichts anderes übrig, als möglichst großen Einfluss bei der detaillierten Ausgestaltung der Wirtschaftszonen auszuüben. Um guten Willen zu zeigen und sich auch auf der Konferenz direkt mit dem Hochseefischerei-Verband austauschen zu können, wurden Vertreter des Verbandes als Berater in die deutsche Delegation für Genf aufgenommen.[142] Wenngleich es diesen nicht gestattet war, selbst an den Verhandlungen teilzunehmen, konnten sie sich als Beobachter immerhin ein Bild vom Konferenzgeschehen machen und mit den Fischereiindustrievertretern anderer Staaten in Kontakt treten.[143]

Ihr Einfluss blieb dennoch gering. Denn als Berater waren sie zwar Teil der Delegation, wurden jedoch nur dann tätig, wenn vonseiten der Delegation eine spezielle Auskunft angefragt wurde. Insofern gestaltete sich die Teilnahme mehr als „Informationsreise", wie Verbandsmitglied Hagemann es ausdrückte. Zufrieden berichtete er, dass „die Behandlung der Fischerei von sämtlichen Delegationsmitgliedern mit grossem Wohlwollen und Aufmerksamkeit" erfolge.[144] Zwar genieße die Fischerei erwartungsgemäß keine Priorität, jedoch werde ihre Bedeutung für die deutsche Wirtschaft anerkannt. Hierzu habe wohl auch ein Besuch des Delegationsleiters an der Nordseeküste beigetragen, vermutete er. Als besonders vorteilhaft bewertete Hagemann den Zugang zu Informationen, die seines Erachtens die Meinungsbildung innerhalb des Verbandes erleichterten und eine gute Basis für den weiteren Austausch mit der Bundesregierung und auf EG-Ebene boten.[145]

Die deutschen Fischereiinteressen hatten also aufgrund der Verhandlungsdynamiken insgesamt einen schweren Stand, jedoch konnte der Hochseefischerei-Verband sich nicht über mangelnde Rücksichtnahme seitens der Delegation beklagen, die sich scheinbar auch durch die Interventionen des Wirtschaftsministeriums nicht zu einer Priorisierung der Meeresbergbauinteressen treiben ließ.

Die deutsche Verhandlungslinie, volle Ressourcensouveränität für die Wirtschaftszonen zu vermeiden, sah sich auf der Konferenz ohnehin zahlreichen Widersachern gegenüber. Entsetzt zeigte sich Hagemann etwa über die Bestrebungen der Kanadier. Im Zuge der informellen Verhandlungen in der Evensen-Gruppe brachten diese die Berücksichtigung der wirtschaftlichen Bedürfnisse der

142 Ebd.

143 BArch B 116/46769, Rolf Hagemann an Friedrich-Wilhelm Marwitz sowie in Kopie an Schlapper (BML), 03.04.1975.

144 BArch B 116/46769, Vermerk R. Hagemann (Verband der deutschen Hochseefischereien e.V.), 27.03.1975: Dritte Seerechtskonferenz vom 17.3. bis 10.5.75 in Genf, hier: Ergebnis meiner Informationsreise vom 24.–26.3.75.

145 Ebd.

Fischereibevölkerung und Fischereigemeinden ins Spiel. Demnach sollte der Küstenstaat die Verteilung des *surplus* an andere Staaten selbst bestimmen. „Das bedeutet glatte Diktatur", empörte sich Hagemann und empfahl, darauf hinzuwirken, dass die Bundesregierung Kanada hinsichtlich der Ausbeutungsrechte für den Festlandsockel jenseits der 200 Seemeilen-Grenzen entgegenkommen solle, um so günstigere Bedingungen für Drittstaaten in der 200 Seemeilen-Wirtschaftszone auszuhandeln. Wie er zu berichten wusste, wurde diese „Philosophie" auch von Teilen der Delegation vertreten.[146]

Das BML teilte die Empörung über das Verhalten Kanadas in der Evensen-Gruppe und stand auch mit dem aus der Gruppe hervorgehenden „Evensen-Papier" auf Kriegsfuß, welches keines der deutschen Essentials wahrte. Einzig und allein die Artikel zur obligatorischen Streitschlichtung entsprachen in Ansätzen den bundesdeutschen Interessen. Auch Frankreich und Dänemark sowie einige in der Evensen-Gruppe beteiligte geographisch benachteiligte Staaten legten Protest ein. Die Ostblockstaaten allerdings, die bisher zu den wenigen Unterstützern historischer Fischereirechte gehört hatten, nahmen das Papier grundsätzlich an und betrachteten es als Teil einer Paketlösung.[147] Somit verlor die Bundesrepublik nach und nach ihre verbündeten Fernfischereistaaten, denn auch Japan war bereits auf die 200 Seemeilen-Zone eingeschwenkt.[148]

Neben dem Evensen-Papier waren auch die Vorschläge der G77 und der Binnen- und geographisch benachteiligten Staaten ungünstig für die deutsche Hochseefischerei. Der Entwurf der Binnenländergruppe sah Arrangements für die Nutzung der Ressourcen benachbarter Küstenstaaten vor. Sollten deren Wirtschaftszonen nur wenig Ressourcen aufweisen, könnten die benachbarten Staaten an einer größeren Region beteiligt werden. Dies war für die Bundesrepublik nur dann annehmbar, wenn dabei auch die traditionellen Rechte berücksichtigt würden.[149] Denn obgleich sie sich aufgrund der kurzen Küsten ebenfalls als geographisch benachteiligt betrachtete, verkehrte ihre Hochseefischerei nicht nur vor den benachbarten Küsten, sondern eben auch in etwaigen Regionalzonen weit entfernt von der eigenen Küste.

Knoke hatte diesbezüglich in der Evensen-Gruppe interveniert und nochmals deutlich gemacht, dass man Zugangsrechte lediglich für diejenigen Wirtschaftszonen beanspruchen wolle, in denen man auch tatsächlich traditionell gefischt

146 Ebd.

147 BArch B 116/46769, Booß an Botschafter Knoke, 07.05.1975: Beitrag zum Schlußbericht 2. Ausschuss, hier: Fischerei.

148 PA AA B 88 (ZA)/193938, Botschaft Tokio an AA, 20.02.1975.

149 BArch B 116/46769, Booß an Botschafter Knoke, 07.05.1975: Beitrag zum Schlußbericht 2. Ausschuss, hier: Fischerei.

habe. Die Zonen von Entwicklungsländern seien dementsprechend nur bedingt betroffen, wohl aber zum Beispiel die isländische, für die der IGH am 25. Juni 1974 die traditionellen Fischereirechte der Bundesrepublik in den Schelfgewässern anerkannt hatte. Demnach durften die Isländer zwar eine ausschließliche 12 Seemeilen-Zone beanspruchen. Jenseits dieser Grenze standen dem Küstenstaat allerdings nur präferentielle Rechte zu, die mit den dort traditionell fischenden Staaten in Einklang zu bringen waren.[150] Wenngleich die Isländer das Urteil nicht anerkannten, war es für die Verhandlungen auf der Seerechtskonferenz aus Sicht der Bundesrepublik doch brauchbar.

Das IGH-Urteil im Rücken, argumentierte Knoke mit den regionalen wirtschaftlichen Auswirkungen. Ein Ausschluss von der Fischerei im Nordatlantik bringe für Bremerhaven und Cuxhaven schwerstwiegende Nachteile mit sich und man gedenke nicht, die Anlandungsanlagen und -betriebe in diesen Städten abzubauen. Zudem wandte er sich gegen Vorwürfe, dass die Bundesrepublik ihre Hochseefischerei lediglich mit Hilfe von Subventionen aufrechterhalte, denn diese Maßnahmen seien allgemein üblich. Derlei Provokationen kamen hauptsächlich vonseiten Islands und Großbritanniens, die – selbst untereinander im Fischereistreit – eine Frontstellung gegenüber der Bundesrepublik einnahmen und ihr den Status als geographisch benachteiligter Staat absprachen.[151]

Die Vorwürfe waren nicht gänzlich von der Hand zu weisen, schließlich waren die meisten Mitglieder der entsprechenden Gruppe Entwicklungsländer, viele davon Binnenländer. Knoke begründete die deutsche Position jedoch, indem er darauf instistierte, eine „gerechte Verteilung der Ressourcen zwischen allen Staaten“ zu erreichen. Küstenstaaten dürften nicht bevorzugt werden.[152] Damit griff er die normativen Ansprüche der Konferenz auf, münzte sie aber vom Nord-Süd-Gegensatz auf den geographischen Faktor um.

Somit ließ sich die Mitgliedschaft in der Gruppe der Binnen- und geographisch benachteiligte Staaten rechtfertigen, von der man sich eine stärkere Verhandlungsposition gegenüber den „Langküstenstaaten“ versprach. Um hier Anerkennung zu finden, engagierte sich die Delegation verstärkt mit *good-will*-Erklärungen auch in Fragen, die nicht unbedingt den deutschen Interessen entsprachen. Man ging aber davon aus, dass Nachteile sich aus der Mitarbeit in dieser Gruppe nicht ergeben würden, da sich beispielsweise die von den Binnenstaaten geforderte Beteiligung an den Ressourcen des Festlandsockels ohnehin nicht realisieren lassen würde.[153] Vielmehr setzte die Delegation auf die während der

150 Rupprecht, Der deutsch-isländische Fischereizonenstreit 1972–1976, S. 214.
151 PA AA B 88 (ZA)/193939, Delegationsbericht Nr. 26, 03.04.1975.
152 PA AA B 88 (ZA)/193939, Delegationsbericht Nr. 79, 24.04.1975.
153 PA AA B 88 (ZA)/193939, Delegationsbericht Nr. 29, 03.07.1975.

dritten Session erlangte Sperrminorität der geographisch Benachteiligten, deren Gruppe mittlerweile auf 49 Mitglieder angewachsen war. Möglicherweise würden sich hierüber expansive Rechte für die Küstenstaaten zumindest eindämmen lassen.[154]

Die deutsche Tuchfühlung mit der Gruppe der Binnen- und geographisch benachteiligten Staaten war allerdings für die Abstimmungen unter den EG-Staaten nicht unbedingt förderlich. Denn hier versuchte man ja weiterhin, eine gemeinsame Marschrichtung festzulegen. Die Briten behielten ihren Konfrontationskurs bei, indem sie der Bundesrepublik ihre Mitgliedschaft in der Binnenländer-Gruppe vorwarfen. „Jeden kommunitären Geist[es]" entbehrte laut Knoke die Behauptung des britischen Delegationsleiters Roger Jackling in der Evensen-Gruppe, die Kürze einer Küste sei kein Argument für Ungerechtigkeit. Da die Bundesrepublik ein außerordentlich entwickeltes Land mit „genügend Hinterland" sei, könne sie nicht als geographisch benachteiligt gelten.[155] Nach Protest des deutschen Botschafters im *Foreign Office* in London ruderten die Briten allerdings zurück. Man habe sich lediglich dagegen aussprechen wollen, so hieß es nun, von der geographischen Benachteiligung eines Landes automatisch auf wirtschaftliche Rückständigkeit zu schließen.[156]

Dass sich die Briten derart offensiv in einem großen Gremium wie der Evensen-Gruppe äußerten, lag an ihren Befürchtungen, die Bundesrepublik könne sich als geographisch benachteiligter Staat womöglich auch innerhalb der europäischen Gewässer einen Sonderstatus erzwingen, was ihren eigenen Bestrebungen, eine Sonderzone zu beanspruchen, zuwiderlief. Dementsprechend stimmten sie in der Evensen-Gruppe auch nicht gemeinsam mit Frankreich, Dänemark, den Niederlanden und der Bundesrepublik für die Berücksichtigung traditioneller Fischereirechte und geographisch benachteiligter Staaten in einer Region.[157] Ihrer Meinung nach war für die gemeinsame EG-Fischereipolitik eine ausschließliche Fischereizone von Interesse. Knoke intervenierte, dass es vielmehr im Gemeinschaftsinteresse liegen müsse, auch die Interessen derjenigen Mitglieder zu wahren, die ihre Fischerei nicht auf ein „EG-Meer" beschränken könnten und argumentierte somit erneut mit der geographischen Benachteiligung. Der EG-Kommissionsvertreter Michael Hardy befürchtete derweil eine Aushöhlung des in der EG-Fischereistrukturverordnung enthaltenen Rechts auf gleichberechtigten Zugang. In diesem Zusammenhang sei eine EG-Klausel in der

---

154 BArch B 136/17612, Ortex Nr. 67, 15.05.1975: 3. Session der 3. Seerechtskonferenz vom 17. März bis 9. Mai in Genf.

155 PA AA B 88 (ZA)/193939, Fernschreiben aus Genf: Delegationsbericht Nr. 21, 02.04.1975.

156 PA AA B 88 (ZA)/193939, Botschaft London an AA, 24.02.1975.

157 PA AA B 88 (ZA)/193939, Delegationsbericht Nr. 80, 25.04.1975.

zukünftigen Konvention unerlässlich. Diese würde es gestatten, als Einheit aufzutreten und gegebenenfalls eine gemeinsame 200 Seemeilen-Zone zu errichten, dabei aber gleichzeitig EG-Recht in den Gewässern der Mitgliedstaaten anzuwenden.[158] Bereits nach der Session in Caracas war diese Idee im EG-Rahmen diskutiert worden, allerdings hatte die Kommission nicht das gewünschte Mandat erhalten, vom Konzept einer ausschließlichen Wirtschaftszone auszugehen.[159] Auch noch kurz vor der Genfer Session hatten Belgien, Italien und die Bundesrepublik demgegenüber Vorbehalte geäußert. Sie waren skeptisch, denn aufgrund der Unstimmigkeiten zwischen den Mitgliedstaaten verfügte die EG bisher nicht über die ausschließliche Kompetenz für die Fischereiregelungen in den 200 Seemeilen-Zonen der Mitglieder. Daraus folgte, dass die Gemeinschaft im Rahmen einer künftigen Seerechtskonvention nicht als vereinheitlichter „Küstenstaat" würde auftreten können, zu dessen Gewässern alle Mitglieder gleichberechtigten Zugang genössen. Die Bundesrepublik wagte sich also auf unsicheres Terrain, als sie die 200 Seemeilen-Wirtschaftszone doch noch als EG-interne Arbeitshypothese akzeptierte.[160]

Das Wagnis bestand darin, im schlechtesten Fall eine solche Zone zugunsten des EG-Zusammenhalts zu befürworten, aber aufgrund der Uneinigkeit keine EG-Klausel zustande zu bringen. In diesem Fall wären sowohl die Fernfischereiplätze zum Beispiel vor Island als auch diejenigen in der Zone Großbritanniens verloren gewesen. Die weitere Konferenztaktik entwickelte sich deshalb nachgerade zu einer Gratwanderung.

Wie befürchtet, enthielt der auf der Genfer Session vorgelegte informelle Verhandlungstext die exklusive Wirtschaftszone, die dem Küstenstaat souveräne Rechte sowohl hinsichtlich der Bewirtschaftung der Ressourcen als auch über die Erforschung und die Erhaltung dieser Ressourcen zusprach (Art. 45).[161] Ohne an Empfehlungen internationaler Fischereiorganisationen gebunden zu sein, sollte der Küstenstaat die Höchstfangmengen in dieser Zone bestimmen und entscheiden dürfen, inwieweit er diese selbst zu nutzen vermochte (Art 50, 51). Rechte für Drittstaaten waren, abgesehen von geringfügigen Ausnahmen für Binnenstaaten und geographisch benachteiligte Entwicklungsländer, nicht vorgesehen (Art. 57, 58). Gleichwohl sollten die Küstenstaaten Drittstaaten Zugang zu ihrem

---

158 Ebd.

159 PA AA B 88 (ZA)/193962, Vermerk (o.D.): EG-Koordinierung betr. Fischerei, Koordinierungssitzung vom 18.12.1974 in Brüssel.

160 PA AA B 88 (ZA)/193962, Vermerk, 28.02.1975: Ergebnis der EG-Koordinierungen für die 3. Seerechtskonferenz (Fischerei) vom 18. und 26. Januar 1975; PA AA B 88 (ZA)/193961, Vermerk BML Ref. 724, 19.07.1974: EG-Kompetenz in einer Wirtschaftszone.

161 UN Doc. A/CONF.62/WP.8/Part II, Informal single negotiating text, part II, (o.D.).

surplus gewähren, also dem Teil der Ressourcen, den sie selbst nicht ausschöpfen konnten. Dabei oblag es aber dem Küstenstaat selbst, nicht näher benannte Regulierungen der Fischerei von Drittstaaten vorzunehmen. Auch war es dem Küstenstaat möglich, die Drittstaaten dazu zu verpflichten, die in Wirtschaftszonen getätigten Fänge in den Häfen des Küstenstaates anzulanden (Art. 51). Der Text enthielt keine explizite Berücksichtigung der historischen Fischerei. Sie war einzig als ein Punkt unter mehreren im Rahmen des Zugangs zum *surplus* erwähnt, dafür aber mit dem Zusatz, dass ernsthafte Störungen im Wirtschaftsgefüge („*economic dislocation*") der Staaten mit historischer Fischerei möglichst gering zu halten seien.[162] Dies war aber so vage gehalten, dass die betroffenen Staaten hieraus nur bei sehr wohlwollendem Entgegenkommen der Küstenstaaten Ansprüche würden ableiten können.

Der informelle Verhandlungstext entsprach also ganz und gar nicht der gewünschten Verhandlungslinie des BML, geschweige denn den formulierten Bedürfnissen der deutschen Hochseefischerei. Auch stand er den Vorschlägen entgegen, die die EG-Staaten (außer Großbritannien) dem Vorsitzenden des Zweiten Ausschusses während der Genfer Sitzung in Form von Artikelentwürfen als „Hilfestellung" für die Formulierung des einheitlichen Verhandlungstextes vorgelegt hatten.[163] Darin war sowohl den Fischereiorganisationen als auch den traditionellen Rechten eine herausragende Bedeutung zugekommen. Es hieß:

> Gewährt der Küstenstaat anderen Staaten Zugang zu der überschüssigen Fangmenge [...], so trägt er den Interessen der anderen Staaten in der nachstehenden Reihenfolge gebührend Rechnung:
>
> a) Staaten, die üblicherweise in der Zone Fischfang betrieben haben;
> b) Entwicklungsstaaten;
> c) Staaten, deren Wirtschaft sehr weitgehend von der Fischerei abhängt oder in denen die Wirtschaft bestimmter Regionen ihres Hoheitsgebietes sehr stark auf die Fischerei angewiesen ist;
> d) Staaten, die sich um die Erforschung, Feststellung und Erschließung der Bestände bemühen oder dem Küstenstaat technische oder sonstige Hilfe gewährt haben;
> e) unterschiedslos alle anderen Staaten.[164]

Wären diese Bestimmungen in den Verhandlungstext eingeflossen, so wäre die deutsche Hochseefischerei noch verhältnismäßig begünstigt gewesen, da sie sowohl die Punkte a) als auch c) und d) für sich hätten geltend machen können.

162 Ebd.

163 Dem Vorsitzenden des II. Ausschusses von acht Mitgliedstaaten unterbreiteter Text, PA AA B 88 (ZA)/193962, Aufzeichnung Rat der EG, 29.05.1975: Arbeit der III. Seerechtskonferenz, S. 15 f.

164 Ebd.

Da nun aber der venezolanische Vorsitzende des zweiten Ausschusses, Andrès Aguilar, keine dieser Bestimmungen in den Verhandlungstext übernommen hatte, der stattdessen sogar weitgehend dem von der Bundesrepublik abgelehnten Evensen-Text entsprach, musste die deutsche Verhandlungslinie sich zum wiederholten Male neu ausrichten. Auch auf EG-Ebene galt es, sich neu zu konsolidieren. Dies erschien umso dringlicher, als der Rat befürchtete, dass dieser Verhandlungstext – der eigentlich keiner war, weil er eben nicht direkt aus den Verhandlungen hervorgegangen, sondern vom Vorsitzenden verfasst worden war – ehe man es sich versah, als Abstimmungsvorlage wahrgenommen werden könnte. Weil das Konferenzprozedere ein *gentleman's agreement* vorsah, war nicht auszuschließen, dass einige Teilnehmerstaaten versuchen würden, den Text als eben solches zu verkaufen, um dadurch den Verhandlungsdruck zu erhöhen. Bestätigt sah man diese Befürchtung durch die Überlegungen des Konferenzpräsidiums, die übernächste Sitzung an einem Ort mit elektronischen Abstimmungsanlagen abzuhalten.[165]

Nun kam also zu den ohnehin schon schwierigen Positionsabstimmungen auch noch Zeitdruck hinzu, der dazu führte, dass die meisten EG-Staaten den Verhandlungstext weitgehend zu übernehmen gedachten. Vorschläge der deutschen Vertreter, auf Basis des für sie günstigeren Genfer EG-Fischereipapiers einen Gegenentwurf zu erarbeiten, fanden kaum Unterstützung.[166]

Dennoch wollte man weiterhin versuchen, eine EG-einheitliche Haltung zu Änderungsvorschlägen zu erreichen. Gero Möcklinghoff vom Auswärtigen Amt hielt die weitere Einbringung von Änderungsvorschlägen allerdings nur dann für sinnvoll, wenn man für diese genügend Unterstützung gewänne, auf die man wegen der Opposition Großbritanniens jedoch nicht hoffen konnte. Umgekehrt galt: wenn die Briten mit im Boot sein sollten, würden sich die deutschen Essentials nicht durchsetzen lassen. Ließen die anderen Mitglieder sich auf aus deutscher Sicht bereits eingeschränkte Änderungsvorschläge nicht ein, zeige dies, dass „in der Fischereifrage nicht ein Minimum an Solidarität herzustellen sei“. In diesem Fall müsse man sich „vorbehalten, weitergehende Interessen zukünftig mit anderen Staatengruppen zu verfechten“, so Möcklinghoff.[167]

Hierfür kam das Engagement in der Gruppe der geographisch benachteiligten Staaten in Frage, jedoch kämpfte man auch hier auf verlorenem Posten, wie Knoke bereits kurz nach der Genfer Sitzung bemerkt hatte: Man müsse ihnen nahe-

165 PA AA B 88 (ZA)/193962, Aufzeichnung Rat der EG, 29.05.1975: Arbeit der III. Seerechtskonferenz, S. 4.

166 PA AA B 88 (ZA)/193962, Vorbereitung der 4. Sitzungsphase der 3. VN-Seerechtskonferenz; Stellungnahme zum „Single Negotiating Text“, 03.09.1975.

167 Ebd., S. 10.

bringen, dass Gruppensolidarität es erfordere, sich nicht nur für die Fischerei in den benachbarten Küstenstaaten, sondern auch für traditionelle Fischereirechte einzusetzen, mahnte er.[168] Die geographisch benachteiligten Staaten waren aber nun einmal vorwiegend Entwicklungsländer, die die Fernfischerei ablehnten, weil sie damit Überfischung, Kolonialismus und Paternalismus verbanden.[169]

Die Bundesrepublik vermochte es also einerseits kaum, ihren Benachteiligtenstatus gegenüber anderen begünstigen Industrieländern glaubhaft zu machen und nahm sich auf der anderen Seite neben ärmsten Staaten wie Botswana, Lesotho oder Nepal „wie ein Paradiesvogel aus".[170] Insofern brauchte man hier nicht auf eine offizielle Unterstützung zu hoffen. Die Gruppe war allenfalls aus taktischen Gründen interessant.

Möcklinghoff bezweifelte überdies, dass ein nachdrückliches Eintreten für die Rechte der geographisch Benachteiligten seitens der Bundesrepublik mit dem angestrebten politischen und wirtschaftlichen Zusammenhalt der EG vereinbar sei. Würden die Staaten der Gemeinschaft mittels einer EG-Klausel als Einheit behandelt werden, sei eine geographische Benachteiligung niemandem mehr zu vermitteln. Demgegenüber würden etwaige Rechte einer geographisch benachteiligten Bundesrepublik sich gegen einzelne EWG-Staaten richten beziehungsweise in Konsequenz sogar gegen die EG als solche. Da man aber parallel die Einführung einer EG-Klausel befürwortete (und damit einhergehend die Aufrechterhaltung eines EG-Fischereiregimes auf Basis nichtdiskriminierenden Zugangs mit Vorrang für EG-Mitglieder in den Wirtschaftszonen der EG-Staaten), könne man nicht gleichzeitig als geographisch benachteiligter Einzelstaat Rechte in Gewässern von Drittstaaten geltend machen, diesen aber im Gegenzug den Zugang zum „EG-Meer" verwehren. Der Vorschlag aus dem BML lautete deswegen, im Falle eines Nichtzustandekommens einer EG-Klausel weiterhin die Nähe zur Gruppe der geographisch Benachteiligten zu suchen. Ließe sich allerdings endlich ein geschlossenes Auftreten der EG herstellen, sei dies unbedingt vorzuziehen.[171]

Und so einigten sich die Ressorts darauf, weiterhin für eine EG-Klausel einzutreten, um so die EG-Position zu stärken. Hierüber wollte man wirtschaftliches und politisches Gewicht in die Waagschale werfen, das man als einziger Fernfischereistaat in der Gruppe der geographisch Benachteiligten eigentlich nicht

168 PA AA B 88 (ZA)/193941, Knoke an AA, 22.08.1975: Weiteres Procedere.

169 PA AA B 88 (ZA)/193962, Vorbereitung der 4. Sitzungsphase der 3. VN-Seerechtskonferenz; Stellungnahme zum „Single Negotiating Text", 03.09.1975, S. 5.

170 BArch B 136/17614, Horst Grunenberg: Zusammenfassung der politischen Erkenntnisse der Reise zur UN-Seerechtskonferenz nach New York und Washington vom 17. – 30. April 1976.

171 Ebd., S. 8.

besaß.[172] Man ließ sich sogar zugunsten der Geschlossenheit darauf ein, den informellen Verhandlungstext als Beratungsgrundlage für die weiteren Expertentreffen in Brüssel zu akzeptieren, allerdings nur unter der Maßgabe, dass man dort den deutschen Änderungsvorschlägen mit Wohlwollen begegnete. Die traditionelle Fischerei als Kriterium festzuschreiben, war dabei oberste Prämisse.[173]

Um wenigstens dieses Essential zu wahren, ergriffen die deutschen Vertreter in der EG-Expertenrunde die Initiative, um eine einheitliche Position der Neun gegenüber den Fischereiartikeln des informellen Verhandlungstextes herzustellen.[174] Dies ließ sich jedoch nur unter zwei Voraussetzungen erreichen. Zum einen mussten sich die Mitgliedstaaten, die in Genf gemeinsam den Entwurf eingereicht hatten, von diesem lösen und sich auf den Verhandlungstext einlassen, um davon ausgehend wesentliche Prinzipien aus dem gemeinsamen Entwurf in Form von Änderungsvorschlägen einzubringen. Hier waren es insbesondere Dänemark, die Niederlande und Italien, die es zu überzeugen galt, denn diese machten die weitere Hinwendung zum informellen Verhandlungstext von der Haltung Großbritanniens abhängig. Dementsprechend galt es, die Briten dazu zu bewegen, sich überhaupt auf Änderungsvorschläge zum Verhandlungstext einzulassen, denn diese waren ja bereits mit dem Evensen-Papier weitgehend einverstanden gewesen und wollten eine 200 Seemeilen-Zone in Anspruch nehmen.[175] Im Kern hieß dies also: die Briten sollten das deutsche Kernanliegen der traditionellen Fischereirechte übernehmen, obwohl sie just die daraus folgenden Rechte der deutschen Hochseefischerei in ihren Gewässern bisher zu Lasten einer einheitlichen EG-Position abgewiesen hatten. Ob dies gelingen würde?

Wie die intensivierten deutschen Bemühungen und Zugeständnisse auf EG-Ebene nahelegen, markierte die dritte Session, die im ersten informellen Verhandlungstext kulminierte, also einen Wendepunkt in der Taktik der Bundesrepublik. Die Genfer Sitzung hatte unmissverständlich klargemacht, dass die ursprüngliche Verhandlungslinie, exklusive Wirtschaftszonen zu verhindern, und damit die historischen Fischereirechte zu sichern, mangels Interessenverbündeter gescheitert war. Als geographisch benachteiligter, aber wirtschaftlich-technologisch begünstigter Staat befand die Bundesrepublik sich zwischen allen Stühlen und hatte dementsprechend große Schwierigkeiten, durch die widrige Konferenzlandschaft zu lavieren.

172 BArch B 136/17612, Vermerk Ressortbesprechung zum Thema EG-Klausel, 19.09.1975.
173 BArch B 136/17612, AA an Eurogerma Brüssel, 22.09.1975: Änderungsvorschläge für die Fischerei betreffende Artikel des SNT Part II, 3. Seerechtskonferenz – Expertengruppe Fischerei.
174 PA AA B 88 (ZA)/193962, Ergebnisvermerk Ref. 500 (o.D.): 3. VN-Seerechtskonferenz, hier: EG-Koordinierung Fischerei am 08.10.1975.
175 Ebd.

6.4 „Auf der See nur ein kleiner David“ – Organisierter Rückzug zwischen internationaler, nationaler, regionaler und europäischer Ebene

Nachdem der informelle Verhandlungstext verdeutlicht hatte, dass der Großteil der Staatengemeinschaft sich nicht mehr hinter eine 200 Seemeilen-Wirtschaftszone zurückziehen würde, verlagerte sich der Schwerpunkt der deutschen Verhandlungsführung weiter auf die europäische Ebene.[176] Priorität genoss nun ein EG-internes Fischereiregime. Dies erschien mittlerweile noch wichtiger als ein gemeinsames Auftreten der Gemeinschaft auf der nächsten Konferenzsitzung, da eine zufriedenstellende interne Regelung erst die Voraussetzungen für ein geschlossenes Auftreten nach außen hin schuf. Gleichzeitig war aus Sicht des BML auch eine EG-Klausel unabdinglich geworden, denn nur so konnte Großbritannien von einem Alleingang abgehalten werden. Ein solcher hätte wiederum den gleichberechtigten Zugang innerhalb eines „EG-Meeres“ gefährdet.[177]

6.4.1 Die Krux des Mehrebenensystems oder die Suche nach Alternativen

Ein vertrauliches Papier der britischen Trawler-Reedereien, das dem Hochseefischerei-Verband zugespielt worden war, enthielt Brisantes. Die weitreichenden Forderungen alarmierten den Verband.[178] Die Hochseefischerei hatte in Großbritannien eine ungleich größere Lobby als in der Bundesrepublik, und es stand zu befürchten, dass sie dementsprechend erfolgreich innenpolitischen Druck ausüben würde. In ihrem Schreiben an die Labour-Regierung vertraten die britischen Reeder unter anderem die Auffassung, dass die EG kein Recht zur Ausdehnung einer 200 Seemeilen-Zone habe. Dieses Recht sei nur bei den einzelnen Mitgliedstaaten gegeben. Wie der deutsche Verband vermutete, wollten die Briten die Forderung nach einer exklusiven britischen 100 Seemeilen-Zone innerhalb der EG untermauern. Fischereirechte für die EG-Partner sollten demnach nur für das

---

176 Als „kleiner David auf See“ konnte die Bundesrepublik im Alleingang nicht mehr viel ausrichten, vgl. Auf der See nur ein kleiner David. Bonn zwischen allen Stühlen bei der Meereskonferenz, Hannoversche Allgemeine Zeitung, 26.03.1976.

177 PA AA B 88 (ZA)/193963, Vermerk Arbeitsstab Seerecht, 08.03.1976: Vorbereitungen der vierten Session der 2. Seerechtskonferenz, Sitzung mit Vertretern des Verbandes der deutschen Hochseefischereien am 2. März 1976.

178 BArch B 116/46775, Verband der deutschen Hochseefischereien, 26.01.1976: Vertrauliche Notiz für Rehder/Peschau/Genschow/Marwitz, Busse, Koch, Wisch, Pickenpack, Schneider: Vorschläge der britischen Trawler-Reedereien für eine UK-Fischereipolitik.

Gebiet zwischen 100 und 200 Seemeilen vergeben werden. Darüber hinaus beanspruchten die Briten als größte europäische Fischereination eine herausgehobene Rolle innerhalb einer EG-Konzeption. Diese stand ihnen aus ihrer Sicht allein deswegen zu, weil sie bei Wirksamwerden einer 200 Seemeilen-Zone letztlich den größten Preis zu zahlen haben würden.[179]

Damit lagen sie nicht falsch. Eine Ausweitung der Gewässer der EG-Staaten und die Bildung eines EG-Meeres bedeutete in der Tat, dass die Fangtätigkeiten der Westeuropäer sich in die britischen Gewässer verlagern und diese damit zum Hauptfanggebiet der Mitgliedstaaten avancieren würden. Insofern war es nachvollziehbar, dass Großbritannien seine Bereitschaft, in der Fischereifrage auf der Seerechtskonferenz eine gemeinsame Haltung einzunehmen, an die Forderung band, gleichzeitig eine Anpassung des EG-internen Fischereiregimes vorzunehmen.[180]

Die Vertreter der deutschen Hochseefischerei versuchten daraufhin, eine „erheblich stärkere Aktivierung der Bundesregierung in dem Bereich der Seerechtsfragen“ zu erreichen und verstärkten ihr Lobbying sowohl im BML und dem Auswärtigen Amt als auch bei den für die Küstenregionen zuständigen Bundestagsabgeordneten.[181] Zudem bestanden sie darauf, von den Regierungsstellen laufend über die Entwicklungen der Seerechtskonferenz unterrichtet zu werden. Dies müsse doch zumutbar sein – schließlich zahle man „doch sehr viele Steuern“![182]

Und so sprachen sie Mitte März, zwei Wochen vor Beginn der vierten Session, erneut gemeinsam mit dem BML im Auswärtigen Amt vor, um die Delegation, vertreten durch Botschafter Knoke, von ihren Bedürfnissen zu überzeugen und den neuesten Sachstand zu erfragen. Wenngleich sich die Briten auf Druck ihres Trawler-Verbandes weiterhin gegen eine exklusive Fischereizone von 12 Seemeilen innerhalb eines „EG-Meeres“ wehrten, drängten sie auf eine baldige Einigung innerhalb der Gemeinschaft. Ansonsten sähen sie sich gezwungen, auf die Angebote dritter Länder für bilaterale Abkommen einzugehen, was eine Gemein-

179 Ebd.

180 PA AA B 88 (ZA)/193943, Aufzeichnung Knoke, 10.02.1976: Stand vor Eröffnung der 4. Verhandlungsrunde.

181 BArch B 116/46775, Verband der deutschen Hochseefischereien, 26.01.1976: Vertrauliche Notiz für Rehder/Peschau/Genschow/Marwitz, Busse, Koch, Wisch, Pickenpack, Schneider: Vorschläge der britischen Trawler-Reedereien für eine UK-Fischereipolitik.

182 BArch B 116/46775, Hagemann (Hochseefischerei-Verband) an Booß (BML), 15.04.1976: Seerechtskonferenz in New York.

schaftsregelung „präjudiziert" hätte.[183] Aus diesem Grund hatten sie Verhandlungen mit Norwegen bisher hinausgezögert. Die Vertreter des Hochseefischerei-Verbandes waren mit den Regierungsvertretern einig, dass man auf dieses Pokerspiel der Briten, über ihre Zustimmung zum internen Fischereiregime und zur EG-Klausel Konzessionen für ihre eigene Fischereizone herauszuholen, nicht eingehen dürfe. Stattdessen vereinbarten sie für die weitere Konferenztaktik, Verbesserungen des informellen Verhandlungstexts im Sinne der Gemeinschaftshaltung zu erwirken.[184]

Dies war allerdings leichter gesagt als getan. Denn auch während der vierten Sitzungsperiode in New York gab es weiterhin Koordinierungsschwierigkeiten unter den EG-Staaten, sowohl hinsichtlich der obligatorischen Streitregelung als auch im Hinblick auf regionale Fischereiorganisationen. Irland verstieg sich gar zu der Forderung, dass man eine Streitregelung nur befürworten solle, wenn dafür die Empfehlungen regionaler Fischereiorganisationen ignoriert würden. Damit nahm Irland eine völlig konträre Position zur Bundesrepublik ein.[185] Diese setzte ja gerade auf die Fischereiorganisationen, von deren Entscheidungen über Erhaltungsmaßnahmen man sich ein Gegengewicht zu etwaigen alleinigen küstenstaatlichen Kompetenzen erhoffte. Das BML forderte dementsprechend, sich auf der Seerechtskonferenz dafür einzusetzen, dass die den regionalen Organisationen zugrundeliegenden Fischereiabkommen (zum Beispiel für den Nordostatlantik, den Nordwestatlantik und den Südostatlantik) von einer künftigen Seerechtskonvention nicht berührt würden. Auch müsse innerhalb der Organisationen auf eine Änderung insbesondere hinsichtlich des Entscheidungsverfahrens gedrungen werden, damit die Organisationen durch die Einrichtung von Wirtschafts- oder Fischereizonen nicht ihres Sinns entleert würden.[186] Für den Fall, dass dies gelang, war eigens das Seefischerei-Vertragsgesetz von 1971 reformiert worden, das den Beitritt zu weiteren regionalen Fischereiorganisationen ermöglichte und den Bundesernährungsminister zugleich ermächtigte, die Beschlüsse der Fischereikommissionen für die Bundesrepublik in Kraft zu set-

183 PA AA B 88 (ZA)/193963, Vermerk, 08.03.1976: Sitzung mit Vertretern des Verbandes der deutschen Hochseefischereien am 2. März 1976.

184 Ebd.

185 BArch B 136/17614, AA an Bundeskanzleramt, 31.05.1976: Vermerk EG-Koordinierung zur Vorbereitung der 5. Session der 3. VN-Seerechtskonferenz auf Delegationsleiterebene am 24. und 25. Mai 1976.

186 PA AA B 88 (ZA)/193947, Möcklinghoff an AA, 27.07.1976: 3. Seerechtskonferenz der Vereinten Nationen; Inkraftsetzung der Konferenzergebnisse.

zen.[187] Diejenigen EG-Staaten, die auf Sonderrechte in ihren künftigen 200 Seemeilen-Zonen pochten, hatten demgegenüber natürlich weniger Interesse am Einfluss regionaler Fischereiorganisationen.

Dass die EG-Mitglieder sich nicht einig wurden, entwickelte sich zunehmend zu einem grundsätzlichen Problem. Der bisherige Verhandlungstext sah so gut wie keine traditionellen Fischereirechte vor, und es stand auch nicht in Aussicht, dass solche Rechte für Industrieländer wiederbelebt würden. Auch gab es wenig Hoffnung, als hochentwickelte Länder Zugang zu den Wirtschaftszonen der G77 zu erhalten. Insofern musste es eigentlich im Sinne der Mitgliedstaaten sein, mit Norwegen, Kanada und Island für beide Seiten vorteilhafte Abkommen zu treffen. Dies war allerdings nicht möglich, solange die EG-Kommission kein Mandat für Drittlandverhandlungen erhielt und die gemeinsame Fischereipolitik nicht in Kraft war.[188]

Die Hochseefischerei war aber in Anbetracht des Dahinschwindens der Fanggründe auf einen baldigen Abschluss von Fischereiabkommen mit Drittstaaten angewiesen. Und so forderte der Ernährungsausschuss des Bundestags die Bundesregierung auf, diesen Schwebezustand zu beenden und sich auf EG-Ebene dafür einzusetzen, der EG-Kommission ein Mandat für die Einleitung bilateraler Verhandlung mit Drittstaaten zu erteilen. Sollte dies nicht innerhalb von drei Wochen gelingen, sollte die Bundesregierung von sich aus bilaterale Verhandlungen aufnehmen, insbesondere mit Norwegen, Kanada, den Vereinigten Staaten und Argentinien, um so Fischereirechte zu erhalten. Man ging davon aus, dass dies die Möglichkeit späterer EG-Verhandlungen mit diesen Staaten nicht beeinträchtigen würde.[189]

Diese Annahme stützte sich unter anderem auf das Drängen des norwegischen Fischereiministers Evensen. Norwegen hatte beschlossen, seine Gewässer mit Beginn des Jahres 1977 auf 200 Seemeilen auszuweiten. Aus innenpolitischen Gründen war man hier nun an baldigen Verhandlungen über Gegenseitigkeitsabkommen mit den in norwegischen Gewässern fischenden EG-Staaten interessiert, was jedoch durch die „lahme und langweilige Behandlung in Brüssel" er-

187 Bonner Seefischerei-Vertragsgesetz, in: Allgemeine Fischwirtschaftszeitung (AFZ), Nr. 10 (1976).

188 Ebd.

189 BArch B 136/17614, Schmidt, Vorsitzender des Ausschusses für Ernährung, Landwirtschaft und Forsten im Deutschen Bundestag an Helmut Schmidt, 10.06.1976, betr.: Bericht der Bundesregierung an den Ernährungsausschuss über den Stand der Verhandlungen der 3. Seerechtskonferenz der VN sowie deren künftige Auswirkungen auf die deutsche Hochseefischerei.

schwert wurde.[190] Da die Bundesrepublik von allen EG-Ländern die größten Fischereiinteressen vor Norwegen hatte, schien ein Interimsabkommen sowohl für Norwegen als auch für die Bundesrepublik zweckmäßig. Zudem hoffte man, Evensen für die Seerechtsverhandlungen als einflussreichen Verbündeten zu gewinnen, wenn man ihm dabei half, seinen innenpolitischen Rückhalt zu bewahren.[191]

Gestützt auf diese Überlegungen drang nun auch das BML auf ein bilaterales Vorgehen, falls die Kommission nicht bis Mitte Juli 1976 ein Mandat für Verhandlungen mit Kanada und den Vereinigten Staaten besaß.[192]

Jedoch zeigte sich insbesondere Kanada gegenüber der EG skeptisch. Während der vierten Sitzung in New York fragte der kanadische Delegierte provokativ, wer oder was die EG überhaupt sei. Mit wem solle Kanada verhandeln? Und wenn man es täte, hieße dies dann, dass auch EG-Staaten, die bisher nicht traditionell vor Kanada fischten, plötzlich vor der kanadischen Küste auftauchen würden?[193] Hier schien es also für die Bundesrepublik sinnvoll, bilateral zumindest Interimsabkommen zu vereinbaren, bis man sich auf EG-Ebene über die Ausgestaltung der internen Fischereiordnung geeinigt hatte. Man befürchtete, dass anderenfalls eine ausreichende Sicherung der deutschen Fischereiinteressen nicht mehr möglich sei. Damit stieß das BML allerdings auf Widerstand sowohl im Auswärtigen Amt als auch im Bundeswirtschaftsministerium.[194]

Diese hatten bereits im Vorfeld der vierten Verhandlungsrunde während einer Kabinettssitzung keinen Hehl daraus gemacht, dass man der deutschen Hochseefischerei das Argument von Versorgungsengpässen nicht abnahm. Dies zeigte sich während einer Diskussion über ein zwischen den Ressorts abzustimmendes Papier. Der Entwurf wies auf die Bedrohung der Versorgung der Bundesrepublik mit Fischereierzeugnissen hin, da der bereits recht hohe Einfuhranteil nicht wesentlich gesteigert werden könne. Außenminister Hans-Dietrich Genscher stieß sich an dieser Formulierung. Seiner Auffassung nach war eine angemessene Eigenerzeugung für die Versorgung mit Fischereierzeugnisse nicht erforderlich.

---

190 BArch B 136/17614, Horst Grunenberg: Zusammenfassung der politischen Erkenntnisse der Reise zur UN-Seerechtskonferenz nach New York und Washington vom 17.–30. April 1976.
191 Ebd.
192 PA AA B 88 (ZA)/193964, AA Abt. 4, 30.06.1976: Stellungnahme für StS Wischnewski: Probleme, die der Gemeinschaft in der Fischereiwirtschaft durch die Einführung von 200 sm-Wirtschaftszonen entstehen.
193 BArch B 136/17614, Horst Grunenberg: Zusammenfassung der politischen Erkenntnisse der Reise zur UN-Seerechtskonferenz nach New York und Washington vom 17.–30. April 1976.
194 PA AA B 88 (ZA)/193964, AA Abt. 4, 30.06.1976: Stellungnahme für StS Wischnewski: Probleme, die der Gemeinschaft in der Fischereiwirtschaft durch die Einführung von 200 sm-Wirtschaftszonen entstehen.

Deutschland produziere ja auch keine Orangen, und doch erhalte es genug davon, weil die Lieferländer sich auf den deutschen Markt einstellten.[195] Dieser Vergleich drang bis zum Hochseefischerei-Verband vor, der daraufhin einwandte, dass es bei Orangen nur um die Ernährung gehe, wohingegen die Fischereibranche sozioökonomisch betrachtet werden müsse.[196]

Dies verdeutlichte einmal mehr die Diskrepanz, die zwischen den Ressourcenkonzepten schon allein auf der innenpolitischen Ebene bestand. Während Genscher Fisch ausschließlich als Nahrungsmittel begriff, dessen Herkunft der Bevölkerung letztlich egal sei, war er für den Verband der Motor einer ganzer Wirtschaftsbranche.

Es war jedoch nicht allein diese Grundhaltung, die das Auswärtige Amt dazu veranlasste, vorerst keine Verhandlungen über bilaterale Abkommen anzustoßen. Vor allem stand zu befürchten, dass solche Verhandlungen zum gegenwärtigen Zeitpunkt unter den EG-Partnern einen Wettlauf um bilaterale Fischereiabkommen verursachen könnten. In diesem Fall geriete die Bundesrepublik als Kurzküstenstaat in eine schlechte Verhandlungsposition, da man weder das politische beziehungsweise handelspolitische Gewicht der EG einsetzen noch über reziproke Fischereirechte würde verhandeln können. Mittlerweile drängte selbst Großbritannien aufgrund seiner Verhandlungspleite mit Island auf eine möglichst rasche Erteilung entsprechender Verhandlungsmandate für die Kommission, weswegen auch die integrationspolitischen Folgen zu bedenken waren. Die gerade gefundene gemeinsame Linie, und insbesondere die Errichtung eines „EG-Meeres", wären durch bilaterale Aktivitäten erneut in Frage gestellt worden, und zwar diesmal von Seiten der Bundesrepublik, obwohl ja gerade diese mittlerweile ein besonderes Interesse an der Errichtung eines „EG-Meeres" hatte.[197]

Nachdem allerdings im Juli immer noch weder die EG-Kommission noch die Bundesregierung Anstalten machten, Drittlandverhandlungen aufzunehmen, sah sich der Hochseefischerei-Verband genötigt, seine Belange nochmals in Form eines Memorandums ins Gespräch zu bringen. Er ließ es allen mit der See-

195 BArch B 116/46775, Booß an Parl. StS betr. Kabinettssitzung am 03.03.1976 – Unterrichtung über Dritte SRK.

196 PA AA B 88 (ZA)/193963, Vermerk Arbeitsstab Seerecht, 08.03.1976: Sitzung mit Vertretern des Verbandes der deutschen Hochseefischereien am 2. März 1976 (Vorbereitung der 4. Session der 3. Seerechtskonferenz.

197 PA AA B 88 (ZA)/193964, AA Abt. 4, 30.06.1976: Stellungnahme für StS Wischnewski: Probleme, die der Gemeinschaft in der Fischereiwirtschaft durch die Einführung von 200 sm-Wirtschaftszonen entstehen.

rechtskonferenz befassten Ministern und auch dem Bundeskanzler zukommen.[198] Dem Verband war zu Ohren gekommen, dass sowohl die Vereinigten Staaten als auch Kanada und Norwegen den Ergebnissen der Seerechtskonferenz vorwegzugreifen gedachten, indem sie für 1977 die unilaterale Ausweitung von 200 Seemeilen-Fischereizonen planten. Insofern erschien es umso dringlicher, mit diesen Staaten in Verhandlungen einzutreten, was der Verband unterstrich, indem er in dem Memorandum die „existenzielle Bedrohung“ der deutschen Hochseefischerei durch die Seerechtsentwicklung ins Feld führte.[199] Er untermauerte das Ausmaß der Bedrohung mit den entsprechenden Zahlen, die den Verlust der Produktionsgrundlage für die deutsche Hochseefischerei prognostizierten. So hatte die Frischfischflotte von 40 Schiffen im Jahr 1975 nahezu 80 % ihres Fangs vor den Küsten Norwegens und Island gefischt. Die Vollfrosterflotte hatte mit 30 Schiffen ebenfalls 80 % des Fanggewichts wiederum vor Kanada, Norwegen und den USA gefangen. Daran ließ sich leicht ablesen, was der Verlust dieser Fangplätze für die Branche bedeuten würde. Einmal mehr verwies der Verband zudem auf „schwerwiegende volkswirtschaftliche, regionalwirtschaftliche und sozialpolitische Folgen“.[200] Dazu zählte er steigende Verbraucherpreise für Fischereierzeugnisse, die sich daraus ergäben, dass der fünzigprozentige Versorgungsanteil der deutschen Hochseefischerei nicht durch Importe ersetzt werden könne. Mit der Flotte und den Landanlagen würden zudem volkswirtschaftliche Werte auf dem Spiel stehen, die insgesamt eine Milliarde D-Mark überstiegen. Überdies betonte der Verband die Bedeutung der Hochseefischerei als regionalwirtschaftlich nicht zu ersetzendes Schlüsselgewerbe. Dieses stelle nicht nur Arbeitsplätze für 5.000 direkt in der Hochseefischerei Beschäftigte bereit. Auf jeden Arbeitsplatz an Bord der Schiffe der Hochseefischerei entfielen zusätzlich sieben weitere Arbeitsplätze in Handel und Industrie. Somit wäre auch die Wirtschaft im Binnenland mitbetroffen.[201]

Um nicht auf eine 200 Seemeilen-Zone vor den Küsten der EG-Staaten zurückgeworfen zu werden, forderte der Verband deswegen von der Bundesregierung erstens die rechtzeitige Aufnahme von Verhandlungen über zweiseitige Abkommen mit den betreffenden Staaten. Zweitens drang er auf verstärkte Anstrengungen hinsichtlich einer gemeinsamen EG-Fischereipolitik. Und drittens

198 PA AA B 88 (ZA)/193946, Verband der deutschen Hochseefischereien e.V. an Bundesminister des Auswärtigen, 23.06.1976.

199 BArch B 136/17614, Verband der deutschen Hochseefischereien e.V., Juni 1976: Die Bedrohung der deutschen Hochseefischerei durch die Entwicklung des internationalen Seerechts.

200 Ebd.

201 Ebd.

bestand der Verband auf der zeitnahen Einsetzung einer ressortübergreifenden Arbeitsgruppe.[202]

Die Forderung nach einer Arbeitsgruppe wurde recht schnell vom parlamentarischen Staatssekretär im BML, Fritz Logemann, zurückgewiesen. Er hielt eine solche für überflüssig, da das BML ohnehin laufend im Gespräch mit den anderen Bundesministerien, den Küstenländern und den Verbänden sei.[203] Trotz dieser Absage zeigte das Memorandum Wirkung. Wie der Verband in der Allgemeinen Fischwirtschaftszeitung frohlockend verkündete, habe es „eine umgehende Reaktion auf höchster Bonner Ebene ausgelöst".[204]

Diese Reaktion bestand zuvorderst in Orientierungsgesprächen, die Außenminister Genscher und Delegationsleiter Knoke gemeinsam mit den Vertretern der Küstenländer und den Verbänden in Bremen führten, um die fünfte Sitzungsrunde der Seerechtskonferenz vorzubereiten. Genscher zeigte guten Willen und versicherte den Verbänden, dass man die Flinte trotz schlechter Aussichten noch nicht ins Korn geworfen habe. Man arbeite weiter darauf hin, die EG-Länder auf der Seerechtskonferenz durch ein Mandat vertreten zu lassen und setze sich dafür ein, in einem EG-Meer gleiche Rechte für alle Mitglieder zu schaffen. Um jedoch nicht allzu große Hoffnungen zu entfachen, mahnte er eine nüchterne Beurteilung der Lage an. Auch dürfe man sich nicht isolieren. Schließlich handele es sich bei der Seerechtskonferenz um einen „weltweiten Interessenausgleich bisher unbekannten Ausmaßes". Und insofern sei die Seerechtskonferenz ein ermutigender Vorgang, indem sie aufzeige wie eine konfliktträchtige Materie kanalisiert und geregelt werden könne.[205]

Der Besuch des Ministers bei den Vertretern der Küstenländer und das öffentliche Gespräch mit den Verbänden lassen sich wohl auch auf den erhöhten innenpolitischen Druck zurückführen. Denn mittlerweile hatte die Opposition die Seerechtskonferenz als einen Angriffspunkt ausgemacht, mit dem sich die sozialliberale Regierung unter Druck setzen ließ. Dies wiederum wusste auch der Hochseefischerei-Verband zu nutzen und klagte sein Leid nicht mehr nur den Zuständigen in den Ministerien, sondern auch der CDU, um deren Abgeordnete für ihre Belange zu aktivieren.[206] Die für die Bundesrepublik unglückliche Kon-

202 Ebd.

203 Logemann zur Cuxhavener Zeitung, zitiert in: Allgemeine Fischwirtschaftszeitung Nr. 15 (18.08.1976), S. 1.

204 Ebd.

205 PA AA B 88 (ZA)/193947, Rede Genschers bei Orientierungsgespräch über die Seerechtskonferenz in Bremen, 19.07.1976.

206 BArch B 116/46775, Schreiben des deutschen Verbands der deutschen Hochseefischereien e.V. an CDU, 17.05.1976 [Titel handschriftl. hinzugefügt].

ferenzsituation aufgreifend, warf die Opposition der Bundesregierung in einer Großen Anfrage im Deutschen Bundestag vor, der Seerechtskonferenz nicht genügend Aufmerksamkeit gewidmet zu haben. Man habe in den Vorbereitungen der gegenwärtigen Konferenzrunden die deutschen Interessen in ganz unzulänglicher Weise behandelt und verteidigt.[207] Erklärtes Ziel war es deswegen, die deutsche Öffentlichkeit „auf das ganze Ausmaß dessen hinzuweisen, was für unser Land bei dieser Meeresaufteilungskonferenz auf dem Spiel steht", wie der Gerolsteiner Abgeordnete und ehemalige Diplomat Alois Mertes (CDU/CSU) in der späteren Plenardebatte betonte.[208]

Die Große Anfrage zeigte, dass die Bedeutung der Seerechtskonferenz mittlerweile fraktionsübergreifend Anerkennung fand und das Thema insofern nicht länger „unter der Decke weiterschwelen" konnte, wie der Bremerhavener SPD-Abgeordnete Horst Grunenberg es ausdrückte.[209] Dieser hatte eine fraktionelle Arbeitsgruppe zum Thema Seerecht gegründet, deren erklärtes Ziel es war, den Bundeskanzler mit Hilfe ihrer Sachkenntnis „etwas unabhängiger vom AA [zu] machen, wo Juristen ohne wirtschaftlichen Sachverstand über Dinge entscheiden, deren wirtschaftliche und politische Konsequenzen sie nicht einmal ahnen".[210]

Grunenberg, der selbst von der Küste kam, kannte sich besonders in Fischereifragen bestens aus und war ein beliebter Ansprechpartner der Fischereiwirtschaft.[211] Die Seerechtsverhandlungen hatte er von Beginn an verfolgt und Bundeskanzler Schmidt schon früh auf die weitreichenden Implikationen der Seerechtsfrage aufmerksam gemacht und die Befassung des Bundeskanzleramts mit dieser Sache angemahnt.[212] Im Bundeskanzleramt hatte man jedoch noch vor der dritten Session keine Notwendigkeit zu einem operativen Eingreifen gesehen. Aufgrund einer „Fülle sehr komplexer Fragen", mit denen man bis dato nicht befasst gewesen sei, überließ man die Federführung weiterhin dem Auswärtigen

207 Deutscher Bundestag, 7. Wahlperiode, Drucksache 7/5120, 05.05.1976: Große Anfrage der Fraktion der CDU/CSU betr. Auswirkungen der Seerechtskonferenz der Vereinten Nationen auf die politischen und wirtschaftlichen Interessen der Bundesrepublik Deutschland.

208 Deutscher Bundestag, Plenarprotokoll Nr. 07/257: Stenographischer Bericht 257. Sitzung, Bonn, Freitag, den 2. Juli 1976, S. 18.456.

209 BArch B 136/17614, Horst Grunenberg an Helmut Schmidt: Berichte anlässlich der 4. Session der Seerechtskonferenz, 10.05.1976.

210 Ebd.

211 Vgl. z. B. BArch B 116/46775, Hagemann (Hochseefischerei-Verband) an Mitgliedsreedereien, 30.01.1976: Seerechtsveranstaltung im Hause des Bremer Senats auf Veranlassung von Herrn MdB Grunenberg am 16.02.1976.

212 BArch B 136/17612, Horst Grunenberg an Helmut Schmidt, 25.11.1975.

Amt und erwartete lediglich, über das Fortschreiten der Verhandlungen informiert zu werden.[213]

Umso eindringlicher versuchte Grunenberg nach seinem Aufenthalt in New York zur vierten Konferenzperiode, die Aufmerksamkeit des Bundeskanzlers auf die dritte Seerechtskonferenz zu lenken. Es gelte, den für die „Außenwirtschaft- und Rohstoffpolitik auf uns zukommenden Lawinen wirksam und rechtzeitig zu begegnen."[214] Hinsichtlich der Fischereifrage hatte er auch gleich Vorschläge für eine alternative Ressourcenstrategie bei der Hand, die sich auf die neuesten Erkenntnisse über den antarktischen Krill stützten. Im Rahmen der FAO wurde bereits über ein Krill-Regime verhandelt und man ging davon aus, dass die Antarktis Proteinreserven von 100 bis 200 Millionen Tonnen pro Jahr berge. Dies war eine gewaltige Menge: Der Weltfischereiertrag betrug zumindest nach damaligen Erkenntnissen rund 70 Millionen Tonnen.[215] Auch die Bundesrepublik engagierte sich in der Krillforschung; nicht nur, um neue lebende Ressourcen zu erschließen, sondern auch, um die Voraussetzungen dafür durch den Beitritt zum Antarktisvertrag zu schaffen.[216] Dieser war 1959 von 12 Staaten verabschiedet worden und fror alle Gebietsansprüche für eine Dauer von 30 Jahren ein.[217] Beitrittsberechtigt waren Staaten, die am Südpol forschten, was durch eine Forschungsstation nachzuweisen war.[218]

Soweit war die Bundesrepublik indes noch nicht. Allerdings konnte die Bundesforschungsanstalt für Fischerei auf der 3. Interocean-Messe in Düsseldorf mit Krillpasten-Häppchen von dem „20-Millionen-Ding" punkten – gemeint war die Südpolar-Expedition der kurz zuvor zurückgekehrten Forschungsschiffe „Walther Herwig" und „Weser".[219] Bestärkt durch eine „Liebeserklärung an den

---

213 BArch B136/17612, Handschriftlicher Vermerk bzgl. Befasstheit des Bundeskanzleramts (o.D., ca. Februar/März 1975).

214 BArch B 136/17614, Horst Grunenberg an Helmut Schmidt, 10.05.1976: Reise nach New York und Washington im Auftrag der Fraktion.

215 BArch B 116/17614, Horst Grunenberg an Kanzlerbüro, 24.06.1976: Anmerkungen zur Seerechtskonferenz und Aussichten und Möglichkeiten für die BRD.

216 Christian Kehrt: Schatzkammer oder Weltnaturpark? Zur Antarktispolitik der Bundesrepublik Deutschland in den langen 1970er Jahren, in: Themenportal Europäische Geschichte 2014 <https://www.europa.clio-online.de/essay/id/fdae-1647> (22.09.2016).

217 Mit Gebietsansprüchen: Argentinien, Australien, Chile, Frankreich, Großbritannien, Neuseeland und Norwegen, ohne territoriale Ansprüche: Belgien, Japan, die Sowjetunion, Südafrika und die Vereinigten Staaten.

218 Zu den völkerrechtlichen Besonderheiten der Antarktis vgl. *Heidbrink*, Ingo: Claiming Sovereignty Where There Can Be No Sovereignty – Antarctica, in: Environment Space Place, 8/2 (2016), S. 99–121.

219 Gala-Premiere für den Krill, in: AFZ Nr. 13 (1976), S. 2.

Krill" von Forschungsminister Hans Matthöfer, ließ man auch den kanadischen Botschafter wissen, dass es sich beim „Krill-Phänomen" um einen „deutschen ehrenwerten Versuch" handele, „unsererseits unerschlossene Eiweiß-Ressourcen anzuzapfen".[220] Die darin zum Ausdruck kommende Annahme, natürliche Ressourcen dürften nicht ungenutzt bleiben, rechtfertigte den Vorstoß in die antarktischen Gewässer. Sie sollte überdies die deutsche Forschungskompetenz hervorheben, die nun, da die Fangmöglichkeiten im Nordatlantik schwanden, umso mehr das Kapital der deutschen Fischerei darstellte.

Grunenberg befürchtete allerdings, dass sich die Konsultativparteien des Antarktisvertrags aufgrund der Seerechtsentwicklung abschotten könnten und insistierte, dass es einmal mehr notwendig sei, die deutschen Fang- und Forschungstechnologien einzusetzen, um sich für die Vertragsstaaten interessant zu machen. Die „internationale Spitzenklasse" der deutschen Meerestechnologie sei gewissermaßen die Eintrittskarte zur Antarktis. Das sich in Verhandlung befindende Ressourcenregime für die Antarktis könne eine Alternative zur aktuellen Seerechtsentwicklung bieten, indem es sich nämlich der „Zonen-Inflation" widersetze.[221]

Grunenberg zufolge ließ sich der hohe Entwicklungsstand der deutschen Meerestechnologie zusammen mit dem hohen wirtschaftlichen und politischen Potential der Bundesrepublik jedoch noch anderweitig einsetzen. Man müsse nicht notwendigerweise der „größte Verlierer" bleiben. So schlug er vor, „alte Rechte" im Zuge des Spitzbergenvertrags weiterzuverfolgen, den das Deutsche Reich 1925 unterzeichnet hatte. Dieser gestand den Vertragsparteien wirtschaftliche Aktivitäten im Gebiet des norwegischen Svalbard-Archipels (Spitzbergen) zu. Auch könne die Bundesrepublik die „verbleibenden internationalen Ressourcen" nutzen, so Grunenberg weiter. In Zuge dessen biete es sich an, der internationalen Thunfisch-Kommission beizutreten, um diese weitwandernde Fischart entweder selbst zum Zielfisch zu erklären oder aber die daraus entstehenden Nutzungsansprüche gegen Fangquoten anderer Fischarten einzutauschen, zum Beispiel vor der amerikanischen Küste. Insgesamt, so stellte er fest, habe die Bundesrepublik vermehrt Ressourcendiplomatie zu betreiben, wenn sie ihren Verliererstatus auf der Konferenz ausgleichen wolle.[222]

Die von Grunenberg ins Feld geführte Ressourcenstrategie basierte auf dem Prinzip der Stärke. Wenn die Bundesrepublik aufgrund ihrer geographischen Einschränkungen auf der Konferenz benachteiligt wurde, musste sie eben mit

220 Ebd., S. 3.

221 BArch B 136/17614, Anlage zu Horst Grunenberg an Kanzlerbüro, 24.06.1976: Anmerkungen zur Seerechtskonferenz und Aussichten und Möglichkeiten für die BRD.

222 Ebd.

ihrem wirtschaftlichen und wissenschaftlichen Vorsprung punkten und ihre Mitgliedschaft in der EG und dem westlichen Bündnis einsetzen. Zu den Zielpartnern dieser Strategie zählten ausdrücklich auch die Entwicklungsländer, von denen die meisten die lebenden Ressourcen vor ihren Küsten nicht selbst voll ausschöpfen konnten. Die Bundesrepublik könnte im Zuge einer gezielten Rohstoffpolitik ihre führende Rolle in der Entwicklungszusammenarbeit ausspielen, um über Kapital- und Technologietransfer zu bekommen, was sie wolle, schlug Grunenberg vor.[223] Dafür bot sich das 1975 verabschiedete Lomé-Abkommen zwischen den EG- und den AKP-Staaten an, welches eine gemeinsame Erklärung zur Fischerei enthielt. Darin erklärten sich die AKP-Staaten bereit, mit jedem Mitgliedstaat der EG bilaterale Fischereiabkommen auszuhandeln.[224]

Bei all diesen Vorschlägen handelte sich allerdings um langfristig angelegte Alternativen. Auch die innerhalb der Bundesrepublik vielfach diskutierten bilateralen Abkommen waren letztlich nur Möglichkeiten für Interimsregelungen. Um sichere und langfristige Fangaktivitäten für die deutsche Hochseefischerei zu gewährleisten, hieß es deswegen, zunächst „kleine Brötchen [zu] backen".[225] Und dies geschah zuvorderst im Rahmen eines EG-Fischereiregimes, weswegen man sich verstärkt darum bemühte, die EG in Fischereifragen handlungsfähig zu machen – sowohl für die Konferenz als auch für Verhandlungen mit Drittstaaten.

Und tatsächlich gab es auf EG-Ebene Fortschritte. Auf britische Anregung hin verabschiedete der EG-Ministerrat im Juli 1976 eine Absichtserklärung: Die EG-Staaten fassten zum Schutz ihrer Fischereiinteressen die Einrichtung von 200 Seemeilen-Fischereizonen ins Auge.[226] Angesichts der für 1977 angekündigten Ausweitung der norwegischen, US-amerikanischen und isländischen Fischereizonen konnte man nicht länger auf den Abschluss der Seerechtskonferenz warten. Es stand nämlich zu befürchten, dass sich auch die Nordatlantikfischerei dritter Staaten auf die noch freien Gewässer der EG-Staaten verlagern würden. Insofern verstand man die Ausweitung der eigenen Zonen als eine Maßnahme der Selbstverteidigung, um weitere Überfischungen in den EG-Gewässern zu ver-

223 BArch B 136/17614, Horst Grunenberg an Helmut Schmidt, 10.05.1976: Berichte anlässlich der 4. Session der Seerechtskonferenz.

224 BArch B 136/17614, Ref. 500 AA an StS, 28.04.1976: Stellungnahme zu EG-Haltung; Mediterrane Gemeinschaftsmeerlösung; Zusammenarbeit mit Drittländern.

225 BArch B 116/46769, Horst Grunenberg über den SPD-Pressedienst (P/XXX/161), 26.08.1975: Freier Zugang und freie Nutzung der Meere. Die BRD und die Seerechtskonferenz.

226 PA AA B 88 (ZA)/193965, EG Dok. I/271/76, 28.07.1976.

meiden.[227] Ironischerweise waren es genau solche Übernutzungserscheinungen gewesen, die die anderen Nordatlantik-Anrainer überhaupt erst dazu bewogen hatten, noch vor der Unterzeichnung einer Konvention ihre Fischereizonen auszudehnen. Denn die Empfehlungen von für Schutzmaßnahmen zuständigen internationalen Fischereikommissionen waren zuvor regelmäßig nicht eingehalten worden.[228]

Wenngleich man konzertiert vorgehen konnte, war der Haken an der gemeinsamen Ausweitung, dass nur die einzelnen Mitgliedstaaten diese würden ausführen können. Denn bei der EG handelte es sich um ein „Völkerrechtssubjekt ohne eigene Territorialhoheit".[229] Hier bestand natürlich die Gefahr, auf der Seerechtskonferenz erst noch zu verabschiedendes Recht zu präjudizieren. Dies war vor allem für die Bundesrepublik misslich, die von Beginn an lautstark die Völkerrechtswidrigkeit unilateraler Expansionen beklagt hatte. Nachdem die EG-Kommission die Einführung von 200 Seemeilen-Zonen für den 1. Januar 1977 vorgeschlagen hatte, zog man sich deswegen auf das Argument zurück, dass man diesen Schritt vor Abschluss der Seerechtskonferenz aus Notwehr gehen müsse und damit lediglich auf die Einführung von 200 Seemeilen-Fischereizonen der anderen Nordatlantik-Anrainer reagiere.[230]

Die gemeinsame Einführung von 200 Seemeilen-Fischereizonen bedeutete den Ausschluss dritter Staaten aus EG-Gewässern. Insofern musste die zonale Ausweitung zwangsläufig mit der Aufnahme von Drittland-Verhandlungen einhergehen, womit sich dann auch die innerdeutschen Rufe nach bilateralen Interimsabkommen beschwichtigen ließen. Hierfür empfahl die EG-Kommission dem Rat, sie zur Aufnahme von Verhandlungen mit dritten Staaten zu ermächtigen. Daraus resultierende Abkommen sollten auf Reziprozität beruhen und sowohl die Fischerei der Drittstaaten in EG-Gewässern als auch die der Mitgliedsländer in Gewässern dritter Staaten abdecken. Dabei seien die Verschiedenheiten der jeweiligen bisherigen Situationen zu berücksichtigen, um die betreffenden Fischereitätigkeiten, die unter den seerechtlichen Entwicklungen litten, wieder ins Gleichgewicht zu bringen und die Bemühungen um strukturelle Anpassungen

---

227 PA AA B 88 (ZA)/193965, AA an beteiligte Ressorts, 11.10.1976: Einrichtung einer 200-Meilenzone im Zuge der Gemeinsamen EG-Fischereipolitik, hier: Erfordernis gesetzgeberischer Maßnahmen.

228 PA AA B 88 (ZA)/193964, EG-Kommission (o.D.): Begründung und Richtlinien für die Verhandlungen mit dritten Ländern zur Erhaltung und Bewirtschaftung der Fischbestände.

229 Steiling, Das Seefischereirecht der Europäischen Gemeinschaften, S. 6.

230 PA AA B 88 (ZA)/193965, Stand der Gemeinsamen Fischereipolitik (Kommissionsvorschläge vom 23. September 1976), 07.10.1976.

nicht zunichte zu machen. Für die interne Umgestaltung der Fischereiregelungen schlug die Kommission ein gemeinsames Aktionsprogramm vor.[231]

Die Kommission vermied es, hierfür bereits konkrete Vorschläge zu unterbreiten, da auf dem Gebiet der inneren gemeinsamen Fischereipolitik immer noch große Vorbehalte seitens der Briten und der Iren bestanden. Diese machten ihre Forderung nach nationalen Küstenzonen von 50 Seemeilen zum zentralen Punkt ihrer Europapolitik und lehnten die bisherigen Kommissionsvorschläge für ein EG-internes Fischereiregime, die nationale Zonen von 12 Seemeilen und die Berücksichtigung historischer Fischereirechte vorsahen, schroff ab.[232] Überdies gefährdete ein von Irland gefordertes Junktim die baldige Verabschiedung von Drittlandmandaten. Die Iren machten Entscheidungen im externen Bereich von der parallelen Entscheidung über Schlüsselelemente des internen Fischereiregimes abhängig. Die irischen Fischer argwöhnten nämlich, dass sie selbst durch Quotenregelungen in den EG-Gewässern betroffen sein könnten. Die Bundesrepublik, die demgegenüber dringend auf das EG-Mandat hoffte, fand sich hier plötzlich in gemeinsamer Opposition mit den Briten wieder, die sich – vor allem wegen des Auslaufens ihres Vertrags mit Island im November – dem irischen Junktim ebenfalls widersetzten.[233]

Rechtzeitig vor dem Vertragsende zwischen Großbritannien und Island kam es dann aber nach einer zähen Kompromissfindung doch noch zur Einigung der EG-Außenminister („Haager Übereinkunft“) und die Kommission konnte nun beginnen, Drittlandverhandlungen aufzunehmen.[234]

Damit war zumindest ein Hindernis aus dem Weg geräumt. Nun galt es noch, das EG-interne Fischereiregime an die neuen Gegebenheiten anzupassen und bei den Teilnehmern der Seerechtskonferenz für die EG-Klausel zu lobbyieren, die man Mitte September zum Ende der fünften Sitzungsperiode als offizielles Dokument eingebracht hatte. Denn es war keineswegs gesichert, dass Drittstaaten die EG als Verhandlungspartner akzeptieren würden.[235] Zur „Wahrung des Be-

231 PA AA B 88 (ZA)/193964, Mitteilung der Kommission an den Rat: Künftige Fischereipolitik gegenüber Drittländern und innergemeinschaftliche Fischereiregelung.

232 PA AA B 88 (ZA)/193965, AA/BML, 07.10.1976: Besuch des Bundeskanzlers in Großbritannien am 9./10. Oktober 1976.

233 PA AA B 88 (ZA)/193965, Fernschreiben Botschaft Luxemburg, 19.10.1976: Tagung des Rates der Europäischen Gemeinschaften am 19.10.1976 in Luxemburg, Gemeinsame Fischereipolitik.

234 PA AA B 88 (ZA)/193965, Fernschreiben Botschaft Den Haag, 30.10.1976: Treffen der EG-Außenminister in den Haag am 30.10.1976, hier: Fischereifragen.

235 Beispielsweise hatte die Sowjetunion bei einem Treffen der „Fünfer-Gruppe“ (USA, Japan, Sowjetunion, Frankreich, Großbritannien) erkennen lassen, dass man Verhandlungen mit der EG ablehne, da das Prinzip der Konferenz Verhandlungen von Staat zu Staat sei. Siehe BArch B 116/65021, Aufzeichnung Arbeitsstab Seerecht, 15.12.1976: Ergebnisse des Treffens der Gruppe der

sitzstandes nach außen“[236], vor allem auf dem Gebiet der Fischerei, war eine solche Klausel im Konventionstext für die spätere Rechtssicherheit jedoch unerlässlich.

6.4.2 Die Seerechtskonferenz: nur noch von „rechtshistorischem Interesse“?

Am 1. Januar 1977 erweiterten Dänemark, Irland, Großbritannien und die Bundesrepublik ihre Fischereizonen im Atlantik und in der Nordsee auf 200 Seemeilen. Frankreich errichtete im Februar desselben Jahres eine ausschließliche Wirtschaftszone, die Niederländer und die Belgier folgten mit ihren Fischereizonen im Herbst.[237] Die EG trat nun auf der Seerechtskonferenz – zumindest nach außen hin – mit einem einheitlichen Konzept auf,[238] wobei die Gemeinschaftsstandpunkte von der jeweiligen EG-Präsidentschaft vorgetragen wurden. Es ging nun vordringlich darum, der Gemeinschaft mit einer EG-Klausel rechtliche Beitrittsmöglichkeiten zu einer künftigen Seerechtskonvention zu eröffnen, dabei aber zugleich interne Begünstigungen der EG-Mitglieder, wie sie im Rahmen einer gemeinsamen Fischereipolitik diskutiert wurden, zu ermöglichen.[239]

Hierfür reichte man auf der Konferenz einen Vorschlag nach dem anderen ein, jedoch stieß die Klausel auf Skepsis, und zwar von unterschiedlichen Seiten. Die Vereinigten Staaten beispielsweise wollten eine solche nur akzeptieren, wenn die Formulierungen derart gestaltet wären, dass sie kein Argument für Befreiungsbewegungen böten, sich ebenfalls einen Beitritt zu erzwingen.[240] Unberechtigt war dies nicht, versuchten doch die Entwicklungsländer zeitweilig mit Unterstützung der sozialistischen Staaten ein Junktim zwischen der Teilnahme der EWG

Fünf in Paris vom 7.–9. Dezember 1976; PA AA B 88 (ZA)/193953, Ref. 500 an Ref. 213, 23.06.1977: Deutsch-sowjetische Außenminister-Konsultationen 13./14. Juni 1977 in Moskau.

236 PA AA B 88 (ZA)/193950, Fernschreiben New York UNO, 19.09.1976: Delegationsbericht Nr. 135: Gesamtbewertung der 5. Session und operative Folgerungen für die 6. Session.

237 Steiling, Das Seefischereirecht der Europäischen Gemeinschaften, S. 104.

238 BArch B 116/ 65022, Arbeitsstab Seerecht, 23.05.1977: Beantwortung der Anfrage Müller-Hagemanns.

239 PA AA B 88 (ZA)/ 193956, Sprechzettel und Sachstand, 14.09.1977: Europäisches Parlament – Entschließung zur Seerechtskonferenz und ihren Folgen für die Europäische Gemeinschaft vom 02.06.1977.

240 PA AA B 88 (ZA)/193957, Kommission der Europäischen Gemeinschaften, 25.11.1977: Arbeitsdokument der Dienststellen der Kommission: Beteiligung der Gemeinschaft als Vertragspartner des zukünftigen Seerechtsübereinkommens – Augenblickliche Probleme der „EWG-Klausel“.

und der von Befreiungsbewegungen durchzusetzen.[241] Auch der Konferenzpräsident Amerasinghe befürchtete, dass er der PLO den Status eines Vollmitglieds einräumen müsse, wenn er dies für die EG zulasse. Die Delegierten der EG hatten ihre liebe Not, „der Welt [...] klarzumachen, daß die EG etwas Neues sind, daß sie nicht eine intergovernmental organization sind, sondern eine Gemeinschaft, die eigene Kompetenzen besitzt und der noch weitere Kompetenzen zuwachsen.“[242] Da die Einzelstaaten der Gemeinschaft auf dem Gebiet der Fischerei überhaupt keine Kompetenzen mehr besaßen, war die Aufnahme der Klausel in den Konventionstext zwingend notwendig und man versuchte, wenigstens die AKP-Staaten des Lomé-Abkommens zu gewinnen, die ja die Gemeinschaft 1975 mit dem Abkommen de facto als Vertragspartner anerkannt hatten.[243]

Das gemeinsame Auftreten der EG gestaltete sich übrigens nicht nur auf der Konferenz schwierig. Auch die Drittlandverhandlungen liefen nur holprig an. Während man mit den Staaten im Nordostatlantik, wie zum Beispiel Norwegen, über Gegenseitigkeitsabkommen verhandeln konnte, war man bei den Verbündeten im Nordwestatlantik auf den „Good will-Faktor“[244] angewiesen.

Da man sich im Rahmen der EG nun auf ein gemeinsames Auftreten in Fischereifragen festgelegt und die Bundesrepublik sich entschieden hatte, zugunsten des EG-Zusammenhalts keine alleinigen – und ohnehin aussichtslosen – Vorstöße in der Wirtschaftszonenfrage mehr zu unternehmen,[245] änderten sich konsequenterweise auch die Interessen, die die Bundesrepublik mit der Konferenz verband. Als föderativer Teil eines „Langküstenstaates EWG“ hatte man nun ein Interesse an einer „möglichst ungeschmälerte[n] Ausübung küstenstaatlicher Befugnisse“[246] und befand sich damit im krassen Gegensatz zu der bisherigen Konferenzposition, im Zuge derer man in erster Linie als geographisch benachteiligter Staat aufgetreten war. Nun brachte just diese Gruppe der Binnen-

241 PA-DBT, Wissenschaftlicher Dienst des deutschen Bundestages, 09.11.1981: Die Dritte Seerechtskonferenz der Vereinten Nationen vor der 11. Session, S. 5, WF II-309/81.

242 So Delegationsleiter Knoke während einer gemeinsamen Sitzung des Auswärtigen und des Wirtschaftsausschusses des Bundestags. PA AA B 88 (ZA)/193955, 8. Wahlperiode, Stenographisches Protokoll 13. Sitzung des Auswärtigen Ausschusses, 15. Sitzung des Ausschusses für Wirtschaft am 28.09.1977.

243 Ebd. Die EG-Klausel fand letztlich im Konventionstext Anwendung, jedoch trat die Europäische Gemeinschaft dem Seerechtsübereinkommen erst 1998 bei.

244 PA AA B 1 (ZA)/178702, Fernschreiben Brüssel Euro, 29.07.1976: Verhandlungen mit Drittstaaten im Rahmen der Fischereipolitik der Europäischen Gemeinschaften.

245 Der Landwirtschaftsminister wies hierauf mehrfach hin, vgl. z. B. Deutschland macht europäische Politik, in: AFZ 8 (1978), S. 6.

246 BArch B 116/65022, Minister Ertl an beteiligte Ressorts, 26.10.1979: Hauptverhandlungsziel: Erhaltung ausreichender Fanggründe für die deutsche Hochsee- und Küstenfischerei.

und geographisch benachteiligten Staaten die EG in Bedrängnis, indem sie weitreichende Forderungen nach einer Beteiligung über den *surplus* hinaus erhob. Sie gingen sogar so weit, die Zustimmung zur ganzen Konvention davon abhängig zu machen. Der Konferenzpräsident machte daraufhin weitreichende Zugeständnisse und nahm ihre Wünsche teilweise in den kombinierten Verhandlungstext auf. Wären diese Vorstellungen der geographisch benachteiligten Staaten Realität geworden, hätte dies für die EG eine Schmälerung ihrer Fischereimöglichkeiten in den Drittstaatengewässern bedeutet und zugleich osteuropäischen Ländern eine Partizipation am *surplus* der Gemeinschaftsgewässer verschafft.[247] Beides wollten die EG-Staaten unbedingt vermeiden, denn zum einen war man auf den Zugang zu Drittstaatengewässern angewiesen und zum anderen war der Fischereidruck auf die eigenen Gewässer ohnehin schon zu hoch.

Dies war auch einer der Gründe, warum die internen Verhandlungen über eine gemeinsame Fischereipolitik so schleppend verliefen. Man wurde sich schlicht nicht über die Quotenverteilung einig, und Großbritannien bestand weiterhin auf seinem Sonderstatus mit einer exklusiven 50 Seemeilen-Zone. Da man nicht warten wollte, bis die Briten sich erweichen ließen, verständigten sich die für die Fischerei zuständigen Minister der EG auf einem informellen Treffen während der „Grünen Woche“ im Januar 1978 darauf, so zu verfahren, als bestehe bereits ein gemeinsames Fischereiregime. Damit einhergehend wollte man künftige Kommissionsvorschläge auf freiwilliger Basis einhalten („Berliner Kompromiss“).[248]

Was bedeutete dies aber nun für die deutsche Hochseefischerei?

Der Verband der deutschen Hochseefischereien teilte Delegationsleiter Knoke im September 1977 mit, dass man den Ergebnissen der 6. Session der Seerechtskonferenz „nur noch mit rechtshistorischem Interesse zu begegnen“ vermochte.[249] Als einziger deutscher Wirtschaftszweig müsse man mit einer Praxis leben, die die Ergebnisse der Konferenz bereits vorweggenommen habe. Alle Küstenländer, vor denen die deutsche Hochseefischerei traditionell gefischt habe, hätten bereits 200 Seemeilen-Zonen aufgerufen. Die daran geknüpften Ängste schienen sich zu erfüllen. Man sah sich bereits jetzt einer „extrem erschwerten Situation“ ausgesetzt und erwartete von der Konferenz keine positiven Veränderungen mehr.[250]

Das allein „rechtshistorische Interesse“ war zweifelsohne eine polemische Übertreibung, denn wenngleich man akzeptiert hatte, dass die Konferenz nicht

247 Ist das EG-Meer in Gefahr? Ein Bericht vom intersessionalen Treffen der Dritten Seerechtskonferenz in New York, in: AFZ Nr. 7 (1978), S. 8 f.

248 „Berliner Kompromiß“ auch 1979?, in: AFZ Nr. 12 (1978).

249 PA AA B 88 (ZA)/193955, Fernschreiben Verband der deutschen Hochseefischereien an AA, 23.09.1977: 6. Session der UN-Seerechtskonferenz.

250 Ebd.

mehr hinter die Praxis der 200 Seemeilen-Zonen zurückgehen würde, war man immerhin noch an der weiteren Präzisierung der Regelungen interessiert, aus der sich zumindest geringfügige Erleichterungen ableiten lassen könnten. Eine obligatorische internationale Streitregelung zum Beispiel konnte für die Hochseefischerei bedeutsam sein, wenn sie „an die Stelle der nationalen, praktisch nicht justitiablen Regelungen" träte, die momentan das Geschehen auf den Meeren bestimmten.[251] Deswegen bat der Verband die Bundesregierung, sich weiterhin für eine Ausdehnung der obligatorischen Streitregelung auf Fischereifragen einzusetzen. Darüber hinaus, mahnte der Verband, müsse das Verfahren der *Surplus*-Ermittlung und -Verteilung transparenten und objektiven Kriterien unterworfen werden, um in einem möglichen Streitregelungsverfahren gegen die willkürliche Festlegung durch einen Küstenstaat vorgehen zu können.[252]

Ansonsten hatte der Verband jedoch Recht – viel war auf der Konferenz für die Fischerei nicht mehr zu gewinnen. Zwei Jahre später bestätigte sich dies, denn auch nach der 8. Session im Sommer 1979 war es zu keiner Verbesserung des informellen kombinierten Verhandlungstextes gekommen. Wie das BML dem Verband mitteilte, wollte kaum jemand auf der Konferenz die im Verhandlungstext enthaltenen Fischereiregelungen noch einmal aufrollen. Schlechterdings könne jede weitere Schmälerung der Küstenstaatenrechte sogar „unmittelbar auf die EG zurückschlagen",[253] weswegen man eine Besserstellung der Fernfischerei nicht weiter in Betracht ziehen solle. Zudem habe die Erfahrung gezeigt, dass nachträgliche Vorstöße in diese Richtung mithin sogar eine Verschlechterung der Bedingungen für die Fernfischerei mit sich gebracht hätten. Insofern müsse man nun die „nächstbessere Lösung" ansteuern, nämlich die deutsche Einbindung in eine gemeinsame Fischereipolitik der EWG.[254]

Anfang 1980 war die endgültige Resignation, in Fischereifragen auf der Konferenz noch irgendwelche Verbesserungen zu erreichen, sogar in die deutsche Verhandlungslinie eingeschrieben worden: Das Ziel, Fanggründe zu erhalten sei nicht zu erreichen gewesen und auch nicht mehr zu erreichen.[255] Der diesbezüg-

251 BArch B 116/65022, Verband der deutschen Hochseefischereien bzgl. Anhörungsbesprechung der Ausschüsse für Auswärtiges und Wirtschaft, 05.12.1977.

252 PA AA B 88 (ZA)/193957, Verband der deutschen Hochseefischereien, 02.12.1977: Stellungnahme zu Fragen gemäss Fragenkatalog vom 08.11.1977, Teil I Ziffer II, S. 3.

253 BArch B 116/65022, Ministerialrat Rudolf Illing an den Verband der deutschen Hochseefischereien, 28.09.1979: Fischereiartikel des ICNT.

254 Ebd.

255 BArch B 116/65068, Beschlussvorschlag der Bundesregierung, die nachstehende Darstellung des Standes der 3. VN-Seerechtskonferenz und die anschließend zu den einzelnen Punkten skizzierte Verhandlungslinie für die deutsche Delegation zustimmend zur Kenntnis zu nehmen, Februar 1980.

liche Verhandlungsschwerpunkt hatte sich damit endgültig auf den EG-Ministerrat verlagert.

Der Verband widersprach dieser Einsicht im Wesentlichen nicht, wies jedoch während einer Expertenanhörung vor dem Auswärtigen Ausschuss und dem Wirtschaftsausschuss des Bundestags darauf hin, dass diese interne EG-Fischereiregelung nicht länger verschleppt werden dürfe. Insbesondere im Hinblick auf die Quotenverteilung formulierten die Verbandsvertreter Bedenken. Denn die bisher diskutierten Quoten gingen von den früheren Quoten im „EG-Meer“ aus, und hier hatte die deutsche Flotte der Hochseefischerei nicht vorranging gefischt. Sie forderten deswegen, ihre durch die Drittstaaten-Fischereizonen entstandenen achtzigprozentigen Verluste außerhalb der EG-Gewässer in die Berechnungen einzubeziehen. Anders als von der EG-Kommission vorgeschlagen, käme der Bundesrepublik dann eine Quote von 12 % statt 5,9 % zu, also gut das Doppelte.[256]

Marx-Henning Rehder, Präsident des Bundesmarktverbandes für die Fischwirtschaft und Chef der „NORDSEE Deutsche Hochseefischerei“ warnte Anfang 1978: Wenn man in den kommenden Wochen nicht zu deutlichen Fortschritten bei der Regelung der innergemeinschaftlichen Verhältnissen komme, rechne er mit „weitreichenden Krisen für die westeuropäische Fischerei“.[257] Die fischereipolitische Szene müsse endlich in Bewegung kommen, um „die Zeit des Zögerns und Vertagens“ zu beenden und in letzter Minute Kompromisse zu finden. Er unterbreitete sieben „Lösungsvorschläge der Fischwirtschaft“, die jedoch eigentlich Aufforderungen an die verantwortlichen Politiker darstellten.[258] Neben einer schnellstmöglichen Verabschiedung der EG-Quoten waren dies unter anderem unverzüglich aufzunehmende Drittlandverhandlungen und Rahmenabkommen, die den Unternehmen Möglichkeiten für Kooperationen oder Beteiligungsgesellschaften ermöglichten. Außerdem gehörten die Erschließung neuer Fischgründe sowie eine stärkere Berücksichtigung der Fischereiwirtschaft bei Forschungs- und Entwicklungsprojekten dazu. Nicht zuletzt sei die Fischwirtschaft der Meinung, dass die Veränderungen überwiegend politische Ursachen hätten. Da man aus eigener Kraft nicht in der Lage sei, mit diesen Schwierigkeiten fertig zu werden, müsse man neben den „vorgeschlagenen und unverzüglich einzuleitenden fischereipolitischen Maßnahmen“ materielle Hilfe erbitten.[259]

256 PA AA B 88 (ZA)/193957, Arbeitsstab Seerecht an den Staatssekretär, 08.12.1977: Anhörung von Experten durch Auswärtigen Ausschuss und Wirtschaftsausschuss des Deutschen Bundestages am 07.12.1977.

257 Marx-Henning Rehder: Sieben Vorschläge, in: AFZ Nr. 1 (1978), S. 9 f.

258 Ebd.

259 Ebd.

Die Anstrengungen der deutschen Hochseefischerei, ihre „Lebensgrundlage" zu erhalten, hatten sich also gänzlich auf Bereiche außerhalb der Seerechtskonferenz verlagert. Nun ging es nur noch darum, Schadensbegrenzung zu betreiben und die Arbeitsplätze im Fischereisektor zu erhalten. Weil man sich auf EG-Ebene immer noch nicht über die Quoten geeinigt hatte, für die Nordsee ein Heringsfangverbot verhängt worden war und obendrein die bilateralen Fischereiabkommen mit Island, Norwegen und den Färöer-Inseln ausgelaufen waren, setzte man nun auch auf private Kooperationen mit Drittstaaten. So waren die vier großen Fischfang-Reedereien NORDSEE, Hanseatische Hochseefischerei, die Nordstern und die Hamburger Pickenpack-Gruppe ab 1978 vor Argentinien auf dem Patagonienschelf unter argentinischer Flagge aktiv. „Wir sind Sammler", formulierte es Rehder, „und wir müssen dahin gehen, wo es etwas zu sammeln gibt."[260] Ermöglichen sollte dies ein zinsgünstiger Kredit über 30 Millionen D-Mark, den die Bundesrepublik der argentinischen Militärregierung zur Finanzierung eines Fischerei-Forschungsschiffes gewähren wollte.[261] Wenngleich es letztendlich nicht zu einer politischen Einigung über Fangquoten und Lizenzen kam,[262] wurde hier deutlich, dass die deutsche Fischereiwissenschaft tatsächlich das viel beschworene Know-how einsetzen und neue Fanggründe für die Hochseefischerei erschließen konnte. Auch die EG wagte erste Verhandlungen über Fischereiabkommen mit neuen Partnern, etwa mit Senegal, wo man als Gegenleistung für Fischereigenehmigungen und den Einsatz von Vollfrostern sowohl Joint Ventures als auch technische Hilfe und die Lieferung von Fischereikontrollfahrzeugen anbot.[263]

Doch die Abgabe der Fischerei-Kompetenz an die EG brachte nicht nur Vorteile mit sich. Dies hatte die Hochseefischerei bereits während ihres Engagements für bilaterale Abkommen mit Drittstaaten vor der Etablierung des „EG-Meeres" erkannt. So blockierte die EG-Kommission ein Abkommen, das die Bundesrepublik mit Kanada ausgehandelt hatte. Im Rahmen dieses Abkommens wollte die Bundesrepublik Kanada zum Ausgleich für Fischereirechte die Lieferung von Kabeljau-Filets an die Bundesrepublik gestatten.[264] Dazu kam es jedoch nicht,

260 Hochseefischerei: Reise ohne Wiederkehr. Die deutsche Fangflotte sucht vor Argentinien neue Beschäftigung, in: Die ZEIT Nr. 3 (13.01.1978), in: ZEIT online <https://www.zeit.de/ 1978/03/ reise-ohne-wiederkehr/komplettansicht> (21.07.2021).

261 Ebd.

262 Jakobeit/Keirat, Die Firmengeschichte der Reederei „Nordsee", S. 41.

263 PA AA B 88 (ZA)/ 193966, Botschaft Dakar an AA, 12.01.1978: Fischereiverhandlungen EG/ Senegal.

264 Absoluter Wahnsinn. Der langwierige Streit der EG-Partner um Fischgründe und Fangquoten trifft die Deutschen am härtesten, in: Der SPIEGEL Nr. 6 (02.02.1981).

weil man sich in Brüssel immer noch nicht über die Verteilung der Quoten und der Fangplätze einig war und die Briten ihre Zustimmung zum Fischereiabkommen von der gleichzeitigen Verabschiedung eines internen Fischereiregimes abhängig machten. Da besonders die deutschen Fischer auf die Fanggründe vor den Küsten von Drittstaaten angewiesen waren, traf es sie besonders hart. Im Juni 1981 konnten 13 der 20 Fangfabrikschiffe wochenlang nicht auslaufen und machten pro Tag insgesamt 300.000 D-Mark Verlust. Wenn Bonn sich in Brüssel nicht durchzusetzen vermochte, so kündigte die Fischereibranche an, werde man die Häfen von Bremen und Hamburg blockieren. Der Hochseefischerei-Verband befürchtete das Schlimmste und sah die gesamte Flotte in Gefahr, die seit 1976 ohnehin bereits um zwei Drittel geschrumpft war.[265]

Der Fall verdeutlicht die ernste Lage der deutschen Hochseefischerei. Ihrer Fanggründe beraubt, war man nun nahezu gänzlich auf die Einigung über ein internes Fischereiregime angewiesen. Alle weiteren Bemühungen um Abkommen zwischen der EWG und Drittstaaten führten zu ähnlichen Querelen, und erst 1983 konnten sich die EG-Partner nach sechsjährigen Verhandlungen auf eine gemeinsame Fischereipolitik einigen.[266]

Wenngleich dadurch auch das gemeinsame Auftreten nach außen endlich den nötigen inneren Rückhalt gewann, gab es für die deutsche Hochseefischerei nicht mehr viel zu gewinnen. Die Fanglizenzen für kanadische, norwegische und grönländische Gewässer waren zu gering, um der Hochseefischerei und ihren Fangfabrikschiffen einen dauerhaften Einsatz zu ermöglichen.[267] Die Branche konzentrierte sich weiter und gründete 1985 die Auffanggesellschaft Deutsche Fischfang Union (DFFU). Da sich die Strukturkrisen jedoch nicht lösen ließen, stiegen die verbliebenen deutschen Reedereien nach und nach aus. 1998 schließlich hielt die Stadt Cuxhaven noch 1 % der Anteile an der Fischfangunion. Die anderen 99 % lagen beim isländischen Fischereikonzern Samherji.[268]

6.5 Zusammenfassung

Der Aufbau der deutschen Hochseefischerei seit Ende des 19. Jahrhunderts war eine „historische Abnormalität", wie Ingo Heidbrink feststellt.[269] Diese These dürfte in Kreisen der Fischereiwirtschaft als Provokation wahrgenommen werden,

265 Ebd.
266 Steiling, Das Seefischereirecht der Europäischen Gemeinschaften, S. 149.
267 Heidbrink, „Deutschlands einzige Kolonie ist das Meer!", S. 178.
268 Jakobeit/Keirat, Die Firmengeschichte der Reederei „Nordsee", S. 50.
269 Heidbrink, „Deutschlands einzige Kolonie ist das Meer!", S. 196.

ist aber bei genauem Hinsehen eine treffende Beschreibung für das Schicksal der deutschen Hochseefischerei. Der Aufstieg der Fernfischerei war nicht selbstverständlich für ein Land, das nur über eine kurze Küstenlinie verfügte und in dem nur ein Bruchteil der Bevölkerung von der Küstenfischerei lebte. Möglich wurde er aufgrund der mit der Industrialisierung einhergehenden technischen Entwicklungen, der daraufhin einsetzenden Überfischung der küstennahen Gewässer sowie einer gezielten Rohstoffpolitik während des Nationalsozialismus. Nicht zuletzt war es die Freiheit der Meere, die das Fischen vor fremden Küsten überhaupt erst möglich gemacht hatte.

Die Küstenstaaten unter den Entwicklungsländern begründeten Ressourcengerechtigkeit in erster Linie mit postkolonialer Ressourcensouveränität, die ihnen als Staaten mit souveränen Rechten zustand. Demgegenüber basierte die Ressourcensouveränität der Hochseefischerei auf technischer und wirtschaftlicher Potenz und war insofern losgelöst vom territorialen beziehungsweise geographischen Faktor.[270] Für eine gerechte Ressourcenverteilung spielte aus ihrer Sicht außerdem die „Tradition" eine große Rolle. Demnach erhielt man Teilhaberechte allein dadurch, dass man die Ressourcen bewirtschaftete, oder anders gesagt: Man sollte die Ressourcen nutzen dürfen, weil man sie nutzte.

Ohne die Freiheit der Meere, die letztlich eben nur jenen Staaten zugutekam, die die technischen Möglichkeiten hatten, die lange als unerschöpflich geltenden „Eiweißreserven" anzuzapfen, hätte es diese Tradition allerdings nicht gegeben. Und dies wurde den fischereiwirtschaftlichen Akteuren nur allzu bewusstgemacht, als die Nordatlantikanrainer mit der Ausweitung ihrer Fischereizonen begannen und damit den Zugang zu devisenfreien Ressourcen einschränkten. Daraufhin deklarierte die deutsche Hochseefischerei Fischbestände in Anlehnung an das „Gemeinsame Erbe der Menschheit" als „gemeinsames Wirtschaftsgut", das zugunsten der Weltbevölkerung unter Berücksichtigung eines dauerhaften Ertrages voll auszuschöpfen sei. Indem man eine solche „Verantwortungsdimension" der Ressourcennutzung ins Feld führte, ließen sich die eigenen Ansprüche auf eine Sonderstellung besser rechtfertigen. Denn wenn diese Ressourcen allen gehörten, mussten die versierten und erfahrenen Staaten eine tragende Rolle bei der Bewirtschaftung übernehmen. Eine weitere Begründung lieferte das Selbstverständnis als „Erfinder": Wer die Fischerei fortentwickelte, dem sollten auch besondere Rechte zukommen. Diese Interpretation zeigte sich vor allem, nachdem bereits die meisten Fangplätze verloren gegangen wa-

---

270 Vgl. zu „Souveränitätsregimen" abseits des westfälischen Modells der Staatensouveränität John Agnew: Sovereignty Regimes: Territoriality and State Authority in Contemporary World Politics, in: Annals of the Association of American Geographers 95/2 (2005), S. 437–461.

ren. Denn als einer der führenden Staaten in der Fischereiforschung konnte die Bundesrepublik dieses Wissenskapital immerhin noch vielfältig einsetzen, um sich Zugang zu den lebenden Ressourcen in fremden Gewässern zu verschaffen.

Eine gerechte Ressourcenverteilung, so die Lesart der Hochseefischerei, durfte eine Bevorzugung der Küstenstaaten nicht zulassen. Der auf der Seerechtskonferenz dominierende geographische Faktor, der der Bundesrepublik letztlich auch den Anlass lieferte, sich in der Gruppe der Binnen- und geographisch benachteiligten Staaten zu engagieren, war aus ihrer Sicht willkürlich. Der Vorsitzende des deutschen Hochseefischerei-Verbandes drückte es 1984 so aus:

> Hehre Worte, wie die vom ‚gemeinsamen Erbe der Menschheit',[...] sind nur dazu geeignet [...] zu verschleiern. Die Konvention führt gewiß nicht zu einer Verteilung von Ressourcen nach Kriterien, die man gerecht nennen könnte, sondern es handelt sich schlicht um die Nationalisierung, die Aneignung von Ressourcen, die früher, nämlich unter der Herrschaft des Prinzips der Freiheit der Meere, tatsächlich allen gehörten...[271]

Darin übersah er freilich, dass auch die bisherige Nutzungsordnung nicht in dem von ihm gemeinten Sinne gerecht gewesen war. Sie speiste sich nur nicht aus geographischen „Glücksfällen", sondern aus ökonomischer Überlegenheit.

Dass die deutsche Hochseefischerei ihre Ambitionen nicht durchsetzen konnte, erklärt sich aus einem Ursachenkonglomerat, aus dem im Kontext dieser Untersuchung vier Aspekte herauszustellen sind.

Erstens waren die Küstenstaaten im Hinblick auf eine gerechte Ressourcenverteilung von vornherein in einer vorteilhaften Position. Zum einen waren es derer viele, und zum anderen konnten die industrialisierten Langküstenstaaten wie die Vereinigten Staaten oder Kanada auf die Unterstützung der Küstenentwicklungsländer setzen, die mit ihrem Streben nach postkolonialer Ressourcensouveränität auch die Moral auf ihrer Seite hatten. Zum anderen wurden die Verhandlungen über die Wirtschaftszonen während der Konferenz von der völkerrechtlichen Praxis überholt. Die Tatsache, dass bereits vor dem Ende der Verhandlungen immer mehr Staaten eine 200 Seemeilen-Zone ausriefen, verfestigte die Nationalisierungstendenzen auf der Konferenz. Nachdem dieser Pfad einmal eingeschlagen worden war, ließ er sich kaum mehr verlassen, und die 1982 verabschiedete Konvention war letztlich nur noch dazu da, die Institution der ausschließlichen Wirtschaftszone rechtlich zu präzisieren und zu kodifizieren.

---

271 Karl-Heinz Feilhauer: Das Seerechts-Übereinkommen der Vereinten Nationen und die deutschen Wirtschaftsinteressen aus der Sicht der Fischerei, in: Das Seerechtsübereinkommen der Vereinten Nationen und die deutschen Wirtschaftsinteressen. Symposium in Hamburg am 3. September 1984, Schriften des deutschen Vereins für internationales Seerecht, Reihe A: Berichte und Vorträge, Heft 50, Hamburg 1984, S. 53.

Zweitens und auf der nationalen Ebene: Der volkswirtschaftliche Anteil des Sektors der Hochseefischerei war in der Bundesrepublik verhältnismäßig gering und stand für die Bundesregierung – im Vergleich zu den mit dem Meeresbergbau verbundenen ökonomischen Erwartungen – hinten an. Dennoch erhielt die Hochseefischerei vor allem während der ersten Konferenzphase überraschend großen Rückhalt. Dazu trug wohl auch die große Aufmerksamkeit bei, die ihr der Fischereistreit mit Island bescherte, in den das Auswärtige Amt, welches zugleich die Federführung für die Seerechtskonferenz übernommen hatte, besonders stark involviert war. Hätte das Wirtschaftsministerium die Leitung der deutschen Verhandlungen übernommen, hätte die Hochseefischerei höchstwahrscheinlich von Beginn an erheblich weniger Berücksichtigung erfahren.

Viel nützte diese Vorzugsbehandlung dem Fischereisektor allerdings nicht. Nachdem die europäische Integration auf dem Gebiet der Fischerei voranschritt und die Kompetenzen nach und nach an die EG abgegeben wurden, konnte die Bundesregierung nicht mehr ohne Weiteres Zugeständnisse an die Hochseefischerei machen. Zwar engagierten sich die Politiker für bilaterale Abkommen, entwarfen alternative Rohstoffstrategien und veranlassten Subventionierungen, jedoch ließen sich die Verluste der deutschen Hochseefischerei dadurch kaum kompensieren.

Drittens: Die Bundesrepublik befand sich auf der Seerechtskonferenz in einem Konfliktfeld zwischen den traditionellen und politischen Verbündeten einerseits und den geographischen Verbündeten andererseits. Nachdem man sich aufgrund der wenig erfolgversprechenden Situation für die politischen Verbündeten entschieden hatte – nämlich die EG-Staaten –, musste man die Kontakte zur Gruppe der Binnen- und geographisch benachteiligten Staaten mehr oder weniger aufgeben. Diese war ohnehin nur ein Vehikel gewesen, um die küstenstaatlichen Rechte möglichst weit einzuschränken. Für Fernfischerei und traditionelle Rechte, wie sie die Bundesrepublik vertrat, hatten die Staaten dieser Gruppe nicht viel übrig. Nachdem man gemeinsam mit der EG als „Langküstenstaat" auftrat, war eine ernsthaft betriebene Mitgliedschaft in der Gruppe der geographisch Benachteiligten gänzlich passé.[272] Als hochentwickelter Staat mit einer nur kurzen Küste hatte man es von Beginn an schwer, die passenden Verbündeten zu wählen.

Viertens verhinderte die Uneinigkeit auf EG-Ebene lange ein tatsächlich geschlossenes Auftreten nach außen; sie blockierte auch die rechtzeitige Aufnahme

272 Insofern waren die vielfach geäußerten Vorwürfe der Opposition und der Minister der Küstenländer, diese Gruppe nicht ausreichend für die deutschen Belange aktiviert und der Bundesrepublik damit zum Status des Konferenzverlierers verholfen zu haben, zumindest in dieser Hinsicht unberechtigt.

von Drittlandverhandlungen. Da sich die Mitgliedstaaten bis 1983 nicht über eine gemeinsame Fischereipolitik im Innern der Gemeinschaft einigen konnten und dadurch mitunter dringend benötigte Abkommen mit Drittstaaten verschleppten, blieben der deutschen Hochseefischerei vorerst nur privatwirtschaftliche Joint Ventures. Diese konnten zwar einen Teil der Verluste abfangen und bis zu einem gewissen Maße den Betrieb der Fangfabrikschiffe aufrechterhalten.[273] Den tiefgreifenden Strukturwandel, der mit der Einschränkung der Fischereifreiheit einherging, konnten sie in letzter Konsequenz aber nicht aufhalten.

Kompensation fand sich in den ausschließlichen Wirtschaftszonen anderer Staaten, für die die EG zum Beispiel Lizenzvereinbarungen traf. In ihrer Außenfischereipolitik konnten die EG-Staaten vom wirtschaftlichen Machtpotential der EG und später der Europäischen Union insgesamt profitieren und etwa die lebenden Ressourcen vor den westafrikanischen Küsten im Rahmen von „Partnerschaftsabkommen" ausbeuten.[274]

---

273 Heidbrink, „Deutschlands einzige Kolonie ist das Meer!", S. 183.

274 Vgl. Runhild Solveig Vogel: Die Außenfischereibeziehungen der Europäischen Gemeinschaft. Schutz und Bewirtschaftung kommerziell genutzter Fischbestände in der Europäischen Gemeinschaft, Frankfurt a. M. 2009.

7 Elisabeth Mann Borgese – eine Hauptrolle im „Drama der Meere"?

Für mich sind die Meere ein ‚großes Laboratorium',
in dem wir eine neue Weltordnung schaffen können.
Denn das Meer zwingt uns, anders zu denken und zu handeln.[1]

Elisabeth Mann Borgese (1918–2002), die jüngste Tochter von Thomas und Katja Mann, ist einer breiten deutschen Öffentlichkeit spätestens seit der Dokumentationsreihe „Unterwegs zur Familie Mann"[2] aus dem Jahr 2001 bekannt. Unter bildungsbürgerlichen Kennern von Thomas Mann firmiert sie auch unter ihrem Spitznamen „Medi" – so nannte sie ihr Vater. In der Dokumentation trat sie als einzige noch lebende direkte Nachfahrin vorrangig als Zeugin für das Leben ihres Vaters auf. Anders in der internationalen „maritimen" Gemeinschaft. Hier kennt man sie auch schlicht als „EMB", ein auch von ihr selbst genutztes Kürzel, das ihre Pragmatik widerspiegelt und zugleich auf ihre Bekanntheit in der seerechtlichen Community hindeutet, die sie sich ganz allein verdankt und nicht mit dem berühmten Vater zu tun hat. Elisabeth Mann Borgese war nämlich nicht nur Tochter des weltbekannten Literaturnobelpreisträgers, sondern auch das einzige weibliche Gründungsmitglied des Club of Rome, Professorin für Seerecht an der Dalhousie University in Halifax/Kanada – ohne jemals einen entsprechenden akademischen Abschluss erworben zu haben – und, wie manche meinen, die „Mutter" der Seerechtskonvention.

Elisabeth Mann Borgese engagierte sich vielfältig für ein neues Seerecht, sowohl neben der Seerechtskonferenz als auch in den Verhandlungen selbst. Dabei vertrat sie ein ganz eigenes Konzept von marinen Ressourcen und Ressourcengerechtigkeit. Doch zunächst gilt es zu klären, wie Elisabeth Mann Borgese zum Thema Seerecht kam und welche Bedeutung sie dem Meer und seinen Ressourcen beimaß. Anschließend rücken ihre Aktivitäten in den Fokus: Wie versuchte sie, ihre Vorstellungen durchzusetzen? Welche Foren und Strategien wählte sie auf der Seerechtskonferenz und wie groß war ihr Einfluss?[3] Kann man

1 Borgese, Mit den Meeren leben, S. 20.

2 Heinrich Breloer/Horst Königstein: Unterwegs zur Familie Mann, Deutschland 2001, Erstausstrahlung 22.12.2001, WDR.

3 Zeitgleich mit dieser Arbeit entstand an der Norwegian University of Science and Technology (NTNU) in Trondheim die Dissertation von Tirza Meyer, die sich ebenfalls ausführlich mit Elisabeth Mann Borgeses Konzepten für die Ozeane befasst und ihre Aktivitäten vor, während und nach der Seerechtskonferenz beleuchtet. Dem lag größtenteils derselbe Quellenkorpus zugrunde wie dieser Arbeit. Da die Ergebnisse ihrer Studie sehr ähnlich, aber unabhängig von der hier vor-

https://doi.org/10.1515/9783110748826-007

sie tatsächlich „Mutter" der Seerechtskonvention nennen, wie es unter anderem Kerstin Holzer in der bisher einzigen Biographie Elisabeth Mann Borgeses tut?[4]

7.1 „Die Meer-Frau"

7.1.1 Wie Elisabeth Mann Borgese zu den Meeren kam

Elisabeth Veronika Mann kam am 24. April 1918 in München zur Welt.[5] Sie wuchs mit ihren älteren Geschwistern Erika, Klaus, Golo und Monika sowie ihrem jüngeren Bruder Michael in wohlhabenden bürgerlichen Verhältnissen auf. Wie aus zahlreichen autobiographischen Schriften ihrer Geschwister hervorgeht, wurden die Kinder im Hause Mann eher unkonventionell erzogen. Ihre Mutter habe den Kindern eine phantasieanregende Atmosphäre geschaffen, während der Vater versucht habe, ihnen etwas vorzuleben: „Die Atmosphäre des Hauses, die Luft von geistiger Verantwortlichkeit, die Diszipliniertheit, mit der [...] gearbeitet wird, die Regelmäßigkeit des Lebens, die heitere Gelassenheit, der von Ironie und Anführungszeichen nie ganz freie Ernst, [...]."[6] Dies mag nicht nur Erika und Klaus Mann, von denen diese Schilderung stammt, sondern auch Elisabeth entscheidend geprägt haben, ebenso wie ihre Erfahrungen im Exil. 1933 floh die Familie vor den Nationalsozialisten zunächst über eine kurze Station in Sanary-sur-Mer (Frankreich) nach Zürich, wo Elisabeth 1937 ihre Lehrdiplomprüfung für Klavier am Konservatorium ablegte. Ihre Ausbildung als Konzertpianistin sollte ihr einziger offizieller Abschluss bleiben.

Nach dem „Anschluss" Österreichs 1938 folgte die Familie den bereits in den Vereinigten Staaten lebenden Kindern Erika und Klaus und siedelte nach Princeton, New Jersey über. Bereits 1936 war ihnen die deutsche Staatsbürgerschaft aberkannt worden und Elisabeth war nun tschechoslowakische Staats-

---

liegenden Untersuchung zustande gekommen sind, wird im Folgenden nur an zentralen Stellen auf ihre Arbeit verwiesen. Tirza Meyer: Elisabeth Mann Borgese – Deep Ideology. Dissertation NTNU 2018 <https://ntnuopen.ntnu.no/ntnu-xmlui/handle/11250/2581916> (06.06.2019).

4 Kerstin Holzer: Elisabeth Mann Borgese. Ein Lebensportrait, 2. Aufl., Frankfurt a.M. 2003, S. 201.

5 Der Beiname „Meer-Frau" entstammt dem Titel einer Folge aus der ZDF-Interviewreihe „Zeugen des Jahrhunderts", siehe Elisabeth Mann Borgese/Amadou Seitz/Ingo Hermann/Jürgen Voigt: Elisabeth Mann Borgese, die Meer-Frau. Gespräch mit Amadou Seitz in der Reihe „Zeugen des Jahrhunderts", Göttingen 1993.

6 Erika Mann/Klaus Mann: Escape to Life. Deutsche Kultur im Exil, 2. Aufl., München 1991, S. 98; vgl. auch Holzer, Elisabeth Mann Borgese, S. 23.

bürgerin. Sie sollte im Laufe ihres Lebens außerdem noch die amerikanische, die italienische und die kanadische Staatsbürgerschaft besitzen.[7]

Das Exil machte aus Elisabeth Mann eine internationalistische und kosmopolitische junge Frau, die es genoss, sich mit den Intellektuellen und Künstlern zu unterhalten, die regelmäßig im Hause Mann zu Gast waren.[8] Hier lernte sie auch Giuseppe Antonio Borgese, einen emigrierten italienischen, antifaschistischen Schriftsteller kennen, dessen Intellekt sie bewunderte. 1939 heiratete Elisabeth den 36 Jahre älteren Borgese. Bereits 1952, kurz nach der Remigration der Familie nach Italien, verstarb er jedoch an einem Hirnschlag, und Elisabeth war mit nur 34 Jahren Witwe.[9]

Aus der Ehe mit Borgese waren zwei Töchter hervorgegangen, Angelica und Domenica, mit denen Elisabeth Mann Borgese zunächst weiterhin in San Domenico bei Florenz wohnte. Entscheidend für ihren weiteren Lebensweg und ihr Engagement für die Weltmeere war sicher ihre Tätigkeit als wissenschaftliche Mitarbeiterin ihres Mannes in den 1940er Jahren an der Universität von Chicago. Giuseppe Borgese hatte zusammen mit Robert Maynard Hutchins, dem Kanzler der Universität, das *Committee to Frame a World Constitution* ins Leben gerufen. Gemeinsam mit dem Komitee, dem namhafte internationale Wissenschaftler angehörten, arbeitete Elisabeth Mann Borgese am Entwurf einer Weltverfassung mit, der 1948 als „*Preliminary Draft to Frame a World Constitution*“ veröffentlicht wurde. Zentrale Gedanken dieser Verfassung waren die universale Anerkennung der Menschenrechte und die Erklärung der „Lebensressourcen“ Erde, Wasser, Luft und Energie als „Gemeineigentum der Menschheit.“[10] Die neue Weltordnung sollte diesem Entwurf zufolge überdies nicht mehr durch Nationalstaaten strukturiert sein, da diese globalen Herausforderungen nicht adäquat zu begegnen vermochten. Ganz im Sinne des Weltföderalismus plädierte das Komitee für eine Weltregierung mit einem Parlament, in dem nicht nur politische Parteien, sondern auch wissenschaftliche Institutionen und Gewerkschaften vertreten sein sollten und das auf regionaler Basis zu errichten sei. Der Entwurf für eine „Weltverfassung“ wurde in 18 Sprachen übersetzt und in einer Million Exemplaren publiziert.[11] Obwohl Elisabeth außer ihrem Klavierdiplom keinerlei aka-

---

7 Karolina Kühn/Holger Pils: Chronik, in: Holger Pils/Karolina Kühn (Hrsg.): Elisabeth Mann Borgese und das Drama der Meere, Hamburg 2012, S. 256–259.

8 Holzer, Elisabeth Mann Borgese, S. 97.

9 Kühn/Pils, Chronik, S. 257.

10 Giovanni Di Stefano: Giuseppe Antonio Borgese. Porträt eines unruhigen Weltbürgers, in: Pils/Kühn, Elisabeth Mann Borgese und das Drama der Meere, S. 46–63, hier S. 60.

11 Dalhousie University Archives Halifax, Nova Scotia, Canada, Elisabeth Mann Borgese Fond (EMB), MS-2-744, Box 172, Folder 5, The IOI Story by EMB, S. 5.

demische Titel besaß, erwarb sie sich während dieser Arbeit ihr soziales Kapital sowie ihre wissenschaftlichen Meriten und gewann viele berühmte Persönlichkeiten, darunter Mahatma Ghandi, Jean-Paul Sartre, Albert Einstein und Jawaharlal Nehru für die Sache der Weltverfassung . Sie überzeugte mit Beharrlichkeit, Sachkenntnis und Charme, und so kam es, dass man für die 1950 gegründete *International Organization of World Federalists* nicht Giuseppe Antonio Borgese als Präsidenten berief, sondern seine damals erst 32jährige Frau.[12] Spätestens zu diesem Zeitpunkt war sie ein eigenständiger Teil der internationalen Community geworden.

Nach dem Tod Giuseppe Borgeses lebte sie mit ihren Töchtern in Italien, ging eine Beziehung mit dem ebenfalls weitaus älteren Schriftsteller Corrado Tumiati ein, veröffentlichte literarische Schriften und übernahm Übersetzungsdienste und redaktionelle Tätigkeiten für verschiedene Zeitschriften,[13] bis sie 1964 vom mittlerweile emeritierten Robert Hutchins eingeladen wurde, als Senior Fellow am *Center for the Study of Democratic Institutions* in Santa Barbara/Kalifornien tätig zu werden. Hutchins war nach seiner Emeritierung 1952 Vorsitzender der *Ford Foundation* gewesen und hatte das Center mit Mitteln der Stiftung eingerichtet. Dabei handelte es sich um einen Thinktank, der Friedensforschung betrieb und politische Studien erstellte. Im Prinzip ging es dabei um eine Fortsetzung von Hutchins‘ Arbeit an der Weltverfassung, und so erinnerte er sich an Elisabeth Mann Borgese, deren interdisziplinäres Denken und Netzwerken er gut gebrauchen konnte.[14] Zwar war diese, ernüchtert durch die McCarthy-Ära und den Vietnamkrieg, wenig begeistert, in die Vereinigten Staaten zurückzukehren. Das Center wartete jedoch mit unterschiedlichsten Wissenschaftlerpersönlichkeiten (ca. 20 Naturwissenschaftler, Ökonomen, Politologen und Juristen) und einer angenehmen Arbeitsatmosphäre auf, weswegen sie das Angebot schließlich annahm. Nach dem Tod ihres Lebensgefährten 1967 überschrieb sie ihren Töchtern das Haus in Italien, zog nach Kalifornien und ließ sich ganz auf ein Leben als „Weltbürgerin“ ein.[15]

Das Center entwickelte sich zu einer von der *Ford Foundation* und der Regierung unabhängigen Institution und wurde zeitweilig von bis zu 100.000 Mitgliedern auf der ganzen Welt getragen. Sieben Fellows arbeiteten dort fest, und man traf sich täglich mit Gastwissenschaftlern. Regelmäßig gab das Center so-

---

12 Holzer, Elisabeth Mann Borgese, S. 122–124.

13 Siehe etwa Elisabeth Mann Borgese: To Whom it May Concern, London 1960; *dies.*: Ascent of Woman, New York 1963; vgl. Kühn/Pils, Chronik, S. 257.

14 Holzer, Elisabeth Mann Borgese, S. 173 f.

15 Ebd., S. 175 f.

genannte *Occasional Paper* heraus und produzierte auch Beiträge für das Radio. Robert Hutchins beschrieb die Ziele des Centers folgendermaßen:

> [...] the Center operates between the ivory tower and the political arena and believes that through the dialogue we can think, and think together, about how to transform knowledge into wisdom, how to work in common toward the solution of human problems.[16]

In Anlehnung an die Enzyklika *Pacem in Terris* von Papst Johannes XXIII. organisierte das Center 1965 in New York eine gleichnamige Konferenz, an der mehr als 2.000 Delegierte teilnahmen. Dort hielt der UN-Generalsekretär Sithu U Thant eine vielbeachtete Rede, in der er den „old-fashioned gap between words of peace and deed" beklagte und darin mit vielen Teilnehmern übereinstimmte, die den Nationalismus für den Grund allen Übels hielten und seine Überwindung forderten.[17] 1967 folgte die zweite *Pacem in Terris*-Konferenz in Genf.

Im selben Jahr erhielt Elisabeth den Brief eines Lesers. Im vom Center herausgegebenen Magazin hatte er über die Vorschläge für eine Weltregierung gelesen und schrieb, dass er ein solches Unterfangen für unrealistisch halte. Ein viel drängenderes Problem sei das Seerecht. Hier, so meinte er, bestehe konkreter Handlungsbedarf und es brauche eine dritte Seerechtskonferenz, eine neue Konvention – oder schlicht eine Verfassung für die Meere.[18]

Ebenfalls im selben Jahr hielt Arvid Pardo seine wegweisende Rede vor der UN-Generalversammlung und forderte, die Ressourcen des Meeresbodens zum „gemeinsamen Erbe der Menschheit" zu erklären. EMB, wie ihr Kürzel innerhalb des Centers lautete, merkte auf. Denn hier offenbarte sich ein Ansatz, wie das *Committee to Frame a World Constitution* ihn beinahe zwanzig Jahre zuvor im Rahmen des Entwurfs für eine Weltverfassung propagiert hatte, nämlich Ressourcen als Gemeineigentum der Menschheit zu betrachten. Auf dem Gebiet des Seerechts, so schien es, könnte die Idee zum ersten Mal Wirklichkeit werden. Hier gab es einen konkreten Ansatzpunkt, ihre Ideen einer neuen und friedlichen Weltordnung in die Tat umzusetzen – die Meere als Laboratorium! Nachdem sie den Vorsitzenden Robert Hutchins überredet hatte, dieses Unterfangen als neues Projekt des Centers anzunehmen, lud sie Pardo nach Santa Barbara ein, um die

---

16 Zitiert in EMB MS-2–744, Box 128 Folder 1, *Pacem in Maribus* I-Report: An International Convocation on Frontiers of the Seas to Explore the Peaceful Uses of the Oceans and the Ocean Floor, conducted on the Island of Malta, June 28–July 3 1970 by the Center for the Study of Democratic Institutions.

17 UNA S-0885–0002, Thant's call for end of world of antagonism, in: The Hindustan Times New Delhi, 22.02.1965.

18 EMB MS-2–744, Box 172, Folder 5, The IOI Story by EMB, S. 6.

Ideen mit ihm gemeinsam zu diskutieren. Auch konsultierte sie Meeresbiologen, Juristen und Ökonomen, organisierte Workshops und erstellte aus dem dort erarbeiteten Material einen eigenen Entwurf für eine Verfassung der Meere („Ocean Regime"), der im Herbst 1968 veröffentlicht wurde.[19] Auf Anregung Arvid Pardos, der selbst einen Entwurf für ein *Ocean Space Treaty* ausgearbeitet hatte, lud die maltesische Regierung das Center ein, eine internationale Konferenz in Malta abzuhalten, um das Thema in seiner ganzen Tiefe auszuloten. In Anlehnung an die *Pacem in Terris*-Konferenzen bekam diese *Convocation*, an der 1970 über 250 Diplomaten, Völkerrechtler, Meereswissenschaftler, Fischereiexperten und Vertreter der Öl- und Bergbauindustrie teilnahmen, den Namen *Pacem in Maribus*.[20]

Drei Jahre dauerten die Vorbereitungen. Finanziert wurden sie aus den Mitteln des Centers, was freilich nicht allen dort Beschäftigen gefiel. Der eine oder andere gewann den Eindruck, Elisabeth Mann Borgese kapere mit ihrem Projekt die ganze Forschungseinrichtung. Ein Mitarbeiter bezweifelte, dass das Thema von öffentlichem Interesse sei: „[...] one of our tasks is to transform a rhinoceros into household pets, but in the case of the governance of the deep seas this is going to take a very long while [...]", befürchtete er. Das Projekt grabe den anderen Programmen die Ressourcen ab. Seiner Ansicht nach habe EMB mit ihrer Studie zum Ocean Regime ihre Pflicht getan und er halte es für einen Fehler, das Projekt weiter zu verfolgen.[21]

Dass selbst einige ihrer Kollegen die Tragweite des Themas zunächst nicht erkannten, lässt erahnen, wieviel Überzeugungsarbeit Elisabeth Mann Borgese dann auch außerhalb des Centers zu leisten hatte, denn die Meere waren nun einmal ein in der Öffentlichkeit bis dato wenig beachtetes Thema. Anders auf dem internationalen Parkett, wo 1968 mit der Einrichtung des *Ad Hoc Seabed Committee* die Verhandlungen über ein neues Seerecht beschlossen und für die 1970er Jahre eine *International Decade of Ocean Exploration* ausgerufen worden war.[22] Auf dieser Ebene lag EMB also mit ihren Bemühungen im Trend und konnte dank

19 Holzer, Elisabeth Mann Borgese, S. 179–180.

20 EMB MS-2–744, Box 42, Folder 27, Reprint of „International Ocean Institute" by EMB, ursprünglich erschienen in OCEANS, January/February 1977.

21 EMB MS-2–744, Box 128, Folder 2, PF: Memo „Deep Sea Project" II, 19.02.1969.

22 UN Doc. A/Res/2467(D) (XXIII), 21.12.1968 (Examination of the question of the reservation exclusively for peaceful purposes of the sea-bed and the ocean floor, and the subsoil thereof, underlying the high seas beyond the limits of present national jurisdiction, and the use of their resources in the interests of mankind).

Pardos zahlreichen Kontakten in die „Ozean-Gemeinde" genügend Interessenten für die *Pacem in Maribus*-Konferenz gewinnen.[23]

Dies legte den Grundstein für weitere Aktivitäten und Netzwerke, in denen Elisabeth Mann Borgese fortan ihr eigenes Meeres- und Ressourcenkonzept vertrat.

7.1.2 Die Ozeane als Laboratorium

Die Entwicklung auf und in den Meeren boten für Elisabeth Mann Borgese eine willkommene Gelegenheit, die während ihrer Zeit in Chicago entwickelten Ansätze für eine Weltverfassung in die Tat umzusetzen. Dabei verzichtete sie darauf, die seinerzeit erarbeiteten Vorstellungen einfach auf die Meere anzuwenden. Vielmehr setzte sie sich intensiv mit den marinen und maritimen Zusammenhängen auseinander und schuf sich eine Wissensgrundlage, die es ihr ermöglichte, einen holistischen Zugang zu Fragen rund um die Ozeanen zu finden.

„Der weite Meeresraum ist ein dichtes Kommunikationsnetz, an dem das Schicksal allen Lebens hängt", schrieb sie in ihrem 1975 erschienenen Buch „Das Drama der Meere".[24] Darin entwirft sie die Geschichte und die Zukunft der Ozeane als Drama, das in einem Theater aus „geophyischen Kulissen", vor einem lebendigen Hintergrund und mit „Requisiten von Menschenhand" spielt. Die Figuren des Dramas sind Fischer, Seeleute, Ölunternehmer und „Energie-Ingenieure", sowie Bergleute, Architekten, Küstenplaner und „Krieger".[25] Dieses Setting spiegelt ihren systemischen Zugang zu den Meeren wider, der sowohl deren natürliche und ökologische Beschaffenheit als auch die vielfältigen Nutzungsformen integriert. So beschreibt sie zum Beispiel ausführlich den durch den technischen Fortschritt entstandenen Druck der Fischerei auf die lebenden Ressourcen der Meere, berücksichtigt aber zugleich die Auswirkungen der technischen Innovationen für das Leben von Subsistenzfischern, die in „Abhängigkeit von Importeuren und Mittelsmännern" gerieten.[26] Technischer Fortschritt, konstatiert sie, vergrößere den Abstand zwischen Arm und Reich, wenn er nicht mit entsprechenden Veränderungen in der Gesellschaftsordnung einhergehe. Auch die lebenden Ressourcen, dem „Gemeingut der Menschheit", könnten die „technische Umschaltung" vom Handwerk zur Industrie nur dann überleben, wenn Schutz-

23 Ebd., S. 181.

24 Elisabeth Mann Borgese: Das Drama der Meere, Frankfurt a. M. 1977, S. 19. Die englische Ausgabe mit dem Titel *The Drama of the Oceans* erschien bereits 1975.

25 Vgl. ebd.

26 Ebd., S. 86.

maßnahmen vor allem der Natur der Fische entsprächen, nicht der Politik des Menschen. Jedoch sei das ganze Ausbeutungssystem auf Irrationalität ausgerichtet, die steigende Zahl der immer besser ausgerüsteten Fischereifahrzeuge gleiche dem Rüstungswettrennen mit der Gefahr des „overkill". Genau wie im Falle dieses Rüstungswettrennens sei es leicht vorauszusagen, dass Pakte und Verträge, die das Rennen bremsen sollten, nicht viel ausrichten würden. Deswegen müssten im ganzen System der Nutzung der „lebenden Nahrungsquellen des Meeres" grundlegende Änderungen stattfinden. Die Chancen für Veränderung lagen jedoch für sie nicht bloß in der Eindämmung der Fischerei. Sie erwartete vielmehr eine „blaue Revolution" durch den Aufstieg der Aquakultur. Fischer würden keine „Jäger in der Wildnis" mehr sein, sondern Meereswissenschaften studiert haben und den Ozean unter ihrer Obhut zu einer „Kultur lebender Rohstoffe" machen, so ihre Vision.[27]

Diese hier beispielhaft zum Ausdruck kommende Technik- und Fortschrittsgläubigkeit lag allen ihren Überlegungen über die verschiedenen Meeresnutzungen zugrunde. Ausdrücklich berief sie sich auf die Systemtheorie und die „Computer-Techniken", von denen sie erwartete, dass sie den Ozean als „Polykultur" begreifbar machen und als Werkzeuge dienen würden, um die Meere in Harmonie statt in Konkurrenz zu bewirtschaften – sowohl auf lokaler, als auch auf regionaler und globaler Ebene.[28] Es ging ihr nicht darum, die Meere vor dem Zugriff des Menschen zu schützen, wie sie betonte:

> Yet, no one can seriously propose that industrializations of the oceans be haltet. A 'zero-growth economy' for the seas is the most atopian of all utopias – and, worse still, it is a rich man's dream that would become a nightmare for the majority of peoples whose survival requires full development of the world's resources. Luddism did not work on land. It will not work under water.[29]

Vielmehr sollte also das ganze Potential des Meeresraums mobilisiert werden, um Verschwendung auf ein Minimum zu beschränken und vor allem die wachsenden Bedürfnisse der Weltbevölkerung zu befriedigen. Um dies zu verwirklichen, brauche es aber neue Formen der Zusammenarbeit.[30] Diese müssten zudem berücksichtigen, dass die verschiedenen Meeresnutzungen in Wechselwirkung zueinander stünden: Aktivitäten auf dem Meeresboden wirkten sich auf die Was-

---

27 Ebd., S. 92.
28 Ebd., S. 96.
29 EMB, MS-2–744, Box 128 Folder 1, An International Convocation on Frontiers of the Seas to Explore Peaceful Uses of the Oceans and the Ocean Floor, conducted on the Island of Malta, June 28 – July 3 1970 by the Center for the Study of Democratic Institutions (Report *Pacem in Maribus* I).
30 Borgese, Das Drama der Meere, S. 230.

sersäule aus, und was in den Küstenzonen geschehe, könne nicht losgelöst von den anschließenden Zonen betrachtet werden. Die Meere somit als ein einziges ökologisches System zu betrachten, erfordere eine in Technik und Verwaltung angepasste globale und integrale Behandlung der Meereswelt.[31]

In dieser gewissermaßen ökotechnokratischen Lesart erscheinen die Meere als ein beherrschbarer Naturraum, der jedoch nur dann erhalten und von Nutzen sein kann, wenn die Verwaltung dieses Raums sich an systemisch-funktionalen Grundsätzen orientiert. Dieses Prinzip durchzieht sämtliche Schriften Mann Borgeses über die Ozeane und bildet die Grundlage für ihre zahlreichen Vorschläge und konkretisierenden Detailstudien, die sie ab den späten 1960er Jahren bis zu ihrem Lebensende verfasste.

Ein ihren Vorstellungen entsprechendes Ocean Regime musste auf die vielfältigen Veränderungen reagieren, die das bisherige Nutzungsprinzip der Freiheit der Meere herausforderten. Dabei hatte sie vor allem die „Entdeckung" der Dreidimensionalität des Meeresraums im Blick. Durch neue technische Möglichkeiten rückte der Meeresboden in den Fokus der Aufmerksamkeit, der nun irgendwie in das Völkerrecht zu integrieren war.[32] Hierfür identifizierte sie zwei Möglichkeiten.

Die eine war, das zu Lande geltende Recht auf die Territorien des Meeresbodens zu übertragen, wie es mit der Truman-Proklamation von 1945 geschehen war. Die Meeresgebiete würden somit zum Gegenstand territorialer Souveränitätsansprüche. Diese Möglichkeit würde die Industriestaaten bevorteilen, die die technischen Mittel besaßen, von den Ressourcen des Meeresbodens zu profitieren. Dies kam in Mann Borgeses Augen einem neokolonialen Imperialismus gleich. Auch die Variante der *national lake theory*, bei der die Meere in Gänze nationaler Herrschaft unterstünden, hielt sie für verfehlt. Zwar sei dies ein Ansatz für eine friedliche Lösung, der jedoch gleichzeitig eine unregulierte Nutzung forciere und damit dem Meeresraum als ökologischem Ganzen nicht gerecht werden könne: „The colonial occupation of the ocean floor would be the death of the oceans, bringing us closer, by one giant step, to the death of the planet as a whole".[33]

Die andere Möglichkeit erkannte sie im Vorschlag Pardos, der eine Ausweitung des Seerechts – und eben nicht des Völkerrechts zu Lande – auf den Tiefseeboden vorgeschlagen hatte. Mithilfe dieses Vorschlags und dem darin enthaltenen Konzept des „Gemeinsamen Erbes der Menschheit" ließ sich die

---

31 Ebd., S. 233.

32 EMB, MS-2–744, Box 139, Folder 16, Lecture on the Ocean Regime by Elisabeth Mann Borgese, 1969, S. 3.

33 Ebd., S. 5.

Meeresnutzung in Gänze neu regeln. Pardos Konzept sah sie dabei als Gegenentwurf zum traditionellen Eigentumsbegriff, der ihrer Meinung nach aufgrund der technologischen Veränderungen ohnehin in der Krise war. Reichtum werde nicht mehr länger durch Eigentum von Land, Wasser oder Ressourcen generiert, sondern vielmehr durch Technologie, Bildung, Organisation und Design, die dabei aber niemandem wirklich *gehörten*. Insofern habe Eigentum in einem „präkapitalistischen Sinne" etwas mit Nutzungsrechten und mit gemeinsamer Nutzung zu tun.[34]

Über dieses den historischen Commons ähnelnde Konzept ging das „Gemeinsame Menschheitserbe" für Elisabeth Mann Borgese jedoch noch hinaus. Es bedeute nicht lediglich gemeinsame Nutzungsrechte, sondern vor allem Treuhandschaft. Ein Meeresregime würde also die Aufgabe haben, die Meeresressourcen zu entwickeln und zu verwalten und sie zugleich zum Wohle der Menschheit als Ganzes zu verteilen.[35] Angesichts der Meeresrevolution (*marine revolution*) sah sie in diesem Ansatz die einzige Möglichkeit, das Potential der Ozeane zu erhalten. Denn die Anzeichen, dass die mit dem technischen und industriellen Fortschritt einhergehende Meeresrevolution destruktiv sein würde, mehrten sich. Sie musste in geregelte Bahnen gelenkt werden und dabei die Interdependenz aller maritimen Aktivitäten berücksichtigten – geographisch und territorial, vor allem aber funktional.[36]

Dies konnte jedoch in Mann Borgeses Augen nicht über die Vereinten Nationen geschehen. Ein System, dass alle mit den Meeren befassten Akteure und alle Ebenen integrieren sollte, könne nicht von einer Organisation kontrolliert werden, deren Struktur auf dem Prinzip „ein Staat–eine Stimme" und einem Vetorecht im Sicherheitsrat beruhe. Sollte es also eine internationale Behörde geben, wäre sie, ähnlich der internationalen Atomenergieagentur oder der Weltbank, außerhalb des Systems der Vereinten Nationen anzusiedeln. Dies solle die UNO dabei keineswegs schwächen, im Gegenteil: Die zu gründende Organisation solle die bestehenden Sonderorganisationen und Agenturen der Vereinten Nationen, die sich mit den Meeren befassten, einbeziehen und stärken, gleichzeitig aber Nichtregierungsorganisationen sowie Unternehmen, Gewerkschaften und nicht zuletzt auch staatliche Regierungen berücksichtigen. Um verwaltungstechnisch effizient zu sein, müsse das Regime die meeresbezogenen Aktivitäten all

34 EMB MS-2–744, Box 218, Folder 33, EMB to Center-Staff, 11.3.1968: Summary of discussions. Planning session on the Law of the Sea, February 24–26, 1968.

35 Ebd.

36 EMB MS-2–744, Box 128, Folder 1, An International Convocation on Frontiers of the Seas to Explore Peaceful Uses of the Oceans and the Ocean Floor, conducted on the Island of Malta, June 28–July 3 1970 by the Center for the Study of Democratic Institutions (Report Pacem in Maribus I).

dieser Institutionen synthetisieren. Dabei solle es als Treuhänder für die gesamte Menschheit fungieren und größtmögliche Partizipation ermöglichen. Es müsse sowohl sozialistische als auch marktwirtschaftliche Staaten aufnehmen (was ihrer Meinung nach nicht unmöglich war, wenn man die Möglichkeiten postindustrieller Entwicklungen in beiden Systemen bedächte), Industrie- und Entwicklungsländern gleichermaßen gerecht werden und dürfe auch die Binnenstaaten nicht außen vor lassen.[37]

Um innerhalb dieses Systems Entscheidungen treffen zu können, kam für Elisabeth Mann Borgese einzig die partizipative Demokratie infrage, da nur diese Demokratieform der Erkenntnis Rechnung trage, dass modernes Regieren nicht nur eine politische Dimension, sondern auch eine ökonomische, eine soziale und eine kulturelle Dimension habe. Die Menschheit lasse sich nicht auf „pieces of land“ oder „numbers of heads“ reduzieren, man müsse sie beispielsweise auch als Studenten, Mitglieder einer Glaubensgemeinschaft oder eines Unternehmens begreifen und ihnen entsprechende Beteiligungsmöglichkeiten bieten.[38] Dieses Prinzip übertrug sie auf ihr Ocean Regime, das aus einer *Maritime Commission* und einer *Maritime Assembly* bestehen sollte. Diese beiden Organe sollten eine *political chamber* bilden und auf regionaler Basis von der UN-Generalversammlung gewählt werden und durch drei weitere Kammern ergänzt werden: eine, die alle internationalen, intergouvernementalen und alle Nichtregierungsorganisationen in sich versammelte, die mit den mineralischen Ressourcen des Meeresbodens zu tun hatten und eine weitere, in der alle Organisationen und Akteure des Fischerei- und Aquakultursektors zusammenträten. Die vierte Kammer würde alle wissenschaftlichen Organisationen zusammenbringen. Die Charaktere des „Dramas der Meere“ wären folglich die internationale Gemeinschaft, Staaten, Experten, Techniker und Wissenschaftler. Entscheidungen sollten jeweils von der „political chamber“ und derjenigen Kammer, die für den jeweils betroffenen Sektor stand, getroffen werden. Komplettiert würde das System durch eine *Maritime Planning Agency*, bestehend aus Experten und Ökonomen, die die Koordination übernähmen, sowie durch einen *Maritime Court*, den nicht nur Staaten, sondern auch internationale Organisationen konsultieren könnten (im Gegensatz zum Internationalen Gerichtshof). Dass dies durchaus funktionieren könne, zeigten die Europäischen Gemeinschaften, die in ihren Augen einen gelungenen Präzedenzfall darstellten.[39]

---

37 EMB MS-2–744, Box 139, Folder 16, Lecture on the Ocean Regime by Elisabeth Mann Borgese, 1969, S. 9 f.

38 Ebd., S. 15.

39 Ebd., S. 17.

Ein solches Regime auf Basis des Menschheitserbe-Prinzips ermögliche, Elisabeth Mann Borgeses Ansicht nach, eine Planung „from the bottom to the top, from the periphery to the center" und verspreche Erfolge durch Kooperation, gleichermaßen für souveräne Staaten wie für unabhängige Unternehmen.[40]

Ihre bemerkenswerten Vorschläge enthielten ein neues Verständnis von Souveränität. Der partizipatorische Ansatz sowie die Interdependenzen der Meeresnutzungen gingen demnach über das klassische, territorial geprägte Souveränitätsprinzip hinaus und führten stattdessen eine funktionale Souveränität ein, die es ermöglichte, etablierte globale Machtstrukturen aufzubrechen und eine gerechte und nachhaltige Ressourcennutzung anzubahnen. Elisabeth Mann Borgese war durchaus bewusst, dass ihre Vorstellungen utopisch anmuteten. Jedoch vertrat sie selbstbewusst die zahlreichen Vorzüge ihres Vorschlags, die seine Umsetzung dennoch ermöglichen könnten. Erstens erfordere ihr Vorschlag keinerlei Änderungen der UN-Charta oder der bestehenden internationalen Organisationen. Das Ocean Regime würde die bestehenden Institutionen lediglich zusammenführen und ergänzen. Zweitens würde kein Staat etwas verlieren, was er aktuell bereits besaß. Selbst Abgaben an eine etwaige Meeresbodenbehörde ließen sich dadurch rechtfertigen, dass sie auf Produkte entfielen, die die Staaten bisher nicht produzierten und die sie ohne eine Investmentgarantie durch das Ocean Regime auch nicht produzieren würden. Nationale Souveränität würde nicht aufgegeben, sondern lediglich um eine geographische und eine funktionale Sphäre erweitert.[41]

Elisabeth Mann Borgese fand für jede Kritik ein Argument, warum ihr Ocean Regime einen Versuch wert sein könnte. Aber der für sie wichtigste Punkt bestand darin, dass es den Weg bahnen könnte für ein reformiertes UN-System und eine neue globale Ordnung auch zu Lande. Weil das Ocean Regime im territorialen Konzept wurzele, sein Ziel aber in einer nonterritorialen, funktionalen Gemeinschaft liege, habe es einen amphibischen Charakter, der letztlich dazu beitragen könne, dass der „European worldview and its embodiment in science, technology, industry, urbanization, and statehood", den die nichteuropäischen Kulturen aufzunehmen gezwungen seien, aufgebrochen werde: „An ocean-bound, landward-spreading worldview may be the worldview of the twenty-first century."[42]

---

40 EMB MS-2–744, Box 74, Folder 12, EMB: Introduction to the Series of Publications (*Pacem in Maribus* I).

41 EMB MS-2–744, Box 139, Folder 16, Lecture on the Ocean Regime by Elisabeth Mann Borgese, 1969, S. 18 f.

42 EMB MS-2–744, Box 230, Folder 22, EMB: The Seas: Common Heritage of Mankind. Report on Pacem in Maribus II, Center Magazine, March/April 1972.

Die Meere dienten ihr demnach tatsächlich als Laboratorium für eine neue Weltordnung.[43] Das Ocean Regime sollte den Beginn eines Pfades markieren, der, einmal eingeschlagen, darauf hinausliefe, das Prinzip der funktionalen Souveränität und des Gemeinsamen Erbes auf die landbasierten Ordnungssysteme auszudehnen und somit zu einer friedensfördernden Machtdiffusion und einer gerechteren Ressourcenverteilung führen würde. „The great maritime no-man's land offers a chance for a new beginning“[44] – diesen Grundgedanken differenzierte sie während der Jahre der Seerechtskonferenz weiter aus und wurde nicht müde, ihn bei jeder sich bietenden Gelegenheit zu bewerben. Wenngleich ihre Vorstellungen utopisch und das Ocean Regime heute seltsam ahistorisch anmuten, steckte dahinter doch eine pragmatische Zugangsweise. Zwar war es ihr übergeordnetes Ziel, die Gedanken der Chicagoer Weltverfassung langfristig in die Tat umzusetzen, jedoch ließ sie dabei die marinen und maritimen Realitäten nicht außer Acht. Es war nicht ihre Absicht, die Meere zu de-industrialisieren. Im Gegenteil, wie ihre Vorstellungen hinsichtlich der Aquakultur und des Meeresbergbaus belegen, sollten die natürlichen Ressourcen durch integriertes Management im Sinne einer „technokratischen Hochmoderne“ in vollem Maße ausgeschöpft werden, sodass die gesamte Menschheit davon profitierten könnte. Doch auf welche Weise und mit welchen Mitteln trieb sie ihr Ressourcenkonzept konkret voran?

7.2 „To think three years ahead of official thinking“ – die Meeresrevolution gestalten

Elisabeth Mann Borgeses Aktivitäten auf der Seerechtskonferenz waren vielfältig.[45] So verstetigte sie nicht nur die *Pacem in Maribus*-Konferenzen, sondern gründete auch das *International Ocean Institute* (IOI), das auf der Seerechtskonferenz als NGO Beobachterstatus bekam. Da ihr der Konsultativstatus jedoch nicht gestattete, auch an informellen Verhandlungen teilzunehmen, suchte sie nach einer Delegation, die sie aufnehmen wollte und wurde fündig: Ab 1975 war sie

---

43 So formulierte sie es später selbst immer wieder: „The oceans are our great laboratory“, vgl. EMB MS-2–744, Box 179, Folder 32, EMB: Expanding the Common Heritage, 1978.

44 EMB, MS-2–744, Box 128, Folder 1, An International Convocation on Frontiers of the Seas to Explore Peaceful Uses of the Oceans and the Ocean Floor, conducted on the Island of Malta, June 28-July 3 1970 by the Center for the Study of Democratic Institutions (PIM I-Report).

45 Zitat im Titel des Kapitels: EMB MS-2–744, Box 63, Folder 11, EMB an Hamilton Shirley Amerasinghe, 24.04.1973.

Mitglied der österreichischen Delegation und konnte sich so aktiv am Konferenzgeschehen beteiligen.[46]

Doch wie nutzte sie die ihr zur Verfügung stehenden Mittel, um ihre Ressourcenkonzept auf der Seerechtskonferenz bekanntzumachen und Unterstützer zu finden? Welche Ziele verfolgte sie im Einzelnen und wie versuchte sie, ihre Ideen einer gelungenen Ressourcenverwaltung in das Konferenzgeschehen einzubringen und damit die Verhandlungen zu beeinflussen? Die Beantwortung dieser Fragen erfolgt in drei Schritten. Der erste Teil des Kapitels befasst sich vor allem mit den *Pacem in Maribus*-Konferenzen und dem *International Ocean Institute*. Welche Zielsetzungen waren mit den beiden Einrichtungen verbunden? Wie nutzte sie die verschiedenen Foren, wer beteiligte sich an ihren Unternehmungen und welche Bedeutung erlangten ihre Bemühungen? Der zweite Teil richtet den Fokus auf Mann Borgeses Beziehungen zu den Entwicklungsländern und deren Stellung innerhalb des Ocean Regimes. Denn dieses sollte ja, nicht mehr und nicht weniger, maßgeblich dazu beitragen, eine gerechtere Weltordnung anzubahnen und damit auch die Nord-Süd-Beziehungen zu harmonisieren. Wie stellte Mann Borgese sich das vor und wie band sie die Entwicklungsländer selbst in ihre Aktivitäten ein? Der letzte Teil des Kapitels schließlich widmet sich der Zeit nach der Seerechtskonferenz. Denn mit der Verabschiedung der Konvention 1982 waren Mann Borgeses Aktivitäten nicht etwa beendet. Sie fingen im Gegenteil bisweilen erst jetzt richtig an, denn die Seerechtskonvention musste von mindestens 60 Ländern ratifiziert werden, wofür sich Mann Borgese intensiv engagierte. In den zwölf Jahren bis zum Inkrafttreten der Konvention fanden zudem zahlreiche Konsultationen statt, die darauf abzielten, das Übereinkommen vor allem für die noch fehlenden Industriestaaten attraktiver zu machen. Hier engagierte sich Elisabeth Mann Borgese ausgiebig und versuchte, das Inkrafttreten der Konvention zu unterstützen und so die Idee des Gemeinsamen Erbes zu verwirklichen.

7.2.1 Netzwerk und Thinktank – das *International Ocean Institute* und *Pacem in Maribus*

Im Februar 1968 hielt das Center for the Study of Democratic Institutions eine erste umfassende Planungssitzung über das „Tiefseeprojekt" ab. Daran nahmen nicht nur die Fellows des Centers, sondern auch ausgewählte UN-Botschafter teil,

46 Wolf Gaudlitz/Elisabeth Mann Borgese/Kornelia Boje/Rainer Buck: Elisabeth Mann Borgese – die jüngste Tochter von Thomas Mann. Ein Hörporträt, Freiburg i. Br. 2010, CD 3, Track 4.

von denen einige dem *Ad Hoc Committee to Study the Peaceful Uses of the Seabed* angehörten, das von der UN-Generalversammlung im Jahr zuvor eingesetzt worden war. Zudem waren Wissenschaftler aus „West und Ost"[47] eingeladen worden. Ziel der dreitägigen Konferenz war es, ein „working model" zu erarbeiten, das als „Strohmann" die Arbeit des Ad Hoc-Ausschusses erleichtern und die Grundlage für weitere Planungen und Forschungen bilden sollte.[48] Ein solches Arbeitsmodell dürfe nicht von Regierungsvertretern entworfen werden, denn dann handele es sich eben doch um einen Vertrag. EMB sah das Center als prädestiniert für diese Aufgabe an. Hier konnten die Experten gewissermaßen als Privatpersonen auftreten und ihre jeweiligen Bereiche frei von Zwängen repräsentieren.[49] Die Gruppe diskutierte während der drei Tage die Implikationen des Menschheitserbe-Konzepts und die Frage, wie ein künftiges Ocean Regime aussehen könne. Überdies erarbeitete sie Grundlagen für eine Deklaration, die die 23. Generalversammlung annehmen sollte. Die Deklaration sollte helfen, die Arbeit an einem neuen Meeresregime voranzutreiben, indem die darin enthaltenen Prinzipien die Basis für eine weitere Ausgestaltung boten.[50]

Wenngleich die 1970 dann tatsächlich von der Generalversammlung verabschiedete *Declaration of Principles* den Vorschlägen des Centers nur bedingt entsprach, war beiden gemein, dass der Meeresboden für friedliche Zwecke genutzt und als „Gemeinsames Erbe der Menschheit" behandelt werden sollte. Dieses erste Planungstreffen 1968 war also nicht in erster Linie von Bedeutung, weil es die Arbeiten im *Seabed Committee* tatsächlich beeinflusst hätte. Vielmehr ist diese Vorbereitungskonferenz als Startpunkt eines Institutionalisierungs- und Vernetzungsprozesses zu verstehen, den Elisabeth Mann Borgese in den kommenden Jahren weiter vorantrieb und stetig auszubauen suchte.

Obwohl innerhalb des Centers Unstimmigkeiten darüber bestanden, wie die weitere Arbeit an diesem Thema aussehen sollte, war die Einladung Maltas, eine Konferenz zu Meeresfragen und insbesondere zum Meeresboden abzuhalten, sehr prestigeträchtig für das Center und bot für Mann Borgese die einmalige Chance, ihr Ocean Regime mit wichtigen Persönlichkeiten zu diskutieren. Ein Vorbereitungskomitee übernahm die Planung von *Pacem in Maribus* (PIM). Der Teilnehmerkreis der Malta-Konferenz sollte die „Akteure" des Ocean Regime repräsentieren. Man lud sowohl Regierungsvertreter als auch UN-Botschafter ein, die

47 EMB, MS-2–744, Box 218, Folder 33, EMB an Center-Staff, 11.03.1968: Summary of discussions. Planning session on the Law of the Sea, February 24–26, 1968, S. 1

48 Ebd., S. 11.

49 Ebd., S. 12.

50 EMB MS-2–744, Box 126, Folder 13, First Draft. Resolution XXX of the General Assembly, 03.04.1968.

jedoch nicht in ihrer offiziellen Funktion, sondern als Privatpersonen auftreten sollten. Eine zweite Teilnehmergruppe kam direkt aus der Praxis des künftigen Meeresbergbaus: Ingenieure, technische Experten und multinationale Unternehmen. Außerdem waren Fischereiexperten und Meereswissenschaftler eingeladen. Auch Vertreter von UN-Organisationen befanden sich im gewünschten Teilnehmerkreis, und den Generalsekretär hatte man als Ehrenpräsidenten vorgesehen.[51] Die Konferenz sollte demnach die theoretischen Überlegungen zum Ocean Regime schon in ihrem Teilnehmerkreis abbilden.

Beinahe drei Jahre dauerten die Vorbereitungen, in denen auf fünf Vorbereitungsworkshops *background papers* im Umfang von über 3.000 Seiten sowie eine 800 Titel führende Bibliographie erarbeitet wurden, die auf Malta als Diskussionsgrundlage dienten. Behandelte Themen waren unter anderem „The Participation and Needs of Developing Nations in the Exploitation of Ocean Resources", „International Management of Fisheries Resources" und „The Role of Enterprises in an Ocean Regime".[52] Die Auswahl illustriert den Versuch, alle mit dem Meer zusammenhängenden Probleme zu diskutieren und in einen gemeinsamen Rahmen zu überführen. Über 250 Personen nahmen an *Pacem in Maribus* I teil, und im Lenkungsausschuss der Konferenz waren unter anderem der Ozeanograph Jacques Piccard, der Entwicklungsökonom Raúl Prebisch und Arvid Pardo tätig. Die Liste der Teilnehmer reichte von Hamilton S. Amerasinghe über David Brower (Friends of the Earth/vorher Sierra Club), Jens Evensen und Paul Bamela Engo, die alle vier wichtige Rollen auf der Seerechtskonferenz spielen sollten, bis zu Vertretern der iranischen Ölindustrie.[53]

Den Gästen wurde ein umfangreiches Programm geboten. Neben der Arbeit in Kleingruppen und Plenumsdiskussionen bestand das Rahmenprogramm aus einem Empfang beim maltesischen Außenminister, einem Open-Air-Konzert in Valetta, Sightseeing-Exkursionen und einem Abschlussbankett im Hotel Hilton.[54] Gesponsert wurde die Konferenz unter anderem vom italienischen Autokonzern FIAT, von zahlreichen New Yorker Bankiers und von verschiedenen Stiftungen.[55] Dem war eine umfangreiche Fundraising-Aktion vorausgegangen, bei der die Mitglieder des Centers ihre Bekannten nach Unterstützung fragten, von denen sie

---

51 EMB MS-2–744, Box 116, Folder 19, First Draft: The Maltese Convocation on Maritime Questions Including the Sea-Bed and the Ocean Floor, June 1970.

52 EMB MS-2–744, Box 113, Folder 13, Proceedings Pacem in Maribus (1970).

53 EMB MS-2–744, Box 128, Folder 1, An International Convocation on Frontiers of the Seas to Explore Peaceful Uses of the Oceans and the Ocean Floor, conducted on the Island of Malta, June 28–July 3 1970 by the Center for the Study of Democratic Institutions (PIM I-Report).

54 EMB MS-2–744, Box 142, Folder 13, Programm PIM I.

55 EMB MS-2–744, Box 128, Folder 1, PIM I-Report.

wussten, dass sie entweder selbst vermögend waren oder „reiche Freunde“ hatten. Auch hatte man sämtliche Direktoren von am Meeresbergbau interessierten Firmen angefragt.[56] Ein umfangreiches Public Relations-Programm begleitete die Konferenz, in dem alle medialen Kanäle bespielt wurden.[57] Kurzum, die Konferenz sollte in aller Munde sein, und der große Erfolg gab Elisabeth Mann Borgese Recht in ihrem innerhalb des Centers an den Tag gelegten Durchsetzungswillen. Die Teilnehmer waren sich einig, dass eine solche interdisziplinäre, internationale und unabhängige Arbeit fortgesetzt werden müsse, und so wurde ein ständiges Komitee eingerichtet, dass die Fortsetzung der Arbeit koordinieren sollte.[58] Dieses setzte sich zunächst aus Teilnehmern von *Pacem in Maribus* und einigen Fellows des Centers zusammen. Diese Besetzung erschien jedoch zu einseitig und man „internationalisierte“[59] sie, indem man gezielt Personen aus Entwicklungsländern und aus der Industrie anfragte.[60]

Bereits kurz nach *Pacem in Maribus* I begann das Komitee mit der Planung von PIM II (zum Thema „A Constitution for the Oceans“; vgl. zur Gesamtübersicht der *Pacem in Maribus*-Konferenzen Anhang III). Auch hierfür entstanden wieder fünf vorbereitende Studien. Man beschloss, dass *Pacem in Maribus* II sich möglichst selbst tragen sollte, indem die Teilnehmer ihre Reise selber zahlten. Für Teilnehmer aus Entwicklungsländern und Studenten sollte ein Finanzierungsfonds eingerichtet werden. Die University of Malta hatte angeboten, die *Pacem in Maribus*-Dokumentationen zu veröffentlichen. 3.000 Exemplare sollten gedruckt werden, von denen man 1.000 an Regierungen und die Mitglieder des *Seabed Committee* verteilen wollte.[61] Dieser Professionalisierungsschub und die Ausweitung der Aktivitäten überstiegen die Möglichkeiten des *Center for the Study of Democratic Institutions*, und so beschloss die Planungsgruppe, ein eigenes Institut zu gründen, das als private Nonprofit-Organisation interdisziplinäre Analysen zu globalen und regionalen Meeresproblemen erstellen, Schulungen anbieten sowie künftig die Vorbereitung und Koordinierung der PIM-Konferenzen übernehmen sollte – das *International Ocean Institute* (IOI) war geboren.[62]

---

56 EMB MS-2–744, Box 123, Folder 13, Crane Haussamen an Harry S. Ashmore, 08.04.1970; Potential Sponsors.

57 EMB MS-2–744, Box 123, Folder 13, Crane Haussamen an Harry S. Ashmore, 08.04.1970.

58 EMB MS-2–744, Box 42, Folder 27, Reprint of „International Ocean Institute“ by EMB, ursprünglich erschienen in OCEANS January/ February 1977.

59 EMB MS-2–744, Box 128, Folder 2, Report Pacem in Maribus Continuing Group for policy research, first meeting, Malta, 25.-27.09.1970.

60 Ebd.

61 Ebd.

62 EMB MS-2–744, Box 38, Folder 40, Report International Ocean Institute, in: OCEANS Vol.5/6 (1972).

Man blieb Malta treu und siedelte das Institut bei der Universität an, die die Räumlichkeiten und zusätzlich eine Mitarbeiterin stellte. Finanzielle Unterstützung gewährte überdies das *United Nations Development Program* (UNDP). Zunächst unsicher, ob man sich in Malta nicht zu sehr von der internationalen Community isoliere und stattdessen Genf als Sitz hätte wählen sollen,[63] entschied man sich letztlich doch für die Mittelmeerinsel. Dies hatte verschiedene Gründe: Zum einen hatte man bereits vor der Gründung des IOI in Kooperation mit dem Aquarium in Neapel und der *Mediterranean Association on Marine Biology and Oceanology* mit einer regionalen Studie über die Verschmutzung des Mittelmeers begonnen. Die Mittelmeerstudien fortzusetzen schien Mann Borgese deswegen besonders wichtig, weil sie es als eine Art Modellversuch begriff.[64] Das Mittelmeer als *multiple-use system* zu untersuchen, versprach praktische Erkenntnisse, die für ein späteres globales Ocean Regime von Nutzen sein könnten.[65]

Überdies kam Malta in ihren Augen eine symbolische Rolle zu. Zum einen befand sich diese kleine Mittelmeerinsel zwischen Ost und West, zwischen Nord und Süd sowie an der Schwelle vom Entwicklungs- zum Industrieland. Die Malteser seien „fully aware of the importance of hydrospace“[66], ganz zu schweigen von Maltas tragender Rolle in der Seerechtsentwicklung, die sie maßgeblich an Pardos Initiative in der Generalversammlung 1967 festmachte.[67] Pathetisch verkündete Elisabeth Mann Borgese in ihrer Abschlussrede auf *Pacem in Maribus* II: „I would dream of Malta as the headquarters of the international ocean regime. I would dream of the maritime world community moving through and moving into Malta.“[68]

Diese starke symbolische Aufladung Maltas verdeutlicht einmal mehr, wie EMB die praktische Dimension ihrer Arbeit mit utopischen Zielen verband. Sie beschrieb dies als „realism that creates future“.[69] Veränderung und Fortschritt hin zum Besseren waren in ihren Augen nur möglich, wenn man ein utopisches Ziel

---

63 EMB MS-2–744, Box 26, Folder 9, Excerpts from a letter of Sidney Holt, 10.08.1970.

64 EMB MS-2–744, Box 158, Folder 6, EMB: Mediterranean Model (revised, August 1971), Proceedings *Pacem in Maribus* II.

65 EMB MS-2–744, Box 42, Folder 27, Reprint of „International Ocean Institute“ by EMB, ursprünglich erschienen in OCEANS January/February 1977.

66 EMB MS-2–744, Box 110, Folder 12, Memo EMB, 07.08.1969.

67 „The ocean regime is a very very big thing. We can predict its arrival. There will be an ocean regime. There can be no doubt about that. Malta is somewhat smaller than the ocean regime. We would not venture to predict its future. But what we can and must say is that the debt that the world owes Malta for having initiated action for the ocean regime is indelible.“, EMB MS-2–744, Box 130, Folder 1, Closing adress PIM II by EMB, 05.07.1971.

68 EMB MS-2–744, Box 130, Folder 1, Closing adress by EMB, 05.07.1971.

69 Ebd.

vor Augen hatte. Dieser „visionäre Pragmatismus", mit dem sie ihre Unternehmungen anging, war ihre Antriebsfeder und ist wohl auch einer der Gründe für die hohe Wertschätzung, die ihr von reformerischen Akteuren aus der Meeres-Community bis heute entgegengebracht wird.

Jedoch wirkten in Malta auch noch ganz andere Visionen. Während PIM II fanden dort 1971 Wahlen statt, und es kam zu einem Regierungswechsel. Die neue Regierung unter Dom Mintoff änderte den Kurs, löste sich vom Commonwealth und dem NATO-Truppenstationierungsabkommen und orientierte sich an den Bündnisfreien. Zwar arbeitete auch die neue Regierung mit *Pacem in Maribus* zusammen, jedoch bevorzugte sie in Seerechtsfragen einen weniger radikalen Weg. Arvid Pardo wurde als UN-Botschafter abgezogen. Er vermochte nunmehr nur noch als Privatperson aufzutreten und konnte nicht mehr als Vertreter Maltas an den Verhandlungen im *Seabed Committee* und später auf der Seerechtskonferenz teilnehmen. Zwar versuchte Elisabeth Mann Borgese, ihn weiterhin einzubinden, indem er als Angehöriger des *International Ocean Institute* die Konferenz besuchte. Jedoch konnte er seine tragende Rolle, die er als Quasi-Initiator der Seerechtsreform innehatte, nicht weiterführen.[70]

1972 nahm das *International Ocean Institute* seine Arbeit auf. Die PIM-Planungsgruppe bildete nun den Lenkungsausschuss des Instituts, ergänzt durch einen Stiftungsrat (*Board of Trustees*), dessen Vorsitz der Präsident der Seerechtskonferenz Amerasinghe innehatte. Außerdem waren der Vizekanzler der Universität Malta, Aurelio Peccei (Club of Rome), Harvard-Professor Roger Revelle und Maurice Strong (vormals Präsident der Umweltkonferenz in Stockholm) Mitglieder. Ergänzt wurde diese illustre Runde durch Sidney Holt, der zuvor als Fischereiexperte bei der UNESCO beschäftigt gewesen war. Er wurde auch der erste Direktor des *International Ocean Institute.* Anton Vratusa (Vizepräsidenz des jugoslawischen Ministerrats) und Botschafter Zegers Santa Cruz (chilenische Delegation in Genf) sowie Zakaria Ben Mustafa (Fischereiabteilung des tunesischen Agrarministeriums) saßen ebenfalls im Stiftungsrat und sorgten dafür, dass die „westliche" Dominanz aufgebrochen wurde.[71] Zwar änderte sich die personelle Zusammensetzung im Laufe der Jahre, jedoch achtete man bei der Besetzung des Stiftungsrats stets auf Ausgewogenheit. Wenngleich die entsprechenden Ratsmitglieder ihr Amt jeweils als Privatperson ausübten, brachten sie über ihre

70 EMB MS-2–744, Box 158, Folder 6, EMB: Report and Comments on „A Constitution for the Oceans", Proceedings *Pacem in Maribus* II.

71 EMB MS-2–744, Box 38, Folder 40, Membership International Ocean Institute, Board of Trustees.

offiziellen Positionen viel Prestige mit, das letztlich auch dem Institut und damit der Durchsetzung seiner Ziele zugutekam.

Zu Beginn lag der Schwerpunkt der Arbeit des *International Ocean Institute* auf dem Mittelmeer. Dies war allein schon deswegen geboten, um die Unterstützung der Universität Malta und der maltesischen Regierung zu erhalten. Mann Borgese selbst sah in dem Themenschwerpunkt dabei mehr ein Programm als ein Projekt. Es brachte Geld ein, das für andere Projekte eingesetzt werden konnte.[72] Und so kamen schon bald weitere Regionalstudien hinzu, wie zum Beispiel in der Karibik, wo das Institut gemeinsam mit der FAO und der *University of Rhode Island* und unter der Leitung des jamaikanischen UN-Botschafters Richardson eine Studie zum ökonomischen Potential der Ozeane erstellte. Ein weiteres Projekt widmete sich den lebenden Ressourcen und der Überfischung, und es sollten über die Jahre zahlreiche weitere hinzukommen, die dabei immer in irgendeiner Weise an das Fernziel Ocean Regime rückgebunden waren.[73]

Freilich musste dies alles auch finanziert werden. Diese Aufgabe gestaltete sich nicht immer einfach, und die Geldgeber wechselten häufig. Zu Beginn unterstützte das UN-Entwicklungsprogramm das Dokumentationszentrum des International Ocean Institute, während private Stiftungen einzelne Projekte förderten (beispielsweise erhielt das Institut 1972 knapp 40.000 Dollar für das Mittelmeerprojekt, unter anderem von der *Ford Foundation*, von FIAT und dem Fond Giovanni Agnelli). Die UNESCO bezuschusste die regelmäßig stattfindenden Summer Schools. Für *Pacem in Maribus* fanden sich darüber hinaus auch Förderer aus der Industrie, wie zum Beispiel die deutsche PREUSSAG.[74] Je nach Projekt stellten verschiedene Regierungen Geld zur Verfügung. Um auch private Spenden einwerben zu können, wurden in Kalifornien die *Friends of the International Ocean Institute* gegründet.[75] Gleichwohl verschlangen die Konferenzvorbereitungen, die Übersetzungen, die Materialzusammenstellungen und die Forschung hohe Summen, weswegen Mann Borgese und die anderen Mitarbeiter des IOI viel Zeit und Energie in das Fundraising steckten. Wenn das Geld nicht reichte, fragte Elisabeth Mann Borgese ihre Familienmitglieder und belastete ihr eigenes Konto (so finden sich beispielsweise in der Finanzkalkulation für das Jahr 1972 20.000

---

72 EMB MS-2–744, Box 48, Folder 7, EMB an Frank LaQue (ehemaliger Vizepräsident International Nickel Company Inc.), 14.02.1974.

73 EMB MS-2–744, Box 38, Folder 40, *Pacem in Maribus* – International Ocean Institute, ursprünglich erschienen in OCEANS Vol. 5/6 (1972).

74 EMB MS-2–744, Box 138, Folder 11, Statement of Accounts *Pacem in Maribus* 1970–1971.

75 Ebd.

Dollar von Katja Mann sowie 6.000 Dollar von Mann Borgese selbst).[76] Auch war sich das IOI nicht zu schade, „*begging letters*" an Bootsbesitzer zu verteilen, die in Malta anlegten.[77]

Kurzum, das *International Ocean Institute* war für Elisabeth Mann Borgese eine Herzensangelegenheit, zugleich aber auch ein probates Mittel, um die Arbeit am Ocean Regime voranzutreiben. 1973 ging das bereits erwähnte karibische Projekt in die zweite Phase. Mit Finanzierung des *International Development Research Center* in Ottawa erkundeten Forscher der *Woods Hole Oceanographic Institution* die mineralischen Ressourcen der Karibik. Daneben plante man noch eine ganze Serie von Projekten, zum Beispiel in der Arktis, im Indischen Ozean sowie im Pazifik. Dies alles sah Mann Borgese als einen Beitrag, um die ökologisch-ökonomischen Infrastrukturen zu untersuchen, auf denen ein globales Meeresrechtsregime basieren würde. Indem die komplexen globalen Probleme auf besser handhabbare regionale Komponenten heruntergebrochen wurden, verdeutlichte jedes dieser Projekte die Interdependenz zwischen globalen und regionalen Problemen.[78] Ziel des Ganzen war es, den Regierungen, die Ende des Jahres 1973 zur Seerechtskonferenz zusammenkommen würden, gedanklich drei Jahre voraus zu sein:

> We hope that we may serve as a useful laboratory for Governments and other national and international entities in hammering out the contours of a new form of international institution apt to enact the new law of the sea.[79]

Das IOI verstand sich demnach als Thinktank, das mit seinen Studien und dem Forum der *Pacem in Maribus*-Konferenzen Hintergrundwissen für die Delegierten auf der Konferenz bieten und zugleich das Bewusstsein für ein integrierendes Meeresmanagement schärfen wollte. Dabei agierte Mann Borgese auf einer offiziellen und einer informellen Ebene. Während die Workshops auf den PIM-Konferenzen nahezu unter Ausschluss der Öffentlichkeit stattfanden, um zu gewährleisten, dass auch Diplomaten in ihrer Rolle als Privatpersonen sprechen konnten, ging es andererseits darum, allen Projekten und Konferenzen nach außen hin möglichst viel Sichtbarkeit zu verschaffen und das *International Ocean*

---

76 EMB MS_2–744, Box 88, Folder 21, International Ocean Institute, Grants for the Year ended 30th September 1973.

77 EMB MS-2–744, Box 24, Folder 7, Sidney Holt an EMB, 04.05.1973.

78 EMB MS-2–744, Box 63, Folder 11, EMB an Amerasinghe, 27.04.1973.

79 Ebd.

Institute in gewisser Weise unentbehrlich zu machen. Je erfolgreicher dies nämlich gelang, desto mehr Förderer ließen sich gewinnen.

Zugleich diente das IOI Mann Borgese als Eintrittskarte zur Seerechtskonferenz, die im Dezember 1973 offiziell begann und im Sommer 1974 in Caracas mit den inhaltlichen Verhandlungen startete. Das Institut bekam, wie andere Nichtregierungsorganisationen auch, einen Beobachterstatus, und seine Vertreter durften an den offiziellen Sitzungen teilnehmen.[80] Beim Wirtschafts- und Sozialrat (ECOSOC) registrierte Nichtregierungsorganisationen waren ab 1950 in drei Kategorien eingeteilt: Zur Kategorie A gehörten all jene, die grundlegendes Interesse an den Arbeitsgebieten des ECOSOC hatten, Kategorie B umfasste diejenigen Organisationen mit speziellen Kompetenzen für bestimmte Betätigungsfelder und in der *roster* waren Organisationen gelistet, die besonders spezialisiert waren und deswegen auf ad hoc-Basis konsultiert wurden.[81] Dass auch Organisationen, die nicht beim ECOSOC akkreditiert waren, an den Sitzungen teilnahmen, war bereits zwei Jahre zuvor auf der Umweltkonferenz von Stockholm eingeführt worden.[82] Ausschlaggebend war der thematische Bezug und die Internationalität der Organisation. Vor das Plenum zu treten und ein Statement abzugeben, gestattete das Protokoll gelisteten NGOs allerdings nur, wenn sie vom Generalsekretär oder dem ECOSOC dazu aufgefordert wurden.[83]

Generell hatten Nichtregierungsorganisationen mit ECOSOC-Konsultativstatus auf internationalen Konferenzen Zugang zu allen Dokumenten und waren dadurch gut über die politischen Prozesse informiert, konnten jedoch nicht an informellen Konsultationen teilnehmen. Dementsprechend kam dem Lobbyieren in den Pausen oder auf sogenannten *side-events* eine besondere Rolle zu. Die Chancen für Einflussnahmen waren auf technischen Konferenzen, wie die Seerechtskonferenz eine war, höher, da es hier im Gegensatz zu den öffentlichkeitswirksamen „Erdgipfeln“ nicht in erster Linie darum ging, einem Thema besondere Beachtung zu verschaffen, sondern vielmehr um konkrete Regelungen für ein bestimmtes Sachgebiet.[84]

Oftmals waren auf diesen technischen Konferenzen verhältnismäßig wenige NGOs vor Ort. So auch auf der Seerechtskonferenz. Waren bei der Umweltkonfe-

---

80 Peter Willetts: Consultative Status for NGOs at the United Nations, in: Ders. (Hrsg.): The Conscience of the World. The Influence of Non-Governmental Organisations in the UN System, Washington/DC 1996, S. 31–62.

81 Ebd., S. 32f.

82 Felix William Stoecker: NGOs und die UNO. Die Einbindung von Nichtregierungsorganisationen (NGOs) in die Strukturen der Vereinten Nationen, Frankfurt a.M. 2000, S. 67.

83 Willets, The Conscience of the World, S. 40.

84 Ebd., S. 43–50.

renz in Stockholm 1972 noch 300 Nichtregierungsorganisationen vertreten,[85] nahmen an der dritten Seerechtskonferenz lediglich 46 NGOs aktiv teil. Dies waren so unterschiedliche Organisationen wie *Friends of the Earth*, *Foundation for the Peoples of the South Pacific*, *International Hotel Association*, *International Council of Women*, *Pax Christi* oder der *United Seamen's Service* sowie Organisationen, die sich nicht mit konkreten Themengebieten der Konferenz, sondern mit internationaler Organisation, Völkerrecht und Reformierung der globalen Ordnung befassten (eine vollständige Liste befindet sich in Anhang IV).[86]

Viele der teilnehmenden NGOs traten zumindest in Caracas unvorbereitet auf und beließen es dabei, einige Pamphlete und Flyer zu hinterlassen, so zumindest Mann Borgeses Eindruck.[87] Anders das IOI: Auf Einladung des Vorsitzenden des ersten Hauptausschusses, Paul Bamela Engo, der auch einer der Teilnehmer bei *Pacem in Maribus* gewesen war, trat Elisabeth Mann Borgese als Vertreterin des IOI vor dem ersten Ausschuss zum Thema Meeresbodenregime auf. Tatsächlich war das IOI eine der aktivsten NGOs auf der Konferenz, was jedoch auch daran gelegen haben mag, dass diese Organisation sich explizit mit Meeresthemen befasste und nachgerade in Vorbereitung auf die Seerechtskonferenz gegründet worden war. Das *International Ocean Institute* war neben der *International Chamber of Shipping* die einzige NGO, die ein mündliches Statement abgab (daneben gab es drei weitere Statements von Nichtregierungsorganisationen, die aber allgemeiner Natur waren und stellvertretend für die Zivilgesellschaft getätigt wurden).[88] Überdies schöpfte nur das IOI das volle Repertoire von Aktivitäten aus, die Nichtregierungsorganisationen auf UN-Konferenzen erlaubt waren. Hierzu zählten neben der bloßen Beobachtung auch formelle Eingaben, formelle mündliche Statements, informelle Schriften, informelle Konsultationen und öffentliche Demonstrationen.[89]

In ihrem Statement vor dem ersten Ausschuss plädierte Elisabeth Mann Borgese dafür, das Konzept der *Sea-bed Authority* auszuweiten auf eine *Ocean Space Authority*. Sie griff damit Pardos Idee auf, war dabei aber radikaler als der

---

85 Auf der Rio-Konferenz über Umwelt und Entwicklung 1992 waren es dann über 1.400 beziehungsweise 18.000 Organisationen, die am parallel stattfindenden NGO-Forum teilnahmen. Volker Heins: Der neue Transnationalismus. Nichtregierungsorganisationen und Firmen im Konflikt um die Rohstoffe der Biotechnologie, Frankfurt a. M.,New York 2001, S. 79.

86 Edward J. Lacey: The Role of Non-Governmental Organizations in the Third United Nations Conference on the Law of the Sea, Dissertation Rutgers University, New Jersey 1982, S. 102f.

87 EMB MS-2–744, Box 142, Folder 6, Transcript of morning session, 13th September, PIM V (1974).

88 Lacey, Role of Non-Governmental Organizations, S. 189.

89 Ebd., S. 182f.

maltesische Diplomat und nutzte die Gunst der Stunde, um das Konzept ihre Ocean Regimes zu bewerben.[90] Sie betonte, dass das momentan im ersten Ausschuss diskutierte Meeresbodenregime die Prinzipien aus der Meeresbodendeklaration von 1970 nicht erfüllen könne, da es in seiner jetzigen Form lediglich den Industriestaaten zum Vorteil gereiche und das rechtliche Vakuum nicht fülle. Hier spielte ihr gewissermaßen in die Hände, dass sich bereits in Caracas das Wirtschaftszonenkonzept abzeichnete, welches sie als „big innovation“[91] bezeichnete, da es auch das Meeresbodenregime transformiere. Als die Meeresbodendeklaration verabschiedet wurde, sei man noch davon ausgegangen, dass das „Gemeinsame Erbe“ drei Viertel des Meeresraums ausmachen würde. Sollte es nun bis zu 200 Seemeilen breite Wirtschaftszonen geben, würde sich das „Gemeinsame Erbe der Menschheit“ auf einige Tiefseegräben und lediglich die Manganknollen beschränken. Die Ölvorkommen auf dem Festlandsockel zum Beispiel gehörten dann nicht mehr dazu. Folglich würden auch die Erträge der Behörde aus dem Manganknollenabbau gering bleiben, was wiederum den Zielen widerspreche, die mit dem Menschheitserbe-Konzept formuliert worden waren, nämlich die Ressourcen zum Wohle der gesamten Menschheit einzusetzen. Sollte die Behörde also rentabel und funktionsfähig sein, „then we must pass from the concept of a single-purpose seabed regime to that of a multi-purpose ocean-space regime and machinery. Only in such a comprehensive regime, where all nations can participate in activities, can there be give and take, and a harmonization of interests.“[92] Als Reaktion auf die Idee der Wirtschaftszonen müsse das Konzept des Meeresbodenregimes also ausgeweitet werden. Denn eine „multi-functional zone“ ermögliche eine Harmonisierung der unterschiedlichen Meeresnutzungen.[93]

Die Elemente des Ocean Regime scheinen in ihrem Statement deutlich auf, und einige Wochen später bekräftigte sie ihre Ausführungen auf der Konferenz in einem zweiten Statement, in dem sie erneut darauf verwies, dass durch die „Verkleinerung“ des Gemeinsamen Erbes der Menschheit zweifelhaft sei, dass ein *Enterprise* mit Meeresbergbauunternehmen konkurrieren könne, die in Zonen unter nationaler Jurisdiktion operierten. Dass hier nur eine Behörde für den ge-

---

90 UN Doc. A/CONF.62/C.1/SR.12, Summary records of meetings of the First Committee, 12th meeting, 07.08.1974, S. 12.
91 EMB MS-2-744, Box 119, Folder 14, Statement by Elisabeth Mann Borgese, International Ocean Institute, before the Third U.N. Conference on the Law of the Sea, First Committee, Caracas, July 12, 1974.
92 Ebd.
93 Ebd.

samten Meeresraum würde Abhilfe schaffen können, lag für sie auf der Hand, und sie legte ausführlich dar, wie man sich ein solches vorzustellen hatte.[94]

Wenngleich ein solches Konferenzstatement sicherlich für gewisse Aufmerksamkeit sorgte, ist fraglich, wieviel Einfluss dies dem *International Ocean Institute* und Elisabeth Mann Borgese tatsächlich zu schaffen vermochte. Vorsichtshalber hatten die Mitglieder des Instituts, die „in full force" angereist waren und sich ein ganzes Haus gemietet hatten, Mann Borgeses Statement auch unter den Delegierten verteilt. Dem sowjetischen Vertreter im ersten Hauptausschuss schmeckte dies überhaupt nicht, und nach ihrem zweiten Statement beschwerte er sich prompt, dass ihre Ausführungen nichts mit dem zu verhandelnden Thema zu tun hätten und dass es gegen die Verfahrensregeln verstoße, eine Nichtregierungsorganisation vor dem Plenum sprechen zu lassen. Er verlangte, die entsprechenden Passagen aus dem Protokoll zu streichen. NGO-Vertreter sollten seiner Meinung nach zukünftig dem Vorsitz ihr Statement im Vorfeld zur Kontrolle einreichen.[95] Der Vorsitzende Engo stellte daraufhin klar, dass die Konferenzregeln Einladungen erlaubten und dass er davon Gebrauch gemacht habe. Gleichwohl stimmte er zu, die nicht unmittelbar mit dem Verhandlungsgegenstand zusammenhängenden Passagen zu streichen.[96]

In dieser kleinen Episode zeigt sich deutlich, dass nicht alle Delegierten dem IOI aufgeschlossen gegenüberstanden. Gleichzeitig profitierte das Institut aber von dem Erfolg der *Pacem in Maribus*-Konferenzen und den persönlichen Kontakten EMBs, wie die Unterstützung durch Engo belegt. Die Vertreter aus Entwicklungsländern standen den Ideen Mann Borgeses prinzipiell aufgeschlossener gegenüber (vgl. Kap. 7.2.2) als Delegierte der Industriestaaten, die im Ocean Regime entweder einen Souveränitätsverlust oder eine sozialistische Weltrevolution witterten.

Noch kurz vor der Session in Caracas hatte Elisabeth Mann Borgese mit ihren Gleichgesinnten beraten, wie man strategisch am besten vorgehen könnte und dabei Ziele für die Konferenz definiert. Sie schlug vor, mit einem „bang" zu starten und die Aufmerksamkeit der Delegierten auf das zu lenken, was wirklich im Fokus stehe. Oberstes Ziel war, ihrer Meinung nach, die Ausweitung der Meeresbodenbehörde auf die anderen Meereszonen, was sie ja auch während ihres Statements deutlich in den Mittelpunkt rücken sollte. Pardos Rede 1967 sei missinterpretiert

---

94 EMB MS-2–744, Box 119, Folder 14, Statement (second part) by Elisabeth Mann Borgese, International Ocean Institute, before the Third U.N. Conference on the Law of the Sea, First Committee, Caracas, August 6, 1974.

95 UN Doc. A/CONF.62/C.1/SR.12, Summary records of meetings of the First Committee, 12th meeting, 07.08.1974, S. 63.

96 Ebd., S. 16 f.

worden und man habe sich mittlerweile viel zu sehr auf das *Seabed Regime* versteift, was es aufzubrechen gelte.[97] Das Center plante überdies ein paralleles Meeting für Caracas, zu dem ausdrücklich Botschafter der Entwicklungsländer eingeladen werden sollten. Sinn und Zweck eines solchen „briefing seminars" war es, den Entwicklungsländer-Vertretern eine Art „Schutzimpfung" zu geben. Damit verfolgte EMB zwei Ziele: Erstens fehlte den Entwicklungsländern im Hinblick auf die technologiebasierten Meeresnutzungen das entsprechende Expertenwissen, was in ihren Augen eine ungerechte Benachteiligung darstellte. Zweitens hoffte sie, dass die Entwicklungsländer die Ocean Regime-Idee aufgreifen und in ihre eigenen Statements integrieren würden. Dadurch würde man nahezu alle 3.000 Personen auf der Konferenz erreichen.[98] Die dem Vorbereitungstreffen beiwohnende Friedensnobelpreisträgerin Alva Myrdal aus Schweden fand für diese Strategie die Bezeichnung „benevolent conspiracy"[99], was man wohl mit „wohlwollende Verschwörung" übersetzen darf.

Nachdem die *Pacem in Maribus*-Konferenzen in den Jahren vor der Konferenz eher forschungsorientiert strukturiert gewesen waren, lässt sich deren Wandel und auch der des IOI nach Beginn der Konferenz mit dem Begriff der „wohlwollenden Verschwörung" recht gut umreißen. Von nun an ging es darum, die konkrete Ausgestaltung des Regimes konkret zu beeinflussen und die Weichen so zu stellen, dass die Verhandlungen ein möglichst funktionales und allen Beteiligten gerecht werdendes Regime hervorbrachten. Die PIM-Konferenzen dienten dabei als Forum für eine informelle und parallele Diplomatie und zwar insofern, als viele der Diplomaten und Delegierten der Seerechtskonferenz hier zusammentrafen, um sich abseits des Verhandlungsdrucks auszutauschen und die einzelnen Themen in Ruhe und in einem breiteren Kontext zu diskutieren.[100] So waren auf *Pacem in Maribus* VI („The sea we would like to see") in Okinawa alle Vorsitzenden der Hauptausschüsse als Teilnehmer angereist, um über den Fortschritt der Verhandlungen zu berichten und diese zur Diskussion zu stellen. Der Bulgare Alexander Yankov, Vorsitzender des dritten Hauptausschusses und zur gleichen Zeit Mitglied des Planungskomitees des IOI, lobte die Veranstaltung:

> It seems to me that this conversation, the symposium Pacem in Maribus VI is indeed one of the important conversational events of the United Nations Conference on the Law of the Sea.

---

97 EMB MS-2-744, Box 114, Folder 15, Transcript: A preview on the UN law of the sea conference, Caracas 1974.

98 Ebd., S. 32–41.

99 Ebd., S. 63.

100 Vgl. zur *informal* bzw. *parallel diplomacy* auch Dino Knudsen: The Trilateral Commission and Global Governance. Informal Elite Diplomacy, 1972–82, Florence 2016, S. 10f.

> Though we have had limited time, the deliberation on the problems considered by the Law of the Sea Conference was very adequate. The Pacem in Maribus Conversation has played an important role as a generator and catalyst of ideas and proposals which are steeped in imagination and which give ground to further thought and consideration.[101]

Es ist nur in Einzelfällen nachweisbar, inwiefern es die auf *Pacem in Maribus* geäußerten Ideen und Vorschläge tatsächlich auf die Konferenz schafften. Die auf PIM II vorgestellte *Ocean Development Tax* zum Beispiel wurde zwar von dem Kanadier J. Alan Beesley im Meeresbodenausschuss vorgeschlagen, fand aber wenig Unterstützung und verschwand in der Versenkung, bis Nepal 1978 mit seinem „Common Heritage Fund" eine ähnliche Richtung einschlug (vgl. Kap. 5.2.3).[102] Da half es auch nicht, dass Elisabeth Mann Borgese 1978 gemeinsam mit Arvid Pardo, dem niederländischen Wirtschaftsnobelpreisträger Jan Tinbergen und anderen ein Komitee zur Unterstützung des Menschheitserbe-Konzepts und des nepalesischen Vorschlags zum „Common Heritage Fund" gründete.[103] Anders verhielt es sich mit Vorschlägen, die EMB für die österreichische Delegation erarbeitete und die diese dann offiziell einbrachte (s. Kapitel 7.2.2). Die Tatsache, dass die Hauptakteure der Konferenz und andere ihrer Teilnehmer auf *Pacem in Maribus* zusammentrafen, dürfte jedoch ein Beleg dafür sein, dass die Parallelkonferenzen ein hohes Ansehen genossen und als Austauschforen ohne diplomatische Zwänge die Verhandlungen auf der Seerechtskonferenz unterstützten.

Zusätzlichen Einfluss erhoffte man sich seitens des IOI durch die Veröffentlichung der *Pacem in Maribus*-Berichte. So verteilte man etwa eine im Vorfeld zur Session in Caracas auf PIM IV erstellte Deklaration an die Teilnehmer der Seerechtskonferenz, publizierte sie in Zeitschriften und ließ sie in den US-Kongress-Report inkludieren. Damit konnte die PIM-Deklaration also zumindest unter den

---

101 EMB MS-2–744, Box 166, Folder 10, Statement Ambassador Yankov, Closing Session PIM VI.

102 Bei der *Ocean Development Tax* handelte es sich um eine Steuer, die, abhängig von Bevölkerung und Bruttosozialprodukt auf alle Erträge aus der Meereswirtschaft entfallen sollte und an die für maritime Angelegenheiten zuständigen Institutionen zu zahlen gewesen wäre, die im Gegenzug „maritime Dienstleistungen" angeboten hätten. EMB MS-2–744, Box 230, Folder 22, EMB: The Seas: Common Heritage of Mankind. Report on *Pacem in Maribus* II, Center Magazine, March/April 1972; Elisabeth Mann Borgese: Die Zukunft der Weltmeere. Ein Bericht an den Club of Rome, Wien 1985, S. 82–85.

103 Die Idee ging auf den sogenannten „Barba Negra appeal" zurück, in Zuge dessen ein internationales Intellektuellentrüppchen mit einem ehemaligen Walfangsegelschiff symbolisch vom UN-Hauptsitz in New York in den Atlantik hinausgesegelt war. EMB MS-2–744, Box 164, Folder 26, Flyer „Common Heritage International".

mit den Meeren befassten Politikern und Experten weltweit eine gewisse Reichweite erlangen. Die Ergebnisse von *Pacem in Maribus* IV (*Regional Cooperation in the Caribbean*) wurden zudem an verschiedene andere Nichtregierungsorganisationen verschickt, um diese bei einem NGO-Treffen im Rahmen des *United Nations Environment Programme* (UNEP) in Nairobi im Vorfeld zur Caracas-Session in einer Ozean-Gruppe zu diskutieren. Je mehr andere Organisationen die Idee des Ocean Regime adaptierten, desto besser.[104]

Die *Association of World Colleges and Universities* beauftragte daraufhin das IOI, einen Entwurf zu verfassen, der die bisherigen Vorschläge aus dem zivilgesellschaftlichen Sektor harmonisierte. Das Herzstück dieses Entwurfs war das auf PIM IV erarbeitete Papier, was man schon am Titel des Entwurfs ablesen konnte: „Ocean Space for Mankind".[105] Damit erschien das Ocean Regime als von einem breiten Bündnis getragener Vorschlag. Ähnlich ging Mann Borgese auch mit den *Pacem in Maribus*-Reports vor. Nach der Caracas-Sitzung fand PIM V statt, wo man der Seerechtskonferenz für die kommende Sitzung empfahl, vier Fragekomplexe besonders in den Blick zu nehmen: Erstens eine präzisere Definition für die Grenzen nationaler Souveränität zu finden, zweitens die Beziehungen zwischen nationalem und internationalem Meeresraum für ein effektives Management zu reflektieren, und, drittens, die dreigeteilte Konferenzstruktur aufzubrechen, die die inhaltlichen Überschneidungen der Thematik nicht hinreichend berücksichtigte und dadurch die Wahrnehmung und Behandlung des Ozeans als Ganzes verhinderte.[106] Darüber hinaus betonten die Empfehlungen, viertens, die Bedeutung der lebenden Ressourcen, deren umfassende Verwaltung besonders angesichts der sich abzeichnenden Wirtschaftszonen unabdinglich sei, wenn man das volle Ernährungspotential ausschöpfen und auch bisher ungenutzte Ressourcen wie Krill oder Tintenfisch einer gerechten Nutzung zuführen wolle. Abschließend verwies das Schreiben darauf, dass *Pacem in Maribus* erneut hervorgehoben habe, dass das Ocean Regime die Ozeane als ein Ganzes und als Subsystem des globalen Systems umfassen müsse.[107]

Der Vorschlag klang, als sei er einhellig gemacht worden, aber nicht alle *Pacem in Maribus*-Teilnehmer unterstützten die Idee des Ocean Regime ohne

---

104 EMB MS-2–744, Box 48, Folder 7, Sidney Holt an Remigio Valido (Oceanic Society), 06.02.1974.

105 EMB MS-2–744, Box 48, Folder 7, Sidney Holt: IOI-Report (o.D.).

106 Man war sich bewusst, dass die Konferenzstruktur nicht ohne Weiteres geändert werden konnte, weswegen sie als Alternative vorschlugen, einen integralen Gesamtvorschlag in allen Komitees gleichermaßen zu behanden. EMB MS-2–744, Box 130, Folder 4, Recommendations by *Pacem in Maribus* V to the UN Conference on the Law of the Sea.

107 Ebd.

Vorbehalt. Bei der Präsentation des Textentwurfs auf PIM V übte vor allem der indonesische Botschafter Hajim Djalal Kritik an Mann Borgeses Vorgehen, ihre eigenen Rückschlüsse und Empfehlungen als einhellige Meinung der PIM-Teilnehmer zu verkaufen. Er hatte nicht den Eindruck, dass über die auf der Konferenz diskutierten Themen Einigkeit bestanden habe und fand, der Report und die Empfehlungen müssten die verschiedenen Trends und Meinungen wiedergeben. Auch der Kanadier J. King Gordon wandte ein, dass der Abschnitt über die prozeduralen Probleme der Konferenz so nie auf PIM besprochen worden sei. Elisabeth Mann Borgese nahm zu dieser Kritik ausweichend Stellung: Man verabschiede auf *Pacem in Maribus* keine Dokumente, vielmehr sollten die Konferenzen alle Standpunkte präsentieren und die Diskussion stimulieren. Es gehe ihnen nicht darum, jemanden zu repräsentieren: „We simply get out a document at the end saying that such and such has been discussed, and there seem to be some broad consensus, but it doesn't bind anybody to the opinions expressed."[108] Dies entsprach zwar den Tatsachen, unterschlug aber, dass die Papiere jeweils mit „Recommendations by Pacem in Maribus to the UN Conference on the Law of the Sea" überschrieben waren, was durchaus den Eindruck vermitteln konnte, dass es sich hier um eine vom Plenum verabschiedete Erklärung handelte.

Diese Episode ist deswegen relevant, weil sie aufzeigt, wie geschickt EMB alle sich bietenden Möglichkeiten nutzte, um ihre Vorstellungen zu verbreiten und ihnen, notfalls eben auch durch die Ausnutzung von Grauzonen, eine breite Rezeption zu verschaffen. Denn eine „Botschaft" der *Pacem in Maribus*-Konferenz, die mittlerweile allen Delegierten der Seerechtskonferenz – vielen aus eigener Erfahrung – als Institution bekannt war, hatte mehr Gewicht als ein Statement des IOI vor dem ersten Ausschuss der Seerechtskonferenz. Die Empfehlungen gerieten gleichsam zu einem performativen Akt, mit dem man die eigene „Meereskompetenz" demonstrierte.

Stets hatte Elisabeth Mann Borgese ihr Ziel vor Augen und klare Vorstellungen davon, welche Strategien und Maßnahmen sich rentierten und welche nicht. So lehnte sie es ab, dem zivilgesellschaftlichen Bündnis *The United States Committee for the Oceans* beizutreten, das sie 1972 als Mitglied für den Beirat gewinnen wollte.[109] Sie zog es vor, auf der internationalen Ebene statt nur auf einer nationalen zu arbeiten.[110]

Mitglieder anderer zivilgesellschaftlicher Organisationen, wie zum Beispiel der sogenannten *Neptune Group*, die sich aus US-amerikanischen Bürgern um das

108 EMB MS-2–744, Box 142, Folder 6, Transcript of morning session, 13th September (PIM V).
109 EMB MS-2–744, Box 155, Folder 14, Samuel Levering an EMB, 18.05.1972.
110 EMB MS-2–744, Box 155, Folder 14, EMB an Samuel Levering, 22.05.1972.

Quäker-Paar Miriam und Samuel Levering zusammensetzte,[111] warfen ihr vor, zu akademisch und zu idealistisch zu sein und kritisierten ihr Auftreten auf der Konferenz. Sie habe viele Delegierte verstimmt, da sie unverblümt als Mitglied einer NGO vor das Plenum getreten sei um die Staatsvertreter mit ihren „Vorstellungen aus dem Elfenbeinturm" zu belehren. Damit habe sie sich unpopulär gemacht, und einige Delegierte hätten sie gar als unrealistisch und „a bit crazy"[112] wahrgenommen, weswegen die *Neptune Group* versucht habe, sich „meilenweit" von ihr zu distanzieren.[113]

Und tatsächlich scheint es, als seien EMBs Bemühungen, im Rahmen des *International Ocean Institute* auf der Konferenz Einfluss zu auszuüben, auf wenig Resonanz gestoßen. Sie selbst führte dies jedoch auch darauf zurück, dass den Nichtregierungsorganisationen im Laufe der Konferenz immer weniger Teilhabemöglichkeiten offenstanden, verlegten sich doch die Detailverhandlungen vermehrt in kleinere und informelle Verhandlungsgruppen.[114]

Mann Borgese begab sich wie erwähnt auch deshalb auf die Suche nach einer nationalen Delegation, die bereit war, sie aufzunehmen und wurde bei den Österreichern fündig. Österreich verfolgte als Binnenland auf der Konferenz keine vitalen Interessen, hatte aber immerhin den Vorsitz der Gruppe der Binnen- und geographisch benachteiligten Staaten inne. Meist reisten die Österreicher nur mit drei Personen an und waren deswegen dankbar, dass EMB ihren Sachverstand gerade bei ihnen einbrachte.[115] Zwar blieb das IOI auf der Konferenz weiterhin aktiv, jedoch lag der Fokus ab 1975 auf Aktivitäten außerhalb der Konferenz, die darauf abzielten, vor allem unter den Entwicklungsländern die „wohlwollende Verschwörung" voranzutreiben sowie die *Pacem in Maribus*-Konferenzen zu internationalisieren. Bisher hatten die Konferenzen jährlich auf Malta stattgefunden. Ab 1975 waren die Veranstaltungsorte dann global: Die Konferenzen fanden nacheinander in Okinawa, Mexico, Yaounde, Wien, Colombo, Norrtalje, Moskau,

---

111 Die Bezeichnung *Neptune Group* ging auf den Titel einer von sechs NGOs gemeinsam veröffentlichte Konferenzzeitschrift zurück, darunter die *Friends of the Earth*, die *Commission of the Churches on International Affairs* sowie die *Women's International League for Peace and Freedom*, siehe Lacey, The role of non-governmental organizations, S. 193.

112 Ralph B.Levering/Miriam Lindsey Levering: Citizen Action for Global Change. The Neptune Group and Law of the Sea, Syracuse/N.Y. 1999, S. 61.

113 Ebd., S. 31.

114 Gaudlitz/Borgese/Boje/Buck, Elisabeth Mann Borgese – die jüngste Tochter von Thomas Mann CD 3, Track 4.

115 EMB MS-2–744, Box 335, Folder 25, Botschafter Helmut Türk an EMB, 11.02.1986: „Ohne jede Übertreibung darf ich sagen, daß Du dich in all diesen Jahren wirklich zu einer ganz wesentlichen Stütze unserer Delegation entwickelt hast, sodaß es in Zukunft für uns erheblich schwieriger sein wird, auf dem Gebiet des Seerechts mit anderen Staaten mitzuhalten".

Abb. 3: Während der Pacem in Maribus-Konferenzen herrschte meist eine ungezwungene Atmosphäre, wie hier mit U-Boot bei PIM II [Courtesy of the Elisabeth Mann Borgese Fonds (MS-2-744), Dalhousie University Archives, Halifax, Nova Scotia].

Halifax und Rotterdam statt, um nur einige zu nennen. Gleichzeitig schrumpfte jedoch die Teilnehmerzahl. Waren 1970 weit über 200 Personen zu PIM I angereist, waren es auf PIM VI 1976 in Okinawa nur noch knapp die Hälfte, die meisten davon, entsprechend dem Veranstaltungsort, Japaner.[116]

Jedoch waren es weiterhin einflussreiche Persönlichkeiten, die die PIM-Konferenzen besuchten, und ihre Funktion als Netzwerkforum bestand fort. 1976 nahm der Sonderbeauftragte des UN-Generalsekretärs für die Seerechtskonferenz teil, was nahelegt, dass das Geschehen auf PIM trotz der geringeren Teilnehmerzahl weiterhin seinen Teil zum Komplex der Seerechtsverhandlungen beitrug.[117] Auch waren Politiker und Experten aus dem Bereich Entwicklungspolitik vor Ort, sowie Mitglieder einschlägiger Meeres- und Friedensforschungs-

116 EMB MS-2–744, Box 133, Folder 5, List of Participants PIM VI.

117 Vgl. EMB MS-2–744, Box 128, Folder 6, List of Participants PIM VII.

institute, für die PIM zu einer Art Ritual geworden war, bei dem nicht nur der Austausch, sondern auch die Geselligkeit eine Rolle spielte.

Neben den Begegnungen auf der Seerechtskonferenz und bei den *Pacem in Maribus*-Konferenzen pflegte EMB zu vielen Delegierten auch regen persönlichen Kontakt. Nachdem der norwegische Delegationsleiter Evensen aus dem Planungsgremium des IOI zurückgetreten war, weil es ihm inkompatibel mit seinem Posten als Minister in der norwegischen Regierung schien, tauschten die beiden sich dennoch regelmäßig über den Fortgang der Seerechtskonferenz aus.[118] Über diese persönlichen Kontakte blieb EMB auf dem Laufenden und nutzte sie sowohl, um finanzielle oder ideelle Unterstützung für Projekte, Seminare und Konferenzen einzuwerben als auch um ihr „maritimes Netzwerk" auszuweiten, das zunehmend auch Diplomaten und Experten aus Entwicklungsländern umfasste. Diese mit der „Meereskompetenz" des IOI und der *Pacem in Maribus*-Gemeinde zu unterstützen, entpuppte sich als ein weiteres ihrer Ziele, das dabei eng mit der Idee des Ocean Regimes verbunden war.

7.2.2 Am Gemeinsamen Erbe teilhaben: Mobilisierung und Empowerment der Entwicklungsländer

Die in der UN-Generalversammlung auf Betreiben der Entwicklungsländer verabschiedeten Resolutionen über eine neue Weltwirtschaftsordnung und die wirtschaftlichen Rechte und Pflichten der Staaten (vgl. Kap. 2.2) fügten sich trefflich in Elisabeth Mann Borgeses Agenda ein, über eine neue Meeresordnung auch zu einer gerechteren globalen Ordnung insgesamt zu gelangen. Die Bezüge zwischen einem neuen Seerecht und der Neuen Weltwirtschaftsordnung brachte sie explizit erstmalig 1975 auf einem vom *International Ocean Institute* (IOI) initiierten Seminar für Delegierte der Seerechtskonferenz in Genf in die Debatte ein.[119] Darüber hinaus verfasste sie gemeinsam mit Arvid Pardo das Meereskapitel für den unter Leitung von Nobelpreisträger Jan Tinbergen erstellten Bericht an den Club of Rome „Reshaping the International Order" (RIO-Report).[120] Ziel ihres Kapitels war es, aufzuzeigen, wie sich ein künftiges Seerecht und die Neue

---

118 Vgl. etwa MS-2-744, Box 55, Folder 43.

119 Elisabeth Mann Borgese: The International Ocean Institute Story, in: Elisabeth Mann Borgese/Norton Ginsburg/Joseph R. Morgan (Hrsg.): Ocean Yearbook 10, Chicago, London 1993, S. 1–12, hier S. 7.

120 Jan Tinbergen: Wir haben nur eine Zukunft. Der RIO-Bericht an den Club of Rome; Reform der internationalen Ordnung, Wiesbaden 1977.

Weltwirtschaftsordnung gegenseitig befruchten könnten. Einige der Aspekte seien hier genannt:

- Die künftige Konvention sollte sich auf die Idee der *gleichberechtigten Souveränität* stützen – ein Verweis auf die Diagnose der Entwicklungsländer, dass nominelle Souveränität nicht unbedingt tatsächliche Souveränität beziehungsweise wirtschaftliche Unabhängigkeit bedeute.
- Das Prinzip des „Gemeinsamen Erbes der Menschheit" sei geeignet, die mit der Entwicklungshilfe verfestigte Abhängigkeitsbeziehung zwischen Industrie- und Entwicklungsländern aufzubrechen, indem es eine gleichberechtigte Ressourcennutzung einführe, dabei aber nicht nur wirtschaftliche Entwicklung, sondern auch Umweltschutz und die Stärkung ethischer Prinzipien und des Friedens beinhalte.
- Das Konzept der Wirtschaftszonen fördere Ressourcensouveränität, wie sie durch die UN-Resolutionen zur Neuen Weltwirtschaftsordnung postuliert worden sei.
- Eine künftige Konvention könne die Zusammenarbeit auf dem Gebiet der Technologien und der Meeresforschung fördern.[121]

Mann Borgese und Pardo waren mit die ersten, die die Bezüge zwischen der Seerechtskonferenz und der Neuen Weltwirtschaftsordnung so deutlich herausstellten. In einer eigenen, auf dem RIO-Kapitel basierenden Publikation, die von der niederländischen Regierung finanziell gefördert wurde, führten sie ihre Überlegungen weiter aus.[122] Sie analysierten darin den ersten informellen Verhandlungstext im Hinblick auf die Bezüge zur Neuen Weltwirtschaftsordnung und untersuchten die bestehenden internationalen Organisationen, die sich mit Meeresfragen befassten. Eines ihrer Hauptargumente war, dass durch die Ausweitung nationaler Hoheitsrechte im Zuge der Einführung von Wirtschaftszonen das Menschheitserbe dezimiert und damit eine künftige Meeresbodenbehörde obsolet werde.[123] Angelehnt an Mann Borgeses und auch Pardos frühere Überlegungen zum Ocean Regime schlugen sie deswegen vor, die politischen Regionen sowie die über die Kontinente definierten Regionen durch einen *„sea-centered regionalism"* zu ergänzen, der sich an der Fischerei, der Umweltpolitik und der wissenschaftlichen Forschung orientieren müsse, um ein einheitliches

121 Elisabeth Mann Borgese/Arvid Pardo: Verwaltung der Meere, in: Tinbergen, RIO-Bericht, S. 333–345. Nochmals zusammengefasst in Borgese, Mit den Meeren leben, S. 27 f.

122 Elisabeth Mann Borgese/Arvid Pardo: The New International Economic Order and the Law of the Sea, Malta 1975.

123 Ebd., S. 98.

und funktional organisiertes Verwaltungssystem für die Ozeane zu schaffen.[124] Dazu gehörte auch, die bisher mit den Meeren befassten Institutionen zu stärken und aus ihren bisherigen Kontexten herauszulösen. So sollte beispielsweise die *International Oceanographic Commission* (IOC) aus der UNESCO ausgegliedert werden, um sie so einerseits für die Entwicklungsländer besser zugänglich zu machen und andererseits ihre Funktionsfähigkeit zu erhöhen. Ähnliches sollte auch für das *Committee on Fisheries* bei der FAO gelten. Es ging um eine Neuordnung der maritimen Institutionenlandschaft, die deren Koordinierungsfähigkeit erhöhen und ein stringentes und integratives Regime etablieren sollte.[125]

Dass Mann Borgese und Pardo diese Ideen in Zusammenhang mit einer neuen Weltwirtschaftsordnung noch einmal derart stark machten, hatte zwei Gründe. Erstens schien ihnen nur ein komplett reformiertes System geeignet, um eine künftige tatsächliche Partizipation der Entwicklungsländer zu erreichen. Die bestehenden Organisationen in ihrer bisherigen Form nahmen sie als von den etablierten Machtstrukturen geprägt wahr, die es ja gerade aufzubrechen galt. Zweitens ging es ihnen um eine Sensibilisierung und Aktivierung der Entwicklungsländer, von denen sie glaubten, dass sie den Zusammenhang zwischen Seerechtskonferenz und Neuer Weltwirtschaftsordnung bisher nicht hinreichend erkannt hätten.[126] Elisabeth Mann Borgese machte dies etwa daran fest, dass die G77 es nicht schafften, auf der Konferenz die Differenzen zwischen den Küsten- und den Binnenstaaten unter ihnen auszuräumen. Diese Differenzen konterkarierten EMBs Meinung nach die geschlossene Haltung der G77 im Hinblick auf das Menschheitserbe-Konzept, mit dem die Entwicklungsländer ja zwei wichtige Ziele verfolgten: mehr Partizipation bei der Verwaltung und der Nutzung von Ressourcen und größere Teilhabe in Forschung und Technologie.[127] Möglicherweise ließen sich die Differenzen unter den Entwicklungsländern überwinden, wenn man das übergeordnete Ziel und das Potential der Seerechtskonferenz für eine reformierte globale Ordnung insgesamt stärker betonte:

> This opportunity should not be allowed to slip away. The new law of the sea must be viewed by everyone as an integral part of the New International Economic Order. As such its legal, economic, ecological and institutional provisions must be so formulated as to redress the

---

124 Ebd., S. 150.

125 Ebd., S. 168.

126 Später erinnerte sich EMB an einen Wortwechsel mit einer „bedeutenden Führungspersönlichkeit“, die ihr gesagt habe, dass NIEO und UNCLOS nichts miteinander zu tun und ein Land wie Mexiko in Seerechtsfragen mehr mit Norwegen als mit Bolivien gemeinsam hätte. Borgese, Mit den Meeren leben, S. 303, Fn. 3.

127 EMB MS-2–744, Box 130, Folder 4, EMB: An Appraisal of the fifth Pacem in Maribus Convocation (Sept. 74).

> inequalities and imbalances that beset the present economic order. A new emphasis is thus implied on the concept of the common heritage of mankind as a basic principle which underlies the new world order in ocean space.[128]

Für Mann Borgese spielten die Entwicklungsländer eine tragende Rolle bei der Etablierung des Ocean Regimes.[129] Würden sie die Chance erkennen und sich zusammenraufen, bedeutete dies einen großen Schritt nach vorn. Sie zu mobilisieren war auch das erklärte Ziel der *Declaration of Oaxtepec*, die aus einem vom IOI mitorganisierten Seminar hervorging, zu dem Mexiko eingeladen hatte.[130] Die Erklärung präzisierte das Statement, welches Mann Borgese vor dem ersten Ausschuss der Seerechtskonferenz abgegeben hatte und legte noch einmal dar, welche Implikationen die Einrichtung von Wirtschaftszonen für die Meeresbodenbehörde mit sich brachte. Sie konstatierte, dass die Entwicklungsländer von der Behörde und dem Meeresbergbau nur profitieren könnten, wenn auch die anderen Meeresnutzungen und Gebiete außerhalb der Wirtschaftszonen, also vor allem die Hohe See, in das Managementsystem aufgenommen würden. Hier müssten die Entwicklungsländer sich dafür einsetzen, dass die Prinzipien aus der Charta über die ökonomischen Rechte und Pflichten der Staaten in „operational institutions“ überführt würden.[131]

Die Deklaration war ausdrücklich als Appell an die G77 gedacht, wie Mann Borgese in einem Brief an den norwegischen Minister Evensen schrieb, in welchem sie ihn übrigens auch um Unterstützung für die Deklaration bat – denn je mehr Rückhalt sie auch von Seiten der Industrieländer bekäme, desto höher war die Chance, dass die Entwicklungsländer ihre Ideen protegierten.[132]

Und natürlich widmete sich dann auch eine *Pacem in Maribus*-Konferenz diesem Thema. 1976 fand die mittlerweile siebte Konferenz in Algier unter dem Motto „The Law of the Sea and the New International Economic Order“ statt. EMB sah es als das wichtigste Event an, das sie bis dato organisiert hatte.[133] Natürlich sollte der algerische Präsident Houari Boumedienne als einer der Wortführer der „Dritten Welt“ sprechen, außerdem konnte sie auf den Konferenzpräsidenten Amerasinghe zählen, dessen Teilnahme sie vor allem deswegen wichtig fand, weil

---

128 EMB MS-2–744, Box 50, Folder 32, Statement by the Planning Council of the International Ocean Institute at the conclusion of „Pacem in Maribus VI“, October 1975.

129 „Everything now depends on the third world! Everything now depends on producing sharp and fast counterproposals!“, EMB MS-2–744, Box 63, Folder 11, EMB an Amerasinghe, 03.08.1970.

130 EMB MS-2–744, Box 146, Folder 6, The Declaration of Oaxtepec, 15.01.1975; auch abgedruckt in Borgese/Pardo, The New International Economic Order and the Law of the Sea, S. 170–173.

131 EMB MS-2–744, Box 48, Folder 1, EMB: A New Strategy (Declaration of Oaxtepec).

132 EMB MS-2–744, Box 89, Folder 18, EMB an Jens Evensen, 25.01.1975.

133 EMB MS-2–744, Box 87, Folder 2, EMB an Amerasinghe, 08.07.1976.

er sowohl eine Rolle auf der Seerechtskonferenz als auch in der UN-Generalversammlung und im IOI spielte – er sei so etwas wie der „Polarstern".[134]

Die Konferenz fand teils parallel, teils in Kooperation mit einem Meeting des Club of Rome statt. Grundlage hierfür war der Ozean-Teil des RIO-Reports. Darin kam die Überschneidung der beiden Themen „neues Seerecht" und „Neue Weltwirtschaftsordnung" gut zum Ausdruck, denn einerseits griff das RIO-Paper Aspekte des *Ocean Managements* auf und andererseits sollten die Resultate der letzten Sitzung der Seerechtskonferenz weiterentwickelt und in den allgemeinen Versuch, eine neue Weltwirtschaftsordnung zu errichten, eingefügt werden.[135]

Die thematischen Überschneidungen spiegelten sich auch in der Zusammensetzung der Teilnehmer wider: Neben den Mitgliedern des Club of Rome und den Angehörigen des IOI waren Mitglieder der Seerechtsdelegationen und Experten zugegen, die teilweise gleich mehreren dieser Gruppen angehörten – ein wahrer Thinktank also, der überlegte, wie sich die Errichtung einer neuen Weltwirtschaftsordnung und die Entwicklung eines neuen Seerechts gegenseitig potenzieren könnten.[136]

Laut dem Bericht über *Pacem in Maribus* VII (in denen EMB gerne auch ihre eigenen, ganz persönlichen Schlüsse zog, wie bereits dargelegt wurde) war eine zentrale Idee während der Konferenz, die auf der Seerechtskonferenz sich herausschälende Dialektik von Nationalismus und Internationalismus zunächst dadurch aufzubrechen, das sogenannte *Enterprise* (der ausführende Arm) der Meeresbodenbehörde nicht nur für „*the area*", sondern auch für Gebiete unter nationaler Jurisdiktion einzusetzen. Dieser Ansatz ging auf einen von Nigeria auf der Seerechtskonferenz eingebrachten Vorschlag eines „*single joint venture-system*" zurück. Das nigerianische Konzept sah vor, dass unter dem Dach der Meeresbodenbehörde gleichberechtigte Joint Ventures jeweils projektbezogen ein *Enterprise* bildeten, finanziert durch die Behörde und die beteiligten Bergbauunternehmen oder Konsortien. Letztere sollen jedoch nur mit bis zu 49 % beteiligt sein, um die Kompetenzen der Behörde nicht zu beschneiden.[137] Ein solches Joint Venture-System schien ein geeigneter Vorschlag zu sein, um die festgefahrene Situation im ersten Hauptausschuss der Seerechtskonferenz aufzulösen, in dem sich die Entwicklungsländer und die Industrieländer nicht über den Charakter der Meeresbodenbehörde einigen konnten. Auf PIM VII ging es also auch darum, zumindest theoretisch konkrete kompromissfördernde Vorschläge zu diskutieren

134 Ebd.

135 EMB MS-2-744, Box 89, Folder 12, EMB an John Craven, 08.07.1976.

136 EMB MS-2-744, Box 128, Folder 6, Report *Pacem in Maribus* VII.

137 Ebd., S. 6.

und auszuloten, wie diese zum Gesamtziel einer Harmonisierung von neuem Seerecht und Neuer Weltwirtschaftsordnung beitragen konnten.

Wenngleich diese Vorschläge auf rationalen Überlegungen fußten, war die Etikettierung mit dem Label „Neue Weltwirtschaftsordnung" vermutlich einer der Gründe, warum sie letztlich doch nur innerhalb eines kleinen, elitären Kreises diskutiert wurden. Bei konservativen Delegierten der Industrieländer verstärkte die ausdrückliche Verbindung der Seerechtsverhandlungen mit einer neuen Weltwirtschaftsordnung die ohnehin gehegten Befürchtungen, die Entwicklungsländer könnten über die Behörde eine Art Rohstoffmonopol der Meeresbodenschätze erhalten. Elisabeth Mann Borgese und ihre Ideen wurden deswegen von vielen als sozialistisch beziehungsweise marxistisch eingeschätzt und sie nun als Fürsprecherin der Entwicklungsländer wahrgenommen, die man entweder nicht ernst nahm oder der man besser aus dem Weg ging.[138]

Obwohl Elisabeth Mann Borgese sich selbst als Sozialistin bezeichnete, hatte sie nie die Absicht, eine Art „globaler Planwirtschaft" einzurichten. Ihre Vorstellungen für ein gerechtes Nutzungs- und Verteilungsregime für die Ozeane und ihre Ressourcen bezogen ausdrücklich marktwirtschaftlich ausgerichtete Staaten ein.[139] Ihre pragmatische Vision stand vielmehr über jeder Art von Systemkonkurrenz und trug der Unterschiedlichkeit der an den Meeren beteiligten Akteure auf allen Ebenen Rechnung, indem sie konsequent vom Meer aus dachte und eine funktionale Herangehensweise propagierte, die die verschiedenen Ebenen einbezog. Das diesem Zugang zugrundeliegende Konzept vom „Gemeinsamen Erbe der Menschheit" sei weder sozialistisch noch kommunistisch, befand sie. Es sei vielmehr ein Prinzip des „Nichteigentums, in dem natürliche oder juristische Personen *Nutzungsrechte* [kursiv im Original] oder einen Verwaltungsauftrag haben, aber keine Eigentumsrechte im Sinne des römischen Rechts".[140] Nutzungsrechte und Verwaltungsaufträge müssten unter Berücksichtigung des Gemeinwohls ausgeübt werden, wozu auch die Rechte armer Länder und Menschen sowie diejenigen zukünftiger Generationen gehörten.[141]

Die Entwicklungsländer zu befähigen, gleichberechtigt an der Meeresnutzung teilzunehmen, war demnach eine Grundvoraussetzung für die Funktions-

138 Uwe Jenisch: Seerecht und Lübecker Marzipan. Erinnerungen an Elisabeth Mann Borgese, in: Pils/Kühn, Elisabeth Mann Borgese und das Drama der Meere, S. 126 – 135, hier S. 132; vgl. auch Nathan Tabor: The Beast on the East River. The U.N. Threat to America's Sovereignty and Security. Nashville/TN 2006, S. 91.

139 Vgl. etwa EMB MS-2 – 744, Box 128, Folder 33, EMB an Center-Staff, 11.03.1968: Summary of discussions. Planning session on the Law of the Sea, February 24 – 26, 1968, S. 14.

140 Borgese, Mit den Meeren leben, S. 84.

141 Ebd.

fähigkeit eines Ocean Regimes. Zum einen würde es dafür sorgen, die Abhängigkeit von den Industrieländern zu verringern und zum anderen dabei helfen, das wirtschaftliche Potential der Ozeane zum Wohle der gesamten Menschheit auszuschöpfen. Dem Parallelsystem, wie es 1976 von den Vereinigten Staaten auf der Seerechtskonferenz als Kompromissvorschlag zum Monopolsystem für die Meeresbodenbehörde eingebracht worden war, stand Mann Borgese deswegen sehr kritisch gegenüber. Ihrer Ansicht nach helfe dieses gerade nicht dabei, die Entwicklungsländer aus ihrer Abhängigkeit zu befreien.[142] Die Idee des behördeneigenen *Enterprise* sei demgegenüber geeignet gewesen, eine aktive und partizipative Kooperation zwischen Entwicklungs- und Industrieländern anzubahnen, in deren Rahmen das Gemeinsame Erbe die „erniedrigende Entwicklungshilfe" hätte ablösen können.[143]

Das Parallelsystem hingegen setzte das behördeneigene Unternehmen in Konkurrenz zu Firmen und Staaten, die über Lizenzen ebenfalls explorieren und abbauen dürfen sollten. Für die Lizenzvergabe sollten die Unternehmen die Behörde am Gewinn beteiligen. Der Haken an der Sache war Mann Borgese zufolge in erster Linie, dass die Industriestaaten und ihre Unternehmen doch wieder „their own thing" machen würden und praktisch freien Zugang hätten – denn was würde der Behörde anderes übrigbleiben, als die Lizenzen auszustellen, wenn es überhaupt einen Abbau geben sollte? Die Industrieländer könnten sich demnach einfach freikaufen. Das *Enterprise* sei innerhalb dieses Ansatzes nur noch ein Lippenbekenntnis und werde zu einem „status symbol of the poor", denn es basiere eben doch wieder auf der Hilfe von reichen Staaten. Sie schloss daraus, dass nur ein einheitliches System auf Basis des Menschheitserbe-Prinzips die Beteiligung aller gewährleisten könne, da es sowohl ein effektives Management ermögliche als auch für bestimmte Industriesektoren akzeptabel sei.[144] Dies könne auf Basis eines regionalen Ansatzes funktionieren, bei dem auch die Binnenländer beteiligt würden – dies zeige nicht zuletzt die Europäische Wirtschaftsgemeinschaft (EWG), die ein gelungenes Beispiel für regionale ökonomische Integration darstelle, indem sie allen Mitgliedstaaten gestatte, in den gemeinsamen Gewässern zu fischen.[145]

Als weitere Basis für eine wahre Beteiligung der Entwicklungsländer kam für Elisabeth Mann Borgese der besagte Joint Venture-Ansatz infrage. Hier konnte sie zudem auf eine vielversprechende Modellunternehmung verweisen.

142 EMB MS-2–744, Box 180, Folder 25, EMB: The fifth session, in: Newsletter of International Law, Vol. 2, No. 1 – Spring 1977, S. 10–13.

143 Ebd., S. 12.

144 Ebd.

145 Ebd., S. 13.

1974 hatten Saudi-Arabien und Sudan die *Red Sea Commission* gegründet. Grundlage war ein Abkommen, in dem die beiden Staaten gegenseitig ihre ausschließlichen Rechte bis zur 1.000 Meter-Tiefenlinie anerkannten und für den dazwischenliegenden Meeresboden eine Erkundung, Verwaltung und Bewirtschaftung auf gemeinsamer Basis festlegten. In dieser Region – „Atlantik-II-Tiefe“ genannt – lagerten vielversprechende Erzschlämme auf dem Meeresboden. Der Wert der darin enthaltenen Metalle wurde nach den Preisen von 1976 auf 6,7 Milliarden Dollar geschätzt.[146] Erich Blissenbach, Koordinator für Meeresbergbau bei der deutschen PREUSSAG, machte Mann Borgese 1977 auf die Relevanz dieses Unterfangens aufmerksam. Die PREUSSAG hatte 1976 mit Saudi-Arabien und Sudan einen Vertrag über die Durchführung des Projektes abgeschlossen und steuerte das Know-how und die entsprechenden Technologien bei. Laut Blissenbach handelte es sich hier um „ein exzellentes Beispiel der Zusammenarbeit zwischen einem ärmeren Entwicklungsland mit einem ölreichen Entwicklungsland und schließlich mit einem Unternehmen eines Industrielandes“, die Zusammenarbeit sei damit ein „hervorragendes Beispiel der Verständigung“.[147]

Dies fand auch Mann Borgese, denn sie hatte erkannt, dass sich hier Ansätze für die Lösung des Problems des Technologietransfers und für das umstrittene Abbausystem der Meeresbodenbehörde eröffneten. Auf Basis des auf *Pacem in Maribus* VII diskutierten „unitary joint-venture system“ erarbeitete sie einen Vorschlag für die österreichische Delegation, der sie mittlerweile angehörte.[148] Während der sechsten Sitzungsperiode der Seerechtskonferenz stellte Österreich dieses Konzept vor – zunächst lediglich auf informeller Basis, um die laufenden Verhandlungen nicht zu stören. Die Idee sollte allmählich auf der Konferenz einsickern. EMB war überzeugt, dass dieser Ansatz den mit dem Parallelsystem einhergehenden Wettbewerb zwischen der Behörde und der etablierten Industrie ausräumen könne, indem staatlichen oder privaten Unternehmen Zugang garantiert würde,— aber eben nur innerhalb eines Joint Ventures mit der Behörde, mit der das jeweilige Unternehmen gemeinsam ein projektbezogenes „*Enterprise*“ bildete. Im Gegenzug würde die Behörde die Risiken mittragen und gleichzeitig Stabilität garantieren, die bei Joint Ventures etwa mit instabilen Staaten sonst nicht gegeben wäre. Die Entwicklungsländer hätten bei diesem Modell die Möglichkeit, an allen *Enterprises* tatsächlich zu partizipieren und die Behörde wäre

146 Borgese, Mit den Meeren leben, S. 181.

147 EMB MS-2–744, Box 138, Folder 21, Erich Blissenbach an EMB, 08.11.1977.

148 Vgl. hierzu auch das von ihr verfasste IOI-Occasional Paper 6: EMB MS-2–744, Box 52, Folder 37, The Enterprise. A Proposal to Reconceptionalize the Operational Arm of the International Seabed Authority to Manage the Common Heritage of Mankind (1978).

nicht von einer wohlwollenden Finanzierung durch die Industrieländer abhängig.[149]

Hierfür mussten die Industrieländer „nur“ den Anspruch auf uneingeschränkten Zugang etwas aufweichen und die alleinige Behörde als Instanz mit letztgültiger Entscheidungsbefugnis anerkennen. Die Entwicklungsländer müssten im Gegenzug von der Forderung eines Monopolcharakters der Behörde abrücken. Keine der beiden Ländergruppen war allerdings zu Zugeständnissen bereit. Wolf führt dies unter anderem darauf zurück, dass sich Konferenzteilnehmer mittlerweile zu sehr in Detailfragen verstrickt hatten und ein ganz neuer Vorschlag, der alle bisherigen Überlegungen in ein gänzlich neues Licht rückte, schon deswegen keine Unterstützung finden konnte. Außerdem vertrug sich dieser Kompromiss nicht mit dem symbolischen Stellenwert, den die G77 der Meeresbergbaufrage beimaßen.[150]

Und so kam es, dass die Konvention das Parallelsystem (sprich: Erkundung und Abbau sowohl durch die Behörde als auch von Unternehmen und Staaten mittels Lizenzvergabe) als Interimslösung festschrieb, verbunden mit der Klausel, fünfzehn Jahre nach Beginn der Abbautätigkeiten eine Überprüfungskonferenz einzuberufen, auf der unter anderem beleuchtet werden sollte, ob das behördliche *Enterprise* gewinnbringend arbeitete und nicht hinter der Privatwirtschaft zurückblieb.[151]

Damit war der Ansatz des „unitary joint-venture system“ auf der Konferenz offensichtlich passé. Nicht jedoch für EMB. Als Mitglied der österreichischen Delegation nahm sie auch an den Sitzungen der Vorbereitungskommission (*PrepCom*) teil, die eingerichtet worden war, um in der Interimsperiode zwischen Verabschiedung und Zeichnung der Seerechtskonvention bis zum Inkrafttreten nach der 60. Ratifizierung Empfehlungen für die künftige Meeresbodenbehörde und den Seegerichtshof zu erarbeiten.[152] Die Vorbereitungskommission bestand aus allen Signatarstaaten der Konvention, und die von ihr erarbeiteten Regeln und Verfahren sollten bis zu der förmlichen Annahme durch die Behörde nach Inkrafttreten der Konvention vorläufig angewandt werden.[153]

Für Elisabeth Mann Borgese bedeutete das: Es gab doch noch Möglichkeiten der Einflussnahme und der Verbesserung des Abbausystems zugunsten der Entwicklungsländer. Sie zauderte nicht lange und entwarf einen Vorschlag für ein

---

149 EMB MS-2–744, Box 124, Folder 2, EMB: There is no Escape from History. Challenges of the Seventh Session of the U.N. Conference on the Law of the Sea, S. 11f.

150 Wolf, Die dritte Seerechtskonferenz der Vereinten Nationen, S. 150f.

151 UNCLOS, Teil XI, Art. 155.

152 UNCLOS, Teil XVII, Art. 308.

153 Ebd.

„Joint Enterprise for Exploration, Research and Development" (JEFERAD), den sie über die österreichische Delegation in die Debatte einbrachte. Sie sah dies als einzige Möglichkeit an, das nicht zufriedenstellende Parallelsystem zu modifizieren, da JEFERAD außerhalb der bereits festgezurrten Bestimmungen der Konvention anwendbar wäre beziehungsweise als Interimslösung gedacht war.[154] Dabei handelte es sich um ein Gemeinschaftsunternehmen, das eine neue Form der Zusammenarbeit zwischen Nord und Süd vorsah. Es sollte 200 Millionen Dollar „mobilisieren", um erstens nach Abbaugebieten für die künftige Behörde zu suchen und zweitens eine „Technologie-Bank" für die Behörde zu schaffen, der private und staatliche Unternehmen „zu vernünftigen Preisen" ihre Technologien überließen, um die Behörde bei Wirksamwerden der Konvention funktions- und handlungsfähig zu machen. Drittens sollte das Geld für die Ausbildung von Personal aus Entwicklungsländern eingesetzt werden.[155]

Die Ressourcennutzung war für EMB in diesem Kontext nur noch ein sekundäres Ziel, da sie davon ausging, dass es noch an die 15 Jahre dauern könne, bis tatsächlich Meeresbergbau stattfinden würde. „Von Bedeutung ist vielmehr die gemeinsame Mobilisierung von Kapital und M&E [Mitgift und Erbteil[156], Anm. d.Verf.] zugunsten des Gemeinerbes, das *Ressourcen* ebenso umfaßt wie *Wissenschaft und Technik* sowie *ethische Werte*".[157]

Für Elisabeth Mann Borgese waren Forschung und Technologien konstitutive Elemente wirtschaftlicher und sozialer Ordnung. Um von der neuen Meeresordnung zu profitieren, brauchte es Erfahrung sowie die entsprechende institutionelle und technische Infrastruktur. Wenn also die Entwicklungsländer sich an der durch neue Technologien vorangetriebenen Meeresrevolution nicht beteiligen konnten, bedeutete dies zwangsläufig, dass die „neue Phase industrieller Revolution" die reichen Staaten reicher und die armen Staaten ärmer machen würde. Gleichzeitig hatte die Meeresrevolution ihrer Meinung nach aber eine Komponente, die den anderen Bereichen fehlte, nämlich das „Gemeinsame Erbe der

---

154 Vgl. Yuwen Li: Transfer of Technology for Deep Sea-Bed Mining. The 1982 Law of the Sea Convention and Beyond, Dordrecht, Boston, London 1994, S. 259.

155 Borgese, Die Zukunft der Weltmeere, S. 74.

156 „Mitgift und Erbteil" bezog sich auf ein vom italienischen Wirtschaftswissenschaftler Orio Giarini entworfenes alternatives Konzept für ein neues Verständnis von Wohlstand und Wohlfahrt. In einem Bericht an den Club of Rome definierte er „Mitgift und Erbteil" als „einen Bestand an Gütern und Dienstleistungen einschließlich der (belebten und unbelebten) sowie der vom Menschen hervorgebrachten (materiellen und nicht-materiellen) Güter und Dienstleistungen", zitiert in ebd., S. 63. EMB bezieht sich hierbei auf Orio Giarini: Dialogue on Wealth and Welfare. An Alternative View of World Capital Formation. A Report to the Club of Rome, Oxford 1981.

157 Borgese, Die Zukunft der Weltmeere, S. 75.

Menschheit". Hier könnten sich „transformatory effects" ergeben.[158] Würde man nämlich das Menschheitserbe-Konzept konsequent und umfassend anwenden, besitze es das Potential, das Verhältnis zwischen armen und reichen Ländern grundlegend zu verändern. Indem das Gemeinsame Erbe das *„right to ownership"* negierte und stattdessen ein *„right to utilize and manage"* einführte, ergab sich daraus auch ein völlig anderer Zugang zur Forschungs- und Entwicklungsdimension.[159]

Denn wenn Ressourcenwissen und Technologien ebenfalls unter das Gemeinsame Erbe fielen, hieß dies zugleich, dass das herkömmliche Verständnis von „Technologietransfer" mit der klaren Unterteilung in Länder, die exklusiv über das technologische Wissen verfügten, und solchen, die dieses Wissen nicht hatten (und auch nicht bekommen sollten) überwunden werden musste. „Technologietransfer" konnte dann eben kein Transfer im eigentlichen Sinne mehr sein. Wie im JEFERAD-Vorschlag deutlich wird, ging es vielmehr darum, das Personal aus den Entwicklungsländern direkt zu beteiligen und darüber die Technologien und das entsprechende Know-how dauerhaft zugänglich zu machen. Es ging also um eine „Technologie-Zusammenarbeit" statt eines Transfers, ähnlich dem im Roten Meer stattfindenden Projekt.[160]

EMB verfolgte unterschiedliche Strategien, um die Entwicklungsländer in ein neues Ocean Regime und seine Gestaltung zu integrieren. Wie deutlich wurde, tat sie dies einerseits, indem sie die Zusammenhänge zwischen der Neuen Weltwirtschaftsordnung und der künftigen Seerechtskonvention sowie die damit verknüpften Potentiale aufzeigte und gleichzeitig versuchte, die Entwicklungsländer für ihre Vorschläge zu gewinnen. Andererseits trieb sie selbst im Rahmen der Delegation Österreichs alternative Konzepte voran, um so die Schwächen der im Entstehen begriffenen und später bereits verabschiedeten Konvention zugunsten der Entwicklungsländer zu korrigieren, die diese aufgrund ihrer Uneinigkeit untereinander und dem Beharren auf Souveränitätsgewinn, überspitzt formuliert, selbst mitverursacht hatten.[161]

---

158 EMB MS-S-744, Box 332, Folder 1, EMB: Closing Remarks PIM XI, 1981, S. 4f.

159 EMB MS-2–744, Box 179, Folder 39, The Common Heritage of Mankind and the Transfer of Technologies by Arvid Pardo and EMB (ca. 1980).

160 EMB MS-2–744, Box 355, Folder 24, EMB an den österreichischen Botschafter Wolf, 03.12. 1989.

161 EMB hatte versucht, die G77 für die österreichischen Vorschläge zu gewinnen und ihnen weitere Erläuterungen dazu als Diskussionsgrundlage zukommen lassen. Sehr viel hinge von diesen Diskussionen innerhalb der G77 ab, konstatierte sie. EMB MS-2–744, Box 52, Folder 28, EMB an G77, 05.05.1977.

Im Hinblick auf die Zusammenhänge zwischen Forschung und Entwicklung innerhalb der Meeresrevolution verfolgte sie jedoch noch einen weiteren Ansatz, für den sich die Bezeichnung *empowerment* anbietet. Er basierte auf ihrer Annahme, dass Wissen (und dazu zählte sie auch das Wissen über Technologien und wie man sie einsetzt[162]) und Forschungsergebnisse über die Meere und die Bewirtschaftung mariner Ressourcen ebenfalls zum gemeinsamen Menschheitserbe gehörten und – ganz im Sinne der Global Commons – gemeinsam und zum Nutzen aller verwaltet werden müssten. Daraus folgte für sie, dass den mit Meeresangelegenheiten befassten Personen in den Entwicklungsländern entsprechende Möglichkeiten der Teilhabe an diesem Wissen zu eröffnen waren, um gleichzeitig ihre Teilhabe an der Wissensproduktion anzubahnen. So erforderten die zu besetzenden Posten in der künftigen Meeresbodenbehörde und anderen mit den Meeren befassten Institutionen Personen mit einem breiten maritimen Hintergrundwissen. Es war jedoch selbst in den Industrieländern schwierig, hierfür passende Kandidaten zu finden. Zugleich waren Wissen über Forschung und Technologie aber auch von Belang, wenn es um die effektive Bewirtschaftung der Ressourcen in den eigenen Wirtschaftszonen ging. Um die strukturelle Benachteiligung der Entwicklungsländer auf dieser Ebene nicht fortzusetzen, „they would need assistance to train a sufficient number of people to fill their quotas".[163]

Damit war die Idee der „Trainingsprogramme" geboren. Für einen Workshop zur Vorbereitung des Programms, der 1977 auf Malta stattfand, erhielt das *International Ocean Institute* 10.000 Dollar von der *Swedish International Development Agency* (SIDA).[164] 1978 führte das IOI das erste Trainingsprogramm zum Thema Meeresbergbau durch, das sowohl von Schweden als auch von den Niederlanden, der Bundesrepublik Deutschland und Mexiko sowie den Europäischen Gemeinschaften und dem UN-Entwicklungsprogramm gefördert wurde. Referenten waren neben anderen Paul Bamela Engo, der srilankische Delegationsleiter Pinto, der Delegationsleiter von Mauritius und führende Persönlichkeiten aus Lateinamerika. 18 Experten und Beamte aus Entwicklungsländern durchliefen diesen 12-wöchigen Kurs, der auch mit Exkursionen nach Jugoslawien und nach Deutschland aufwartete.[165] In der Bundesrepublik kooperierte das *International Ocean Institute* mit der RWTH Aachen und der PREUSSAG und wandte damit erstmals das Prinzip der *Public-Private-Partnership* an, welches auch spätere vom IOI in-

162 Vgl. Aldo Chircop: Elisabeth Mann Borgese's Humanist Conception of Marine Technology Transfer, in: Pils/Kühn, Elisabeth Mann Borgese und das Drama der Meere, S. 112–121, hier S. 116.

163 Borgese, The International Ocean Institute Story, S. 7.

164 Ebd., S. 8.

165 EMB MS-2-744, Box 38, Folder 30, Tätigkeitsbericht IOI (o.T. und o.D.).

itiierte Kooperationen prägen sollte.[166] Hier profitierte Mann Borgese wieder einmal von ihrem *Pacem in Maribus*-Netzwerk, denn Erich Blissenbach von der PREUSSAG, zu dem sie regelmäßigen Kontakt hielt, war auf den Konferenzen ein regelmäßiger Gast und hatte überdies vielversprechende Kontakte zur *Red Sea Commission*.[167]

Das Trainingsprogramm war ein großer Erfolg, und so wurde der Kurs noch ein zweites Mal angeboten. Zunächst war jedoch die Finanzierung problematisch, da zwar innerhalb der „UNCLOS-Gemeinde" die Relevanz und Notwendigkeit des Unterfangens anerkannt wurde, nicht aber außerhalb dieses Kreises, wo man eher der Meinung war, „that the developing countries needed seabed-mining training like a hole in the head. What they needed was training to satisfy their ‚basic needs'".[168]

Nach diesen finanziellen Startschwierigkeiten fand das IOI einen wohlgesonnenen Förderer in der *Canadian International Development Agency* (CIDA), die es ermöglichte, die Kurse zu verstetigen. Neben dem „A-Kurs" zum Meeresbergbau konnte das IOI daraufhin einen B-Kurs zur Verwaltung der ausschließlichen Wirtschaftszone anbieten sowie einen C-Kurs zu regionalem Management und Kooperation. Der Erfolg gab den Veranstaltern Recht, und nun fanden sich auch weitere Förderer, darunter der *OPEC Fund*, das *Regional Seas Programme*[169] oder das Commonwealth-Sekretariat. Bis 1993 hatte das IOI bereits 40 solcher Kurse angeboten, allein in jenem Jahr waren es sechs Kurse mit mehr als 100 Teilnehmern und mit einer Fördersumme von über einer Million Dollar. Übergeordnetes Ziel der interdisziplinär angelegten Kurse war es, ein breites Grundwissen aufzubauen und das Bewusstsein für die Bedeutung der Meere für die Weltwirtschaft zu schärfen.[170]

Das International Ocean Institute sah sich als Institution, die den Entwicklungsländern während der Endphase der Seerechtsverhandlungen und dem anschließenden Ratifikations- und Implementierungsprozess unterstützenden

166 EMB MS-2–744, Box 38, Folder 10, Draft Minutes of the 15th Session of the Planning Council, Divonne-les-Bains, 22.04.1978, Projects in Course. Zum IOI und der Zusammenarbeit zwischen privatem und öffentlichem Sektor siehe z. B. Chircop, Elisabeth Mann Borgese's Humanist Conception of Marine Technology Transfer, S. 121.

167 Ebd.

168 Borgese, The International Ocean Institute Story, S. 8.

169 Das *Regional Seas Programme* wurde 1974 im Nachgang zur 1972er Umweltkonferenz von Stockholm im Rahmen des UNEP eingerichtet. Es koordinierte gemeinsame Aktivitäten der Küstenstaaten bei Nutzung und Schutz von Meeresregionen.

170 Ebd.

„Service“ zukommen ließ. Dieser bestand erstens aus Forschung und Beratung in Wirtschafts- und Rechtsfragen, die aus dem neuen Seerecht resultierten, zweitens in Stipendien zu Meeresangelegenheiten und der Neuen Weltwirtschaftordnung, drittens in regionalen Seminaren mit Berücksichtigung der speziellen geographischen und sozioökonomischen Situation und, viertens, im „Ocean Yearbook“.[171]

Das Ocean Yearbook, welches erstmalig 1978 bei der *University of Chicago Press* erschien, war eine Antwort auf die „Desorganisation der Meeresaktivitäten“, wie Mann Borgese es nannte, sowie auf die Tatsache, dass es bisher kein Organ gab, das sich mit Basisdaten und Fakten über die verschiedenen Meeresnutzungen in ihrer Gesamtheit befasste. So stellten zwar die FAO oder die Internationale Seeschifffahrtsorganisation (IMCO) Daten bereit, jedoch gab es weder eine Gesamtschau solcher Informationen noch einen konzisen Überblick über die Verflechtungen der unterschiedlichen Meeresnutzungen und ihren wirtschaftlichen Wert. Dieses Desiderat zu füllen war die Idee hinter dem Ocean Yearbook. Es sollte ein unverzichtbares Hilfsmittel für politische Entscheidungsträger sein, vor allem für jene aus Entwicklungsländern, sowie für Studierende und Lehrende, aber auch für Laien.[172]

Die erste Ausgabe, die Mann Borgese gemeinsam mit dem Chicagoer Professor Norton Ginsburg, einem ausgewiesenen Experten für Entwicklungshilfe, herausgab, umfasste über 850 Seiten. Sie enthielt, nach der quasi obligatorischen Einleitung von EMB, in der sie ihre Programmatik darlegte, Artikel von Experten über lebende und nichtlebende Ressourcen, über militärische Aktivitäten, Meeresforschung und -technik und über die Meeresumwelt. Die Überblicksartikel fanden Ergänzung in einem umfangreichen Anlagenapparat, in dem sowohl Berichte von mit den Meeren befassten Organisationen als auch ausgewählte Dokumente und Protokolle zur Verfügung gestellt wurden, wie etwa der kombinierte Verhandlungstext der Seerechtskonferenz.[173]

Bereits diese erste Ausgabe hatte 1.500 Vorbestellungen, und das Jahrbuch wurde schnell ein Erfolg.[174] Dank der gesellschaftlichen Vernetzung Mann Borgeses fanden sich für alle Ausgaben ausgewiesene Experten. Die meisten von

171 EMB MS-2–744, Box 128, Folder 4, Expandend Cooperative Program on the New International Economic Order and the Law of the Sea. A Proposal by the International Ocean Institute to the Coordinating Committee of the Non-Aligned States (o.D.).

172 EMB MS-2–744, Box 42, Folder 27, Reprint of „International Ocean Institute“ by EMB, eigentlich erschienen in OCEANS January/February 1977.

173 Vgl. Elisabeth Mann Borgese/Norton Ginsburg: Ocean Yearbook 1, Chicago, London 1978.

174 EMB MS-2–744, Box 89, Folder 12, EMB an John Craven, 10.08.1978.

ihnen nahmen kein oder nur ein geringes Honorar.[175] Somit waren die Kosten zunächst niedriger als gedacht, und es standen mehr Mittel zur Verfügung, um wichtige Persönlichkeiten notfalls mit einer stattlichen Entlohnung zu locken, sodass das Ocean Yearbook tatsächlich zu einer Art „Bibel“ für die Meerescommunity wurde.[176]

Das Jahrbuch war dabei nicht nur ein Baustein in der Strategie des Empowerments. Es sollte auch dazu beitragen, dem International Ocean Institute Glaubwürdigkeit und Renommee zu verleihen und die Weiterentwicklung vom Thinktank zu einem „Systembestandteil“ der Ocean Governance voranzutreiben, das der Verflechtung von lokalen, regionalen und globalen Strukturen Rechnung trug.[177]

Elisabeth Mann Borgeses Empowerment-Strategie hatte also eine materielle und eine immaterielle Dimension. Materiell im Hinblick auf die Beteiligung an Ressourcen und Meerestechnik, die nur durch eine entsprechende funktionalistische Strukturierung des Ocean Regimes sowie durch Kooperation zwischen Industrie- und Entwicklungsländern zu erreichen war. Immateriell, weil das Wissen um die wirtschaftliche Nutzung der Meere gleichermaßen Teil und Voraussetzung für die Verwaltung des „Menschheitserbes“ war. Ihr ging es um die langfristige Perspektive, in der es eben nicht nur um die Erfüllung der „basic needs“ gehen konnte. Vielmehr galt es, den Akteuren aus Politik und Wirtschaft der Entwicklungsländer eine den Industrieländern ebenbürtige Ausgangslage zu verschaffen, die es ihnen ermöglichte, auch an künftigen technischen Entwicklungen gleichberechtigt teilzuhaben und sie zu nutzen. Dafür setzte Elisabeth Mann Borgese sich auch nach dem Ende der dritten Seerechtskonferenz vehement ein.

7.2.3 „Die Konvention vorantreiben“ – Elisabeth Mann Borgeses Engagement für das Inkrafttreten des Seerechtsübereinkommens

Die UN-Seerechtskonvention wurde am 10. Dezember 1982 in Montego Bay, Jamaika verabschiedet. Die Welt war nun um ein 320 Artikel und neun Anlagen umfassendes Abkommen reicher, das erstmalig jegliche Nutzungsformen des

175 EMB MS-2–744, Box 38, Folder 10, 6th Session of the Board of Trustees, 14th Session of the Planning Council, 06.12.1977.

176 Das Ocean Yearbook wurde seit der ersten Ausgabe jährlich veröffentlicht. 2021 erschien die 35. Ausgabe.

177 Borgese, The International Ocean Institute Story, S. 8.

Ozeans zum Gegenstand hatte und die rechtlichen Rahmenbedingungen für eine künftige friedliche und gerechte Nutzung schaffen sollte.[178]

Die durch die Konvention im Völkerrecht verankerte ausschließliche Wirtschaftszone (*Exclusive Economic Zone*, EEZ) war wohl die weitreichendste Änderung im Seerecht. Ressourcen in den Gewässern bis zu 200 Seemeilen vor der Küste unterstanden nun der souveränen Verfügungsgewalt des jeweiligen Staates. Dieser durfte sowohl lebende als auch nichtlebende Ressourcen der Wassersäule und des Meeresbodens bewirtschaften, war aber im Hinblick auf die Fischerei zugleich für Schonmaßnahmen verantwortlich. Auch war der Küstenstaat von nun an für den Umweltschutz in dieser Zone zuständig, teilte sich diese Verantwortung aber je nachdem mit dem Flaggen- und Hafenstaat der die Wirtschaftszone passierenden Schiffe (Teil V der Konvention). Ausländische Forschungsarbeiten innerhalb der Wirtschaftszone waren ebenfalls beim Küstenstaat anzumelden. Ausschließliche Hoheitsbefugnisse hatte dieser nur in den bis zu 12 Seemeilen breiten Küstengewässern. Insofern spiegelte die Wirtschaftszone in Ansätzen Elisabeth Mann Borgeses Vorstellungen von „funktionaler Souveränität“ wider, die sich in der EEZ auf die ökonomische Nutzung beschränkte und kein Eigentumsrecht, sondern ein Nutzungsrecht und eine Verwaltungspflicht umfasste.[179]

Trotz dieser Anleihen beim Menschheitserbe-Prinzip sah Mann Borgese im Abschnitt über die Wirtschaftszonen noch zahlreiche Mängel und Schlupflöcher. Abgesehen von der Tatsache, dass Menge und Qualität der Ressourcen von „geographischen Zufälligkeiten“ abhingen, war allein mit Ressourcenhoheit für die Entwicklungsländer noch nichts gewonnen. „Wohlstand wird faktisch nicht durch Ressourcen geschaffen, sondern vielmehr durch das Zusammenwirken von Ressourcen, Kapital, Technik und ausgebildeten Arbeitskräften. So lange die letzten drei Faktoren knapp sind, bleibt die Entwicklung illusorisch“[180], stellte sie fest und verdeutlichte damit einmal mehr ihre weite Auslegung des Menschheitserbe-Gedankens. Doch sie verband auch Hoffnungen mit der EEZ, da sie sowohl das Primat der territorialen Souveränität aufbrach als auch einen organisatorischen Rahmen für ein Verwaltungssystem der Meere bereitstellte. Nicht zuletzt bot die EEZ, ihrer Meinung nach, einen gewaltigen Anreiz für die Küstenländer, wissenschaftliche und technologische Kapazitäten zu entwickeln. Die Wirtschaftszone besaß demnach auch ein beträchtliches konstruktives und produktives Potential, das im Sinne der Ocean Regime-Idee durch regionale Zu-

178 UN Doc. A/CONF.62/122, United Nations Convention on the Law of the Sea, 10.12.1982.

179 Borgese, Die Zukunft der Weltmeere, S. 97.

180 Ebd., S. 99.

sammenarbeit und die Stärkung internationaler Organisationen weiterentwickelt werden könnte.[181]

Für den Fall, dass der Festlandsockel breiter war als 200 Seemeilen, legte die Konvention fest, dass dessen Rand die Begrenzung bildet, die gegebenfalls durch eine Festlandsockelkommission wissenschaftlich zu bestätigen sei. Aufgenommen worden war auch der aus der Feder Mann Borgeses stammende Vorschlag, für Ressourcenerträge des Festlandsockels jenseits der 200 Seemeilen-Grenze jährlich eine bis zu siebenprozentige Abgabe an die Behörde zu zahlen.[182] Hierdurch konnte die Behörde von den Öl- und Erdgasgewinnen profitieren. Außerdem sah EMB darin einen möglichen Hebel: Wenn der Festlandsockel zu einem Küstenstaat gehörte und die Konvention vorschrieb, dass ein Teil der Gewinne als Gemeinerbe zu behandeln sei, könne dies zukünftig möglicherweise auch auf Erträge aus der Wirtschaftszone angewandt werden.[183]

Für „das Gebiet" (Teil XI) außerhalb der EEZ hatte sich das Konzept des Gemeinsamen Erbes durchgesetzt: „The area and its resources are the common heritage of mankind", besagte Artikel 136 der Konvention, und dies implizierte, dass kein Staat über dieses Areal und die dort befindlichen Ressourcen Souveränität ausüben durfte. Vielmehr seien alle dort vorgenommenen Tätigkeiten nur zu friedlichen Zwecken und zum Wohle der gesamten Menschheit durchzuführen. Die neu zu schaffenden Meeresbodenbehörde bekam die Gesamtaufsicht über alle im „Gebiet" vollzogenen Tätigkeiten und sollte sowohl Erkundungen als auch den Abbau koordinieren. Staaten oder Unternehmen mit Abbauinteressen mussten der Behörde einen Explorations- und Abbauplan vorlegen für ein Gebiet, das groß genug war, dass sowohl der Antragsteller mittels einer Lizenz als auch das behördeneigene *Enterprise* dort Abbau betreiben konnten. Der Antragsteller hatte hierfür eine einmalige Abbaugebühr von 500.000 US-Dollar sowie während der Abbauphase eine Jahresabgabe von mindestens 1 Million US-Dollar an die Behörde zu entrichten.[184]

Die Behörde sollte mehrere Hauptorgane besitzen: Erstens eine Versammlung der Mitgliedstaaten mit dem Prinzip „ein Staat – eine Stimme", ein Sekretariat, ein Unternehmen (*Enterprise*) und einen als Exekutivorgan fungierenden Rat, der unter anderem das behördeneigene Unternehmen leiten und Verträge mit Staaten oder Firmen genehmigen sollte. Die Besetzung dieses aus 36 Mitgliedern beste-

181 Ebd., S. 100.

182 UN Doc. A/CONF.62/122, Teil VI, Art. 82.

183 Borgese, Die Zukunft der Weltmeere, S. 105.

184 Gerhard Kortum: Meeresbergbau. Politische, wirtschaftliche und technische Perspektiven nach der III. Seerechtskonferenz, in: Geographische Rundschau 38/12 (1986), S. 621–628, hier S. 626.

hen Rates unterlag einem komplizierten Verteilungsschlüssel, da er sowohl regionale als auch wirtschaftliche und politische Interessengruppen repräsentieren sollte.[185]

Das Beschlussverfahren im Rat gestaltete sich ähnlich kompliziert, weswegen EMB befürchtete, dass das *Enterprise* wohl kaum effizient würde geleitet werden können. Zudem sah sie die Repräsentation von Interessengruppen als problematisch an, denn deren Zusammensetzung konnte sich schließlich jederzeit ändern.[186] Ebenso hatte sie nach wie vor grundsätzliche Vorbehalte gegen die nun festgeschriebene Form des Parallelsystems. Trotz dieser offensichtlichen Schwächen sah sie den ganzen zweiten Teil der Konvention, der sich nicht mit den traditionellen seerechtlichen Fragen auseinandersetzte, sondern „systemverändernde Aspekte" beinhaltete, als eine bahnbrechende Innovation an:

> Es war nicht zu erwarten gewesen, daß die Internationale Meeresbodenbehörde makellos wie Botticellis Venus aus den Wogen der Konferenz aufsteigen würde. Sie fiel vielmehr etwa so aus, wie das erste Fahrrad – wunderlich, unhandlich und unpraktisch – und bedarf einer langen Entwicklung und Verbesserung durch praktische Erfahrung.[187]

Statt sich also enttäuscht zurückzuziehen, versuchte Elisabeth Mann Borgese die Chancen zu sehen, die diese neue Form der internationalen Organisation barg. Mit ihr sei eine „neuartige Form der Integration von Politik, Ökonomie und Wissenschaft"[188] in das internationale System eingeführt und erstmalig eine operative, öffentliche internationale Institution eingerichtet worden. Und das Wichtigste war: Die Meeresbodenbehörde beruhte auf dem Prinzip des Gemeinsamen Erbes der Menschheit, das sich möglicherweise auf die globale Wirtschaftsordnung insgesamt ausweiten ließe.[189]

Mann Borgese ging davon aus, dass in den fünfzehn Jahren bis zur von der Konvention vorgesehen Überprüfungskonferenz genügend Zeit zum Experimentieren sei und man die unpraktischen Elemente der Meeresbodenbehörde dann revidieren würde.[190] Diesen Optimismus konnte sie aufrechterhalten, weil eben doch einige Elemente ihres Ocean Regimes in der Konvention verwirklicht waren, nämlich das Gemeinsame Erbe (zumindest zum Teil) und die funktionale Souveränität. Jetzt musste es darum gehen, die Zeit bis zum Inkrafttreten zu nut-

185 UN Doc. A/CONF.62/122, Teil XI, Unterabschnitt C, Art. 161.
186 Borgese, Die Zukunft der Weltmeere, S. 116.
187 Ebd., S. 113.
188 Ebd., S. 117.
189 Ebd., S. 121.
190 Ebd., S. 117.

zen und die bereits erwähnte „wohlwollende Verschwörung“ voranzutreiben. Es sollte sich für EMB jedoch alsbald herausstellen, dass Empowerment und ein weitverzweigtes Netzwerk gegen realpolitische Interessen nicht viel ausrichten konnten.

Obwohl allen klar gewesen war, dass die Konvention, die als *package deal* verabschiedet worden war, für alle Staaten Kröten bereithielt, die es zu schlucken galt, gestaltete sich der Ratifikationsprozess schleppend. Der kleine Archipelstaat Fidschi war der erste und einzige Teilnehmerstaat, der das Übereinkommen auch unmittelbar nach der Zeichnung ratifizierte. Von den 168 Delegationen hatten insgesamt 119 die Konvention unterzeichnet, während 23 Staaten, darunter die Bundesrepublik Deutschland und die Vereinigten Staaten, zwar die Schlussakte, nicht aber die Konvention zeichneten.[191] Erst 1994, mit der sechzigsten Ratifikation, wurde die Seerechtskonvention zum kodifizierten Völkerrecht.

Wo lagen die Gründe für die mangelnde Beitrittsbereitschaft? Aus Sicht der „Internationalen Beziehungen“ und der in diesem Zusammenhang gerne von dieser Disziplin bemühten Spieltheorie lässt sich dies damit erklären, dass viele der Skeptiker unter den Staaten keine Notwendigkeit sahen, sich den mit der Ratifikation verbundenen Pflichten frühzeitig zu unterwerfen und damit gegenüber Nichtbeigetretenen ins Hintertreffen zu geraten. Denn viele der in der Konvention enthaltenen Regelungen waren noch während der Verhandlungen zu Völkergewohnheitsrecht avanciert. So hatten, nachdem 1975 die ersten Verhandlungstexte vorlagen, bis 1979 sechzig Staaten Ausdehnungen der Küstengewässer vorgenommen oder Wirtschaftszonen ausgerufen, sodass die Konvention in einigen Punkten Völkergewohnheitsrecht kodifizierte.[192] Ein weiterer wichtiger Punkt für die Nichtzeichnung war die Frage der Meeresbodenbehörde, die mit ihrem Parallelsystem vor allem für die Industrieländer unannehmbar erschien.

Es war deswegen absehbar, dass es bis zum Inkrafttreten der Konvention noch einige Zeit dauern würde. Elisabeth Mann Borgese nannte dies „Glück im Unglück“, denn so hatte die gleichzeitig mit der Verabschiedung des Abkommens

---

191 Andere Staaten, die die Schlussakte, nicht jedoch die Konvention zeichneten waren Äquatorialguinea, Belgien, Benin, Botswana, Ecuador, Großbritannien, der Vatikan, Israel, Italien, Japan, Jordanien, Südkorea, Libyen, Luxemburg, Oman, Peru, Samoa, Schweiz, Spanien, Venezuela, die Vereinigten Staaten und Zaire. Einige südamerikanische Staaten, darunter solche, die Anspruch auf ein 200 Seemeilen-Küstenmeer statt einer Ausschließlichen Wirtschaftszone erhoben, zeichneten weder die Schlussakte noch die Konvention, z. B. Argentinien, Peru und Venezuela.

192 Rüdiger Wolfrum: Die Umsetzung des Seerechtsübereinkommens in nationales Recht, in: Vereinte Nationen 1 (1990), S. 20–23, hier S. 20.

eingerichtete *Preparatory Commission* (PrepCom), die ab 1983 in Kingston/Jamaika tagte, genügend Zeit, die Ideen und Perzeptionen der 1970er Jahre, wie sie sich in der Konvention niedergeschlagen hatten, an die Realitäten der 1980er Jahre anzupassen. Nur dann würde das Übereinkommen tatsächlich universelle Gültigkeit erlangen können.[193] Dem spielte die wirtschaftliche Lage in den Industrieländern zusätzlich in die Hände: Steigende Arbeitslosigkeit, ein sinkendes Bruttosozialprodukt und ein Überangebot von Kupfer und Nickel zu niedrigen Preisen schufen ein feindliches Investmentklima, weswegen die Meeresbergbaukonsortien in Bedrängnis gerieten und die Industrieländer gezwungen waren, ihre Investitionen zu drosseln.[194] Es wurde klar: In absehbarer Zeit würde kein Meeresbergbau stattfinden und umso eher waren die Industrieländer vielleicht bereit, das System anzupassen. Für Verhandlungen darüber bot die PrepCom ein passendes Forum:

> If the Commission could concentrate its efforts on exploration, research, and development, it could make an immediate, practical, realistic, and invaluable contribution to the internationalization [...] and to the participation of developing countries in exploration, research, and development, to cooperative development among developed and developing countries, and to the establishment of public/private international financing of such development through joint ventures or joint enterprises.[195]

Die Tatsache, dass die PrepCom zugleich ein Interimsregime beinhaltete, bot demnach die Möglichkeit zum Experimentieren, auch für die sogenannten „Pionierinvestoren“. Diese hatten es geschafft, bei der Verabschiedung der Konvention noch eine Schutzklausel unterzubringen, die es den Staaten Frankreich, Japan, Indien und der Sowjetunion sowie multinationalen Konsortien gestattete, ihre Explorationen bis zum Inkrafttreten der Konvention fortzusetzen. Darüber hinaus sicherte die Klausel ihnen Priorität im Antragsverfahren zur kommerziellen Ausbeutung zu.[196]

Hier setzte Mann Borgese mit ihrem JEFERAD-Vorschlag (*Proposal for a Joint Enterprise for Exploration, Research and Development*) an, den sie als Mitglied der österreichischen Delegation vorantrieb und intensiv bewarb.[197] Es handelte sich

---

193 Elisabeth Mann Borgese: The Convention is Signed: What Does the Future Hold?, in: Elisabeth Mann Borgese/Norton Ginsburg (Hrsg.): Ocean Yearbook 4, Chicago 1983, S. 1–14, hier S. 3.

194 Ebd., S. 11; vgl. auch Sparenberg, Meeresbergbau nach Manganknollen (1965–2014), S. 139.

195 Borgese, The Convention is Signed: What Does the Future Hold?, S. 12.

196 Kortum, Meeresbergbau, S. 626 f.

197 So umwarb sie beispielsweise die Bundesrepublik, die ihren „Verliererstatus“ ausgleichen könne, indem sie sich zum Vorreiter für die Bildung eines Joint Ventures zwischen interessierten Staaten, ihren Industrien und der beabsichtigten Internationalen Behörde zur Rohstoffförderung

dabei um einen Gegenentwurf, der die Interessen der Pionierinvestoren mit denen der Entwicklungsländer zu harmonisieren versuchte, indem für eines der von den Investoren vorgeschlagenen Gebiete ein gemeinsames Unternehmen gegründet würde, an dem die Entwicklungsländer beteiligt sein sollten.[198]

Wenngleich selbst Vertreter der Entwicklungsländer den Vorschlag zunächst teilweise für unrealistisch hielten und auch nicht erkennen mochten, wie durch dieses System ein direkter technologischer Zugang für die Entwicklungsländer geschaffen werden sollte,[199] gewann es in der PrepCom Anhänger. Unter Vorsitz der österreichischen Delegation fand 1985 ein Symposium für alle Interessierten statt, um JEFERAD zu diskutieren und es dann in der Vorbereitungskommission selbst weiterzubehandeln.[200] 1989 hatten sich die Pionierinvestoren immerhin auf ein gemeinsames Programm für Exploration und Training geeinigt. „Jetzt müssen wir sie halt nur noch ein wenig auf die Technologie-Zusammenarbeit schupsen [sic]“[201], meinte EMB und arbeitete bereits an einem Rohkonzept für das *Asian-African Legal Consultative Committee* über „alternative models for pioneer cooperation in exploration, technology development, and training“, das sie in Jamaica einbringen wollte.[202]

Neben dieser Arbeit an konkreten Verbesserungsvorschlägen in der PrepCom setzte Elisabeth Mann Borgese sich unermüdlich und persönlich dafür ein, dass möglichst viele Staaten die Konvention ratifizierten, um dem Übereinkommen so Universalität zu verschaffen und vor allen Dingen, um weitere unilaterale Maßnahmen zu verhindern. Anfang 1991 fehlten nur noch „lumpige 16 Ratifikationen“, und die wollte sie bis Ende des Jahres beschaffen.[203] Unzählige Regierungen und Führungsfiguren schrieb sie an, um sie vom Sinn und Zweck der Konvention zu überzeugen. Besonders dringlich wurde dies, nachdem der UN-Generalsekretär Javier Pérez de Cuéllar 1990 informelle Konsultationen anberaumt hatte, um die Konvention voranzutreiben. Bisher hatten vornehmlich Entwicklungsländer die Konvention ratifiziert, und man wollte verhindern, dass diese ohne die Industrieländer in Kraft träte, was die universelle Gültigkeit des Ab-

---

und -verwaltung mache. Elisabeth Mann Borgese: Ein Joint Venture mit der Meeresbergbaubehörde könnte eine Kerze in der Dunkelheit sein, in: Handelsblatt Nr. 48, 10.03.1981.

198 EMB MS-2–744, Box 121, Folder 22, Legal Questions relating to Jeferad.

199 EMB MS-2–744, Box 119, Folder 17, P.N. Kirthisingha (UNCTAD) an EMB, 12.09.1983.

200 EMB MS-2–744, Box 355, Folder 24, Botschafter Wolf an EMB, 22.04.1985.

201 EMB MS-2–744, Box 355, Folder 24, EMB an Botschafter Wolf, 03.12.1989.

202 EMB MS-2–744, Box 355, Folder 24, EMB an Botschafter Wolf, 25.09.1989.

203 EMB MS-2–744, Box 355, Folder 24, EMB an Botschafter Wolf, 13.01.1991.

kommens untergraben hätte.[204] Insbesondere sollten die Vereinigten Staaten überzeugt werden, dem Abkommen beizutreten, die natürlich ein entsprechendes Entgegenkommen erwarteten. Plötzlich stand Teil XI der Konvention, der doch als einziger das „Gemeinsame Erbe der Menschheit" institutionalisiert hatte, erneut zur Debatte. Mann Borgese befürchtete, dass dies die Arbeitsmoral der PrepCom insgesamt untergraben würde. Denn warum so viel Arbeit in die Interpretation und Präzisierung der Konvention investieren, wenn sie gleichzeitig von außen entkräftet wurde? Erste Anzeichen dafür gab es bereits: Die Zahl der PrepCom-Treffen wurde reduziert und grundsätzliche Fragen in die informellen Konsultationen verschoben. Wenn dies so weitergehe, prognostizierte Mann Borgese, würde bald der Ruf nach einer vierten Seerechtskonferenz laut, deren Ergebnisse dann mit hoher Wahrscheinlichkeit von den Amerikanern diktiert werden würden.[205]

Elisabeth Mann Borgese scheute sich nicht, ihre Interventionen direkt an die frisch gewählte US-Regierung unter Bill Clinton beziehungsweise an den neuen Vizepräsidenten Al Gore zu richten. Sie nahm Bezug auf sein Umweltengagement und unterbreitete ihm die Zusammenhänge zwischen der Seerechtskonvention und dem einige Monate zuvor von der Rio-Konferenz für nachhaltige Entwicklung angestoßenen Prozess, den die Signalwirkung der Seerechtskonvention stärken könne. Eindringlich bat sie Gore, die von der republikanischen Administration bisher unternommenen Versuche, Teil XI der Konvention abzuändern, nicht weiterzuführen und stattdessen auf ein universell akzeptables Interimsregime zu setzen, das ja mit der PrepCom und den Regelungen für die Pionierinvestoren bereits bestehe. Warum nicht diese Interimsregelungen bis zum tatsächlichen Beginn der Abbautätigkeiten ausweiten? Die weltwirtschaftlichen Umstände hätten sich ohnehin geändert, warum republikanischen Ideologien nachhängen?[206]

Indes, es nützte nicht viel. Zu Mann Borgeses Entsetzen wurde ein anonymer Entwurf, das sogenannte „Boat Paper", eingebracht, das die Überlegungen zur Modifikation des Teils XI aufgriff. Tatsächlich kamen die führenden Köpfe hinter dem Entwurf aus den Vereinigten Staaten, Großbritannien, Australien, Jamaika und Fidschi. Jamaikas Begehrlichkeiten richteten sich auf die künftige Meeresbodenbehörde, während der fidschianische UN-Botschafter Sayta Nanda ein Auge

204 Helmut Türk: The Idea of Common Heritage of Mankind, in: David Joseph Attard/Norman A. Martínez Gutiérrez (Hrsg.): Serving the Rule of International Maritime Law. Essays in Honour of Professor David Joseph Attard. London, New York 2010, S. 156 – 175, hier S. 166.

205 EMB MS-2-744, Box 317, Folder 14, EMB an Gro Harlem Brundtland, 17.03.1991.

206 EMB MS-2-744, Box 319, Folder 16, EMB an Al Gore, 06.12.1992.

auf den Posten des Generalsekretärs jener Behörde geworfen hatte.[207] Elisabeth Mann Borgese nannte das Paper „eine Schande", denn „die Authority und ihr armes Enterprise sind nur dazu da, NICHTS zu können".[208] Noch dazu schaffe dieses Verfahren „einen argen Precedenzfall [sic]". Es handele sich um einen Schlag ins Gesicht der Wiener Vertragskonvention von 1969, wenn ein bereits verabschiedeter Vertrag durch ein Durchführungsübereinkommen einfach abgeändert würde.[209]

Da half auch das von Sierra Leone eingebrachte „Nonpaper" nicht mehr, das sie offiziell mit dem Namen des International Ocean Institute unterstützte und in dem sich ihr eigener Vorschlag widerspiegelte, die in der PrepCom erarbeiteten Regularien bis zum Abbaubeginn als Interimsregime zu verstetigen.[210] Einen letzten Versuch unternahm sie, indem sie direkt an ihre „Kollegen" in den informellen Verhandlungen appellierte und ihnen den Pragmatismus ihres Vorschlags schmackhaft zu machen suchte. Das Mandat der PrepCom für die Interimsperiode zu verlängern, sei eine gesichtswahrende Formel, bei der niemand etwas verlieren würde. Sie sah dies als eine Harmonisierung von „Krisenmanagement" mit langfristigen Interessen, als „pragmatism with the kind of utopianism which is the realism of tomorrow".[211]

Die angesprochenen Delegierten schienen ihren visionären Pragmatismus jedoch nicht zu teilen. Mit Inkrafttreten der Konvention 1994 wurde auch das aus dem „Boat Paper" entstandene Implementierungsabkommen von der Generalversammlung verabschiedet.[212]

Teil XI der Konvention war inzwischen nur noch ein Schatten seiner selbst. Im Prinzip war das Implementierungsabkommen ein Instrument, mit dem sich der 1982 verabschiedete *package deal* wieder auseinanderbauen ließ. Obwohl der Meeresboden und seine Ressourcen weiterhin als „Gemeinsames Erbe der Menschheit" galten, hatten sich die konkreten Maßnahmen zur Verwirklichung der Idee in Wohlgefallen aufgelöst – zumindest aus Sicht der Industrieländer. So gab es keinen obligatorischen Technologietransfer mehr, stattdessen war nur noch die „Förderung" technischer Kooperation vorgeschrieben. Auch war das Produktionslimit zum Schutz der Landproduzenten gestrichen worden, das ins-

---

207 EMB MS-2–744, Box 355, Folder 24, EMB an Botschafter Wolf, 07.03.1994.
208 Ebd.
209 Ebd.
210 EMB MS-2–744, Box 327, Folder 4, EMB: Note (o.D.).
211 EMB MS-2–744, Box 326, Folder 14, EMB: Letter for my colleagues in these Consultations, 06.08.1993.
212 UN Doc. A/RES/48/263, 17.8.94, Agreement relating to the implementation of Part XI of the United Nations Convention on the Law of the Sea of 10 December 1982.

besondere den westlichen Industrieländern ohnehin zu sehr nach Planwirtschaft gerochen hatte.[213] Die Unterhaltung des *Enterprise* war vielen zu kostspielig erschienen, und so hatte man es seiner Funktion beraubt und es vorerst „auf Eis gelegt".[214] Auch die an die Behörde zu zahlenden Abgaben wurden drastisch reduziert. Zu guter Letzt passte das Implementierungsabkommen das Entscheidungsverfahren in Rat und Versammlung der Behörde den Wünschen und Erwartungen der Industrieländer an – für bestimmte Entscheidungsfindungen war nun sogar ein Vetorecht vorgesehen.[215]

Elisabeth Mann Borgese war enttäuscht. Von der Idee des „Gemeinsamen Erbes" war nicht viel übriggeblieben. Ohne die Maßnahmen zu ihrer Umsetzung handelte es sich nurmehr um ein Lippenbekenntnis, denn solange kein Meeresbergbau stattfand, würde auch „die Menschheit" nicht von den Ressourcen profitieren. Und da auch der ursprünglich obligatorische Technologietransfer passé war, hatte die Meeresbodenbehörde kaum eine Bedeutung, außer derjenigen, dass es sie gab – was EMB für sich genommen als wichtigen Meilenstein betrachtete.

Obwohl ihre Bemühungen auf der Konferenz und für die Konvention nicht von Erfolg gekrönt waren, führte Mann Borgese ihre Bemühungen fort. Bereits 1980 war sie an die Dalhousie University in Halifax/Kanada auf eine Professur für Seerecht berufen worden. Obwohl sie keinen entsprechenden Abschluss besaß, wollte ihr Vorgänger an der Universität sie unbedingt als Nachfolgerin gewinnen. „Ihr Seerecht" hatte sie schließlich in der österreichischen Delegation gelernt,[216] und so konnte sie die Materie nicht nur an die Studenten weitergeben, sondern aufgrund ihrer Kompetenz auch vielfältig mit anderen Institutionen kooperieren. Sie übernahm zahlreiche Posten in internationalen Gremien, unter anderem war sie Vorstandsvorsitzende des 1985 in Kanada gegründeten öffentlichen Unternehmens *International Center for Ocean Development*,[217] Consultant bei der Weltbank sowie bei der Organisation der Vereinten Nationen für industrielle Entwicklung (UNIDO).[218] EMB baute ihr „Meeresnetzwerk" auch nach dem Inkrafttreten der Konvention weiter aus, und das *International Ocean Institute* war hierfür der geeignete institutionelle Rahmen, mit Zweigstellen nicht nur in Malta

213 Türk, The Idea of Common Heritage of Mankind, S. 168.

214 Borgese, Mit den Meeren leben, S. 143.

215 Türk, The Idea of Common Heritage of Mankind, S. 167.

216 Gaudlitz/Borgese/Boje/Buck, Elisabeth Mann Borgese – die jüngste Tochter von Thomas Mann, CD 3, Track 4.

217 EMB MS-2–744, Box 355, Folder 2, Botschafter Wolf an EMB, 22.02.1986.

218 EMB MS-2–744, Box 87, Folder 4, EMB an Botschafter Wolf, 02.11.1981.

und Halifax, sondern auch in Nigeria, Iran, Brasilien, Thailand, auf Kuba und in Slowenien, um nur einige zu nennen. Das IOI konzentrierte sich inzwischen auf die Ausbildung im neuen Seerecht und auf Projektförderung.[219] Es ging darum, die „blaue Revolution“ zu gestalten. Hierfür arbeitete das Institut auch mit lokalen und regionalen Nichtregierungsorganisationen zusammen und bezog Küsten- und Fischerdörfer bei dem Entwurf eines „institutionellen Rahmens“ für diese „Revolution der Barfüßigen“ ein.[220]

Ihren pragmatischen Optimismus bewahrte sich Elisabeth Mann Borgese, und so konnte sie 1999, drei Jahre vor ihrem Tod, ohne Groll auf ihre Bemühungen zurückblicken und bei aller Unvollkommenheit der Konvention vor allem die mit dem Text verbundenen Chancen betonen. Trotz aller Mängel habe diese doch einige neue Anstöße geliefert, die zu einer wahren Ocean Governance führen und auf lange Sicht die rechtliche und ökonomische Ordnung verändern könnten. Zu den reformerischen Elementen zählte sie zuallererst das Gemeinsame Erbe der Menschheit, aber auch den neuen Umgang mit staatlicher Souveränität, wie er mit den ausschließlichen Wirtschaftszonen angestoßen worden sei. Außerdem bestehe mit der Konvention das einzige verbindliche und umfassende internationale Umweltrecht. Nicht zuletzt biete das Übereinkommen ein rechtlich bindendes Streitregelungsverfahren.[221] Die Konvention war für sie eine Basis, auf der man aufbauen konnte, um eine „normative Vision“ für die Verwaltung und Bewirtschaftung der Ozeane zu entwickeln. Diese setzte ganz auf die „Durchlässigkeit von Grenzen“, sowohl horizontal zwischen den Fachgebieten, Ministerien und Sonderbehörden als auch vertikal zwischen der lokalen, der nationalen, regionalen und der globalen Ebene.[222] Wenn sich dies allmählich umsetzen ließe, könne man zu einem wahren „community-based co-management“[223] gelangen, wie sie es bereits Ende der 1960er Jahre in ihrem Ocean Regime angedacht hatte.

Mann Borgese verband in diesem Denken implizit einen Ansatz Elinor Ostroms, der besagt, dass die Commons dann gewinnbringend verwaltet werden können, wenn alle, die sie nutzen, direkt an den Regelungs- und Verteilungsmechanismen beteiligt sind,[224] mit einem alternativen und dezentralisierten Demokratieverständnis. Die Verwaltung der Meere sollte ein System umfassender

219 Awni Behnam: The International Ocean Institute. A Legacy of its Founder Elisabeth Mann Borgese, in: Pils/Kühn, Elisabeth Mann Borgese und das Drama der Meere, S. 122–125, hier S. 122.
220 Borgese, Mit den Meeren leben, S. 36.
221 Dies.: The Years of my Life. The Nexus Lecture (1999), in: *Pils/Kühn*, Elisabeth Mann Borgese und das Drama der Meere, S. 206–225, hier S. 219–221.
222 Dies., Mit den Meeren leben, S. 42.
223 Dies., The Years of my Life, S. 221.
224 Ostrom, Die Verfassung der Allmende.

Beteiligung sein, das sich gleichsam in konzentrischen Kreisen ausbreitete: vom Dorf über den Nationalstaat und die Region bis hin zum ganzen „blauen Planet[en]".[225] Das, was die Ocean Governance ausmachte, nämlich ein ganzheitliches, anpassungsfähiges, dabei aber nichtlineares System, werde sich auch für andere Bereiche durchsetzen, so Mann Borgese hoffnungsvoll. Doch zunächst müsse es für die Meere Wirklichkeit werden und hier gebe es noch genug zu tun: „Vielleicht werden wir nie wirklich lernen, mit den Meeren zu leben, aber der Weg ist das Ziel."[226]

7.3 Zusammenfassung

Es ist nach der Beschäftigung mit Elisabeth Mann Borgeses Lebenswerk und ihrem Wirken auf der Seerechtskonferenz schwer, nicht beeindruckt von ihr zu sein. Jedoch hat die „Grande Dame der Ozeane"[227], wie sie genannt worden ist, die Seerechtskonferenz nicht so sehr geprägt, dass man sie als „Mutter der Seerechtkonvention" bezeichnen könnte. Dies wäre schon allein deswegen unangebracht, weil das Regelwerk am Ende nur bedingt ihren Vorstellungen entsprach. Vielmehr war sie eine Art „Geburtshelferin", die auf vielfältige Art und Weise ihre Vorstellungen in die Konferenzdebatten einbrachte und dadurch sicherlich die eine oder andere Position beeinflusst hat.[228]

Mann Borgese engagierte sich zunächst nicht allein der Meere wegen. Diese waren für sie vor allem ein Modell, ein „Laboratorium", um eine neue Weltordnung zu schaffen. Dass sie später immer wieder danach gefragt wurde, veranlasste sie wohl dazu, nachträglich ihre besondere Beziehung zum Meer und eine Verbindung von klein auf zu betonen.[229]

Zum Lebensthema wurden ihr die Meere erst mit Pardos Rede. Dabei war sie jedoch keine im eigentlichen Sinne ökologisch bewegte Meeresschützerin, sondern hatte zuvorderst die sozialen beziehungsweise sozio-ökonomischen und sozio-ökologischen Aspekte im Blick, den Nutzen der Meere für den Menschen. Insofern war ein künftiger Meeresbergbau für sie nicht etwa ein weiteres Beispiel für die Hybris des Menschen, der sich über die Natur erhebt. Wenn es dem Wohle der gesamten Weltbevölkerung diente, und nicht nur denjenigen Staaten, die die

225 Borgese, Mit den Meeren leben, S. 253 ff.

226 Ebd., S. 43.

227 So Nikolaus Gelpke über EMB im Booklet zum Hörporträt von Gaudlitz/Borgese/Boje/Buck, Elisabeth Mann Borgese – die jüngste Tochter von Thomas Mann, S. 12.

228 Ähnlich die Einschätzung von Tirza Meyer, vgl. Meyer, Elisabeth Mann Borgese, S. 297.

229 Gaudlitz/Borgese/Boje/Buck, Elisabeth Mann Borgese, CD 1, Track 2.

Mittel und technischen Möglichkeiten besaßen, war eine Steigerung der Produktivität der Meere für sie ganz im Gegenteil sogar eine humanistische Pflicht. Ein Nullwachstum der Meere hielt sie demgegenüber für utopisch. Auf Basis des Konzepts des „Gemeinsamen Erbes der Menschheit", das sie nicht nur auf den Meeresboden, sondern auf sämtliche Ressourcen angewandt wissen wollte, waren die Staaten in ihren Augen gleichsam verpflichtet, diese Ressourcen gemeinsam zu verwalten und zu entwickeln. Das Gemeinsame Erbe war für Elisabeth Mann Borgese gleichbedeutend mit Treuhandschaft, weil das Konzept dem traditionellen *Eigentumsrecht* eine Absage erteilte und stattdessen ein *Nutzungsrecht* einführte. Dabei sollte das Gemeinsame Erbe ihrer Meinung nach nicht nur für Ressourcen gelten, sondern auch für Forschungswissen und Technologien.

Mann Borgese zufolge erforderten die Ozeane, die sie als ein zusammenhängendes Ganzes betrachtete und dessen Nutzungsformen sich deshalb gegenseitig beeinflussten, überdies eine funktionale Verwaltung, die sowohl regionale, ökologische und sozioökonomische Besonderheiten einbeziehen musste, als auch deren Wechselwirkungen zu berücksichtigen hatte. In ihrer Vorstellung eines Ocean Regime übertrug sie die Idee der Meeresbodenbehörde auf die anderen Nutzungsformen, die damit ebenfalls zu Global Commons wurden, und schlug ein funktional integriertes System vor, in dem die bisher mit den Meeren befassten Abteilungen von bestehenden UN-Institutionen gestärkt und einer lenkenden Instanz unterstellt würden, die auf dem Prinzip der partizipativen Demokratie basieren sollte. Dies beinhaltete auch, alle Ebenen einzubeziehen, von der lokalen, über die nationalstaatliche und die regionalen Ebene bis zur globalen. Mit diesem Ansatz war sie so etwas wie die Vordenkerin der Ocean Governance.

Die Meere dienten ihr zudem als Laboratorium, um insgesamt ein Umdenken im internationalen System anzustoßen. Diese politische Utopie, versetzt mit technokratischen Elementen, findet ihre Entsprechung in Mann Borgeses „visionärem Pragmatismus", mit dem sie ihre Ideen vorantrieb. Um ihren Vorstellungen des Ocean Regimes Geltung zu verschaffen, bediente sie sich verschiedener, gut aufeinander abgestimmter Strategien.

1. Mit den *Pacem in Maribus*-Konferenzen schuf sie ein Parallelforum für die Seerechtskonferenz, das zugleich als Thinktank fungierte, in dem sich Delegierte mit Experten aus Wissenschaft und Wirtschaft im informellen Rahmen austauschen konnten. Innerhalb dieser „Expertenöffentlichkeit"[230] etablierte sich ein

230 Vgl. Alexander Schmidt-Gernig: Ansichten einer zukünftigen „Weltgesellschaft". Westliche Zukunftsforschung der 60er und 70er Jahre am Beispiel einer transnationalen Expertenöffentlichkeit, in: Hartmut Kaelble/Martin Kirsch/Alexander Schmidt-Gernig (Hrsg.): Transnationale Öffentlichkeiten und Identitäten im 20. Jahrhundert, Frankfurt a. M., New York 2002, S. 393–422.

Netzwerk, das ihr einerseits zur Verbreitung der eigenen Ideen diente und andererseits die maritimen Akteure untereinander verband. Bei *Pacem in Maribus* handelte es sich, entgegen dem ersten Eindruck, nur bedingt um eine zivilgesellschaftliche Veranstaltung, sondern vielmehr um eine ziemlich exklusive „informal elite diplomacy“[231], die dabei half, die Konferenzthemen aus verschiedenen Perspektiven zu beleuchten und Alternativen aufzuzeigen.

2. Die Gründung des *International Ocean Institute* ermöglichte es, die *Pacem in Maribus*-Konferenzen zu verstetigen und überdies als NGO an der Seerechtskonferenz teilzunehmen. Nachdem die Nichtregierungsorganisationen jedoch nur zu den formalen Sitzungen zugelassen waren und Mann Borgese mit einem auf eine Sondergenehmigung zurückgehenden Statement nur bedingt Einfluss auf das Konferenzgeschehen nehmen konnte, ließ sie sich in die österreichische Konferenzdelegation aufnehmen. Dort lancierte sie, gleichsam verdeckt, nicht als Privatperson, sondern als Delegierte, ihre eigenen Vorschläge und unterstützte die Österreicher mit ihrer Expertise. Als vorsitzende Nation der Gruppe der Binnen- und geographisch benachteiligten Staaten hatte Österreich eine gewisse Reputation, und viele ihrer über diesen Kanal eingebrachten Vorschläge wurden auf der Konferenz und in der Vorbereitungskommission diskutiert – wenn sie auch, bis auf den Punkt der Beteiligung der Behörde an den Erträgen aus den Ressourcen des äußeren Festlandsockels, nicht umgesetzt wurden.

3. Die Beteiligung der Entwicklungsländer an den entscheidenden Konferenzdebatten war Elisabeth Mann Borgese ein besonderes Anliegen. Das hatte zum einen sicherlich mit der strukturellen Benachteiligung dieser Länder in der nach wie vor von kolonialen Abhängigkeiten geprägten globalen Ordnung zu tun. Zum anderen wird man auch ein gewisses taktisches Interesse nicht von der Hand weisen können: Mann Borgese wollte ihren Konzepten mit Hilfe der Stimmmacht dieser Länder zum Durchbruch verhelfen. Um diese stimmgewaltige Gruppe zu mobilisieren und um dem Rest der Weltgemeinschaft die Implikationen zu verdeutlichen, verwendete sie viel Zeit und Ressourcen darauf, die Zusammenhänge zwischen der von den Entwicklungsländern geforderten Neuen Weltwirtschaftsordnung und der Seerechtskonferenz aufzuzeigen und bei den Vertretern der Entwicklungsländer für ihre Ideen zu werben.

4. Um die gleichberechtigte Teilhabe der Entwicklungsländer voranzutreiben und ihnen das Meeres- und Ressourcenwissen zu vermitteln, das diese brauchten, um einerseits die Ressourcen in ihren eigenen Wirtschaftszonen effizient zu nutzen und zu verwalten und andererseits künftige Posten in der Meeresbodenbehörde besetzen zu können, bot das IOI die sogenannten „Trainings-

231 Vgl. Knudsen, Trilateral Commission.

programme“ an. Dabei kooperierte es sowohl mit der Industrie als auch mit Nichtregierungsorganisationen und Regierungsvertretern.

All diese Strategien dienten letztlich dem Fernziel, eine neue globale Ordnung über die Ozeane zu etablieren und bestehende globale Ungleichheiten auszuräumen. Da sich in der Seerechtskonferenz ein konkreter Anknüpfungspunkt geboten hatte, Mann Borgese über die entsprechenden Kontakte verfügte und diese auch entsprechend einzusetzen vermochte, kam es, dass sie die Verhandlungen von Beginn an begleitete und zu einer festen Größe in der seerechtlichen Community wurde – auch in der Phase nach der Verabschiedung der Konvention, in der sie sich bei vielen Staaten für eine Ratifizierung einsetzte. Mit ihren „normativen Visionen“ einerseits und ihrem wertrationalen Handeln andererseits, das sie stets mit der notwendigen Prise Pragmatismus an den Tag legte, konnte sie allerdings auf der Konferenz in der Gesamtschau nur wenig Einfluss ausüben, zumindest nicht, wenn es um die Umsetzung ihrer Ideen ging.[232] Das von ihr vertretene Ressourcenkonzept, das Gemeinsame Erbe, auf die Meere in ihrer Gesamtheit anzuwenden, hätte einen zu großen Eingriff in das internationale System und die gewachsenen Verteilungsverhältnisse bedeutet und roch den meisten Staaten zu sehr nach Sozialismus. Ihr integrativ-funktionales Denken jedoch hat sich in der Ocean Governance niedergeschlagen, deren Akteure wohl alle wissen, was sie Elisabeth Mann Borgese verdanken.

232 Popovski hingegen weist den PIM-Konferenzen und dem IOI sehr hohe Einflussmacht zu. So hätten diese maßgeblich zur Verabschiedung der Konvention beigetragen. Seine Belege beschränken sich allerdings auf die Tatsache, dass PIM viel Zulauf hatte. Er gibt keine Hinweise darauf, wie sich der „Output“ messen ließe. Vesselin Popovski: UNCLOS and the Peaceful Use of the Sea., in: Shicun Wu/Mark J. Valencia/Nong Hong (Hrsg.): UN Convention on the Law of the Sea and the South China Sea, Burlington/VT 2015, S. 73–83.

8 Fazit und Ausblick

„The problems of ocean space are closely interrelated and need to be considered as a whole." So steht es in der Präambel der Seerechtskonvention, und dass dieser Satz es dorthin geschafft hat, ist gar nicht unbedingt selbstverständlich.

Die Delegierten diskutierten auf der dritten Seerechtskonferenz die verschiedenen Themenbereiche Meeresboden, Wirtschafts- und Küstenzonen sowie Meeresschutz und -forschung in mehreren Ausschüssen, und auf der verhandlungstaktischen Ebene gab es zahlreiche Verflechtungen und Rückkopplungseffekte zwischen diesen einzelnen Themen. Auf der Sachebene hingegen führte diese Trennung oftmals zu argumentativen Verrenkungen, die es den Delegationen erschwerten, eine einheitliche Haltung zu vertreten. Damit zeigte sich auch: Das Meer als zusammenhängendes Ganzes zu betrachten, war ein hochgesteckter Anspruch, den man in den Detailverhandlungen nur allzu leicht aus den Augen verlor.

Diese „Mammutkonferenz" durch die Ressourcenbrille zu betrachten, hat aus analytisch-konzeptioneller Sicht den Vorteil, Konfliktlinien, beteiligte Akteure und das Mehrebenensystem exemplarisch untersuchen zu können. Mithin lässt sich dieser methodische Prototyp der Mehrebenenanalyse auf die Untersuchung anderer internationaler Konferenzen übertragen, da das Analysesetting die Global Governance-Strukturen aufgreift und insofern insbesondere für „Weltkonferenzen" seit den 1970er Jahren anwendbar ist. Wie anhand der Seerechtskonferenz exemplarisch aufgezeigt wurde, gewährt die historische Analyse großer internationaler Konferenzen in konzentrierter Form Einblicke in tieferliegende globale Problem- und Interessenskonstellationen. Ebenso lassen sich viele Ursachen für die oftmals als unüberwindbar wahrgenommene Kluft zwischen (normativem) Anspruch und (realpolitischer) Wirklichkeit ergründen. Gleichwohl trat die symbolpolitische Funktion bei der Seerechtskonferenz eher in den Hintergrund. Sie zählt nur bedingt zur Gruppe der Weltgipfel mit hoher Öffentlichkeitswirksamkeit, die oftmals vornehmlich Aufmerksamkeit für ein Thema generieren sollen. Vielmehr war sie gewissermaßen eine „technische Konferenz", bei der es um ganz konkrete Lösungsansätze für ein globales Problem ging.[1]

Und so bietet die Seerechtskonferenz auf der inhaltlichen Ebene einen Zugriffspunkt, um Ressourcendebatten während der langen 1970er Jahre in den Blick zu nehmen, die sowohl vom „Nord-Süd-Konflikt" und einem wachsenden

1 Zur symbolpolitischen und öffentlichkeitsgenerierenden Funktion von UN-Konferenzen vgl. Reinhard Wesel: Symbolische Politik der Vereinten Nationen. Die „Weltkonferenzen" als Rituale, Wiesbaden 2004.

https://doi.org/10.1515/9783110748826-008

Interdependenzbewusstsein als auch durch die Furcht vor den „Grenzen des Wachstums" geprägt waren.

Vor diesem Hintergrund kam es auf der Seerechtskonferenz zu einem „clash of visions" (Purdy), der sich aus differierenden, zum Teil sozial konstruierten Ressourcenkonzepten und unterschiedlichen Vorstellungen über Ressourcengerechtigkeit speiste. Zwar waren auch geostrategische Interessen im Spiel, insbesondere hinsichtlich der freien Durchfahrt durch Meerengen, die für eine globalisierte Wirtschaft lebenswichtig waren. Die Ressourcen stellten jedoch das Hauptkonfliktfeld dar, das sich zwischen den Konferenzteilnehmern und ihren konkurrierenden Ressourcenkonzepten bildete. Marine Ressourcen wurden ideologisch aufgeladen. Ausgehend von den Teilstudien zur Gruppe 77, zur deutschen Hochseefischerei und zu Elisabeth Mann Borgese lassen sich drei unterschiedlich fundierte Konzepte und Argumentationsmuster ausmachen:

1. Marine Ressourcen als Mittel gegen globale Ungleichheit und Vehikel für Unabhängigkeitsansprüche

Das Ressourcenkonzept, das die G77 vertraten, speiste sich in erster Linie aus dem „Nord-Süd-Konflikt". Als ehemaligen Kolonien war den Ländern dieser Gruppe daran gelegen, Ressourcensouveränität zu gewinnen, die sie als Teil einer wirtschaftlichen Dekolonisierung verstanden. Probleme bereitete ihnen dabei die Widersprüchlichkeit ihrer Ressourcenkonzepte untereinander, die sich aus ihren unterschiedlichen bio-geographischen Voraussetzungen, aber vor allen Dingen auch aus den aufgesplitterten Verhandlungsgegenständen ergab. Die Themen „Meeresbergbau" und „Wirtschaftszonen" wurden getrennt voneinander verhandelt, was sicherlich dazu beitrug, dass zwischen diesen beiden Sachfeldern kein direkter Bezug hergestellt wurde. Diese Separierung hatte aber auch schlicht damit zu tun, dass es sich um verschiedene Meeresnutzungen handelte. So plädierten die Entwicklungsküstenländer für exklusvie Wirtschaftszonen, weil sie die lebenden und die nichtlebenden Ressourcen auf dem Festlandsockel vor dem Zugriff anderer Staaten schützen wollten und dies mit ihren Forderungen nach Souveränität über die Rohstoffe zu Lande verbanden. Demgegenüber hatten sie in Bezug auf den Meeresbergbau keine direkten Ambitionen, da ihnen die technischen Möglichkeiten fehlten, an einer etwaigen Ausbeutung zu partizipieren. Insofern kam ihnen hier das Prinzip des „Gemeinsamen Erbes der Menschheit" zupass. Wäre es zu einem Abbau der Meeresbodenressourcen kommen, wäre mit Hilfe des Menschheitserbe-Konzepts ihre Teilhabe an den Gewinnen gesichert gewesen, ohne dass sie selbst direkt am Abbau hätten beteiligt sein müssen.

Indem die G77 mit dem Monopolsystem der Meeresbodenbehörde und dem damit verbundenen *Enterprise* eine kompromisslose Internationalisierung dieser Ressourcen anstrebten, stellten sie sich selbst aber gewissermaßen zwischen die Pole Internationalisierung und Nationalisierung. Zwar entsprach das Gemeinsame Erbe mit seinem Ansatz der Treuhandschaft genau der im Programm der Neuen Weltwirtschaftsordnung enthaltenen Forderung nach Solidarität und verstärkter Kooperation der internationalen Gemeinschaft. Indem es aber auch von den Entwicklungsländern nur für den Meeresboden gefordert und nicht auf sämtliche Meeresressourcen ausgedehnt wurde, stand es im Widerspruch zu dem anderen Kernelement der Neuen Weltwirtschaftsordnung, nämlich der Forderung nach absoluter Souveränität über natürliche Ressourcen, die sich wiederum in der Unterstützung des Wirtschaftszonenkonzepts äußerte. Postkoloniale Ressourcensouveränität bezog ihre Legitimation dabei nicht nur aus dem Selbstbestimmungsrecht der Völker, wie es die UN-Charta beinhaltete, sondern war auch mit dem Territorialitätsprinzip verknüpft. Insofern wurden die marinen Ressourcen „geopolitisch gerahmt“[2] und als nationales Eigentum konstruiert, was der gemeinsamen Verwaltung der Global Commons zum Nutzen aller entgegenstand, wie sie im Rahmen des Menschheitserbes gefordert wurde.

Nachdem bereits während der Konferenz klar geworden war, dass Meeresbergbau in naher Zukunft nicht stattfinden und überdies die Neue Weltwirtschaftsordnung wenig Durchsetzungschancen haben würde, kam dem Gemeinsamen Erbe für die Entwicklungsländer nunmehr in erster Linie symbolischer Wert zu. Mit ihm ließen sich die Ansprüche auf Teilhabe formulieren, und es war vor allen Dingen dazu geeignet, einen uneingeschränkten Zugang der Industrieländer zum Meeresboden zu verhindern.

Die wahre Umverteilung von Ressourcen vollzog sich aber erst durch die Einführung der Wirtschaftszonen. Da diese allerdings von geographischen beziehungsweise ozeanographischen Faktoren determiniert waren, konnte darüber kein genuiner Ausgleich globaler Ungleichheiten bei der Nutzung mariner Ressourcen erreicht werden, denn es verfügten ja nicht alle Staaten über eine eigene Küstenlinie und damit direkte Teilhabe an den Meeresressourcen. Profiteure der Einrichtung von Wirtschaftszonen waren nur die Küstenstaaten.

2. Die Freiheit der Meere als Grundlage für Verfügungsrechte über lebende Ressourcen

Ressourcen werden erst zu solchen gemacht, indem der Mensch sie nutzt. Ölvorkommen auf dem Festlandsockel oder Manganknollen waren insofern keine Ressourcen, bevor ihr Abbau durch technische Innovationen möglich wurde. Verfügungsgewalt über marine Ressourcen hat deswegen immer auch eine tech-

2 Lea Haller/Sabine Höhler/Andrea Westermann: Einleitung: Rechnen mit der Natur: Ökonomische Kalküle um Ressourcen, in: Berichte zur Wissenschaftsgeschichte 37/1 (2014), S. 8 – 19, hier S. 10.

nologische Komponente, wie das Beispiel der deutschen Hochseefischerei deutlich macht.

Aufgrund von Innovationen auf dem Fischereisektor war es möglich, immer entlegenere Fanggebiete aufzusuchen und devisenfrei vom Naturkapital zu profitieren. Ressourcenmacht basierte in diesem Fall nicht auf dem Territorialitätsprinzip, sondern auf technologischer Potenz. Fernfischerei im Zeichen der Meeresfreiheit entsprach im Prinzip dem Locke'schen Verständnis von Natur als einem Ressourcenraum, in dem der Mensch durch Bewirtschaftung Eigentumsrechte erwirbt.[3]

Auf dieser Prämisse basierte das Beharren der deutschen Hochseefischerei auf traditionellen beziehungsweise historischen Fischereirechten. In dieser Lesart kam ihr allein deswegen ein Verfügungsrecht zu, weil sie es vermocht hatte, die lebenden Ressourcen in fernen Gewässern zu erschließen. Der sich im Zuge der Etablierung von exklusiven Wirtschaftszonen durchsetzende Primat geographischer Kriterien erschien den Vertretern der deutschen Hochseefischerei als ungerecht, weil es sich bei der Nationalisierung der Küstenzonen ihrer Ansicht nach um eine Aneignung von Ressourcen handelte, die vorher allen gehört hatten. Dies war jedoch eine falsche Annahme. Denn wenngleich Fische und andere lebende Ressourcen unter der Doktrin der Freiheit der Meere als *open access good* behandelt wurden, konnten doch nur diejenigen von ihnen profitieren, die die technischen Möglichkeiten zu ihrer Ausbeutung hatten. Und dass dies tatsächlich zu einer „Tragödie der Allmende“ führen könnte, konnte man im kleinen Maßstab an der bloßen Existenz der deutschen Fernfischerei ablesen, die ja letztlich eine Folge der Überfischungserscheinungen, einer erhöhten Rivalität im Nahbereich der deutschen Küsten sowie einer gezielten Ressourcenpolitik gewesen war.

Ebenso waren dies die Gründe, derenthalben man für Abkommen mit Drittstaaten lobbyierte, nachdem klar geworden war, dass die wichtigsten Fanggebiete künftig unter die Jurisdiktion der Küstenstaaten fallen würden. In einem EG-Meer gab es einfach nicht genügend Fisch für alle Mitgliedstaaten. „Ressourcengerechtigkeit“ gründete deswegen für die deutsche Hochseefischerei auf historischen Rechten und auf sozio-ökonomischen Faktoren, die auf die Erhaltung einer regionalen Schlüsselindustrie abzielten.

Um den geographischen Faktor zu delegitimieren, der der Bundesrepublik in Wirtschaftszonenfragen zum Nachteil gereichte, deklarierte man lebende Ressourcen in Anlehnung an das Gemeinsame Erbe zum „gemeinsamen Wirtschaftsgut“. Damit ließ sich eine Verantwortungskomponente konstruieren, im Zuge derer den „fischereierfahrenen“ Staaten eine tragende Rolle bei der Prote-

3 Vgl. Purdy, After nature, S. 76.

inversorgung der Weltbevölkerung zukam. Wenngleich sich diese Argumentation nicht durchsetzen konnte, tauchte sie doch in Form des Technologietransfers und der Vermittlung fischereitechnischen Know-hows wieder auf, was die Bundesregierung der deutschen Hochseefischerei als alternatives Betätigungsfeld zum Ausgleich des Verlusts der Fanggründe schmackhaft zu machen suchte. Ironischerweise entsprach die technische Hilfe für Entwicklungsländer – der Einsatz von Wissenskapital – eben jener technologischen Komponente der Verfügungsgewalt, die der deutschen Hochseefischerei im Zeitalter der Freiheit der Meere überhaupt erst Ressourcenmacht verliehen hatte.[4]

3. Alternative Weltordnungsentwürfe und Global Commons als Antwort auf die Meeresrevolution

Elisabeth Mann Borgese sah das Gemeinsame Erbe der Menschheit als globales Prinzip. Es nicht nur auf die Ressourcen des Meeresbodens, sondern auf den Ozean insgesamt zu übertragen, bedeutete, die Meere als Global Commons der Treuhandschaft der gesamten Menschheit zu überschreiben und damit die herkömmlichen Konzepte von Eigentum zu überwinden. Dabei verband sie ein utilitaristisches Ressourcenverständnis mit technokratischen Elementen: Sowohl die nichterneuerbaren Rohstoffe auf dem Meeresboden als auch die lebenden Ressourcen galt es zum Wohle aller zu entwickeln und zu verwalten. Im Zuge der „Meeresrevolution", wie sie die rasanten Entwicklungen in der Fischerei- und Meerestechnologie bezeichnete, ergaben sich völlig neue Nutzungspotentiale, von Aqua- und Marikulturen bis hin zum Meeresbergbau, die sie fortschrittsoptimistisch begrüßte, zugleich aber auch die damit verbundenen Gefahren der Übernutzung und unilateraler Aneignung aufmerksam wahrnahm.

Ressourcengerechtigkeit sollte Mann Borgese zufolge mittels eines integrativ-funktionalen Ocean Regimes erreicht werden, das sowohl lokale sozio-ökonomische Gegebenheiten berücksichtigte als auch die Wechselwirkungen zwischen den verschiedenen Meeresnutzungen untereinander. Das Prinzip der Treuhandschaft, das statt Eigentumsrechten Nutzungsrechte postulierte, spiegelte sich in der von ihr vorgesehenen Struktur des Ocean Regimes. Im Sinne der Ocean Governance sah das Regime für die verschiedenen Meeresnutzungen (Fischerei, Meeresbergbau, Meeresforschung, Meeresumweltschutz) jeweils eigene Institutionen vor, die sich unter dem Dach einer mit Mandat versehenen übergeordneten Organisation versammelten, die das Ressourcenmanagement im Sinne einer partizipativen Demokratie übernehmen würde. In Zuge dessen sollten Entschei-

4 Vgl. zur technischen Hilfe Torma, Lebende Ressourcen und symbolisches Kapital. Zur Entwicklungszusammenarbeit auf dem Fischereisektor; Vogel, Die Außenfischereibeziehungen der Europäischen Gemeinschaft, S. 130 f.

dungen nicht nur von Regierungsvertretern „top-down“, sondern auch „bottom up“ von Repräsentanten der betroffenen Sektoren aus Wirtschaft und Gesellschaft getroffen werden.

Damit ging aber auch ein neues Verständnis von Souveränität einher. Die territoriale und nationale Ressourcensouveränität, wie sie die Entwicklungsländer im Zuge der Neuen Weltwirtschaftsordnung und der Einrichtung der Wirtschaftszonen forderten, ersetzte Elisabeth Mann Borgese durch ein funktionales Souveränitätsverständnis, wie es sich letztlich auch ansatzweise in der Seerechtskonvention widerspiegelte, die für die verschiedenen Regelungsbereiche zwischen Gemeinsamem Erbe, souveränen Rechten, ausschließlichen Hoheitsrechten und einzelnen Hoheitsbefugnissen unterscheidet.[5]

Ressourcenwissen und meerestechnisches Kapital gehörten für Elisabeth Mann Borgese ebenfalls zum Gemeinsamen Erbe der Menschheit. Kooperation auf diesen Gebieten sollte den Entwicklungsländern eine gleichberechtigte Teilhabe an den marinen Ressourcen ermöglichen. Die Meere waren in diesem Sinne tatsächlich ein Labor für eine neue Weltordnung sowie für neue Formen der Verwaltung und Partizipation. Im Gegensatz zu den G77, die das Gemeinsame Erbe realpolitisch nutzten, um eine dominierende Rolle der Industrieländer im Meeresbergbau zu verhindern, betonte Elisabeth Mann Borgese stärker die normative Dimension des Konzepts. Ihr ging es nicht schlicht um eine Umverteilung, sondern vielmehr um eine gerechte Teilhabe aller Staaten, Regionen und lokalen Bevölkerungen an den Ressourcen der Meere. Das Fernziel bestand für sie darin, ausgehend vom Meer die kosmopolitische Utopie eines Weltföderalismus anzubahnen.

Wenn man die „Governance-Perspektive“ einnimmt und die Seerechtskonferenz als politische Auseinandersetzung zur Errichtung von Regelungsstrukturen betrachtet, zeigt sie sich als Beispiel für den sich während der 1970er Jahre vollziehenden Wandel im internationalen System. Während der Beginn der Konferenz vom Versuch geprägt war, globalen Verflechtungen und Interdependenzen mit internationaler politischer Steuerung zu begegnen, verdeutlicht die Beschneidung der Meeresbodenbehörde durch das Implementierungsabkommen exemplarisch die Abkehr vom Modernisierungsdenken, die sich in der internationalen Politikgestaltung vollzog.[6]

Daneben treten mit der Governance-Perspektive die verschiedenen, sich überlagernden Akteursebenen klar zutage. Diese reichten von der lokalen bezie-

5 Vgl. Alexander Proelß: Mit den Meeren leben. Zu Elisabeth Mann Borgeses Konzeption einer gerechten Nutzung der Ozeane, in: *Pils/Kühn*, Elisabeth Mann Borgese und das Drama der Meere, S. 104–111, hier S. 109.

6 Eckel, Vielschichtiger Konflikt und transnationale Steuerung, S. 498.

hungsweise regionalen Ebene im Falle der Hochseefischerei über die nationale Ebene der Bundesrepublik und die europäische Ebene der gemeinsamen Fischereipolitik, über Interessenzusammenschlüsse wie die Gruppe 77 bis zur globalen Ebene der Konferenz. Letztere wird ergänzt durch Elisabeth Mann Borgeses Wirken, das sich nur schwer einordnen lässt. So agierte sie zwar vornehmlich auf der globalen Ebene, war aber zugleich eine Wanderin zwischen den Welten, indem sie mal als Privatperson, mal als Vertreterin der Zivilgesellschaft und mal als Delegierte auftrat. Diese Rollenvielfalt ermöglichte ihr diverse Einflussstrategien. Im Sinne einer „wohlmeinenden Verschwörung" versuchte sie, ihre Ideen durch Impulse auf den *Pacem in Maribus*-Konferenzen sowie in Form von Empfehlungen oder über private Kontakte zu einflussreichen Delegierten in die Konferenz einsickern zu lassen.

Der Verband der deutschen Hochseefischereien musste sich demgegenüber auf den „herkömmlichen" Lobbyismus beschränken, der vornehmlich auf der nationalen, aber auch auf der europäischen Ebene stattfand. Als Mitglieder der Delegation konnten seine Vertreter nicht viel mehr ausrichten, als sich mit anderen Wirtschaftslobbyisten auszutauschen oder hier und da beratend tätig zu werden, wenn dies von den bundesdeutschen Regierungsvertretern angefragt wurde. Gleichwohl wird am Beispiel der deutschen Hochseefischerei die Verwobenheit der unterschiedlichen Verhandlungsebenen besonders deutlich. Dies zeigte sich vor allem darin, dass der regionale Sektor der Fischereiwirtschaft auf der innerstaatlichen Ebene mit den anderen Wirtschaftsressorts konkurrierte, während auf der EG-Ebene wiederum die Vertreter der einzelnen Mitgliedstaaten ihre Interessen in Übereinstimmung bringen mussten. Die Gemeinschaftsinteressen widersprachen aber oftmals den bundesdeutschen Positionen zu anderen Konferenzthemen, woraus sich das Dilemma entwickelte, eine Balance zwischen den „geographischen Verbündeten" (Binnen- und georgraphisch benachteiligte Staaten) und den politischen Verbündeten der EG zu finden. Hier entschied sich die Bundesregierung letztlich dafür, die eigenen Interessen zugunsten einer einheitlichen EG-Position zurückzustellen, was der Hochseefischerei einen Verliererstatus bescherte.

Zugleich wurden die Konferenzverhandlungen aber auch von äußeren Entwicklungen überholt, weil zahlreiche Staaten Fischereizonen oder ausschließliche Wirtschaftszonen ausriefen, die auf der Seerechtskonferenz eigentlich noch im Hinblick auf die genaue Ausgestaltung zur Debatte standen. Elizabeth Nyman hat für diese Entwicklungen die treffende Formulierung „outpaced by events“[7] verwendet, die auch für andere Bereiche der Konferenzmaterie zutraf.

Freilich war dies bei einem derart langwierigen Verhandlungsverlauf nicht anders zu erwarten. Die zu Beginn der Konferenz Anfang der 1970er Jahre im Zuge der Ölpreis- und der vermeintlich drohenden Umweltkrise befürchteten „Grenzen des Wachstums“ waren zu Beginn der 1980er immer noch nicht erreicht, und die Weltlage hatte sich deutlich verändert. Der Wirtschaftsliberalismus setzte sich durch und forderte die Entwicklungsländer heraus. Die Angst der Industrieländer vor der Ressourcenmacht der Entwicklungsländer, die zu Beginn der Konferenz bestanden hatte, erwies sich im Lauf der Zeit als unbegründet. Erstens trat die befürchtete Ressourcenverknappung nicht ein, und zweitens waren auch viele Entwicklungsländer von der Ölpreiserhöhung ihrer vermeintlichen Verbündeten betroffen. Von einer „Einheit des Südens“ war also nur schwerlich zu sprechen, wie sich während der 1970er Jahre allmählich herausstellte. Die Entwicklungsländer waren sich untereinander nicht einig. Zusätzlich litten sie unter der Schuldenkrise und unter der Schwächung des UN-Systems, insbesondere unter dem Bedeutungsverlust der Welthandelskonferenz, die dadurch verursacht worden waren, dass die Industrieländer andere Foren wie die G7-Gipfel etablierten.

Insofern blieb den Entwicklungsländern nicht viel anderes übrig, als das Durchführungsabkommen von 1994 zu akzeptieren, um so wenigstens das Gemeinsame Erbe zu retten, das immerhin noch eine symbolische Bedeutung besaß, denn es stand für die Mäßigung der Industrieländer und passte sich in die „Rhetorik der Gleichheit im Völkerrecht“[8] ein. Obwohl die Küstenstaaten unter den Entwicklungsländern an Ressourcensouveränität gewonnen hatten, war es den G77 insgesamt nicht gelungen, die Seerechtskonferenz in das Programm einer Neuen Weltwirtschaftsordnung zu integrieren. Zu vorherrschend waren die nationalen Interessen der Mitgliedstaaten, was zu einem „value-action gap“ führte: Zwar waren die G77 darüber einig, dass das Gemeinsame Erbe sich perfekt in ihre Programmatik globaler Umverteilung einpasste, jedoch waren sie aufgrund der einzelstaatlichen Souveränitätsansprüche nicht in der Lage, dies für sich zu nutzen. Eine tiefergehende Analyse der Dynamiken innerhalb der G77, beispielsweise auf Basis nationaler Quellen einzelner Mitgliedstaaten, dürfte Aufschluss darüber geben, inwiefern dies von den Akteuren selbst reflektiert wurde und welche Reaktionsmöglichkeiten sie in Betracht zogen.

---

7 Elizabeth Nyman: Outpaced by Events. Our Ageing Law of the Sea, in: International Journal of Maritime History 29/3 (2017), S. 636–644.

8 Speich Chassé, Die „Dritte Welt“ als Theorieeffekt, S. 591.

Elizabeth Nymans Diagnose, dass das Seerechtsübereinkommen ein Kind der frühen 1970er Jahre ist und bereits bei seiner Verabschiedung 1982 überholt war, ist beizupflichten.[9] Meeresbergbau, das zentrale Konfliktfeld der Konferenz und wichtigster Grund für die Absenz der Vereinigten Staaten, findet bis heute nicht statt, hat aber in Form der *International Seabed Authority* eine eigene bis dato nahezu arbeitslose Behörde, die das gemeinsame Menschheitserbe verwalten soll. Das Menschheitserbe-Prinzip mutierte bereits während der Konferenz zu einer „Pathosformel" (angelehnt an Aby Warburgs Begriff), mit der die Realität sich nicht messen konnte und wollte.

Hinsichtlich der Fischerei hat die Seerechtskonferenz mit der völkerrechtlichen Festschreibung von ausschließlichen Wirtschaftszonen bis zu 200 Seemeilen den Küstenbewohnern in vielen Entwicklungsländern mit fischreichen Küsten einen Bärendienst erwiesen. Indem von den Regierungen dieser Staaten Fanglizenzen an Fischereiflotten der Nordhalbkugel vergeben werden, befriedigen diese ihre subventionierten Fischereisektoren, entziehen aber gleichzeitig den Subsistenzfischern vor Ort ihre Lebensgrundlage.[10]

Auch Schutz und Nutzung der Hohen See wurden im Vertragswerk weitgehend ausgespart. Hier galt weiterhin die Freiheit der Meere, und die mit der Errichtung ausschließlicher Wirtschaftszonen aus den nationalen Gewässern verbannten Fangflotten fanden ihre Alternativen außerhalb der Regelungsbereiche. Intensivierte Hochseeaktivitäten wie die undokumentierte und unregulierte Fischerei und damit einhergehend die Gefährdung der Biodiversität waren die Folgen. Dies veranlasste schließlich die UN-Generalversammlung dazu, 2017 Verhandlungen über ein spezifisches internationales Abkommen zum Schutz der Hohen See anzuberaumen.[11]

Trotz dieser Schwächen im Ergebnis stellte die Seerechtskonferenz eine Art Revolution in der Herstellung von Völkerrecht dar, indem sie die Kodifikation von Völkergewohnheitsrecht mit einer progressiven Rechtsentwicklung verband.[12] Wenngleich es auf der Seerechtskonferenz nicht gelang, ein tatsächliches Commons-Regime zu etablieren, vermochten die Akteure es, mittels Verhandlungen die Freiheit der Meere durch ein globales Rechtsregime zu ersetzen, das

---

9 Nyman, Outpaced by Events.

10 Jenny Marrenbach: EU-Fangflotten im Senegal. Wie Fischfang Migration auslöst. Weltzeit, 11.06.2018, in: Deutschlandfunk Kultur <https://www.deutschlandfunkkultur.de/eu-fangflotten-im-senegal-wie-fischfang-migration-ausloest.979.de.html?dram:article_id=420002> (10.12.2018).

11 UN Doc. A/RES/72/249, International legally binding instrument under the United Nations Convention on the Law of the Sea on the conservation and sustainable use of marine biological diversity of areas beyond national jurisdiction, 24.12.2017.

12 Harrison, Evolution of the Law of the Sea, S. 16.

den Rahmen bilden kann für eine Ocean Governance, die alle betroffenen Akteure einzubinden und die miteinander verwobenen Meeresnutzungen zu harmonisieren vermag. Bis solche intersektoralen Koordinierungen die Fragmentierung der meerespolitischen Bereiche – den „unmanageable ocean“ (Steinberg) – in ein kohärentes Ocean Regime umgewandelt haben, braucht es jedoch wohl noch einige Zeit.[13]

Dies ist nicht zuletzt auf eine diskursive Schließung zurückzuführen: Seit den 1970er Jahren wurden den internationalen Debatten um marine Ressourcen keine wesentlichen Aspekte hinzugefügt – bis heute bewegen sie sich im Spannungsfeld zwischen der Freiheit der Meere und Nationalisierung beziehungsweise Vergemeinschaftung, während das Konzept der Treuhandschaft und der Global Commons weiterhin in erster Linie von Nichtregierungsorganisationen und UNO-Mitarbeitern propagiert wird.

Zu guter Letzt lässt sich an der Seerechtskonferenz eindrücklich zeigen, dass die 1970er Jahre innerhalb des UNO-Universums als Dekade einer „alternativen Zukunft“ gelten können.[14] Die noch nicht genügend untersuchte Wirkmächtigkeit des Nord-Süd-Konflikts und der Forderung nach einer neuen Weltwirtschaftsordnung tritt in den Seerechtsverhandlungen ebenso zu Tage wie das Streben nach Ressourcensicherheit seitens des Nordens. Dies prägte die Seerechtskonvention, die allerdings erst in Kraft trat, nachdem die alternative Zukunft bereits Vergangenheit geworden war.

---

13 Vgl. Aletta Mondré/Annegret Kuhn: Ocean Governance, in: APuZ 67/51–52 (2017), S. 4–9.

14 Eckel: Vielschichtiger Konflikt und transnationale Steuerung, S. 532; vgl. auch Gilman: The New International Economic Order, S. 1.

Quellen- und Literaturverzeichnis

Archivalische Quellen

United Nations Archives (UNA), New York

United Nations Registry Section (1946–1979):
S-0442–0425–15
S-0444–0243–0003

Fonds Secretary-General U Thant (1961–1971):
S-0885–0002

Fonds Secretary-General Kurt Waldheim (1972–1981):
S-0913–0001–05
S-0913–0001–06
S-0913–0001–07
S-0913–0001–08
S-0913–16–8

Bundesarchiv Koblenz (BArch)

Bundesministerium für Ernährung, Landwirtschaft und Forsten:
B 116/42707
B 116/46699
B 116/46716
B 116/46767
B 116/46769
B 116/46775
B 116/46784
B 116/65021
B 116/65022
B 116/65068

Bundeskanzleramt:
B 136/17612
B 136/17614

Politisches Archiv des Auswärtigen Amtes (PA AA)

Ministerbüro:
B 1 (ZA)/178702

https://doi.org/10.1515/9783110748826-009

Rechtsabteilung Seerecht, Antarktis und besondere Völkerrechtsgebiete:

B 88 (ZA)/193900
B 88 (ZA)/193901
B 88 (ZA)/193934
B 88 (ZA)/193935
B 88 (ZA)/193936
B 88 (ZA)/193937
B 88 (ZA)/193938
B 88 (ZA)/193939
B 88 (ZA)/193941
B 88 (ZA)/193943
B 88 (ZA)/193946
B 88 (ZA)/193947
B 88 (ZA)/193950
B 88 (ZA)/193953
B 88 (ZA)/193955
B 88 (ZA)/193956
B 88 (ZA)/193957
B 88 (ZA)/193961
B 88 (ZA)/193962
B 88 (ZA)/193963
B 88 (ZA)/193964
B 88 (ZA)/193965
B 88 (ZA)/193966

Parlamentarisches Archiv des Deutschen Bundestages (PA-DBT)

WF II-309/81 Wissenschaftlicher Dienst des deutschen Bundestages, 09.11.1981: Die Dritte Seerechtskonferenz der Vereinten Nationen vor der 11. Session.

Kabinettsprotokolle der Bundesregierung

<http://www.bundesarchiv.de/cocoon/barch/0000/k/index.html>

Archiv Deutsches Schifffahrtsmuseum Bremerhaven (DSM-Archiv)

R 06 – 4.11 NORDSEE-Archiv
R 06 – 7.18 NORDSEE-Archiv
III A 1429 Hochseefischerei und Kutterfischerei Lundbeck
III A 1173 Nachrichten aus der Nordsee-Fischerei

Nachlass Elisabeth Mann Borgese, Dalhousie University Archives, Halifax, Nova Scotia, Kanada

MS-2 – 744

Box 24, Folder 7
Box 26, Folder 9
Box 38, Folder 30
Box 38, Folder 40
Box 128, Folder 2
Box 128, Folder 6
Box 128, Folder 33
Box 130, Folder 1

Box 42, Folder 27
Box 48, Folder 1
Box 48, Folder 7
Box 50, Folder 32
Box 52, Folder 28
Box 52, Folder 37
Box 55, Folder 43
Box 63, Folder 11
Box 74, Folder 12
Box 87, Folder 2
Box 87, Folder 4
Box 89, Folder 12
Box 89, Folder 18
Box 113, Folder 13
Box 114, Folder 15
Box 116, Folder 19
Box 119, Folder 14
Box 119, Folder 17
Box 121, Folder 22
Box 123, Folder 13
Box 124, Folder 2
Box 126, Folder 1
Box 126, Folder 13
Box 128 Folder 1
Box 130, Folder 4
Box 133, Folder 5
Box 138, Folder 21
Box 139, Folder 16
Box 142, Folder 6
Box 142, Folder 13
Box 146, Folder 6
Box 155, Folder 14
Box 158, Folder 6
Box 164, Folder 26
Box 166, Folder 10
Box 179, Folder 32
Box 179, Folder 39
Box 172, Folder 5
Box 179, Folder 38
Box 180, Folder 25
Box 218, Folder 33
Box 230, Folder 22
Box 317, Folder 14
Box 319, Folder 16
Box 327, Folder 4
Box 332, Folder 1
Box 355, Folder 24

Offizielle Konferenzdokumentation der dritten Seerechtskonferenz

Einsehbar unter: UN Codification Division Publications – Diplomatic Conferences <http://legal.un.org/diplomaticconferences/1973_los/>

A/CONF.62/23
A/CONF.62/25
A/CONF.62/32
A/CONF.62/33
A/CONF.62/65
A/CONF.62/79
A/CONF.62/C.1/L.3
A/CONF.62/C.1/L.6
A/CONF.62/C.1/L.7
A/CONF.62/C.1/L.8
A/CONF.62/C.1/L.9
A/CONF.62/C.1/L.11
A/CONF.62/C.1/L.12
A/CONF.62/C.1/L.23
A/CONF.62/C.2/L.40
A/CONF.62/C.2/L.67
A/CONF.62/C.2/L.95
A/CONF.62/C.2/SR.25
A./CONF.62/L.4
A.CONF.62/L.24
A/CONF.62/L.35
A/CONF.62/L.36
A/CONF.62/L.78
A/CONF.62/SR.14
A/CONF.62/SR.102
A/CONF.62/SR.110
A/CONF.62/SR.115
A/CONF.62/SR.117

A/CONF.62/C.1/SR.1
A/CONF.62/C.1/SR.11
A/CONF.62/C.1/SR.12
A/CONF.62/C.1/SR.35
A/CONF.62/C.1/SR.36
A/CONF.62/C.1/SR.36
A/CONF.62/C.2/L.33
A/CONF.62/C.2/L.36
A/CONF.62/C.2/L.65
A/CONF.62/SR.136
A/CONF.62/WP.8
A/CONF.62/WP.8/Rev.1
A/CONF.62/WP.10
A/CONF.62/WP.10/Rev.1
A/CONF.62/WP.10/Rev.3
A/CONF.62/WS/9

UN-Dokumente und nationale Gesetze

(chronologisch sortiert)

Erklärung betreffend das europäische Seerecht in Kriegszeiten, 16. April 1856, in: Schweizer Gesetzestexte <http://www.gesetze.ch/sr/0.515.121/index.htm> (18.09.2018).

Internationaler Vertrag betreffend die polizeiliche Regelung der Fischerei in der Nordsee außerhalb der Küstengewässer, in: Reichsgesetzblatt 6. Mai 1882, S. 25–43.

Committee of Experts for the Progressive Codification of International Law: Report to the Council of the League of Nations on the Questions which appear ripe for International Regulation, adopted by the Committee at its Third Session, held in March-April 1927, C.196.M.70, 20.04.1927 <https://biblio-archive.unog.ch/Dateien/CouncilMSD/C-196-M-70-1927-V_EN.pdf> (28.07.2021).

Proclamation 2667—Policy of the United States with Respect to the Natural Resources of the Subsoil and Sea Bed of the Continental Shelf, 28. September 1945 <https://www.presidency.ucsb.edu/documents/proclamation-2667-policy-the-united-states-with-respect-the-natural-resources-the-subsoil> (25.04.2018).

Proclamation 2668 – Policy of the United States with Respect to Coastal Fisheries in Certain Areas of the High Seas, 28. September 1945 <https://www.presidency.ucsb.edu/documents/proclamation-2668-policy-the-united-states-with-respect-coastal-fisheries-certain-areas> (25.04.2018).

International conference of plenipotentiaries to examine the law of the sea, UN Doc. A/Res/1105 (XI), 21.02.1957.

Summary Records of the Plenary Meetings, UN Doc. A./CONF.13/SR.1, 24.02.1958.

Convention on Fishing and Conservation of Living Resources of the High Seas, UN Doc. A/CONF.13/L.54, 26.04.1958.

Convention on the Continental Shelf, UN Doc. A/CONF.13/L.55, 26.04.1958.

Convention on the Territorial Sea and Contiguous Zone, UN Doc. A/CONF.13/L.52, 27.04.1958.

Convention on the High Seas, UN Doc. A/CONF.13/L.53, 27.04.1958.

The Antarctic Treaty, Washington, D.C., 15.10.1959, in: Secretariat of the Antarctic Treaty <http://www.ats.aq/documents/ats/treaty_original.pdf> (31.07.2018).

Permanent Sovereignty over Natural Resources, UN Doc. A/RES/1803 (XVII), 14.12.1962.

Summary of the 1417th Plenary Meeting ECOSOC, 40th Session, UN-Doc. E/RES/1112 (XL), 07.03.1966.

International Covenant on Civil and Political Rights, UN Doc. A/RES/21/2200, 16.12.1966.

International Covenant on Economic, Social and Cultural Rights, UN Doc. A/RES/21/2200, 16.12.1966.

Treaty on Principles Governing the Activities of States in the Exploration and Use of Outer Space, Including the Moon and Other Celestial Bodies, Washington D.C., London, Moscow, 27.01.1967, in: US State Department <http://www.state.gov/t/isn/5181.htm#signatory> (31.07.2018).

Note verbale from the Permanent Mission of Malta to the United Nations addressed to the Secretary-General (requests the inclusion of a supplementary item in the agenda of the 22nd session of the General Assembly and submits explanatory memorandum), UN Doc. A/6695, 18.08.1967.

Speech of Arvid Pardo, First Committee of the General Assembly at its 22. Session, November 1, 1967 in New York, UN Doc. A/C.1/PV.1515, 01.11.1967.

Ad Hoc Committee to Study the Peaceful Uses of the Sea-Bed and the Ocean Floor beyond the Limits of National Jursidiction, UN Doc. A/Res/2340 (XXII), 18.12.1967.

Examination of the question of the reservation exclusively of peaceful purposes of the sea-bed and the ocean floor, and the subsoil thereof, underlying the high seas beyond the limits of present national jurisdiction, and the use of their resources in the interests of mankind, UN Doc. A/Res/2467 (XXIII), 21.12.1968.

Question of the reservation exclusively of peaceful purposes of the sea-bed and the ocean floor, and the subsoil thereof, underlying the high seas beyond the limits of present national jurisdiction, and the use of their resources in the interests of mankind, UN Doc. A/Res/2574 D (XXIV), 15.12.1969.

Treaty on the Prohibition of the Emplacement of Nuclear Weapons and other Weapons of Mass Destruction on the Seabed and the Ocean Floor and the Subsoil Thereof, UN Doc. A/Res/2660 (XXV), 07.12.1970.

Declaration of Principles Governing the Sea-Bed and the Ocean Floor, and the Subsoil Thereof, beyond the Limits of National Jurisdiction, UN Doc. A/Res/2749 (XXV), 17.12.1970.

Reservation exclusively for peaceful purposes of the sea-bed and the ocean floor, and the subsoil thereof, underlying the high seas beyond the limits of present national jurisdiction and use of their resources in the interests of mankind, and convening of a conference on the law of the sea, UN Doc. A/Res/2750 C (XXV), 17.12.1970.

Draft Ocean Space Treaty: working paper submitted by Malta, UN Doc. A/AC.138/53, 23.08.1971.

Report of the Committee on the Peaceful Uses of the Sea-Bed and the Ocean Floor beyond the Limits of National Jurisdiction to the General Assembly at its twenty-eighth session, UN Doc. A/8721, 1972 and Corr., 01.11.1972.

Declaration on the Establishment of a New International Economic Order, UN Doc. A/RES/S-6/3201, 01.05.1974.

Charter of Economic Rights and Duties of States, UN Doc. A/Res/S-6/3201, 12.12.1974.

The Cocoyoc Declaration: A Call for the Reform of the International Economic Order, in: Bulletin of the Atomic Scientist 31/3 (1975), S. 6–10.

United Nations Convention on the Law of the Sea, Montego Bay, 10.12.1982.

Agreement relating to the implementation of Part XI of the United Nations Convention on the Law of the Sea of 10 December 1982, A/RES/48/263, 17.08.1994.

Film- und Hördokumente

Breloer, Heinrich/Königstein, Horst: Unterwegs zur Familie Mann, Deutschland 2001, Erstausstrahlung 22.12.2001, WDR.

Gaudlitz, Wolf/Borgese, Elisabeth Mann/Boje, Kornelia/Buck, Rainer: Elisabeth Mann Borgese – die jüngste Tochter von Thomas Mann. Ein Hörporträt. Freiburg i. Br. 2010.

Lorenz, Friederike: Manganknollen vom Meeresgrund. Goldrausch im Pazifik, Deutschland 2015, Erstausstrahlung 04.06.2016.

Veröffentlichte Quellen

Absoluter Wahnsinn. Der langwierige Streit der EG-Partner um Fischgründe und Fangquoten trifft die Deutschen am härtesten, in: Der SPIEGEL Nr. 6 (02.02.1981).

Alexander, Lewis M. (Hrsg.): The Law of the Sea: Offshore Boundaries and Zones, Columbus/ Ohio 1967.

Anand, Ram Prakash: Origin and Development of the Law of the Sea. History of International Law Revisited, The Hague, Boston, Hingham/MA 1983.

Auf der See nur ein kleiner David. Bonn zwischen allen Stühlen bei der Meereskonferenz, in: Hannoversche Allgemeine Zeitung, 26.03.1976.

Bonner Seefischerei-Vertragsgesetz, in: Allgemeine Fischwirtschaftszeitung (AFZ), Nr. 10 (1976).

Borgese, Elisabeth Mann: To Whom it May Concern, London 1960.

Borgese, Elisabeth Mann: Ascent of Woman, New York 1963.

Borgese, Elisabeth Mann: The Drama of the Oceans, New York 1976.

Borgese, Elisabeth Mann: Das Drama der Meere, Frankfurt a. M. 1977.

Borgese, Elisabeth Mann: The Convention is Signed: What Does the Future Hold?, in: *Borgese*, Elisabeth Mann/*Ginsburg*, Norton (Hrsg.): Ocean Yearbook 4, Chicago 1983, S. 1–14.

Borgese, Elisabeth Mann: Die Zukunft der Weltmeere. Ein Bericht an den Club of Rome, Wien 1985.

Borgese, Elisabeth Mann: The International Ocean Institute Story, in: *Borgese*, Elisabeth Mann/*Ginsburg*, Norton/*Morgan*, Joseph R. (Hrsg.): Ocean Yearbook 10, Chicago, London 1993, S. 1–12.

Borgese, Elisabeth Mann: Mit den Meeren leben. Über den Umgang mit den Ozeanen als globale Ressource, Köln 1999.

Borgese, Elisabeth Mann: The Years of my Life. The Nexus Lecture (1999), in: *Pils*, Holger/ *Kühn*, Karolina (Hrsg.): Elisabeth Mann Borgese und das Drama der Meere, Hamburg 2012, S. 206–225.

Borgese, Elisabeth Mann/*Ginsburg*, Norton: Ocean Yearbook 1, Chicago, London 1978.

Borgese, Elisabeth Mann/*Pardo*, Arvid: The New International Economic Order and the Law of the Sea (=International Ocean Institute Occasional Paper 4), Malta 1975.

Borgese, Elisabeth Mann/*Seitz*, Amadou/*Hermann*, Ingo/*Voigt*, Jürgen: Elisabeth Mann Borgese, die Meer-Frau. Gespräch mit Amadou Seitz in der Reihe „Zeugen des Jahrhunderts", Göttingen 1993.

Dams, Theodor: Weltwirtschaft im Umbruch. Konfrontation oder Kooperation mit der Dritten Welt?, Freiburg i. Br. 1978.

Dehmer, Dagmar: Was die erste Welt-Ozeankonferenz erbracht hat, in: Tagesspiegel Background, 11. 06. 2017 <https://background.tagesspiegel.de/was-die-erste-welt-ozeankonferenz-erbracht-hat> (11. 12. 2018)

Deutscher Bundestag, 7. Wahlperiode, Drucksache 7/2666, 16. 10. 1974: Kleine Anfrage betr. Auswirkungen der Seerechtskonferenz der Vereinten Nationen auf die politischen und wirtschaftlichen Interessen der Bundesrepublik Deutschland, in: Deutscher Bundestag <http://pdok.bundestag.de/> (10. 08. 2018).

Deutscher Bundestag, 7. Wahlperiode, Drucksache 7/2856, 28. 11. 1974: Antwort der Bundesregierung auf die Kleine Anfrage betr. Auswirkungen der Seerechtskonferenz der Vereinten Nationen auf die politischen und wirtschaftlichen Interessen der Bundesrepublik Deutschland, in: Deutscher Bundestag <http://pdok.bundestag.de/> (10. 08. 2018).

Deutscher Bundestag, Plenarprotokoll Nr. 07/257: Stenographischer Bericht 257. Sitzung, Bonn, Freitag, den 2. Juli 1976, S. 18456, in: Deutscher Bundestag <http://pdok.bundestag.de/> (10. 08. 2018).

Deutscher Bundestag, Protokoll Nr. 51, Ausschuß für Ernährung, Landwirtschaft und Forsten, 15. 01. 1975, in: Deutscher Bundestag <http://pdok.bundestag.de/> (10. 08. 2018).

Deutscher Bundestag, 7. Wahlperiode, Drucksache 7/5120, 05. 05. 1976: Große Anfrage der Fraktion der CDU/CSU betr. Auswirkungen der Seerechtskonferenz der Vereinten Nationen auf die politischen und wirtschaftlichen Interessen der Bundesrepublik Deutschland, in: Deutscher Bundestag <http://pdok.bundestag.de/> (10. 08. 2018).

Deutschland macht europäische Politik, in: AFZ Nr. 8 (1978).

ECOSOC (Hrsg.): Sea-bed Mineral Resource Development (ST/ESA/107/Add.1), New York 1982.

Engels, Benno/*Matthies*, Volker/*Khan*, Khushi Mohammed: Weltwirtschaftsordnung am Wendepunkt: Konflikt oder Kooperation? Die UN-Konferenzen d. Jahres 1974 über Rohstoffe, Bevölkerung u. Ernährung; Hintergründe, Analysen, Dokumente, München 1975.

Feilhauer, Karl-Heinz: Das Seerechts-Übereinkommen der Vereinten Nationen und die deutschen Wirtschaftsinteressen aus der Sicht der Fischerei, in: Das Seerechtsübereinkommen der Vereinten Nationen und die deutschen Wirtschaftsinteressen. Symposium in Hamburg am 3. September 1984, Schriften des deutschen Vereins für internationales Seerecht, Reihe A: Berichte und Vorträge, H. 50, Hamburg 1984.

Freericks, Günther: Die lautlose Eroberung der Meere: Grundzüge des neuen Seevölkerrechts, Karlsfeld bei München 1982.

Gala-Premiere für den Krill, in: AFZ Nr. 13 (1976).

Giarini, Orio: Dialogue on Wealth and Welfare. An Alternative View of World Capital Formation. A Report to the Club of Rome, Oxford 1981.

Glazer, J. Henry: The Maltese Initiatives within the United Nations – A Blue Planet Blueprint for Trans-National Space, in: Ecology Law Quarterly 4/2 (1974), S. 279 – 318.

Gošović, Branislav: UNCTAD, Conflict and Compromise. The Third World's Quest for an Equitable World Economic Order Through the United Nations, Leiden 1972.

Hafner, Gerhard: Die Gruppe der Binnen- und geographisch benachteiligten Staaten auf der Dritten Seerechtskonferenz der Vereinten Nationen, in: Zeitschrift für ausländisches öffentliches Recht und Völkerrecht 38/3 – 4 (1978), S. 568 – 615.

Hagemann, Rolf: 1885 – 1985. Einhundert Jahre deutsche Hochseefischerei, in: Büro Bremerhaven-Werbung/Fischereihafen-Betriebsgesellschaft mbH Bremerhaven (Hrsg.):

Zum Jubiläum 1885–1985. 100 Jahre deutsche Hochseefischerei, Bremerhaven 1985, S. 11–31.

Hardin, Garrett: The Tragedy of the Commons, in: Science 162 (1968), S. 1243–1248.

Hein, Christoph/Dua, Nusu: Welt-Ozean-Konferenz: Wie kann man die Meere nachhaltig bewirtschaften?, in: Frankfurter Allgemeine, 27.02.2017 <https://www.faz.net/aktuell/wirtschaft/wirtschaftspolitik/welt-ozean-konferenz-die-bewirtschaftung-der-meere-faengt-erst-an-14899320.html> (11.12.2018)

Hochseefischerei: Reise ohne Wiederkehr. Die deutsche Fangflotte sucht vor Argentinien neue Beschäftigung, in: Die ZEIT Nr. 3 (13.01.1978), in: ZEIT online <https://www.zeit.de/ 1978/03/reise-ohne-wiederkehr/komplettansicht> (21.07.2021).

Ist das EG-Meer in Gefahr? Ein Bericht vom intersessionalen Treffen der Dritten Seerechtskonferenz in New York, in: AFZ Nr. 7 (1978).

Jänicke, Günther: Die Dritte Seerechtskonferenz der Vereinten Nationen. Grundprobleme im Überblick, in: Zeitschrift für ausländisches öffentliches Recht und Völkerrecht 38 (1978), S. 438–509.

Kehden, Max Ivers: Abschied von der Freiheit der Meere? Zu den Bemühungen der UNO um eine soziale Ordnung des ozeanischen Raumes, in: Vereinte Nationen: Zeitschrift für die Vereinten Nationen und ihre Sonderorganisationen, 19/5 (1971), S. 123–129.

Kehden, Max Ivers: Meeresverschmutzung, Meeresforschung und Technologietransfer, in: Vereinte Nationen: Zeitschrift für die Vereinten Nationen und ihre Sonderorganisationen 5 (1974), S. 139–146.

Kehden, Max Ivers: Nationalisierung und Internationalisierung der Meere. Zur vierten Verhandlungsrunde der dritten Seerechtskonferenz, in: Vereinte Nationen: Zeitschrift für die Vereinten Nationen und ihre Sonderorganisationen 24/2 (1976), S. 41–45.

Kehden, Max Ivers: Seevölkerrecht im Werden. Die dritte Seerechtskonferenz der Vereinten Nationen nach sechs Verhandlungsgrunden, in: Vereinte Nationen: Zeitschrift für die Vereinten Nationen und ihre Sonderorganisationen 25/6 (1977), S. 167–173.

Kent, H. S. K.: The Historical Origins of the Three-Mile Limit, in: American Journal of International Law 48/4 (1954), S. 537–553.

Kortum, Gerhard: Meeresbergbau. Politische, wirtschaftliche und technische Perspektiven nach der III. Seerechtskonferenz, in: Geographische Rundschau 38/12 (1986), S. 621–628.

Köhler, Axel: Die Seerechtskonferenz: eine Problemanalyse, Köln 1981.

Lacey, Edward John: The Role of Non-Governmental Organizations in the Third United Nations Conference on the Law of the Sea, New Brunswik 1982.

Lagoni, Rainer: Multilaterale Vertragsschlussverfahren nach der III. Seerechtskonferenz, in: Vereinte Nationen: Zeitschrift für die Vereinten Nationen und ihre Sonderorganisationen 1983/3, S. 74–78.

Lüpke, Marc von: Ein Mann, ein Fels. 40 Tage mitten im Meer, in: SPIEGEL Online, 26.03.2014 <http://www.spiegel.de/einestages/protest-tom-mcclean-hockte-fuer-40-tage-auf-einem-felsen-a-958645.html> (19.10.2018).

Marrenbach, Jenny: EU-Fangflotten im Senegal. Wie Fischfang Migration auslöst. Weltzeit, 11.06.2018, in: Deutschlandfunk Kultur <https://www.deutschlandfunkkultur.de/eu-fangflotten-im-senegal-wie-fischfang-migration-ausloest.979.de.html?dram:article_id=420002> (10.12.2018).

Matthies, Volker: Neue Weltwirtschaftsordnung. Hintergründe, Positionen, Argumente, Opladen 1980.

Meadows, Dennis: Die Grenzen des Wachstums. Bericht des Club of Rome zur Lage der Menschheit, Stuttgart 1972.

Mero, John L.: The Mineral Resources of the Sea, Amsterdam, London, New York 1965.

Miles, Edward: The Structure and Effects of the Decision Process in the Seabed Committee and the Third United Nations Conference on the Law of the Sea, in: International Organization 31/2 (1977), S. 159–234.

Nelson, L.D.M.: The Patrimonial Sea, in: The International and Comparative Law Quarterly 22/4 (1973), S. 668–686.

Ohne Verfasser: Specialized Conference of Caribbean Countries Concerning the Problems of the Sea, Declaration of Santo Domingo, 09. 06. 1972, in: American Journal of International Law 66/5 (1972), S. 918–921.

Ohne Verfasser: The Cocoyoc Declaration: A Call for the Reform of the International Economic Order, in: Bulletin of the Atomic Scientist 31/3 (1975), S. 6–10.

Ohne Verfasser: US Sea Treaty Negotiators Fired, in: THE SACRAMENTO BEE, 09. 03. 1981.

Pardo, Arvid: The Common Heritage of Mankind: Selected Papers on Oceans and World Order 1967–1974, Malta 1975.

Platzöder, Renate/*Vitzthum*, Wolfgang Graf: Zur Neuordnung des Meeresvölkerrechts auf der Dritten Seerechtskonferenz der Vereinten Nationen: Vorgeschichte, Verfahren, Problemfelder, Vorentscheidungen, Ebenhausen/Isar 1974.

Platzöder, Renate: Die Küstenzone und die Hohe See, in: Vereinte Nationen: Zeitschrift für die Vereinten Nationen und ihre Sonderorganisationen 5 (1974), S. 135–139.

Platzöder, Renate (Hrsg.): United Nations Conference on the Law of the Sea. Documents of the Geneva Session 1975, Hamburg 1975.

Platzöder, Renate: Documents of the New York Session. 10 march – 7 may 1976, Hamburg 1976.

Platzöder, Renate: Beiträge afrikanischer Staaten zur Neuordnung des Meeresvölkerrechts zur Vorgeschichte der Dritten Seerechtskonferenz der Vereinten Nationen, Hamburg 1977.

Platzöder, Renate: Dokumente der Dritten Seerechtskonferenz der Vereinten Nationen. New Yorker Session 1980; Materialiensammlung für die Deutsche Seerechtsdelegation 2, Ebenhausen bei München 1980.

Pozzo, Fabio: Grenzstreitigkeiten: Das schwarze Gold von Rockall, in: VoxEurop 14. 10. 2010 <https://voxeurop.eu/de/content/article/361531-das-schwarze-gold-von-rockall> (19. 10. 2018).

Prebisch, Raúl: The Economic Development of Latin America and its Principal Problems, Lake Success/N.Y. 1950.

Prill, Norbert J.: Seerecht: 10. Tagung der III. Seerechtskonferenz der Vereinten Nationen, erster Teil: Eklat durch neue US-Regierung/Tommy Koh neuer Präsident/ Vorbereitungskommission im Vordergrund der Sachberatungen, in: Vereinte Nationen: Zeitschrift für die Vereinten Nationen und ihre Sonderorganisationen 3 (1981), S. 99–100.

Prill, Norbert J.: Seerecht: 11. Tagung der III. Seerechtskonferenz der Vereinten Nationen – Abstimmung über Konventionstext – Vier Nein-Stimmen und 17 Enthaltungen, in: Vereinte Nationen: Zeitschrift für die Vereinten Nationen und ihre Sonderorganisationen 4 (1982), S. 144–145.

Rehder, Marx-Henning: Sieben Vorschläge, in: AFZ Nr. 1 (1978).

Stevenson, John R./*Oxman*, Bernard H.: The Third United Nations Conference on the Law of the Sea. The 1974 Caracas Session, in: The American Journal of International Law 69/1 (1975), S. 1–30.

Strong, Maurice F.: Development and Environment. Report and Working Papers of a Panel of Experts Convened by the Secretary-General of the United Nations Conference on the Human Environment (Founex, Switzerland, June 4 – 12, 1971), Paris 1972.

Tinbergen, Jan: Wir haben nur eine Zukunft. Der RIO-Bericht an den Club of Rome. Reform der internationalen Ordnung, Wiesbaden 1977.

Uken, Marlies: Europa kauft die Meere leer, in: SPIEGEL Online, 28.08.2010 <http://www.spiegel.de/wirtschaft/fischfang-vor-afrikas-kueste-europa-kauft-die-meere-leer-a-712541.html> (28.10.2017).

Verband der deutschen Hochseefischereien e.V. (Hrsg.): Männer Trawler Meere, Bremen 1961.

Vitzthum, Wolfgang Graf: Von der Freiheit zur Nationalisierung der Meere? Die dritte Seerechtskonferenz der VN in Caracas vom 20. Juni bis 29. August 1974, in: Vereinte Nationen: Zeitschrift für die Vereinten Nationen und ihre Sonderorganisationen 5 (1974), S. 129–135.

Ward, Barbara/*Dubos*, René J.: Only one Earth. The Care and Maintenance of a Small Planet: An Unofficial Report Commissioned by the Secretary-General of the United Nations Conference on the Human Environment, Prepared with the Assitance of a 152-Member Committee of Corresponding Consultants in 58 Countries, Harmondsworth/Middlesex 1972.

Wehberg, Hans: Die Abkommen der Haager Friedenskonferenzen, der Londoner Seekriegskonferenz nebst Genfer Konvention. Textausgabe, Berlin 1915.

Westphal, Jürgen: Seeräuberei unter der Flagge der UN, in: Die ZEIT Nr. 48, 23.11.1979, in: ZEIT online <https://www.zeit.de/1979/48/seeraeuberei-unter-der-flagge-der-un/komplettansicht> (21.07.2021).

Wolf, Klaus Dieter: Die dritte Seerechtskonferenz der Vereinten Nationen. Beiträge zur Reform der internationalen Ordnung und Entwicklungstendenzen im Nord-Süd-Verhältnis, Baden-Baden 1981.

Wolfrum, Rüdiger: Dritte Seerechtskonferenz der Vereinten Nationen: 3. Sitzungsperiode vom 17.3–9.5.1975 in Genf, in: Vereinte Nationen: Zeitschrift für die Vereinten Nationen und ihre Sonderorganisationen 4 (1975), S. 114–116.

Wolfrum, Rüdiger: Die Fischerei auf Hoher See, in: Zeitschrift für ausländisches öffentliches Recht und Völkerrecht 38 (1978), S. 659–709.

Wolfrum, Rüdiger: Die Umsetzung des Seerechtsübereinkommens in nationales Recht, in: Vereinte Nationen: Zeitschrift für die Vereinten Nationen und ihre Sonderorganisationen 1 (1990), S. 20–23.

Literatur

Agnew, John: Sovereignty Regimes: Territoriality and State Authority in Contemporary World Politics, in: Annals of the Association of American Geographers 95/2 (2005), S. 437–461.

Alemann, Ulrich von/*Eckert*, Florian: Lobbyismus als Schattenpolitik, in: APuZ 15–16 (2006), S. 3–10.

Amrith, Sunil/*Sluga*, Glenda: New Histories of the United Nations, in: Journal of World History 19/3 (2008), S. 251–274.

Anderson, Carol: Eyes off the Prize. The United Nations and the African American Struggle for Human Rights, 1944–1955, Cambridge, New York 2006.

Anghie, Antony: Imperialism, Sovereignty and the Making of International Law, Cambridge 2008.

Anghie, Antony/*Chimni*, Bhupinder/*Mickelson*, Karin/*Okafor*, Obiora (Hrsg.): The Third World and International Order. Law, Politics, and Globalization, Leiden, Boston 2003.

Baartz, Roland: Entwicklung und Strukturwandel der deutschen Hochseefischerei unter besonderer Berücksichtigung ihrer Bedeutung für Siedlung, Wirtschaft und Verkehr Cuxhavens, Stuttgart 1991.

Babarinde, Olufemi A.: The Lomé Conventions and Development. An Empirical Assessment, Aldershot 1994.

Bair, Jennifer: Corporations at the United Nations: Echoes of the New International Economic Order, in: Humanity: An International Journal of Human Rights, Humanitarianism, and Development 6/1 (2015), S. 159–171.

Barnes, Richard M.: The Law of the Sea, 1850–2010, in: *Starkey*, David J./*Heidbrink*, Ingo (Hrsg.): A History of the North Atlantic Fisheries, Volume 2: From the 1850s to the Early Twenty-First Century, Bremen 2012, S. 177–225.

Barth, Volker: Internationale Institutionen und Kongresse, in: European History Online 12.12.2011 <http://www.ieg-ego.eu/barthv-2011-de> (13.5.2015).

Baslar, Kemal: The Concept of the Common Heritage of Mankind in International Law, The Hague, Boston, Cambridge/MA 1998.

Bederman, David J.: The Sea, in: *Fassbender*, Bardo/*Peters*, Anne/*Peter*, Simone (Hrsg.): The Oxford Handbook of the History of International Law, Oxford 2012, S. 359–379.

Behnam, Awni: The International Ocean Institute. A Legacy of its Founder Elisabeth Mann Borgese, in: *Pils*, Holger/*Kühn*, Karolina (Hrsg.): Elisabeth Mann Borgese und das Drama der Meere, Hamburg 2012, S. 122–125.

Behrens, Maria: Global Governance – Eine Einführung, in: *Behrens*, Maria (Hrsg.): Globalisierung als politische Herausforderung. Global Governance zwischen Utopie und Realität, Wiesbaden 2005, S. 11–23.

Behrens, Maria/*Reichwein*, Alexander: Global Governance, in: *Benz*, Arthur/*Lütz*, Susanne/*Schimank*, Uwe/*Simonis*, Georg (Hrsg.): Handbuch Governance. Theoretische Grundlagen und empirische Anwendungsfelder, Wiesbaden 2007, S. 311–324.

Benz, Arthur: Multi-Level-Governance – Governance in Mehrebenensystemen, in: *Benz*, Arthur/*Dose*, Nicolai (Hrsg.): Governance – Regieren in komplexen Regelsystemen. Eine Einführung, 2. Aufl., Wiesbaden 2010, S. 111–135.

Berg, Andreas: Die Kodifikationsbemühungen des Völkerbundes auf dem Gebiet des Seerechts (Küstenmeer), Dissertation Hamburg 1999.

BMBF (Hrsg.): Wissenschaftsjahr 2016/17: Meere und Ozeane <https://www.wissenschaftsjahr.de/2016-17/das-wissenschaftsjahr/themenschwerpunkte.html> (20.09.2017).

Bockman, Johanna: Socialist Globalization against Capitalist Neocolonialism: The Economic Ideas behind the New International Economic Order, in: Humanity: An International Journal of Human Rights, Humanitarianism, and Development 6/1 (2015), S. 109–128.

Böhm, Enrico: Die Sicherheit des Westens: Entstehung und Funktion der G7-Gipfel (1975–1981), München 2014.

Brand, Ulrich: Nach der Krise des Fordismus: Global Governance als möglicher hegemonialer Diskurs des internationalen Politischen, in: Zeitschrift für internationale Beziehungen 10/1 (2003), S. 143 – 166.

Braudel, Fernand: Aufbruch zur Weltwirtschaft, München 1986.

Brunnengräber, Achim/*Brand*, Ulrich/*Schrader*, Lutz/*Stock*, Christian/*Wahl*, Peter: Global Governance. Alternative zur neoliberalen Globalisierung?, Münster 2000.

Brunnengräber, Achim/*Walk*, Heike: Der Mehrwert der Mehrebenenbetrachtung, in: *Brunnengräber*, Achim/*Walk*, Heike (Hrsg.): Multi-Level-Governance. Klima-, Umwelt- und Sozialpolitik in einer interdependenten Welt, Baden-Baden 2007, S. 17 – 31.

Buck, Susan J.: No Tragedy of the Commons, in: *Conca*, Ken/*Dabelko*, Geoffrey D. (Hrsg.): Green Planet Blues. Four Decades of Global Environmental Politics, 4. Aufl., Boulder/CO 2010, S. 46 – 54.

Büschel, Hubertus: Internationale Geschichte als Globalgeschichte. Prämissen, Potentiale und Probleme, in: Zeithistorische Forschungen/Studies in Contemporary History 8/3 (2011), S. 439 – 445.

Buttigieg, Jean: Arvid Pardo – A Diplomat with a Mission, in: Symposia Melitensia 12 (2016), S. 13 – 28.

Chang, Yen-Chiang: Ocean Governance. A way forward, Dordrecht 2012.

Chircop, Aldo: Elisabeth Mann Borgese's Humanist Conception of Marine Technology Transfer, in: *Pils*, Holger/*Kühn*, Karolina (Hrsg.): Elisabeth Mann Borgese und das Drama der Meere, Hamburg 2012, S. 112 – 121.

Christian, Michel: UNCTAD, in: *Reichherzer*, Frank/*Droit*, Emmanuel/*Hansen*, Jan (Hrsg.): Den Kalten Krieg vermessen. Über Grenzen, Reichweite und Alternativen einer binären Ordnungsvorstellung, Boston, Berlin 2018, S. 297 – 312.

Conze, Eckart/*Lappenküper*, Ulrich/*Müller*, Guido (Hrsg.): Geschichte der internationalen Beziehungen. Erneuerung und Erweiterung einer historischen Disziplin, Köln 2004.

Cooper, Andrew F./*Heine*, Jorge/*Thakur*, Ramesh (Hrsg.): The Oxford Handbook of Modern Diplomacy, Oxford 2013.

Deuerlein, Martin: Interdependenz, in: *Reichherzer*, Frank/*Droit*, Emmanuel/*Hansen*, Jan (Hrsg.): Den Kalten Krieg vermessen. Über Grenzen, Reichweite und Alternativen einer binären Ordnungsvorstellung, Boston, Berlin 2018, S. 183 – 198.

Di Stefano, Giovanni: Guiseppe Antonio Borgese. Porträt eines unruhigen Weltbürgers, in: *Pils*, Holger/*Kühn*, Karolina (Hrsg.): Elisabeth Mann Borgese und das Drama der Meere, Hamburg 2012, S. 46 – 63.

Dietrich, Christopher R. W.: Oil Revolution. Sovereign Rights and the Economic Culture of Decolonization, Cambridge 2017.

Dietrich, Christopher W.: Mossadegh Madness: Oil and Sovereignty in the Anticolonial Community, in: Humanity: An International Journal of Human Rights, Humanitarianism, and Development 6/1 (2015), S. 63 – 78.

Dietz, Thomas/*Dolšak*, Nives/*Ostrom*, Elinor/*Stern*, Paul C.: The Drama of the Commons, in: *Ostrom*, Elinor/*Dietz*, Thomas/*Dolšak*, Nives/*Stern*, Paul C./*Stonich*, Susan/*Weber*, Elke U. (Hrsg.): The Drama of the Commons, Washington/DC 2002, S. 3 – 39.

Dinkel, Jürgen: „Dritte Welt" – Geschichte und Semantiken, Version 1.0, in: Docupedia Zeitgeschichte, 06.10.2014 <http://www.docupedia.de/zg/Dritte_Welt> (29.07.2018).

Dinkel, Jürgen: Die Bewegung Bündnisfreier Staaten. Genese, Organisation und Politik (1927 – 1992), Berlin 2015.

Dinkel, Jürgen: Farbiger Kosmopolitismus? Die Asiatisch-Afrikanische Konferenz von Bandung (1955), in: *Gißibl*, Bernhard/*Löhr*, Isabella (Hrsg.): Bessere Welten. Kosmopolitismus in den Geschichtswissenschaften, Frankfurt a. M. 2017, S. 103–129.

Dinkel, Jürgen/*Fiebrig*, Steffen/*Reichherzer*, Frank (Hrsg.): Nord/Süd. Perspektiven auf eine globale Konstellation, Berlin, Boston 2020.

Döring, Ralf: Walras ‚erfindet' Naturkapital. Naturkapital in der Geschichte der Kapitaltheorie bis zur Neoklassik, in: *Egan-Krieger*, Tanja von/*Schultz*, Julia/*Thapa*, Philipp Pratap/*Voget*, Lieske (Hrsg.): Die Greifswalder Theorie starker Nachhaltigkeit. Ausbau, Anwendung und Kritik, Marburg 2009, S. 143–158.

Dülffer, Jost: Historische UN-Forschung in Deutschland: Themen, Methoden und Möglichkeiten, in: *Fröhlich*, Manuel (Hrsg.): UN Studies. Umrisse eines Lehr- und Forschungsfeldes, Baden-Baden 2008, S. 101–115.

Dülffer, Jost/*Loth*, Wilfried (Hrsg.): Dimensionen internationaler Geschichte, München 2012.

Dülffer, Jost/*Loth*, Wilfried: Einleitung, in: *Dülffer*, Jost/*Loth*, Wilfried (Hrsg.): Dimensionen internationaler Geschichte, München 2012, S. 1–8.

Eckel, Jan: Die Ambivalenz des Guten. Menschenrechte in der internationalen Politik seit den 1940ern, Göttingen 2014.

Eckel, Jan: Vielschichtiger Konflikt und transnationale Steuerung. Zur Neuinterpretation der Geschichte internationaler Politik zwischen den 1940er- und den 1990er-Jahren, in: Archiv für Sozialgeschichte 57 (2017), S. 497–535.

Eckert, Andreas: Spätkoloniale Herrschaft, Dekolonisation und internationale Ordnung. Einführende Bemerkungen, in: Archiv für Sozialgeschichte 48 (2008), S. 3–20.

Eggel, Dominic: Quo Vadis Diplomatic History? Reflections on the Past and Present of Writing the History of International Relations, in: *Haider-Wilson*, Barbara/*Godsey*, William D./*Mueller*, Wolfgang (Hrsg.): Internationale Geschichte in Theorie und Praxis. International History in Theory and Practice, Wien 2017, S. 209–229.

Ehrlich, Paul/*Egan*, Michael: The Population Bomb (1968), in: *Robin*, Libby/*Sörlin*, Sverker/*Warde*, Paul (Hrsg.): The Future of Nature. Documents of Global Change, New Haven/CT 2013, S. 54–62.

Epstein, Charlotte: The Power of Words in International Relations. Birth of an Anti-Whaling Discourse, Cambridge/MA 2008.

Ferguson, Neill/*Maier*, Charles S./*Manela*, Erez/*Sargent*, Daniel J. (Hrsg.): The Shock of the Global. The 1970s in Perspective, Cambridge/MA 2010.

Finley, Carmel: All the Fish in the Sea. Maximum Sustainable Yield and the Failure of Fisheries Management, Chicago 2011.

Fisch, Jörg: Das Selbstbestimmungsrecht der Völker. Die Domestizierung einer Illusion, München 2010.

Fischer-Lichte, Erika: Ästhetik des Performativen, 9. Aufl., Frankfurt a. M. 2014.

Frevert, Ute/*Braungart*, Wolfgang: Sprachen des Politischen. Medien und Medialität in der Geschichte, Göttingen 2004.

Frey, Marc/*Kunkel*, Sönke/*Unger*, Corinna R. (Hrsg.): International Organizations and Development, 1945–1990, New York 2014.

Freytag, Nils: „Eine Bombe im Taschenbuchformat"? Die „Grenzen des Wachstums" und die öffentliche Resonanz, in: Zeithistorische Forschungen/Studies in Contemporary History 3/3 (2006), S. 465–469.

Friedheim, Robert L.: Negotiating the New Ocean Regime, Columbia/SC 1993.

Garavini, Giuliano: Completing Decolonization. The 1973 'Oil Shock' and the Struggle for Economic Rights, in: The International History Review 33/3 (2011), S. 473–487.
Gillis, John/*Torma*, Franziska (Hrsg.): Fluid Frontiers. New Currents in Marine Environmental History, Winwick/Cambridgeshire 2015.
Gillis, John R.: The Human Shore. Seacoasts in History, Chicago/IL 2012.
Gillis, John R./*Torma*, Franziska: Introduction. Fluid Frontiers: New Currents in Marine Environmental History, in: *Gillis*, John/*Torma*, Franziska (Hrsg.): Fluid Frontiers. New Currents in Marine Environmental History, Winwick/Cambridgeshire 2015, S. 1–11.
Gilman, Nils: The NIEO: A Reintroduction, in: Humanity: An International Journal of Human Rights, Humanitarianism, and Development 6/1 (2015), S. 1–16.
Goffmann, Erving: Rahmen-Analyse. Ein Versuch über die Organisation von Alltagserfahrungen, Frankfurt a. M. 1980.
Graf, Rüdiger: Die Grenzen des Wachstums und die Grenzen des Staates. Konservative und ökologische Bedrohungsszenarien der frühen 1970er Jahre, in: *Geppert*, Dominik/*Hacke*, Jens (Hrsg.): Streit um den Staat. Intellektuelle Debatten in der Bundesrepublik 1960–1980, Göttingen 2008, S. 207–228.
Graf, Rüdiger: Öl und Souveränität. Petroknowledge und Energiepolitik in den USA und Westeuropa in den 1970er Jahren, Berlin 2014.
Graf, Rüdiger: Der Konflikt, der nicht stattfand: Ressourcen, Interdependenz, Sicherheit und die Erwartung des Nord-Süd-Konflikts in den 1970er Jahren, in: Dinkel, Jürgen/Fiebrig, Steffen/Reichherzer, Frank (Hrsg.): Nord/Süd. Perspektiven auf eine globale Konstellation, Berlin, Boston 2020, S. 423-446.
Grewe, Wilhelm G.: Epochen der Völkerrechtsgeschichte, 2. Aufl., Baden-Baden 1988.
Hafner, Gerhard: The Division of the Commons? The Myth of the Commons: Divide or Perish, in: *Hestermeyer*, Holger/*Matz-Lück*, Nele/*Seibert-Fohr*, Anja/*Vöneky*, Silja (Hrsg.): Law of the Sea in Dialogue, Berlin, Heidelberg 2011, S. 91–111.
Hahn, Friedemann: Von Unsinn bis Untergang. Rezeption des Club of Rome und der Grenzen des Wachstums in der Bundesrepublik der frühen 1970er Jahre, Freiburg i. Br. 2006.
Haider-Wilson, Barbara: Humpty Dumpty, die Geschichtswissenschaft und der Pluralismus: Einlassung auf die historische Subdisziplin „Internationale Geschichte", in: *Haider-Wilson*, Barbara/*Godsey*, William D./*Mueller*, Wolfgang (Hrsg.): Internationale Geschichte in Theorie und Praxis. International History in Theory and Practice, Wien 2017, S. 9–61.
Haller, Lea/*Höhler*, Sabine/*Westermann*, Andrea: Einleitung: Rechnen mit der Natur: Ökonomische Kalküle um Ressourcen, in: Berichte zur Wissenschaftsgeschichte 37 (2014), S. 8–19.
Harrison, James: Evolution of the Law of the Sea. Developments in Law-Making in the Wake of the 1982 Law of the Sea Convention, Dissertation Edinburgh 2008.
Hartmann, Heinrich: „No Technical Solution": Historische Kontexte einer Moralökonomie der Weltbevölkerung seit den 1950er Jahren, in: *Löhr*, Isabella/*Rehling*, Andrea (Hrsg.): Global Commons im 20. Jahrhundert. Entwürfe für eine globale Welt, München 2014, S. 33–52.
Hartzog, Paul B.: Global Commons. Is Definition Possible?, Salt Lake City 2003.
Heidbrink, Ingo: „Deutschlands einzige Kolonie ist das Meer!" Die deutsche Hochseefischerei und die Fischereikonflikte des 20. Jahrhunderts, Hamburg 2004.
Heidbrink, Ingo: The Oceans as the Common Property of Mankind from Early Modern Period to Today, in: History Compass 6/2 (2008), S. 659–672.

Heidbrink, Ingo: Gerichtliche und außergerichtliche Konfliktlösung im Kontext internationaler Fischereikonflikte, in: forum historiae iuris, 24.11.2016 <http://www.forhistiur.de/2016-11-heidbrink/> (05.05.2018).

Heidbrink, Ingo: Claiming Sovereignty Where There Can Be no Sovereignty – Antarctica, in: Environment Space Place 8/2 (2016), S. 99–121.

Heidbrink, Ingo: Closing the 'Blue Hole': Maritime History as a Core Element of Historical Research, in: International Journal of Maritime History 29/2 (2017), S. 325–332.

Helfrich, Silke (Hrsg.): Wem gehört die Welt? Zur Wiederentdeckung der Gemeingüter, München 2009.

Helfrich, Silke: Gemeingüter sind nicht, sie werden gemacht, in: *Helfrich*, Silke/*Heinrich Böll Stiftung* (Hrsg.): Commons. Für eine neue Politik jenseits von Markt und Staat, Bielefeld 2012, S. 83–91.

Herren, Madeleine: Internationale Organisationen seit 1865. Eine Globalgeschichte der internationalen Ordnung, Darmstadt 2010.

Herren, Madeleine (Hrsg.): Networking the International System. Global Histories of International Organizations, Cham, Heidelberg 2014.

Herren, Madeleine: Diplomatie im Fokus der Globalgeschichte, in: Neue Politische Literatur 61/3 (2016), S. 413–438.

Hobe, Stephan: Was bleibt vom gemeinsamen Erbe der Menschheit?, in: *Dicke*, Klaus/*Hobe*, Stephan/*Meyn*, Karl-Ulrich (Hrsg.): Weltinnenrecht. Liber amicorum Jost Delbrück, Berlin 2005, S. 329–346.

Hobe, Stephan: Einführung in das Völkerrecht, 10. Aufl., Tübingen 2014.

Höhler, Sabine: „Raumschiff Erde": Lebensraumphantasien im Umweltzeitalter, in: *Schröder*, Iris/*Höhler*, Sabine (Hrsg.): Welt-Räume. Geschichte, Geographie und Globalisierung seit 1900, Frankfurt a. M. 2005, S. 258–281.

Höhler, Sabine: „Carrying Capacity". The Moral Economy of the „Coming Spaceship Earth", in: Atenea XXVI (2006), S. 59–74.

Höhler, Sabine: Die Weltmeere. Science und Fiction des Unerschöpflichen in Zeiten neuer Wachstumsgrenzen, in: Geschichte und Gesellschaft 40/3 (2014), S. 437–451.

Höhler, Sabine: Exterritoriale Ressourcen: Die Diskussion um die Tiefsee, die Pole und das Weltall um 1970, in: *Löhr*, Isabella/*Rehling*, Andrea (Hrsg.): Global Commons im 20. Jahrhundert. Entwürfe für eine globale Welt, München 2014, S. 53–82.

Höhler, Sabine: Spaceship Earth in the Environmental Age, 1960–1990, London 2015.

Hohn, Donovan: Moby-Duck. The True Story of 28,800 Bath Toys Lost at Sea and of the Beachcombers, Oceanographers, Environmentalists, and Fools, Including the Author, Who Went in Search of Them, New York 2011.

Holbach, Rudolf/*Reeken*, Dietmar von: Das Meer als Geschichtsraum, oder: Warum eine historische Erweiterung der Meeresforschung unabdingbar ist, in: *Holbach*, Rudolf/*Reeken*, Dietmar von (Hrsg.): „Das ungeheure Wellen-Reich". Bedeutungen, Wahrnehmungen und Projektionen des Meeres in der Geschichte, Oldenburg 2014, S. 7–22.

Hollstein, Bettina: Die Bedeutung gemeinschaftsbezogener Werte in Zeiten wirtschaftlicher Globalisierung, in: *Jochimsen*, Maren A./*Knobloch*, Ulrike (Hrsg.): Lebensweltökonomie in Zeiten wirtschaftlicher Globalisierung, Bielefeld 2006, S. 179–200.

Holzer, Kerstin: Elisabeth Mann Borgese. Ein Lebensportrait, 2. Aufl., Frankfurt a. M. 2003.

HSK Redaktion: H-Soz-U-Kult Debatte zu „Ressourcen" in den Geschichtswissenschaften. 1. Teil. <www.hsozkult.de/debate/id/diskussionen-1876> (17.12.2014).

Hula, Kevin W.: Lobbying Together. Interest Group Coalitions in Legislative Politics, Washington/DC 1999.

Hünemörder, Kai F.: Vom Expertennetzwerk zur Umweltpolitik. Frühe Umweltkonferenzen und die Ausweitung der öffentlichen Aufmerksamkeit für Umweltfragen in Europa (1959–1972), in: Archiv für Sozialgeschichte 43 (2003), S. 275–296.

Hünemörder, Kai F.: Die Frühgeschichte der globalen Umweltkrise und die Formierung der deutschen Umweltpolitik (1950–1973), Stuttgart 2004.

Hünemörder, Kai F.: 1972 – Epochenschwelle der Umweltgeschichte?, in: *Brüggemeier*, Franz-Josef/*Engels*, Jens Ivo (Hrsg.): Natur- und Umweltschutz nach 1945. Konzepte, Konflikte, Kompetenzen, Frankfurt a. M. u. a. 2005, S. 125–144.

Iriye, Akira: Global Community. The Role of International Organizations in the Making of the Contemporary World, Berkeley 2002.

Islam, Rafiqul: History of the North-South Divide in International Law: Colonial Discourses, Sovereignty, and Self-Determination, in: *Gonzalez*, Carmen G./*Razzaque*, Jona/*Alam*, Shawkat/*Atapattu*, Sumudu A. (Hrsg.): International Environmental Law and the Global South, Cambridge 2015, S. 23–49.

Jakobeit, Werner/*Keirat*, Karl: Die Firmengeschichte der Reederei „Nordsee", Cuxhaven 2016.

Jenisch, Uwe: Seerecht und Lübecker Marzipan. Erinnerungen an Elisabeth Mann Borgese, in: *Pils*, Holger/*Kühn*, Karolina (Hrsg.): Elisabeth Mann Borgese und das Drama der Meere, Hamburg 2012, S. 126–135.

Jenisch, Uwe/*Edler*, Jeannette: Bibliographie des deutschen Schrifttums zum internationalen und öffentlichen Seerecht 1982–2007. Bibliography of German Publications on the International and Public Law of the Sea 1982–2007, 2. Aufl., Baden-Baden 2008.

Juda, Lawrence: International Law and Ocean Use Management. The Evolution of Ocean Governance, London, New York 1996.

Kaiser, Wolfram/*Meyer*, Jan-Henrik (Hrsg.): International Organizations and Environmental Protection. Conservation and Globalization in the Twentieth Century, New York 2017.

Karczewski, Johannes von: „Weltwirtschaft ist unser Schicksal". Helmut Schmidt und die Schaffung der Weltwirtschaftsgipfel, Bonn 2008.

Karns, Margaret P./*Mingst*, Karen A./*Stiles*, Kendall W.: International Organizations. The Politics and Processes of Global Governance, 3. Aufl., Boulder/CO 2015.

Kehrt, Christian: „Dem Krill auf der Spur". Antarktisches Wissensregime und globale Ressourcenkonflikte in den 1970er Jahren, in: Geschichte und Gesellschaft 40/3 (2014), S. 403–436.

Kehrt, Christian: Schatzkammer oder Weltnaturpark? Zur Antarktispolitik der Bundesrepublik Deutschland in den langen 1970er Jahren, in: Themenportal Europäische Geschichte 2014 <https://www.europa.clio-online.de/essay/id/fdae-1647> (22.09.2016).

Kehrt, Christian/*Torma*, Franziska: Einführung: Lebensraum Meer. Globales Umweltwissen und Ressourcenfragen in den 1960er und 1970er Jahren, in: Geschichte und Gesellschaft 40/3 (2014), S. 313–322.

Kennedy, Paul M.: Parlament der Menschheit. Die Vereinten Nationen und der Weg zur Weltregierung, München 2007.

Keohane, Robert O.: After Hegemony. Cooperation and Discord in the World Political Economy, Princeton 1984.

Keohane, Robert O./*Nye*, Joseph S.: Power and Interdependence, in: Survival: Global Politics and Strategy 15/4 (1973), S. 158–165.

Keohane, Robert O./*Nye*, Joseph S.: Power and Interdependence. World Politics in Transition, 4. Aufl., Boston 2012.

Kersten, Jens: Das Anthropozän-Konzept. Kontrakt – Komposition – Konflikt, in: Zeitschrift für rechtswissenschaftliche Forschung 3 (2014), S. 378–414.

Kimball, Lee A.: Major Challenges of Ocean Governance: The Role of NGOs, in: *Vidas*, Davor/*Østreng*, Willy (Hrsg.): Order for the Oceans at the Turn of the Century, The Hague 1999, S. 389–406.

Kiss, Alexandre: La Pollution du Milieu Marin, in: Zeitschrift für ausländisches öffentliches Recht und Völkerrecht 38 (1978), S. 902–932.

Knobloch, Clemens: „The Tragedy of the Commons“ – Anatomie einer Erfolgsgeschichte, in: *Deus*, Fabian (Hrsg.): Die Kultur des Neoevolutionismus. Zur diskursiven Renaturalisierung von Mensch und Gesellschaft, Bielefeld 2015, S. 169–203.

Knudsen, Dino: The Trilateral Commission and Global Governance. Informal Elite Diplomacy, 1972–82, Florence 2016.

Kocka, Jürgen: Zivilgesellschaft in historischer Perspektive, in: Forschungsjournal Neue Soziale Bewegungen 16/2 (2003), S. 29–42.

Kott, Sandrine: International Organizations. A Field of Research for a Global History, in: Zeithistorische Forschungen/Studies in Contemporary History 8/3 (2011), S. 446–450.

Kott, Sandrine/*Droux*, Joëlle (Hrsg.): Globalizing Social Rights. The International Labour Organization and Beyond, Basingstoke 2013.

Kraus, Alexander/*Winkler*, Martina: Weltmeere. Für eine Pluralisierung der kulturellen Meeresforschung, in: *Kraus*, Alexander/*Winkler*, Martina (Hrsg.): Weltmeere. Wissen und Wahrnehmung im langen 19. Jahrhundert, Göttingen, Bristol 2014, S. 9–24.

Kraus, Alexander/*Winkler*, Martina (Hrsg.): Weltmeere. Wissen und Wahrnehmung im langen 19. Jahrhundert, Göttingen, Bristol 2014.

Kreienbaum, Jonas: Lusaka 1970: Die ökonomische Refokussierung der Bündnisfreien auf ihrem dritten Gipfeltreffen, in: *Dinkel*, Jürgen/*Fiebrig*, Steffen/*Reichherzer*, Frank (Hrsg.): Nord/Süd. Perspektiven auf eine globale Konstellation. Berlin, Boston 2020, S. 195–208.

Krueger, Anna: Die Bindung der Dritten Welt an das postkoloniale Völkerrecht. Die Völkerrechtskommission, das Recht der Verträge und das Recht der Staatennachfolge in der Dekolonialisierung, Berlin, Heidelberg 2018.

Kuchenbuch, David: „Eine Welt“. Globales Interdependenzbewusstsein und die Moralisierung des Alltags in den 1970er und 1980er Jahren, in: Geschichte und Gesellschaft 38/1 (2012), S. 158–184.

Kühn, Karolina/*Pils*, Holger: Chronik, in: *Pils*, Holger/*Kühn*, Karolina (Hrsg.): Elisabeth Mann Borgese und das Drama der Meere, Hamburg 2012, S. 256–259.

Kunkel, Sönke: Zwischen Globalisierung, internationalen Organisationen und „global governance“. Eine kurze Geschichte des Nord-Süd-Konflikts in den 1960er und 1970er Jahren, in: Vierteljahrshefte für Zeitgeschichte 4 (2012), S. 555–577.

Kunkel, Sönke: Contesting Globalization: The United Nations Conference on Trade and Development and the Transnationalization of Sovereignty, in: *Frey*, Marc/*Kunkel*, Sönke/*Unger*, Corinna R. (Hrsg.): International Organizations and Development, 1945–1990. New York 2014, S. 240–258.

Kunzig, Robert: Der unsichtbare Kontinent. Die Entdeckung der Meerestiefe, Hamburg 2002.

Kupper, Patrick: Die „1970er Diagnose". Grundsätzliche Überlegungen zu einem Wendepunkt der Umweltgeschichte, in: Archiv für Sozialgeschichte 43 (2003), S. 325–348.

Kupper, Patrick: „Weltuntergangsvisionen aus dem Computer". Zur Geschichte der Studie „Grenzen des Wachstums" von 1972, in: *Uekötter*, Frank/*Hohensee*, Jens (Hrsg.): Wird Kassandra heiser? Die Geschichte falscher Ökoalarme, Stuttgart 2004, S. 98–111.

La Barca, Giuseppe: The US, the EC and World Trade. From the Kennedy Round to the Start of the Uruguay Round, London, New York 2016.

Landwehr, Achim: Historische Diskursanalyse, Frankfurt a. M. 2008.

Leemann, Ramon: Entwicklung als Selbstbestimmung. Die menschenrechtliche Formulierung von Selbstbestimmung und Entwicklung in der UNO, 1945–1986, Göttingen 2013.

Lehmkuhl, Ursula: Diplomatiegeschichte als internationale Kulturgeschichte: Theoretische Ansätze und empirische Forschung zwischen Historischer Kulturwissenschaft und Soziologischem Internationalismus, in: Geschichte und Gesellschaft 27/3 (2001), S. 394–423.

Leif, Thomas: Licht und Schatten. Lobbyismus zwischen Öffentlichkeit und Hinterzimmer, Stuttgart 2009.

Lepenies, Wolf: Das Ende der Naturgeschichte. Wandel kultureller Selbstverständlichkeiten in den Wissenschaften des 18. und 19. Jahrhunderts, Frankfurt a. M. 1978.

Levering, Ralph B./*Levering*, Miriam Lindsey: Citizen Action for Global Change. The Neptune Group and Law of the Sea, New York 1999.

Li, Yuwen: Transfer of Technology for Deep Sea-Bed Mining. The 1982 Law of the Sea Convention and Beyond, Dordrecht, Boston, London 1994.

Lies, Jan: Politische Kommunikation. Lobbyismus und Public Affairs, in: *Lies*, Jan (Hrsg.): Public Relations. Ein Handbuch, Konstanz 2008, S. 389–393.

Link, Werner/*Tücks*, Paul: Der Nord-Süd-Konflikt und die Zusammenarbeit der Entwicklungsländer, Berlin 1985.

List, Martin: Regimetheorie, in: *Benz*, Arthur/*Lütz*, Susanne/*Schimank*, Uwe/*Simonis*, Georg (Hrsg.): Handbuch Governance. Theoretische Grundlagen und empirische Anwendungsfelder, Wiesbaden 2007, S. 226–239.

Löhr, Isabella: Die Globalisierung geistiger Eigentumsrechte. Neue Strukturen internationaler Zusammenarbeit 1886–1952, Göttingen 2010.

Löhr, Isabella/*Rehling*, Andrea (Hrsg.): Global Commons im 20. Jahrhundert. Entwürfe für eine globale Welt, München 2014.

Lohrmann, Ullrich: Voices from Tanganyika. Great Britain, the United Nations, and the Decolonization of a Trust Territory, 1946–1961, Berlin, London 2008.

Loth, Wilfried: Staaten und Machtbeziehungen im Wandel, in: *Iriye*, Akira (Hrsg.): 1945 bis heute. Die globalisierte Welt, München 2013, S. 15–181.

Loth, Wilfried/*Osterhammel*, Jürgen (Hrsg.): Internationale Geschichte. Themen, Ergebnisse, Aussichten, München 2000.

Manela, Erez: The Wilsonian Moment. Self-Determination and the International Origins of Anticolonial Nationalism, Oxford, New York 2007.

Mann, Erika/*Mann*, Klaus: Escape to Life. Deutsche Kultur im Exil, München 1991.

Marcowitz, Reiner: Von der Diplomatiegeschichte zur Geschichte der internationalen Beziehungen. Methoden, Themen, Perspektiven einer historischen Teildisziplin, in: Francia: Forschungen zur westeuropäischen Geschichte 32/3 (2005), S. 75–100.

Marks, Gary/*Hooghe*, Liesbet/*Blank*, Kermit: European Integration Since the 1980s. State-Centric vs. Multi-Level Governance, in: Journal of Common Market Studies 34/3 (1996), S. 341–378.

Maul, Daniel: Internationale Organisationen als historische Akteure. Die ILO und die Auflösung der europäischen Kolonialreiche 1940–1970, in: *Kruke*, Anja (Hrsg.): Dekolonisation. Prozesse und Verflechtungen 1945–1990, Bonn 2009, S. 21–52.

Mazower, Mark: Die Welt regieren. Eine Idee und ihre Geschichte von 1815 bis heute, München 2013.

McConnell, Fiona: The Biodiversity Convention. A Negotiating History. A Personal Account of Negotiating the United Nations Convention on Biological Diversity, and After, London 1996.

McFarland, Victor: The New International Economic Order, Interdependence, and Globalization, in: Humanity: an International Journal of Human Rights, Humanitarianism, and Development 6/1 (2015), S. 217–233.

McKenzie, Francine: Free Trade and Freedom to Trade: The Development Challenge to GATT, 1947–1968, in: *Frey*, Marc/*Kunkel*, Sönke/*Unger*, Corinna R. (Hrsg.): International Organizations and Development, 1945–1990, New York 2014, S. 150–170.

Mensah, Thomas A. (Hrsg.): Ocean Governance. Strategies and Approaches for the 21st Century; Honolulu, Hawaii, July 11–14, 1994, Honolulu 1996.

Mergel, Thomas: Gleichheit und Ungleichheit als zeithistorisches und soziologisches Problem, in: Zeithistorische Forschungen/Studies in Contemporary History 10/2 (2013), S. 307–320.

Mesinovic, Sven Asim: Globale Güter und territoriale Ansprüche. Meerespolitik in der Bundesrepublik Deutschland und den USA in den 1960er Jahren, in: Geschichte und Gesellschaft 40/3 (2014), S. 382–402.

Mesinovic, Sven Asim/*Schmiedke*, Daniel: Der Traum von der Besiedelung der Meere, in: *Siggelkow*, Ingeborg (Hrsg.): Gedächtnis, Kultur und Politik, Berlin 2006, S. 45–53.

Messner, Dirk/*Nuscheler*, Franz: Das Konzept global governance. Stand und Perspektiven, Duisburg 2003.

Metzler, Gabriele: „Geborgenheit im gesicherten Fortschritt". Das Jahrzehnt von Planbarkeit und Machbarkeit, in: *Frese*, Matthias/*Paulus*, Julia/*Teppe*, Karl (Hrsg.): Demokratisierung und gesellschaftlicher Aufbruch. Die sechziger Jahre als Wendezeit der Bundesrepublik, 2. Aufl., Paderborn 2005, S. 777–797.

Meyer, Tirza: Elisabeth Mann Borgese – Deep Ideology, Dissertation NTNU 2018 <https://ntnuopen.ntnu.no/ntnu-xmlui/handle/11250/2581916> (06.06.2019).

Mickelson, Karin: The Stockholm Conference and the Creation of the North-South Divide in International Environmental Law and Policy, in: *Gonzalez*, Carmen G./*Razzaque*, Jona/*Alam*, Shawkat/*Atapattu*, Sumudu A. (Hrsg.): International Environmental Law and the Global South, Cambridge 2015, S. 109–129.

Misteli, Samuel: Der UNCTAD-Moment. Die Entstehung des Nord-Süd-Konflikts and die Politisierung des Schweizer Entwicklungsdiskurses, in: *Elmer*, Sara/*Kuhn*, Konrad J./*Speich Chassé*, Daniel (Hrsg.): Handlungsfeld Entwicklung. Schweizer Erwartungen und Erfahrungen in der Geschichte der Entwicklungsarbeit = Le champ d'action „développement"; attentes et expériences suisses dans le travail de développement, Basel 2014, S. 185–212.

Möckel, Benjamin: „Gegen die Plastikwelt der Supermärkte“: Konsum- und Kapitalismuskritik in der Entstehungsgeschichte des „fairen Handels“, in: Archiv für Sozialgeschichte 56 (2016), S. 335 – 352.

Mondré, Aletta/*Kuhn*, Annegret: Ocean Governance, in: APuZ 67/51 – 52 (2017), S. 4 – 9.

Moor, Martina de/*Warde*, Paul/*Shaw-Taylor*, Leigh (Hrsg.): The Management of Common Land in North West Europe, c. 1500 – 1850, Turnhout 2002.

Moor, Martina de: Von der Allmende zu den globalen commons: Eine historische Analyse interdisziplinärer Annäherungen an die commons, in: juridikum 2 (2012), S. 186 – 197.

Moyn, Samuel: The Last Utopia. Human Rights in History, Cambridge/MA 2012.

Murphy, Craig N.: International Organization and Industrial Change. Global Governance since 1850, Cambridge 1994.

Nitzke, Solvejg/*Pethes*, Nicolas (Hrsg.): Imagining Earth. Concepts of Wholeness in Cultural Constructions of Our Home Planet, Bielefeld 2017.

North, Michael: Zwischen Hafen und Horizont. Weltgeschichte der Meere, München 2016.

Nowotny, Helga: Vergangene Zukunft. Ein Blick zurück auf die „Grenzen des Wachstums“, in: *Globig*, Michael/*Volkswagenstiftung* (Hrsg.): Impulse geben, Wissen stiften. 40 Jahre Volkswagenstiftung, Göttingen 2002, S. 655 – 694.

Nyman, Elizabeth: Outpaced by Events. Our Ageing Law of the Sea, in: International Journal of Maritime History 29/3 (2017), S. 636 – 644.

Ogle, Vanessa: State Rights against Private Capital: The 'New International Economic Order' and the Struggle over Aid, Trade, and Foreign Investment, 1962 – 1981, in: Humanity: An International Journal of Human Rights, Humanitarianism, and Development 5/2 (2014), S. 211 – 234.

Ohne Verfasser: Mauretanien, Senegal und der schwierige Weg zum guten Fischereimanagement, in: Maribus: Worldoceanreview 2 (2013) – Die Zukunft der Fische, die Fischerei der Zukunft <http://worldoceanreview.com/wor-2/fischereipolitik/fischereimanagement/mauretanien-senegal-und-derschwierige-weg-zum-guten-fischereimanagement/> (28.10.2017).

Ostrom, Elinor: Die Verfassung der Allmende. Jenseits von Staat und Markt, Tübingen 1999.

Paine, Lincoln P.: The Sea and Civilization. A Maritime History of the World, London 2013.

Pollock, David H.: Raúl Prebisch: The Essence of Leadership, in: *Dosman*, Edgar J. (Hrsg.): Raúl Prebisch. Power, Principle and the Ethics of Development. Essays in Honour of David H. Pollock Marking the Centennial Celebrations of the Birth of Raúl Prebisch, Washington/DC, Buenos Aires 2006, S. 11 – 20.

Popovski, Vesselin: UNCLOS and the Peaceful Use of the Sea, in: *Wu*, Shicun/*Valencia*, Mark J./*Hong*, Nong (Hrsg.): UN Convention on the Law of the Sea and the South China Sea, Burlington/VT 2015, S. 73 – 83.

Prashad, Vijay: The Poorer Nations. A Possible History of the Global South, London 2012.

Proelß, Alexander: Mit den Meeren leben. Zu Elisabeth Mann Borgeses Konzeption einer gerechten Nutzung der Ozeane, in: *Pils*, Holger/*Kühn*, Karolina (Hrsg.): Elisabeth Mann Borgese und das Drama der Meere, Hamburg 2012, S. 104 – 111.

Purdy, Jedediah: After Nature. A Politics for the Anthropocene, Cambridge/MA, London 2015.

Rehling, Andrea/*Löhr*, Isabella: „Governing the Commons“: Die global commons und das Erbe der Menschheit im 20. Jahrhundert, in: *Löhr*, Isabella/*Rehling*, Andrea (Hrsg.): Global Commons im 20. Jahrhundert. Entwürfe für eine globale Welt, München 2014, S. 3 – 31.

Reichherzer, Frank: Mit dem „Kalten Krieg" experimentieren. Ein Denkanstoß, in: *Reichherzer*, Frank/*Droit*, Emmanuel/*Hansen*, Jan (Hrsg.): Den Kalten Krieg vermessen. Über Grenzen, Reichweite und Alternativen einer binären Ordnungsvorstellung, Boston, Berlin 2018, S. 1–14.

Reinhard, Wolfgang: Die Unterwerfung der Welt. Globalgeschichte der europäischen Expansion 1415–2015, Bonn 2017.

Roberts, Callum: The Unnatural History of the Sea, Washington/DC 2008.

Robertson, Thomas: The Malthusian Moment: Global Population Growth and the Birth of American Environmentalism, Piscataway 2012.

Rogall, Holger: Ökologische Ökonomie. Eine Einführung, 2. Aufl., Wiesbaden 2008.

Rozwadowski, Helen M.: Fathoming the Ocean. The Discovery and Exploration of the Deep Sea, Cambridge/MA, London 2005.

Rozwadowski, Helen M.: Arthur C. Clarke and the Limitations of the Ocean as a Frontier, in: Environmental History 17/2 (2012), S. 578–602.

Rozwadowski, Helen M.: The Promise of Ocean History for Environmental History, in: Journal of American History 100/1 (2013), S. 136–139.

Rozwadowski, Helen: Vast Expanses. A History of the Oceans, London 2018.

Ruggie, John R.: Global Governance and „New Governance Theory": Lessons from Business and Human Rights, in: Global Governance 20/1 (2014), S. 5–17.

Ruppenthal, Jens: Neue Nahrung aus der Tiefe: Fischereiforschung und die Technisierung unbekannter Zonen des Ozeans, in: Technikgeschichte 85/2 (2018), S. 85–104.

Ruppenthal, Jens: Raubbau und Meerestechnik. Die Rede von der Unerschöpflichkeit der Meere, Stuttgart 2018.

Rupprecht, Katrin: Der deutsch-isländische Fischereizonenstreit 1972–1976. Krisenfall für die NATO? Anhand der Akten des Auswärtigen Amtes, Frankfurt a. M. 2011.

Sackel, Johanna: Food Justice, Common Heritage and the Oceans. Resource Narratives in the Context of the Third United Nations Conference on the Law of the Sea, in: International Journal of Maritime History 29/3 (2017), S. 645–659.

Sackel, Johanna: „Rationale Fischerei"? Das Konzept des Maximum Sustainable Yield im Spannungsfeld von Ökonomie und Ökologie, in: Vierteljahrschrift für Sozial- und Wirtschaftsgeschichte 105/2 (2018), S. 183–200.

Sackel, Johanna: Solidarität vs. Ressourcensouveränität? Die dritte Seerechtskonferenz als Herausforderung für die Süd-Süd-Beziehungen, in: *Dinkel*, Jürgen/*Fiebrig*, Steffen/*Reichherzer*, Frank (Hrsg.): Nord/Süd. Perspektiven auf eine globale Konstellation, Berlin, Boston 2020, S. 405–422.

Salomon, Margot E.: From NIEO to Now and the Unfinishable Story of Economic Justice, in: International and Comparative Law Quarterly 62/1 (2013), S. 31–54.

Sarasin, Philipp: Michel Foucault zur Einführung, Hamburg 2005.

Sargent, Daniel J.: North/South: The United States Responds to the New International Economic Order, in: Humanity: An International Journal of Human Rights, Humanitarianism, and Development 6/1 (2015), S. 201–216.

Sassen, Saskia: The Participation of States and Citizens in Global Governance, in: Indiana Journal of Global Legal Studies 10/5 (2003), S. 5–28.

Sassen, Saskia: Das Paradox des Nationalen. Territorium, Autorität und Rechte im globalen Zeitalter, Frankfurt a. M. 2008.

Sayward, Amy L.: The United Nations in International History, London 2017.

Schmidt-Gernig, Alexander: Ansichten einer zukünftigen „Weltgesellschaft". Westliche Zukunftsforschung der 60er und 70er Jahre am Beispiel einer transnationalen Expertenöffentlichkeit, in: *Kaelble*, Hartmut/*Kirsch*, Martin/*Schmidt-Gernig*, Alexander (Hrsg.): Transnationale Öffentlichkeiten und Identitäten im 20. Jahrhundert, Frankfurt a. M., New York 2002, S. 393–422.

Schreiber, Dominik: Narrative der Globalisierung. Gerechtigkeit und Konkurrenz in faktualen und fiktionalen Erzählungen, Wiesbaden 2015.

Schrijver, Nico: Sovereignty over Natural Resources. Balancing Rights and Duties, Cambridge 1997.

Schröder, Iris: Die Wiederkehr des Internationalen. Eine einführende Skizze, in: Zeithistorische Forschungen/Studies in Contemporary History 8/3 (2011), S. 340–349.

Schulz-Walden, Thorsten: Anfänge globaler Umweltpolitik. Umweltsicherheit in der internationalen Politik (1969–1975), München 2013.

Schürmann, Felix: Der graue Unterstrom. Walfänger und Küstengesellschaften an den tiefen Stränden Afrikas (1770–1920), Frankfurt a. M. 2017.

Seefried, Elke: Bruch im Fortschrittsverständnis? Zukunftsforschung zwischen Steuerungseuphorie und Wachstumskritik, in: *Doering-Manteuffel*, Anselm/*Raphael*, Lutz/ *Schlemmer*, Thomas (Hrsg.): Vorgeschichte der Gegenwart. Dimensionen des Strukturbruchs nach dem Boom, Göttingen 2016, S. 425–449.

Seidel, Katja: Die Errichtung des „Blauen Europa" – die Gemeinsame Fischereipolitik, in: *Bussière*, Éric/*Barroso*, Juan Manuel (Hrsg.): Die Europäische Kommission. Geschichte und Erinnerungen einer Institution, Luxemburg 2014, S. 343–350.

Simonis, Georg: Theoretischer Rahmen: Governance, in: *Simonis*, Georg (Hrsg.): Handbuch globale Klimapolitik, Paderborn 2017, S. 138–175.

Sluga, Glenda: Internationalism in the Age of Nationalism, Philadelphia 2013.

Sluga, Glenda/*Clavin*, Patricia (Hrsg.): Internationalisms. A Twentieth-Century History, Cambridge 2017.

Sparenberg, Ole: „Segen des Meeres". Hochseefischerei und Walfang im Rahmen der nationalsozialistischen Autarkiepolitik, Berlin 2012.

Sparenberg, Ole: Meeresbergbau nach Manganknollen (1965–2014). Aufstieg, Fall und Wiedergeburt?, in: Der Anschnitt: Zeitschrift für Kunst und Kultur im Bergbau 67/4–5 (2015), S. 118–135.

Sparenberg, Ole: Mining for Manganese Nodules. The Deep Sea as a Contested Space (1960s –1980s), in: *Grzechnik*, Marta/*Hurskainen*, Heta (Hrsg.): Beyond the Sea. Reviewing the Manifold Dimensions of Water as Barrier and Bridge, Köln 2015, S. 149–164.

Sparenberg, Ole: Ressourcenverknappung, Eigentumsrechte und ökologische Folgewirkungen am Beispiel des Tiefseebergbaus, in: *Schulz*, Günther/*Reith* Reinhold (Hrsg.): Wirtschaft und Umwelt vom Spätmittelalter bis zur Gegenwart: auf dem Weg zur Nachhaltigkeit? Erträge der 25. Arbeitstagung der Gesellschaft für Sozial- und Wirtschaftsgeschichte vom 3. bis 6. April 2013 in Salzburg, Stuttgart 2015, S. 109–124.

Sparenberg, Ole: A Historical Perspective on Deep-Sea Mining for Manganese Nodules, 1965–2019, in: The Extractive Industries and Society 6/3 (2019), S. 842–854.

Speich Chassé, Daniel: Die „Dritte Welt" als Theorieeffekt. Ökonomisches Wissen und globale Differenz, in: Geschichte und Gesellschaft 41/4 (2015), S. 580–612.

Speich Chassé, Daniel: Die Erfindung des Bruttosozialprodukts. Globale Ungleichheit in der Wissensgeschichte der Ökonomie, Göttingen 2013.

Steiling, Roland: Das Seefischereirecht der Europäischen Gemeinschaften. Eine Darstellung der Entwicklung des gemeinschaftlichen Fischereiregimes vor dem Hintergrund der Ergebnisse der Dritten Seerechtskonferenz der Vereinten Nationen, Köln 1989.

Steinberg, Philip E.: The Social Construction of the Ocean, Cambridge, New York 2001.

Stoecker, Felix William: NGOs und die UNO. Die Einbindung von Nichtregierungsorganisationen (NGOs) in die Strukturen der Vereinten Nationen, Frankfurt a. M. 2000.

Strong, Maurice F.: Where on Earth are we Going?, Toronto 2000.

Studier, Alphons: Die III. UN-Seerechtskonferenz: Auf dem Weg zu einer gerechten Weltmeeresordnung?, München 1982.

Tabor, Nathan: The Beast on the East River. The U.N. Threat to America's Sovereignty and Security, Nashville/TN 2006.

Tomuschat, Christian: Die Charta der wirtschaftlichen Rechte und Pflichten der Staaten. Zur Gestaltungskraft von Deklarationen der UN-Generalversammlung, in: Zeitschrift für ausländisches öffentliches Recht und Völkerrecht 36/1–3 (1976), S. 444–491.

Torma, Franziska: Lebende Ressourcen und symbolisches Kapital. Westdeutsche Fischereiexperten am Golf von Thailand (1959–1974), in: Geschichte und Gesellschaft 40/3 (2014), S. 354–381.

Treves, Tullio: United Nations Convention on the Law of the Sea. Introductory Note, in: United Nations Office of Legal Affairs 2008 <http://legal.un.org/avl/pdf/ha/uncls/uncls_e.pdf> (12.12.2018).

Türk, Helmut: The Idea of Common Heritage of Mankind, in: *Attard*, David Joseph/*Martínez Gutiérrez*, Norman A. (Hrsg.): Serving the Rule of International Maritime Law. Essays in Honour of Professor David Joseph Attard, London, New York 2010, S. 156–175.

Turner, Victor: The Ritual Process. Structure and Anti-Structure, 2. Aufl., New Brunswick/NJ 2008.

Tussie, Diana/*Riggirozzi*, Maria Pia: Pressing Ahead with New Procedures for Old Machinery: Global Governance and Civil Society, in: *Rittberger*, Volker (Hrsg.): Global Governance and the United Nations System, Tokyo 2001, S. 158–180.

Unfried, Berthold/*Mittag*, Jürgen/*van der Linden, Marcel* (Hrsg.): Transnationale Netzwerke im 20. Jahrhundert. Historische Erkundungen zu Ideen und Praktiken, Individuen und Organisationen, Leipzig 2008.

United Nations – Office for Ocean Affairs and the Law of the Sea: A Bibliography on the Law of the Sea 1968–1988. Two Decades of Law-Making, State Practice and Doctrine = Bibliographie du droit de la mer 1968–1988, New York 1993.

Vitzthum, Wolfgang Graf: Seerechtsglobalisierung. Von der iberischen Epoche bis zur Ära der Vereinten Nationen, in: *Schorlemer*, Sabine (Hrsg.): Praxishandbuch UNO. Die Vereinten Nationen im Lichte globaler Herausforderungen, Berlin, Heidelberg 2003, S. 397–418.

Vogel, Runhild Solveig: Die Außenfischereibeziehungen der Europäischen Gemeinschaft. Schutz und Bewirtschaftung kommerziell genutzter Fischbestände in der Europäischen Gemeinschaft, Frankfurt a. M. 2009.

Vogler, John: The Global Commons. Environmental and Technological Challenges, 2. Aufl., Chichester 2000.

Wall, Derek: The Commons in History. Culture, Conflict, and Ecology, Cambridge/MA 2014.

Wengeler, Martin: Von der Hilfe für unterentwickelte Gebiete über den Neokolonialismus bis zur Entwicklungszusammenarbeit. Der sprachliche Umgang mit dem Nord-Süd-Konflikt, in: *Stötzel*, Georg/*Wengeler*, Martin (Hrsg.): Kontroverse Begriffe. Geschichte des öffentlichen

Sprachgebrauchs in der Bundesrepublik Deutschland, Berlin, New York 1995, S. 679–710.

Wesel, Reinhard: Symbolische Politik der Vereinten Nationen. Die „Weltkonferenzen" als Rituale, Wiesbaden 2004.

Wesel, Reinhard: Internationale Regime und Organisationen, Konstanz 2012.

Whelan, Daniel J.: „Under the Aegis of Man": The Right to Development and the Origins of the New International Economic Order, in: Humanity: An International Journal of Human Rights, Humanitarianism, and Development 6/1 (2015), S. 93–108.

Williams, Marc A.: Third World Cooperation. The Group of 77 in UNCTAD, London 1991.

Wiseman, Geoffrey: „Polylateralism" and New Modes of Global Dialogue, London 2004.

Wissenschaftlicher Beirat der Bundesregierung Globale Umweltveränderungen (WBGU): Welt im Wandel. Menschheitserbe Meer, Berlin 2013.

Wöbse, Anna-Katharina: Weltnaturschutz. Umweltdiplomatie in Völkerbund und Vereinten Nationen 1920–1950, Frankfurt a. M. 2012.

Wöbse, Anna-Katharina: Globales Gemeingut und das Naturerbe der Menschheit im Völkerbund und den Vereinten Nationen, in: *Löhr*, Isabella/*Rehling*, Andrea (Hrsg.): Global Commons im 20. Jahrhundert. Entwürfe für eine globale Welt, München 2014, S. 83–108.

Wöbse, Anna-Katharina: Framing the Heritage of Mankind: National Parks on the International Agenda, in: *Gißibl*, Bernhard/*Höhler*, Sabine/*Kupper*, Patrick (Hrsg.): Civilizing Nature. National Parks in Global Historical Perspective, New York, Oxford 2015, S. 140–156.

Wolf, Klaus Dieter: Normsetzung in internationalen Institutionen unter Mitwirkung privater Akteure? „International Environmental Governance" zwischen ILO, öffentlich-privaten Politiknetzwerken und Global Compact, in: *Schorlemer*, Sabine (Hrsg.): Praxishandbuch UNO. Die Vereinten Nationen im Lichte globaler Herausforderungen, Berlin, Heidelberg 2003, S. 225–240.

Zangl, Bernhard: Regimetheorie, in: *Schieder*, Siegfried/*Spindler*, Manuela (Hrsg.): Theorien der Internationalen Beziehungen, 3. Aufl., Leverkusen 2010, S. 131–155.

Zeiler, Thomas W.: Offene Türen in der Weltwirtschaft, in: *Iriye*, Akira (Hrsg.): 1945 bis heute. Die globalisierte Welt, München 2013, S. 183–356.

Zelko, Frank S.: Greenpeace. Von der Hippiebewegung zum Ökokonzern, Göttingen 2014.

Zimmermann, Susan: GrenzÜberschreitungen. Internationale Netzwerke, Organisationen, Bewegungen und die Politik der globalen Ungleichheit vom 17. bis zum 21. Jahrhundert, Wien 2010.

Zürn, Michael: Regieren jenseits des Nationalstaates. Globalisierung und Denationalisierung als Chance, Frankfurt a. M. 1998.

Abbildungsnachweise

Abb. 1: Meereszonen des Seerechtsübereinkommens, in: Maribus et al. (Hrsg.): World Ocean Review 6 (2019), S. 244 <https://worldoceanreview.com/wp-content/downloads/wor6/WOR6_de.pdf> (28. 07. 2021).

Abb. 2: DSM-Archiv, III A 1429 Hochseefischerei und Kutterfischerei Lundbeck, Broschüre zum Tag des Hochseefischers 1953.

Abb. 3: Dalhousie University Archives, Halifax, Nova Scotia, Courtesy of the Elisabeth Mann Borgese Fonds (MS-2 – 744), Photograph from Pacem in Maribus II.

https://doi.org/10.1515/9783110748826-010

Anhang

Anhang I

UNCLOS III: Sitzungsperioden

Sitzung	Tagungsort	Datum	Verhandlungstext
1	New York	3. bis 15. Dezember 1973	
2	Caracas	20. Juni bis 29. August 1974	
3	Genf	17. März bis 9. Mai 1975	Informal Single Negotiating Text (A/CONF.62/WP.8)
4	New York	15. März bis 7. Mai 1976	Revised Single Negotiating Text (A/CONF.62/WP.8/Rev.1)
5	New York	2. August bis 17. September 1976	Revised Single Negotiating Text (A/CONF.62/WP.9/Rev.2)
6	New York	23. Mai bis 15. Juli 1977	Informal Composite Negotiating Text (A/CONF.62/WP.10)
7	Genf	28. März bis 19. Mai 1978	
	New York	21. August bis 15. September 1978	
8	Genf	19. März bis 27. April 1979	Revised Informal Composite Negotiating Text
	New York	19. Juli bis 24. August 1979	(A/CONF.62/WP.10/Rev.1)
9	New York	3. März bis 4. April 1980	
		28. Juli bis 29. August 1980	Informal Draft Convention (A/CONF.62/WP.10/Rev.3)
10	New York	9. März bis 16. April 1981	
	Genf	3. bis 28. August 1981	Draft Convention (A/CONF.62/L.78)
11	New York	8. März bis 30. April 1982	
	New York	22. bis 24. September 1982	
	Montego Bay	6. bis 10. Dezember 1982	United Nations Convention on the Law of the Sea (A/CONF.62/122)

https://doi.org/10.1515/9783110748826-011

Anhang II

Interessenlagen innerhalb der G77

Modifiziert entnommen aus: Platzöder, Renate: Dokumente der dritten Seerechtskonferenz der Vereinten Nationen. New Yorker Sessionen 1976, Band 4, Ebenhausen/Isar 1977, S. 1161–1172.

A *Binnenland*
B *geographisch benachteiligt*
C *Teilnahme an Küstenstaatengruppe*
D *Befürworter exklusiver Wirtschaftszonen*
E *Befürworter nicht exklusiver Wirtschaftszonen*
F *Befürworter internationaler Wirtschaftszonen*
G *„Territorialisten"*

	A	B	C	D	E	F	G
Afghanistan	•				•		
Ägypten				•			
Algerien		•			•		
Angola				•			
Äquatorialguinea			•	•			•
Arabische Emirate		•			•		
Argentinien			•	•			
Äthiopien		•			•		
Bahamas			•		•		
Bahrein		•			•		
Bangladesh				•			
Barbados					•		
Benin				•			•
Bhutan	•				•		
Bolivien	•				•		
Botswana	•				•		
Brasilien			•	•			•
Burma			•	•			
Burundi	•				•		

Fortsetzung

	A	B	C	D	E	F	G
Chile			•	•			
Costa Rica			•	•			
Dominikanische Republik			•	•			
Dschibuti							
Ecuador			•	•			•
El Salvador			•	•			•
Elfenbeinküste			•	•			
Fidschi			•	•			
Gabun				•			
Gambia		•		(•)			
Ghana			•	•			
Grenada							
Guatemala			•	•			
Guinea			•	•			•
Guinea-Bissau			•	•			•
Guyana				•			
Haiti			•	•			
Honduras			•	•			
Indien			•	•			
Indonesien			•	•			
Irak		•			•		
Iran				•			
Jamaika		•			•		
Jemen				•			•
Jordanien		•			•		
Jugoslawien				•			
Kambodscha			•	•			
Kamerun				•			
Kapverden			•	•			•

Fortsetzung

	A	B	C	D	E	F	G
Katar		•			•		
Kenia			•	•			
Kolumbien			•	•			
Komoren				•			
Kongo				•			•
Kuba					•		
Kuwait		•			•		
Laos	•				•		
Lesotho	•				•		
Libanon					(•)		
Liberia					(•)		
Libyen				•			
Madagaskar				•			•
Malawi	•				•		
Malaysia				•			
Malediven				•			
Mali	•				•		
Malta				•			
Marokko			•	•			
Mauretanien			•	•			
Mauritius			•	•			•
Mexiko			•	•			
Mongolei	•				•		
Mosambik			•	•			•
Nauru				•			
Nepal	•				•		
Nicaragua			•	•			
Niger	•				•		
Nigeria			•	•			

Fortsetzung

	A	B	C	D	E	F	G
Nordkorea				•			
Obervolta	•				•		
Oman				•			
Pakistan			•	•			
Panama			•	•			•
Papua-Neu Guinea			•	•			
Paraguay					•		
Peru			•	•			•
Philippinen			•	•			
Ruanda	•				•		
Rumänien				•			
Sambia	•				•		
Samoa				•			
Sao Tomé				•			•
Saudi-Arabien					•		
Senegal			•	•			•
Seychellen							
Sierra Leone			•	•			•
Singapur		•			•		
Somalia			•	•			•
Sri Lanka			•	•			
Sudan		•		•			
Südkorea					•		
Surinam				•			
Swasiland	•				•		
Syrien					(•)		
Tansania			•	•			
Thailand				(•)			
Togo				•			•

Fortsetzung

	A	B	C	D	E	F	G
Tonga			•	(•)			
Trinidad und Tobago			•	•			
Tschad	•				•		
Tunesien			•	•			
Uganda	•				•		
Uruguay			•	•			•
Venezuela			•	•			
Vietnam							
Yemen				•			
Zaire		•			•		
Zentralafrikanische Republik	•				•		
Zypern				(•)			

Anhang III

Chronologie der *Pacem in Maribus*-Konferenzen bis 1995

Modifiziert entnommen aus: International Ocean Institute Canada <internationaloceaninstitute.dal.ca/PIM_list.doc> (01.12.2018)

	Ort	Thema
PIM I	Malta, 1970	Quiet Enjoyment: Arms Control and Police Forces for the Oceans
PIM II	Malta, 1971	A Constitution for the Oceans
PIM III	Malta, 1972	Economic Potential of the Oceans
PIM IV	Malta, 1973	Regional Cooperation in the Caribbean
PIM V	Malta, 1974	The Common Heritage of Mankind
PIM VI	Japan, 1975	The Sea We Would Like to See
PIM VII	Algerien, 1976	The Law of the Sea and the New International and Economic Order
PIM VIII	Mexiko, 1977	Third World and the New Law of the Sea Within the New International and Economic Order
PIM IX	Kamerun, 1978	Africa and the Law of the Sea
PIM X	Österreich, 1980	The Monitoring of Ocean Processes, The Surveillance of Uses, and The Enforcement of Agreed Rules of Management and Conservation
PIM XI	Mexiko, 1981	National Legislation and the New Law of the Sea
PIM XII	Sri Lanka, 1982	Marine Sciences and the New Law of the Sea
PIM XIII	Schweden, 1984	The Denuclearization of the Oceans
PIM XIV	UdSSR, 1985	Technical, Legal, Environmental and Economic Aspects of Shipping and Navigation
PIM XV	Malta, 1987	The Commemoration of the 20th Anniversary of the Maltese Initiative which led to UNCLOS III
PIM XVI	Kanada, 1988	Ocean Technology, Development Training and Transfer
PIM XVII	UdSSR, 1989	Peace in the Oceans: the New Era
PIM XVIII	Niederlande, 1990	Ports as Nodal Points in a Global Transport System
PIM XIX	Portugal, 1991	Ocean Governance: National, Regional, Global Institutional Mechanisms of Sustainable Development in the Oceans
PIM XX	Malta, 1992	Ocean Governance: A Model for Global Governance in the 21st Century
PIM XXI	Japan, 1993	Ocean Governance: A Model for Regional Seas in the 21st Century
PIM XXII	Indien, 1994	Sustainable Development and Regional Cooperation
PIM XXIII	Costa Rica, 1995	Potential Contributions of Ocean Governance and the Law of the Sea to the Implementation of the Secretary General's „Agenda for Peace“

Anhang IV

Teilnehmende Nichtregierungsorganisationen auf UNCLOS III

Entnommen aus *Lacey*, Edward J.: The Role of Non-Governmental Organizations in the Third United Nations Conference on the Law of the Sea. Dissertation Rutgers University, New Jersey 1982, S. 102 f.

1	Baha'i International Community
2	Baptist World Alliance
3	Commission of the Churches on International Affairs
4	Commission to Study the Organization of Peace
5	Forestra Institute for Ocean and Mountain Studies
6	Foundation fort he Popls of the South Pacific
7	Friends of the Earth
8	Friends World Committee for Consultation
9	International Air Transport Association
10	International Association for Religious Freedom
11	International Bar Association
12	International Chamber of Commerce
13	International Chamber of Shipping
14	International Commission of Jurists
15	International Confederation of Free Trade Unions
16	International Co-Operative Alliance
17	International Council of Environmental Law
18	International Council of Scientific Unions
19	International Council of Voluntary Agencies
20	International Council of Women
21	International Hotel Association
22	International Institute for Environment and Development
23	International Law Association
24	International Ocean Institute
25	International Organization of Consumer's Unions

Fortsetzung

26	International Student Movement for the United Nations
27	International Union for Conservation of Nature and Natural Resources
28	National Audubon Society
29	Pan-American Federation of Engineering Societies
30	Pax Christi, International Catholic Peace Movement
31	Population Institute
32	Sierra Club
33	Society for International Development
34	United Seamen's Service
35	United Towns Organization
36	Women's International League for Peace and Freedom
37	World Alliance of Reformed Churches
38	World Alliance of Young Men's Christian Associations
39	World Association of World Federalists
40	World Confederation of Labour
41	World Conference on Religion and Peace
42	World Federation of Scientific Workers
43	World Federation of United Nations Associations
44	World Peace Through Law Center
45	World Society of Ekistics
46	World Young Women's Christian Association

Abkürzungsverzeichnis

AA	Auswärtiges Amt
AFZ	Allgemeine Fischwirtschaftszeitung
AKP	Gruppe der afrikanischen, karibischen und pazifischen Staaten
AMR	Arbeitsgemeinschaft meerestechnisch gewinnbarer Rohstoffe
BArch	Bundesarchiv
BMBF	Bundesministerium für Bildung und Forschung
BML	Bundesministerium für Landwirtschaft und Forsten
BMWi	Bundesministerium für Wirtschaft
DFFU	Deutsche Fischfang Union
DSM	Deutsches Schifffahrtsmuseum
ECLA	Economic Commission on Latin America
ECOSOC	Economic and Social Council
EG	Europäische Gemeinschaft(en)
EMB	Elisabeth Mann Borgese
EU	Europäische Union
EWG	Europäische Wirtschaftsgemeinschaft
FAO	Food and Agricultural Organization
G77	Group of 77
GATT	General Agreement on Trade and Development
GDS	Geographically Disadvantaged States
ICNAF	International Commission for the Northwest Atlantic Fisheries
ICNT	Informal Composite Negotiating Text
IGH	Internationaler Gerichtshof
ILC	International Law Commission
IOI	International Ocean Institute
ISA	International Seabed Authority
ISNT	Informal Single Negotiating Text
ITLOS	Internationaler Seegerichtshof
IUPN/IUCN	International Union for the Protection of Nature / International Union for Conservation of Nature and Natural Resources
IWF	Internationaler Währungsfonds
JEFERAD	Joint Enterprise for Exploration, Research and Development
LL&GDS	Landlocked and Geographically Disadvantaged States
MARPOL	International Convention for the Prevention of Marine Pollution from Ships
MIT	Massachusetts Institute of Technology
NAFO	Northwest Atlantic Fisheries Organization
NATO	North Atlantic Treaty Organization
NGO	Non-Governmental Organization
NIEO	New International Economic Order
OMI	Ocean Management Incorporation
OPEC	Organization of Petroleum Exporting Countries
PA AA	Politisches Archiv des Auswärtigen Amtes
PIM	Pacem in Maribus
PLO	Palästinensische Befreiungsorganisation

https://doi.org/10.1515/9783110748826-012

RCNT	Revised Composite Negotiating Text
RSNT	Revised Single Negotiating Text
sm	Seemeilen
UN	United Nations
UNA	United Nations Archives
UNCLOS	United Nations Conference/Convention on the Law of the Sea
UNCTAD	United Nations Conference for Trade and Development
UNDP	United Nations Development Program
UNEP	United Nations Environment Program
UNESCO	United Nations Educational, Scientific and Cultural Organization
UNO	United Nations Organization
ZA	Zwischenarchiv

Sachregister

https://doi.org/10.1515/9783110748826-013

Personenregister

https://doi.org/10.1515/9783110748826-014

www.ingramcontent.com/pod-product-compliance
Lightning Source LLC
LaVergne TN
LVHW010644300926
849161LV00005B/1036